한국사상의
생성적 패러다임과
영원한 미래 창조

한국사상의 생성적 패러다임과 영원한 미래 창조

초판 1쇄 발행 2025년 10월 31일

지은이 이현중
펴낸이 장길수
펴낸곳 지식과감성#
출판등록 제2012-000081호

교정 한장희
디자인 정윤솔
편집 정윤솔
검수 이주연, 윤혜성
마케팅 김윤길

주소 서울시 금천구 벚꽃로298 대륭포스트타워6차 1212호
전화 070-4651-3730~4
팩스 070-4325-7006
이메일 ksbookup@naver.com
홈페이지 www.knsbookup.com

ISBN 979-11-392-2863-2(03100)
값 28,000원

• 이 책의 판권은 지은이에게 있습니다.
• 이 책 내용의 전부 또는 일부를 재사용하려면 반드시 지은이의 서면 동의를 받아야 합니다.
• 잘못된 책은 구입하신 곳에서 바꾸어 드립니다.

지식과감성#
홈페이지 바로가기

한국사상의 생성적 패러다임과 영원한 미래 창조

이현중 지음

이 책을 부모님 이두신李斗信 님과

정순택鄭順澤 님의 영전에 올립니다.

시작하는 말

　대한민국은 세계에서 유일하게 개도국에서 선진국이 된 나라이다. 1950년 북한의 침략으로 시작된 3년 동안의 전쟁은 우리나라 전역을 폐허로 만들었다. 그리고 불과 70여 년 후에 우리나라는 선진국이 되었다. 우리는 교육 혁명을 바탕으로 짧은 기간에 다른 나라의 자원을 약탈하지 않고 국제적인 지원을 받으면서 산업화와 민주화를 이루었다.

　여러 나라의 사람들은 우리나라가 이룬 성과들에 대하여 감탄하고, 현상의 성과를 낳은 사상, 철학이 무엇인지를 궁금하게 여긴다. 그들은 현대의 발달한 과학기술을 접목하여 한강의 기적을 빚어낸 우리의 전통사상에 관심을 갖는다.

　오늘날 우리 사회는 그동안 숨 가쁘게 달려온 성장의 이면에서 드러나지 않았던 여러 문제들이 나타나고 있다. 오늘날 우리 사회는 정치적 이념을 비롯하여 다양한 요인이 섞여서 일으키는 분열과 대립으로 소통과 화합이 절실하게 필요하다.

　오늘날 우리 사회가 요구하는 소통과 화합은 인류의 문제인 동시에 우리 자신의 문제이다. 분열과 대립에 의한 갈등은 인류가 자기의 정체성을 파악하지 못하고, 자신의 본래면목과 어긋나는 삶을 살기 때문에 나타나는 현상이다. 그러면 이 문제를 어떻게 해결할 수 있는가?

현재의 문제를 대상으로 과거의 원인을 찾아서 제거하는 문제의 해결은 형이하적 패러다임에 의하여 이루어진다. 인과因果의 관점에서 원인을 찾아서 결과를 제거하는 방법은 매 순간에 발생하는 모든 문제를 끊임없이 해결해야 하는 한계가 있다.

그러나 현재의 문제를 대상으로 현상의 근원, 본질을 찾아서 근원에는 본래 문제가 없음을 확인하는 문제의 해소는 형이상적 패러다임에 의하여 이루어진다. 이처럼 문제로부터 탈출하는 방법은 설사 문제가 없음을 확인할지라도 현실의 문제 자체는 해결되지 않아서 여전히 그대로 남는 한계가 있다. 그러면 어떻게 해결해야 하는가?

현재의 문제를 해결하고 해소하는 방법은 이상과 현실, 근원과 지말, 형이상과 형이하의 분별이 가능한 실체적 세계를 대상으로 한다. 그러나 실체적 세계는 인간의 의식이 만든 환상일 뿐으로 실재하지 않는다. 따라서 실재를 대상으로 하는 새로운 해결 방법이 필요하다.

오늘날 개인, 국가, 인류가 소통의 단절로 공존共存, 공생共生, 공영共榮의 삶을 이루지 못하는 문제는 생성적 패러다임에 의하여 해결할 수 있다.

생성적 패러다임은 사람, 우주를 물질, 의식으로 인지하는 차원을 벗어나 신, 본성을 매 순간 새롭고 다양한 개인, 국가, 인류, 우주로 드러낸다. 그러면 생성적 패러다임에 의하여 우리 사회의 문제를 어떻게 해결하는가?

오늘날 우리 사회의 분열과 대립은 우리가 스스로 세계, 삶을 형이하적 차원에서 유물론적으로 이해할 때 일어난다. 유물론적 세계를 낳는 원인은 형이하적 패러다임이다.

형이하적 패러다임은 우리가 육신의 감각에 의하여 지각하는 대상을 실재로 여기는 지견知見, 안목眼目이다. 형이하적 패러다임에 의한 분열과 대립은 국가의 측면에서 역사와의 단절을 낳고, 사상적 측면에서 전통사상과의 단절을 낳으며, 개인의 측면에서 병 속의 새처럼 육신에 갇혀 사는 고통의 삶을 낳는다.

우리가 스스로 자신의 존재가치를 부정하고, 한국을 부정하며, 한국사상을 부정하고, 우리의 정체성을 부정하면 더 이상 한국인으로서의 우리 자신이 존재하지 않을 뿐만 아니라 우리나라도 존재하지 않는다.

우리 국민 각자가 삶과 세계를 보는 지혜의 안목을 갖추고, 삶의 태도를 바꾸면 우리나라가 변하고, 인류가 발전한다. 오늘날 인류와 우리 사회 그리고 한 사람으로서의 우리 각자에게 필요한 것은 정치적 이념이 아니라 패러다임의 전환이다.

우리가 스스로 형이하적 패러다임에 의하여 현상에 끌려 물질의 노예로 살았던 삶을 버리고 형이상적 패러다임에 의하여 현상의 근원인 본성, 도, 신을 주체로 살아야 한다. 그러면 어떻게 본성, 도, 신을 주체로 할 수 있는가?

인류의 각자가 자신의 본래면목을 찾는 본성本性의 자각自覺이 있어야 한다. 한 나라의 구성원인 국민 각자가 자각한 본성을 주체로 삶을 살 때 비로소 자기 나라의 역사를 계승하고, 역사정신인 자기사상을 계승하여 한 나라를 경영하고 더 나아가 인류를 경영할 수 있다. 그러면 개인의 본성이자 사회적 본질 그리고 인류의 본성을 자각하는 것으로 모든 문제가 해결되는가?

현상적 측면에서 보면 현상의 모든 문제는 현상을 벗어나서 근원인 본성, 자성, 신의 경지에 이르면 사라진다. 그것은 형이하적 패러다임에 의한 현상 중심의 삶의 방법을 버리고, 형이상적 패러다임에 의하여 현상을 초월하여 본성本性, 신神의 경지에 이르면 현상의 모든 문제가 본래 없었음을 확인함을 뜻한다.

그러나 현상의 근원인 형이상의 본성, 신, 도의 경지에 이름은 현상의 문제를 해소解消할 뿐으로 문제가 없는 삶을 넘어 서로가 서로를 이롭게 하는 삶, 서로가 서로를 자유롭게 하는 삶을 사는 일은 여전히 남는다.

현상을 벗어남은 본성의 작용이며, 본성을 자각하는 것도 역시 본성의 작용이다. 따라서 형이하적 패러다임에 의하여 현상을 중심으로 물리物理를 찾는 삶을 살거나 형이상적 패러다임에 의하여 현상을 초월한 도道, 신神을 찾는 삶으로는 21세기의 인류가 처한 상황을 해결할 수 없고, 오늘날 우리 사회가 처한 상황을 해결할 수 없다. 그러면 오늘날 인류, 우리나라가 처한 상황을 해결하는 방법은 무엇인가?

오늘날 인류가 처한 상황의 극복은 형이상과 형이하가 둘이 아닌 경지를 바탕으로 하나가 아닌 삶을 사는 방법이다. 그것은 생성적 패러다임에 의하여 신神, 중도中道, 역도易를 바탕으로 매 순간 다양하고 새롭게 창조하고 진화하는 삶의 방법이다.

형이상적 패러다임과 형이하적 패러다임은 형이상과 형이하의 두 차원에서 실체적 세계인 자연, 우주 혹은 도, 신을 대상으로 문제를 찾아서 문제의 답을 얻고자 하는 탐구적 방법, 분합적 방법에 의하여 학문을 하고, 실천을 하면서 삶을 산다.

그러나 생성적 패러다임에 의한 삶은 실체적인 세계와 그 안에서 살아가는 내가 없다. 매 순간 우주와 나, 사물이 새롭고 다양하게 생성될 뿐이다. 매 순간의 다양한 생성은 동시에 새로워지는 생성이다.

새로운 생성의 측면에서 우주, 세계, 삶은 매 순간 끊임없이 진화하며, 다양한 생성의 측면에서 우주, 세계, 삶은 매 순간 끊임없이 창조된다. 이처럼 창조와 진화를 내용으로 하는 변화의 연속이 바로 생성적 패러다임에 의한 우주, 세계이자 삶이다. 그러면 생성적 패러다임에 의한 세계와 삶은 어디에서 찾을 수 있는가?

생성적 패러다임은 지금 여기의 나를 떠나서 존재하지 않는다. 그것은 지금 여기 나의 삶, 우리나라의 역사, 인류의 사상, 우주의 본성이 바로 생성적 패러다임에 의하여 생성되고 있음을 뜻한다. 그러면 생성적 패러다임을 제시하고 실천해 왔던 나라가 있는가?

생성적 패러다임이 각 시대마다 시대를 이끌어가는 사상이 되고, 역사적으로는 역사를 이끌어가는 역사정신이 되며, 개인의 삶에서는 삶의 길이 되어 살아온 나라는 대한민국이다. 한국의 건국정신인 홍익인간은 생성적 패러다임의 인류사회적 표현이다.

생성적 패러다임의 시대적 현현顯現인 한국사상은 형이하의 현상을 중심으로 전개되는 과학의 대상인 자연이나 사회학의 대상인 사회를 대상으로 하지 않으며, 형이상의 근원을 중심으로 전개되는 사상, 종교의 대상인 신이나 천국天國, 정토淨土를 추구하지 않는다.

한국사상은 형이상과 형이하로 구분하여 나타내기 이전의 양자가 둘이 아닌 경지가 본성에 의하여 매 순간 다양하고 새롭게 생성하는 세계를 바탕으로 전개된다. 그것은 한국사상이 영원한 현재를 바탕으로 전개됨을 뜻한다. 그러면 한국사상에서는 생성적 패러다임에 의한 세계와 삶을 어떻게 나타내고 있는가?

　우리는 이 책을 통하여 시대에 따라서 다양한 한국사상으로 나타나는 생성적 패러다임을 한국사상의 원형을 담고 있는 고조선사상과 용심법用心法을 중심으로 전개되는 한국불교 그리고 운신법運身法을 중심으로 전개되는 한국유학을 통하여 살펴볼 것이다.

　제1부에서는 고조선사상의 연원인 선사문화에 대하여 고찰하였다. 고조선의 남쪽 울진의 반구대와 천전리 암각화, 북쪽 홍산의 옥기, 암사동의 토기 그리고 서해안을 중심으로 산재散在하는 고인돌을 통하여 선사문화의 내용인 역문화易文化에 대하여 살펴보았다.

　제2부에서는 고조선사상을 중심으로 생성적 패러다임이 어떻게 전개되는지 살펴보았다. 고조선사상은 고조선의 건국설화를 통하여 체계적이고 종합적으로 제시된다.

　고조선사상의 내용은 홍익인간이다. 서로가 서로를 존재하게 하고, 서로가 서로를 새롭게 하며, 서로가 서로를 다양하게 하는 생성적 삶이 바로 홍익인간의 삶이다. 홍익인간의 삶은 매 순간 다양한 생성으로 나타나는 창조적 작용과 매 순간 새로운 생성으로 완성되는 진화적 작용을 한다.

　제3부에서는 마음을 중심으로 생성적 패러다임이 나타난 한국불교에 대하여 살펴보았다. 한국불교의 특성은 생성적 패러다임을 바탕으로 전개되는 생성적 용심법이다. 한국불교는 실체적 자성, 불성을 찾는 견성성불이나 돈오성불이 아닐 뿐만 아니라 성불을 목표로 하는 소승불교도 아니다.

　매 순간의 용심用心을 통하여 부처와 중생이 둘이 아닌 경지에 머물면서도 머묾마저도 벗어난 경지에서 삶을 산다. 이러한 삶이 구체적으로 어떤 내용인지는 의상과 원효, 지눌을 중심으로 살펴보았다.

제4부에서는 한국사상의 생성적 패러다임이 한국유학에서는 어떻게 나타나는지 살펴보았다. 세종은 훈민정음을 창제하여 유가儒家가 지향하는 지천태地天泰의 이상향을 구축하고자 했다.

19세기에 이르면 한주寒州의 성리학에서 나타나듯이 대상으로 존재하는 이론체계인 성리학을 지금 여기의 나의 문제로 내면화, 주체화하여 접근하기 시작한다.

그리고 일부一夫에 이르러서 성리학이 한국화하여 화화옹化化翁, 화무옹化無翁으로 나타낸 현상의 근원을 바탕으로 매 순간 이루어지는 생성적 패러다임이 제시된다.

제5부에서는 생성적 패러다임에 의하여 우리나라의 미래를 어떻게 창조할 것인지를 살펴보았다. 21세기 우리 사회는 물론 인류사회의 문제는 분열과 갈등을 벗어나서 소통과 화합을 통한 공존共存이다.

공존共存, 공생共生은 물건적 차원의 개념이다. 진정한 공존, 공생은 이분법적인 차원을 벗어날 때 가능하다. 공空과 색色, 무無와 유有를 넘어선 중中의 차원에서 이루어지는 생성적 패러다임에 의한 삶을 통해 공존, 공생을 이룰 수 있다.

삶의 과정에서 만나는 모든 문제는 현상의 차원에서 일어난다. 그것은 삶의 모든 문제는 해결되는 것이 아니라 새롭고 다양한 생명 현상으로 생성함을 뜻한다. 따라서 새로운 이론 체계의 사상, 종교나 패러다임의 전환으로는 우리 사회, 인류의 문제가 해결되지 않는다. 그러면 생성적 패러다임으로 모든 문제를 해결할 수 있는가?

생성적 패러다임은 하나의 이론 체계로 제시되지만 한국 역사, 한국 사상으로 나투고, 한국인의 삶으로 나툰다. 매 순간의 한국 역사, 한국예술, 한국문화, 한국 음식을 비롯한 다양한 삶이 바로 생성적 패러다임의 현현顯現이다. 따라서 삶으로 구현될 때 비로소 생성적 패러다임의 의미가 드러난다. 그러면 생성적 패러다임은 한국사상의 원형일 뿐인가?

국가사회는 인류 사회의 부분이고, 인류 사회는 우주의 부분이다. 부분은 전체를 구성하는 요소인 동시에 전체이듯이 한국사상이 그대로 인류사상이다. 따라서 인류가 생성적 패러다임을 공유하여 한국인의 삶을 사는 것이 그대로 인류의 삶이다.

생성적 패러다임은 한국 사람에 의하여 수많은 외침과 식민지 통치 속에서 어떤 어려움과 고통, 슬픔도 풍류風流로 승화시키고, 침략한 나라마저도 포용하여 모두가 행복한 홍익인간의 삶으로 나타났다. 그러면 오늘날 우리는 어떻게 살아야 하는가?

우리나라의 미래, 인류의 미래는 지금 여기의 나의 삶에 의하여 결정된다. 우리가 생성적 패러다임에 의하여 우리의 삶과 미래 그리고 세계를 결정한다. 지금 우리는 우리의 역사와 사상을 버리고 남의 역사, 사상을 맹목적으로 따르는 사대주의적事大主義的인 삶을 버리고, 각자가 삶의 주인이 되어 끊임없이 새롭고 다양하게 역사와 사상을 창조하는 생성적 패러다임의 삶을 살아야 한다.

생성적 패러다임에 의한 창조적이고 진화적인 삶은 한국의 역사와 사상을 계승하는 일로부터 시작하여 형이상적 패러다임과 현상적 패러다임을 조화롭게 활용하는 삶이다. 그것은 생성적 패러다임을 본체로 형이상적 패러다임으로 작용하여 현상적 패러다임으로 드러나는 삶이다.

고조선사상의 홍익인간은 생성적 패러다임을 바탕으로 이루어지는 창조적이고 진화적인 삶이다. 홍익인간의 삶은 온 우주가 둘이 아닌 경지가 매 순간 새롭고 다양하게 생성되는 소통과 화합의 삶이고, 자유와 평등의 삶이다.

자유와 평등이 둘이 아닌 삶, 창조와 진화가 둘이 아닌 삶, 긍정과 부정이 둘이 아닌 대긍정大肯定의 삶이 생성적 패러다임의 삶이다.

생성적 패러다임은 우주가 매 순간 새롭고 다양하게 나투는 생성의 연속인 동시에 인류와 개인의 삶이 그대로 생성의 연속임을 나타낸다. 이 책을 통하여 생성적 패러다임을 제시하는 일도 또한 생성적 패러다임이 지금 여기의 삶으로 드러남이다. 그러면 생성적 패러다임, 한국사상은 실체인가?

생성적 패러다임은 영원한 현재의 시간관을 바탕으로 전개된다. 따라서 실체인 물리적 시간이 없다. 결정된 미래가 우리에게 다가오는 것이 아니라 우리가 매 순간 새롭고 다양한 미래를 창조한다.

생성적 패러다임은 한국이 인류의 리더가 되고, 한국사상이 인류의 중심이 될 것이라는 운명론적運命論的이고, 선민적選民的이며, 풍수지리적風水地理的인 예언이 아니다.

그것은 지금 여기의 내가 살고, 우리 민족이 살며, 인류가 사는 삶이다. 사람은 누구나 신, 본성, 중도라는 본체를 바탕으로 생성적 패러다임에 의하여 살 수 있다.

그러나 본체를 현상으로 드러내는 작용이 없으면 현상은 없다. 마찬가지로 지금 여기의 나, 우리 국민, 인류가 생성적 패러다임의 삶을 살지 않으면 홍익인간의 삶은 나투지 않는다.

삶은 형이상과 형이하, 중도라는 실체의 변화가 아니라 매 순간 기적의 연속이자 신비로움의 연속이다. 가난한 집에서 병약한 몸으로 시작된 삶은 나에게 염리심厭離心과 자유로운 삶에 대한 꿈을 주었다.

그리고 형제와 자식들을 먹여 살리기 위하여 밤낮없이 일하시는 아버지의 삶과 살림, 육아와 아버지를 도우며, 주변의 사람들에게 아낌없이 베푸시는 어머니의 삶은 꿈을 향한 발걸음을 멈출 수 없게 만들었다.

그러나 꿈을 향한 강한 의지와 달리 삶의 환경은 더욱 어려워져 여러 분야를 전전하면서 다양한 삶을 경험하게 만들었다. 그것은 내면의 집중이 외적인 삶으로 나타남을 지켜보는 과정이었다.

시간이 흐르면서 사상, 종교, 철학, 문학, 과학을 비롯한 다양한 학문을 통하여 꿈을 실현할 수 있는 방법을 찾기 시작했다. 그리고 나의 관심은 본성, 도를 추구하는 근원 중심의 삶으로 변했고, 마침내 중도中道, 역도易道를 삶 속에서 실천하는 생성 중심의 삶으로 바뀌었다.

올해는 정년을 맞아서 교직을 퇴임했다. 지난 7월에는 그동안의 삶을 돌아보는 『제3의 패러다임과 인류의 미래』를 출판했다.

앞의 책을 이어서 형이하의 현상적 패러다임, 형이상의 초월적 패러다임을 포괄한 제3의 패러다임인 생성적 패러다임이 한국사상의 고갱이임을 밝히기 위하여 이 책을 출판한다.

책을 집필할 수 있는 육신을 낳고 길러주신 부모님과 조상님의 은혜에 감사를 드린다. 그분들이 빌려주신 육신이 없었다면 지구에서 삶을 시작할 수 없었을 것이다.

그러나 어찌 육신만으로 삶을 살 수 있겠는가! 본래면목으로 사는 길을 가르쳐 주신 일부一夫 선생님, 공자孔子님과 부처님께 감사를 드린다.

그리고 대학원에서 지도해 주신 유남상柳南相 교수님, 남명진南明鎭 교수님, 최영찬崔英攢 교수님께 감사를 드린다.

또한 반구대와 천전리 암각화를 함께 답사하면서 그동안의 연구 성과를 공유하고, 암각화 도면을 제공해 준 울산대의 이하우 교수님께 감사를 드린다.

부부夫婦라는 삶의 동반자로 시작하여 이제는 도반으로 항상 함께하는 아내 강혜인姜慧仁 여사가 늘 고맙고, 어려운 시절을 잘 견디고 열심히 살아가는 아들 주연周淵 군과 성호惺虎 군이 참으로 대견하다. 그들을 통하여 가족의 소중함을 알게 되어 더욱 감사하다.

매 순간 순행順行의 가르침으로 다가오는 인연도 감사하지만 역행逆行의 가르침은 더욱 감사하다. 특히 부모, 형제를 비롯한 혈연으로 다가오는 가르침은 뼈에 사무친다.

인연은 실체가 아니어서 매 순간 새롭고 다양하게 생성한다. 인연은 서로를 위하는 자비와 서로를 이롭게 하는 지혜에 의하여 아름답게 생성된다. 나무아미타불南無阿彌陀佛 관세음보살觀世音菩薩

골짜기 굽이마다 봄비가 씻어주니
하늘 산 꽃들이 웃음으로 빛나네.
초가집 술 향기가 담장 밖에 넘치고
외로운 둥근달은 나그네 길 비추네.
  春雨灑灑九曲淸
  天山芳花笑彬彬
  茅屋墻外酒香溢
  孤月明輪照客途

2025년 8월 15일
유성의 향적산방香積山房에서
이정以正 이현중李鉉中이 삼가 쓰다

차
례

시작하는 말 6

제1부 선사문화와 역문화易文化   20
1. 대곡천의 암각화와 세 과정의 생성으로 그린 시간성   33
2. 홍산紅山의 옥기와 두 방향의 분합으로 담은 시간   68
3. 암사동 즐문토기와 시간을 객관화한 물건   102
4. 서해안의 고인돌과 천지인의 통합으로 나타난 공간   107

제2부 고조선문명과 생성적 패러다임   121
1. 고조선문명과 신문神文사상   131
2. 신문사상과 영원한 현재의 홍익인간   175
3. 홍익인간과 생성적 패러다임   222

제3부 한국불교와 생성적 패러다임   282
1. 의상의 화엄철학과 생성적 패러다임   286
2. 원효의 금강삼매경론과 생성적 패러다임   299
3. 지눌의 돈오점수론頓悟漸修論과 생성적 패러다임   340

제4부 **한국유학과 생성적 패러다임**   **379**

   1. 세종의 훈민정음과 생성적 패러다임   388

   2. 이진상李震相의 학문방법론과 생성적 패러다임   428

   3. 김일부의 도학과 생성적 패러다임   443

제5부 **생성적 패러다임과 한국의 미래**   **486**

   1. 형이하적 패러다임과 분석에 의한 문제의 정답 탐구   492

   2. 형이상적 패러다임과 통합에 의한 문제 해소   504

   3. 생성적 패러다임과 미래 창조   517

제1부

선사문화와
역문화易文化

  우주는 실체적 존재가 아니기 때문에 어떤 물건으로도 대상화하여 나타낼 수 없고, 어떤 사태, 사건으로도 고정하여 나타낼 수 없다. 이것을 혼돈混沌[1]이라고 말한다.

  혼돈은 질서秩序와 상대적인 무질서가 아니다. 혼돈은 코스모스와 상대적인 카오스를 나타내는 동시에 카오스와 코스모스를 넘어선 세계의 본성을 나타낸다.

  카오스와 코스모스를 넘어선 혼돈은 중도中道, 역도易道, 변화變化의 도道라고 말한다. 중도中道가 역도易道라는 말은 형이상과 형이하가 둘이 아닌 경지境地마저도 고정되지 않아서 매 순간 다양하고 새롭게 자신을 드러

---

[1] 『장자』 응제왕, "南海之帝為儵 北海之帝為忽 中央之帝為渾沌 儵與忽時相與遇於渾沌之地 渾沌待之甚善 儵與忽謀報渾沌之德 曰人皆有七竅 以視聽食息 此獨無有 嘗試鑿之 日鑿一竅 七日而渾沌死".

냄을 뜻한다.

언어를 통하여 명사화할 수 있는 실체가 없기 때문에 중도, 우주의 본성, 역도라는 말도 여전히 세계 자체와는 거리가 멀다. 그러면 세계, 우주는 어떤 말로도 나타낼 수 없는가?

이미 말로 나타낼 수 없다는 말은 물론 중도, 역도, 세계의 본질이라는 말은 우주의 본질을 나타내는 말이다. 다만 말로 나타낼 수 없다는 말과 중도, 역도로 말하는 차원이 다르다.

언어를 통하여 우주의 본질을 나타낼 수 없음은 형이상의 경지를 찾아가는 역逆방향에서 논한 말이며, 중도, 역도는 형이상의 경지에서 형이하의 현상을 향하는 순順방향에서 논한 말이다. 그러면 중도와 역도는 어떤 차이가 있는가?

중도는 형이상과 형이하, 무無와 유有를 구분하여 양자의 관계를 나타내는 물건적 관점에서 사용하는 분합적分合的 개념이며, 역도는 사건적 관점에서 생장성의 마디를 통하여 나타내는 생성적生成的 개념이다. 그러면 분합과 생성은 어떻게 다른가?

동서東西와 고금古今을 막론하고 세계를 구분하고, 그 결과 드러나는 요소들의 관계를 통하여 세계를 드러내는 분합分合의 범주範疇는 시간과 공간이다. 예로부터 시간과 공간은 인간이 세계를 인식하는 범주이자 존재의 범주이다.

시공은 주체와 객체, 육근六根과 육경六境, 견분見分과 상분相分으로 표현되기도 하고, 절대시간과 절대공간으로 표현되기도 하며, 시공, 천지, 우주와 같이 함께 나타내기도 한다. 이처럼 시간과 공간은 형이상과 형이하, 카오스와 코스모스를 나타내는 도구이다.

공간 중심의 세계는 만물의 세계이다. 이것이 만물이 실재한다는 실체적 세계론, 유물론적 세계관이다. 유물론적 세계관은 세계를 고정된 입자적 요소들의 총체로 인식한다. 유물론적 세계관에 의한 세계가 유有의 세계이다.

시간과 공간은 인류의 문명을 진화론적 관점에서 연구하는 도구이다.[2] 과학의 진화론은 시간과 공간의 관점에서 인간을 나타내는 방법이다.

시간의 측면에서 보면 인류문명은 인간이 탄생한 250만 년 전부터 시작하여 현대에 이르기까지 이어지는 사건의 연속이다. 그러나 사건을 정지시키고 그것을 대상으로 분석하는 물건적 측면에서 보면 인간과 동물, 식물을 비롯한 만물과 그들이 존재하는 공간을 분합하여 인류문명을 설명한다.

인간 자신을 연구하는 도구 역시 시간과 공간이다. 시간적 관점에서 인간을 나타내면 감각지각, 분별, 인식, 의지와 같은 사건들로 나타낼 수 있다. 그것을 다시 대상화하여 나타내어 의식, 마음, 정신이라고 한다.

공간적 관점에서 이 사람과 저 사람을 구분하여, 저 사람이 아닌 이 사람의 다양한 의식과 언행으로 드러나는 주체를 육신이라고 한다. 이처럼 육신은 사건적 마음을 대상화하여 물건으로 나타낸 개념이다. 그러면 이 세계는 오로지 물건과 사건의 물질적 세계만이 있는가?

있음이라는 불변의 실체와 달리 시간의 세계는 일종의 거대한 변화의 과정, 사태의 연속이다. 변화의 연속으로서의 세계는 이것과 저것이라는 구분되어 나타낼 수 있는 물건이 아니어서 있음과 구분하여 무無라고 한다.

---

2 주희, 「대학장구」 경일장, "物有本末 事有終始 知所先後 則近道矣".

사물이라는 시공의 현상을 중심으로 전개되는 현상적 패러다임, 형이하적 패러다임에서는 시공을 초월한 형이상의 경지가 부정된다. 근대과학이 중심이 된 서구적 패러다임에서는 물리적 시간과 물리적 공간이 하나의 범주이다.

그러나 동북아시아의 유불도儒佛道를 비롯하여 수메르, 인더스의 사상, 종교에서는 시간과 공간의 근거인 시간성時間性과 공간성空間性을 논한다.

시공의 현상을 낳는 과학적 패러다임이 형이하적 패러다임인 것과 달리 시공의 근원인 도道, 본성本性, 신神은 시공을 초월한 경지이다. 신, 도, 본성에 의하여 나타내는 경지는 형이상적 패러다임에 의하여 전개된다.

신, 도, 본성의 경지는 시간의 측면에서는 시간을 초월하여 영원하고, 공간의 측면에서는 공간을 초월하여 분별이 없다. 신, 도, 본성本性은 영원하여 생사가 없고, 이것과 저것의 분별이 없어서 온 우주가 둘이 아니다.

시공을 초월한 신, 도, 본성은 언어를 비롯하여 어떤 도구로도 표현할 수 없다. 그것은 지금 여기의 나와 둘이 아니기 때문이다. 그럼에도 불구하고 형이상의 경지를 나타내지 않을 수 없어서 불이不二, 무無, 공空, 무념無念, 무상無相, 무언無言과 같은 다양한 개념, 다양한 도구에 의하여 다양하게 나타낸다. 그러면 시간, 공간과 도, 성품, 신은 어떤 관계인가?

신, 성품, 도는 형이상의 경지에 머물지 않고 매 순간 현상에서 시공의 사물로 드러난다. 우리가 형이상의 시간성과 형이하의 시간을 구분하고, 형이상의 공간성과 형이하의 공간을 구분하며, 형이상의 신과 형이하의 사물을 구분하여 나타내는 까닭은 양자가 하나가 아니면서도 둘이 아님을 표현하기 위함이다.

시간성은 매 순간 사건으로 자신을 드러낸다. 이를 인간이 선후 관계를 통하여 과거와 미래로 구분하여 나타내고, 과거와 미래를 구분하는 기준인 현재를 더하여 시간의 세 양상을 논한다. 그리고 현재를 중심으로 과거를 향하는 시간의 흐름을 통하여 인류의 역사를 논한다.

인류는 역사를 여러 마디로 나누어서 나타낸다. 그러나 역사의 여러 마디를 논하기 위해서는 역사와 역사 이전의 선사를 구분하는 일이 우선이다. 우리는 기록의 유무에 따라서 역사와 선사를 구분한다. 그러면 그것이 무엇을 의미하는가?

인간은 자신과 대상적 존재인 공간을 인식하고, 시간을 인식하여 그것을 언어에 의하여 나타내는 현상이 일어나기 시작한 때를 기준으로 이후를 역사시대로 그리고 이전을 선사시대로 구분한다.

선사시대의 인류는 공통의 문화, 사상을 공유했다. 시대가 흘러가면서 동일한 문화, 동일한 사상이 점차 분화하여 대상화하고, 개체화되면서 다양한 문화, 문명, 사상을 형성했다. 우리는 선사시대와 역사시대를 구분하여 역사시대를 중심으로 인류의 문화, 사상을 이해하고 연구한다. 그러면 우리나라의 역사는 언제부터 시작되었는가?

우리나라에서는 구석기시대와 신석기시대의 유물과 유적이 나타날 뿐만 아니라 청동기시대, 철기시대에 이르기까지 유물과 유적들이 발견된다. 학자들은 청동기시대부터 사람이 모여서 마을을 이루고, 부족이 모여서 국가사회를 경영했던 것으로 이해한다.

고조선은 B.C. 2333년에 개국하여 A.D. 108년부터 점차 와해瓦解되기 시작하여 삼국으로 나누어지기까지 2,300여 년의 역사를 갖고 있다.[3]

---

3   윤내현, 「고조선연구」, 일지사, 1994, 9-864.

일부의 학자들은 고조선 이전의 한국, 배달국의 역사를 더하여 우리나라의 역사를 9,800여 년이라고 주장한다.[4] 다만 우리는 고조선을 중심으로 우리의 선사문화를 살펴보고자 한다.

우리의 선사문화 고찰은 한국사상의 원형을 담고 있는 고조선사상의 연원을 살펴보는 작업이다. 그러면 선사문화는 어떻게 파악할 수 있는가?

선사시대에는 우리나라와 다른 나라의 구분이 없이 하나의 문화, 하나의 사상을 공유하다가 역사시대로 들어가면서 점차 자국의 관점에서 대상화, 실체화하면서 여러 문화, 문명, 사상으로 발전했다. 따라서 역사의 흐름에 따라서 세계 각국의 문화, 문명, 사상이 서로 달라진다. 그러면 인류가 공유했던 선사문화는 무엇인가?

19세기 이후 민속학자들은 선사시대의 사상을 종교적 리더, 정치적 리더의 역할을 했던 샤먼shaman을 중심으로 샤머니즘shamanism[5]으로 규정한다. 샤머니즘은 샤먼에 의하여 전개되는 샤먼사상이자 샤먼을 중심으로 형성된 샤먼문화이다. 따라서 오늘날 인류문화, 인류사상의 연원은 샤머니즘이다.

그동안의 샤머니즘의 연구 성과는 암각화, 동굴벽화와 같은 선사미술을 비롯하여 선사문화를 이해하는 유용한 도구로 활용되고 있다. 고고학자들이나 민속학자들은 선사시대의 유물, 유적, 미술을 샤머니즘으로 설명한다. 그러면 우리는 샤머니즘을 어떻게 연구할 것인가?

오늘날 학자들은 천문학을 비롯한 과학이나 민속학의 관점에서 샤머니즘을 이해한다. 과학이나 민속학을 막론하고 학문 방법은 형이하적 패

---

4   유승국, 『한단고기』, 정신세계사, 1987, 3-5.
5   엘리아데 지음, 이윤기 옮김, 『샤머니즘』, 까치, 2014, 422-430.

러다임에 의하여 현상을 대상으로 한 분합이다.

형이하적 패러다임은 유물론적 현상을 낳는 패러다임이다. 고금과 동서를 막론하고 과학은 형이하적 패러다임에 의하여 시공의 현상을 대상으로 연구한다. 그들은 유물론적 세계관을 통하여 인간과 자연을 설명한다.

형이하적 패러다임에 의하여 학문하고 삶을 사는 사람들은 정신을 육신이라는 물질의 부수현상인 의식으로 이해한다. 그러므로 그들은 샤머니즘을 의식을 중심으로 연구한다. 형이하적 패러다임에 의하여 샤머니즘을 연구하고 종교를 연구한 대표적인 학자는 엘리아데이다.

그는 종교적 관점에서 선사시대 이후 인류의 공통사상, 전통사상을 샤머니즘으로 확대하여 형이하적 패러다임의 분합적 연구 방법을 적용한다. 그는 의식의 분별에 의하여 성聖과 속俗이라는 이분법적인 세계관을 바탕으로 샤머니즘을 거룩함(聖)의 나타남(顯現)으로 규정했다.

> 고대사회의 인간은 가능한 한 거룩한 것 안에서 혹은 거룩한 대상들에 가까이 다가가서 살고자 하는 경향을 지녔다. 그들에게 거룩한 것이란 곧 힘에 해당했고, 궁극적으로는 현실에 해당했기 때문이다. 거룩한 것은 존재(being)로 가득 차 있다. 거룩한 힘은 현실을 의미하며, 동시에 영원성과 유효성을 의미한다. 거룩함과 세속의 대비는 종종 현실성과 비현실성 혹은 사이비似而非 현실성 사이의 대립으로 표현되었다. 따라서 종교적 인간이 마음 깊이 존재하기를 소망하며, 현실에 참여하고 힘으로 충만하기를 소망한다는 점을 이해하기는 쉽다.[6]

---

6   엘리아데 지음, 이동하 옮김, 『聖과 俗』, 학민사, 2009, 13.

엘리아데는 시간과 공간을 실체적 존재로 접근한다. 그가 제시하는 세계는 있음(being)의 세계이다. 그는 창조주에 의하여 사물이 창조되면서 시간과 공간이 창조되었음을 주장한다.[7] 시간이 창조주創造主에 의하여 창조된 실재적 존재이기 때문에 제의祭儀를 통하여 최초의 창조에 참여하는 거룩한 시간은 종교적 의미가 없는 세속적인 시간과 엄격하게 구분된다.

공간 역시 창조주에 의하여 창조된다. 창조주에 의하여 창조된 시간에 참여하는 거룩한 시간과 세속적인 시간이 나누어지듯이 공간 역시 카오스와 코스모스로 구분된다. 그는 현실적으로 존재하는 유일한 거룩한 공간과 거룩한 공간을 둘러싸고 있는 형태가 없는 넓은 공간으로 구분한다.

거룩한 공간인 코스모스는 신에 의하여 성현聖現된 세계이며, 이와 달리 카오스는 낯설고 혼돈에 찬 공간, 유령과 마귀와 이방인들이 사는 공간이다.[8] 이는 천상의 낙원과 지하의 지옥을 가리킴을 알 수 있다. 그러면 시간과 공간은 어떤 관계인가?

거룩한 공간인 코스모스는 한 해를 나타내기도 한다. 이는 시간과 공간이 하나임을 뜻한다. 코스모스는 제의祭儀에 의하여 무한히 반복된다. 제의는 한 해의 끝에서 가는 해를 죽음으로 끝내는 정화의 과정을 거쳐서 새로운 해가 시작되는 의식이다. 그러면 신과 시공이 있는가?

형이하적 패러다임에 의하여 현상의 시공을 중심으로 세계를 이해하면 이것과 저것, 이 사건과 저 사건의 사물을 구분하지 않을 수 없다. 물건적 관점에서 시공을 중심으로 세계를 이해하면 상하나 좌우의 직선적

---

7 엘리아데, 앞의 책, 62.
8 엘리아데, 앞의 책, 20-30.

直線的이고 일차원적一次元的인 관점에서 근본과 지말, 형이상과 형이하, 성聖과 속俗, 신과 만물과 같은 이분법적인 구조에 의하여 가치상의 우열을 가진 두 물건으로 나누어서 이해할 수밖에 없다.

창조주와 창조물, 성스러운 존재와 속된 존재, 완전한 존재와 불완전한 존재라는 이분법적인 사고를 통하여 세계를 이해하면 신神 역시 이분법적으로 이해하게 된다.

그러나 신은 물건이 아니어서 남녀로 구분할 수 없다. 그러므로 신석기시대를 여신女神의 시대로 이해하고, 청동기 이후의 역사시대를 남신男神의 시대로 규정함[9]은 유물론적 차원에서 신을 이해하는 사례이다.

동북아시아 샤머니즘의 샤먼은 신과 둘이 아니다. "음陰과 양陽으로 구분하여 나타낼 수 없는 것을 말하여 신神이라고 한다."[10] 신은 이것과 저것이라는 현상의 물건에 의하여 구분하여 나타낼 수 없는 현상의 근원, 형이상의 경지를 나타낸다.

샤먼은 본성과 신성이 둘이 아님을 자각한 존재이다. 그는 형이하의 현상과 형이상의 근원을 걸림이 없이 활보하는 자유자재한 삶을 산다. 따라서 샤머니즘과 샤먼은 엘리아데가 보여준 형이하적 패러다임에 의한 이분법적 사고, 분합적 사고로 이해할 수 없다. 그러면 우리는 성聖과 속俗을 비롯하여 온갖 종류의 이분법적인 분별을 어떻게 넘어설 수 있는가?

오늘날 우리가 한국사상의 연원으로서의 선사先史사상을 연구하기 위해서는 형이상과 형이상의 두 측면을 함께 고찰해야 한다. 우리는 감각

---

9 아리엘 골란 지음, 정석배 옮김, 『선사시대가 남긴 세계의 모든 문양』, 푸른역사, 2004, 27-33.

10 『周易』繫辭上篇 第五章, "陰陽不測之謂神".

지각을 바탕으로 이루어지는 의식의 분별이 아니라 본성이라는 형이상의 근원을 바탕으로 생성적 방법에 의하여 연구해야 한다.

성과 속, 신과 사물, 신과 인간의 구분은 본성이라는 근원이 마음의 작용에 의하여 생성된 결과이다. 그것은 신과 사물, 신과 인간, 성과 속이라는 사건이나 물건이 존재하는 것이 아니라 매 순간 모든 분별이 둘이 아닌 경지가 여러 도구와 수단을 통하여 다양하고 새롭게 나타남을 뜻한다.

우리가 생성적 패러다임에 의하여 형이상적 패러다임과 형이하적 패러다임을 함께 사용하면 현상의 측면에서 둘로 보이는 성과 속, 신과 사물, 형이상과 형이하는 개체적 실체가 아니라 하나의 다양한 드러남임을 알 수 있다.[11]

형이하적 패러다임에 의한 유물론적 세계관에 의하여 다양한 사물의 근저에 있는 하나의 세계를 찾아가는 것이 과학적인 학문 활동이다. 과학은 현상의 차원에서 사물의 근원을 찾기 때문에 형이하의 차원을 벗어나지 못한다.

그러나 한국을 비롯하여 세계의 여러 사상, 종교에서는 형이하의 시공을 초월하여 형이상의 경지에 도달하는 형이상적 패러다임에 의하여 수도修道, 수행, 수련을 논한다. 수도, 수행, 수련을 통하여 형이상의 경지, 근원의 차원에 이르면 다시 현상을 향하여 돌아가야 한다.

물건적 관점에서 성스러운 세계, 신, 창조주를 찾는 종교나 그것과 달리 형이상의 차원에서 자신의 본성을 찾아서 자신으로 살아감을 추구하는 불교와 도교의 수도론修道論을 막론하고 창조주, 성스러운 세계, 깨달

---

11 이현중, 「제3의 패러다임과 인류의 미래」, 지식과감성, 2025, 418-440.

음의 세계, 성단成丹의 세계만을 고집하면 고요함에 빠져서 허무해진다.

개체적 자신의 안락을 넘어서 다른 존재들과 함께하는 자유로운 삶, 평등한 삶, 모두가 이로운 삶이 필요하다. 생성적 패러다임에서 추구하는 서로가 서로를 존재하게 하고, 서로가 서로는 진화하게 하며, 서로가 서로를 창조하는 삶이 필요하다.

본성의 차원에서 보면 정신과 육신은 매 순간 다양하게 드러나는 일종의 현현태顯現態일 뿐으로 실재하는 것이 아니다. 본성은 인간과 동물, 식물은 물론 생명이 없는 물질이 하나이다. 따라서 인간과 세계의 구분이 없을 뿐만 아니라 시간과 공간이라는 범주를 통하여 규정할 수 없다.

육신과 정신의 차원에서 보면 인간과 우주가 진화進化한다. 그러나 본성의 차원에서 생명의 탄생 이전이나 탄생 이후, 선사시대와 역사시대를 막론하고 본질적인 차이가 없다. 이처럼 본성에서는 발전이나 진화라는 개념이 없다. 그러면 시간과 공간의 구분이 없는가?

본성은 형이하의 차원에서 정신과 육신으로 나타나기 때문에 인류문명 역시 본성의 차원에서 선사시대와 역사시대를 함께 고찰해야 한다. 그것은 선사와 역사, 시간과 공간, 나와 남의 구분이 없는 무분별의 차원을 바탕으로 선사와 역사, 시간과 공간, 인류와 세계를 구분하여 선사사상을 연구해야 함을 뜻한다. 그러면 우리는 왜 선사사상을 연구하는가?

우리가 선사사상을 연구함은 한국사상의 연원을 찾기 위함이다. 우리가 선사문화를 연구해야 할 필요는 현재 고조선사상을 연구할 수 있는 문헌적 자료가 많지 않기 때문이다.

우리가 선사문화를 연구해야 할 또 하나의 필요는 일제가 식민 통치의 과정에서 우리의 역사와 사상을 왜곡했을 뿐만 아니라 오늘날의 중공 역시 우리의 역사와 사상을 왜곡하기 때문이다.

우리는 선문화의 연구를 통하여 고조선사상의 연원을 밝혀서 그들이 왜곡한 부분을 바로잡을 수 있을 것이다. 그러면 우리는 앞으로 선사문화를 어떻게 연구할 것인가?

만약 우리가 실체적 세계관에 의하여 분합적 방법을 사용하면 기존의 자료에 대한 새로운 해석에 의한 가치의 부여는 일어나지 않는다.

오늘날 우리가 생성적 패러다임에 의하여 한국사상을 연구할 때 비로소 선사문화를 비롯하여 고조선 문명은 물론 이후의 한국사상의 새로운 가치가 드러난다.

첫째는 생성적 패러다임을 바탕으로 형이하적 패러다임과 형이상적 패러다임을 통합적으로 연구한다. 그것은 과학과 인문학, 사회학을 통합하는 통섭적 관점에서 우리나라의 사상을 연구함을 뜻한다.

둘째는 한국사상의 연구는 사건적 관점에서 생성적 방법으로 연구한다. 이를 통하여 형이하와 형이상의 두 차원을 대상으로 한 분합적 학문방법, 삶의 방법을 포괄할 수 있다.

셋째는 형이상과 형이하의 실체적 세계를 대상으로 하는 학문은 분합적 방법에 의하여 사실판단과 가치판단을 한다. 그러나 생성적 패러다임에 의한 연구는 사실판단과 가치판단을 하지 않는다.

생성적 패러다임에 의한 연구는 오로지 새롭고 다양하게 드러나는 창조와 진화를 내용으로 하는 생성이다. 생성적 패러다임에 의한 연구는 그대로 인간과 우주를 이롭게 하는 홍익인간의 삶으로 나타난다.

지금부터 우리는 한국사상이 무엇인지 파악하기 위하여 생성적 패러다임에 의하여 고조선의 강역에서 일어났던 선사문화를 살펴보고자 한다. 먼저 암각화를 통하여 한국선사문화를 살펴보고, 이어서 홍산의 옥기를 통하여 선사문화를 살펴본 후에 마지막으로 암사동 즐문토기와 고인돌을 통하여 선사문화에 대하여 살펴보고자 한다.

1. 대곡천의 암각화와
   세 과정의 생성으로 그린 시간성

고조선 남방지역 대곡리의 반구대 암각화와 천전리의 암각화는 선사문화를 살펴볼 수 있는 좋은 자료이다. 반구대 암각화와 천전리 암각화는 시대상 선후 계승의 관계이다. 반구대 암각화는 석기시대로부터 시작하여 청동기시대로 이어지고, 천전리 암각화는 석기시대로부터 시작하여 철기시대까지 이어진다.

반구대 암각화는 고래, 사람, 사슴과 같은 현상 사물의 형태를 도구로 암각화를 제작했지만 천전리 암감화는 원방각圓方角을 비롯한 추상적인 도상을 도구로 암각화를 제작했다. 이처럼 구상적인 사고로부터 추상적인 사고로 진행되고, 그것이 언어의 사용으로 발전하는 측면에서 보면 양자가 시대적으로 계승 관계로 나타난다. 그러면 암각화를 어떻게 이해할 것인가?

선사학으로서의 고고학, 선사미술의 연구 방법은 과학이나 사회학에서 주로 사용하는 분합적分合的 방법이다. 인류학적 측면에서 선사시대의 암각화를 연구하는 학자들도 과학적 방법인 분합적 방법을 사용하여 연구한다.

엘리아데가 사용한 성과 속을 구분하여 양자의 관계를 중심으로 선사시대의 종교를 연구하고, 샤머니즘을 연구하는 방법이 그것이다. 오늘날 한국을 비롯하여 세계의 학자들은 암각화를 물건적 차원에서 분합적 방법에 의하여 연구한다.

분합적 연구 방법은 형이하적 패러다임에 의하여 선사학을 연구하고, 암각화를 연구함을 의미한다. 오늘날의 학자들은 신과 사물, 성과 속, 신과 인간, 근원과 현상의 이원론적인 세계관에 의하여 세계를 둘로 나누고, 인간 역시 정신과 육신의 이원론적 인간관을 바탕으로 암각화를 연구한다.

그러나 한국사상에서는 본체와 작용 그리고 현상이라는 삼원론적三元論的 세계관을 바탕으로 세계를 이해할 뿐만 아니라 육신과 정신의 근원인 본성이라는 근원적인 세계를 바탕으로 삼원론적 인간관을 전개한다.

본성은 인간의 관점에서는 나와 남의 구분이 없는 일체의 세계이고, 사람과 동물이 일체일 뿐만 아니라 사람과 사물이 일체이며, 사람과 세계가 일체이다. 만약 우리가 이분법적인 눈으로 우리나라의 암각화를 보면 아무런 질서가 없는 혼돈混沌으로 오해할 수 있다. 그러면 이원론적 세계관에 의한 이분법적인 사고가 어떤 문제가 있는가?

이분법적인 사고는 분석한 양자를 언제나 시비是非로 판단하여 가치상의 우열을 논한다. 우리가 이분법적인 사고에 의하여 성聖과 속俗을 나누고, 신과 인간을 나누면 반드시 양자를 가치상의 우열에 의하여 가치판단을 한다.

성과 속의 이분법적인 구조를 통하여 선사문화를 이해하고, 샤머니즘을 이해하면 선사先史 시대의 사람들이 숭배崇拜의 대상인 신을 죽이는 행위인 포경捕鯨이나 토템의 대상을 살해하는 행위를 설명할 방법이 없다.

숭배의 대상인 고래를 사냥하고, 토템의 대상을 살해함은 신을 살해하거나 먹는 행위가 아니라 숭배의 지극한 형태인 대상과 하나가 됨을 뜻한다. 그것은 자신을 버려서 상대방과 하나가 되는 것과 달리 상대방을 자신으로 주체화하여 하나가 되는 행위이다. 이처럼 양자가 하나가 됨은 상대를 가장 존경하는 겸손의 지극한 표현이다. 그러면 숭배의 대상인 신은 무엇인가?

본성의 세계를 나타내는 개념이 신이다. 개체적 측면에서 신을 나타내면 개체의 존재근거인 본성이며, 본성을 전체적 측면에서 나타내면 신神, 신성神性, 신명神明이다. 따라서 신과 본성의 차원에서는 사람과 사물은 물론 만물이 일체여서 서로의 구분이 없다.

현상의 사물은 그대로 신의 나타남이어서 어떤 사물도 신이 아님이 없다. 모든 사물에 정령이나 혼이 깃들어 있기 때문에 사물에 깃든 정령을 숭배하는 애니미즘은 이분법적인 사고에 의하여 신과 만물을 이해하는 사례이다.

공간적 관점에서 신과 만물을 객관적인 존재로서 이해하는 것처럼 시간을 인간과 구분하여 실체적 존재로 이해함은 근대의 고전역학적古典力學的 세계관에 의하여 선사문화를 이해하는 오류이다. 그러면 과학의 형이하적 패러다임을 벗어나서 선사문화, 샤머니즘을 이해하는 방법은 무엇인가?

선사문화와 샤머니즘은 형이상적 패러다임에 의하여 연구되어야 한다. 그것은 연구의 주체가 지금 여기 나의 내면의 참나인 본성이어야 함을 뜻한다. 샤머니즘의 중심에 있는 샤먼은 본성을 주체로 사는 자유로운 존재이다.

샤먼은 시간과 공간의 한계를 벗어나서 자유로운 삶을 산다. 그는 오늘날의 성인, 깨달은 사람, 붓다, 구세주, 대인, 참사람과 같은 존재이다. 샤먼은 이 세상과 저세상, 인간과 신들을 연결하는 존재가 아니다. 그는 이 세상과 저세상이 둘이 아님을 알고, 둘이 아니게 살아간다. 성인聖人, 부처, 각자覺者, 구세주救世主가 바로 샤먼이다. 그러면 샤먼의 형상을 어떻게 이해할 것인가?

  샤먼은 신이라는 대상적 존재에 의하여 잠식당하는 상태인 트랜스 상태에 빠져서 자신의 의식을 잃고 신이라는 다른 의식을 대변하는 사람이 아니다. 그런 점에서 오늘날의 영매靈媒나 채널러를 비롯한 무당巫堂은 선사시대에 인류의 지도자 역할을 하였던 샤먼과 다르다.

  오늘날의 무당은 선사시대의 샤먼이 가졌던 일부의 역할을 할 뿐으로 인류의 미래를 제시하고, 사람들로 하여금 자신의 정체성을 파악하도록 하는 각자覺者로서의 지혜를 활용하는 역할을 하지 못하고 있다. 따라서 오늘날 우리가 선사문화를 이해하기 위해서는 샤먼을 지금 여기의 나로 주체화하여 샤먼의 차원에서 생성적 패러다임에 의하여 암각화를 이해하고, 오늘날의 시대적 상황에 맞게 생성해야 한다.

가. 반구대 암각화

  한국의 암각화 가운데서 가장 오래된 선사시대의 암각화는 반구대 암각화이다. 반구대 암각화는 1971년에 처음 발견되었다. 학자들은 반구대의 암각화가 신석기 말기에 제작된 것이라고 주장한다.[12] 2025년 7월 12일 반구천의 대곡리 암각화와 천전리 명문과 암각화[13]는 유네스코 세

---

12 이하우, 『한국 암각화의 祭儀性』, 학연문화사, 2011, 142-194.
13 이 부분은 이현중의 [고조선철학], 문진, 2019, 76-96을 수정하고 보완했다.

계유산으로 등재되었다. 그러면 암각화는 어떤 목적에서 어떤 사람들이 제작했는가?

  그동안의 암각화를 연구한 성과들은 암각화 자체를 중심으로 암각화의 성격, 특성, 내용을 이해한 경우와 암각화에 나타난 샤먼을 중심으로 샤먼에 의하여 나타난 세계를 그린 그림으로 이해하는 경우로 나눌 수 있다.[14]

  그러나 암각화와 암각화의 주인공인 샤먼은 둘이 아니다. 샤먼이 아니면 암각화가 있을 수 없고, 암각화가 없다면 샤먼이 어떤 존재인지 알 수 없다. 따라서 샤먼과 암각화가 둘이 아닌 차원에서 암각화가 이해되어야 한다. 그러면 제3의 사람들이 샤먼을 기념하기 위하여 그린 그림인가?[15]

  암각화를 제작한 사람이 주인공과 다른 샤먼이거나 암각화의 주인공의 세계를 이해할 수 있는 사람이어야 한다. 따라서 제3자가 샤먼의 공을 기념하기 위하여 그린 그림이라고 해도 여전히 샤먼이 중심에 있다. 그러면 샤먼과 암각화를 어떻게 이해할 것인가?

  주체와 객체를 나누어서 객체인 암각화를 분석하거나 주체인 샤먼을 분석하고, 암각화와 샤먼을 유기적인 관계로 이해하더라도 주객의 이분법적인 사유에 의하여 암각화와 샤먼을 이해하면 시공의 현상을 벗어나지 못한다.

  암각화를 주인공인 샤먼을 중심으로 이해하는 사람들은 의식을 중심으로 샤먼을 이해한다. 암각화의 그림이 나타내는 샤먼의 트랜스 상태를 의식으로 이해한다. 그러나 암각화에 나타난 샤먼은 의식을 넘어 형이상

---

14 장석호, 「이미지의 마력 대곡리 암각화의 세계」, 역사공간, 2017, 204-234.
15 장석호, 앞의 책, 348-352.

의 본성에 차원에 이른 사람이다. 따라서 기존의 암각화를 연구하는 방법으로는 본래면목을 파악할 수 없다.

새의 머리에 사람의 몸을 하거나 사슴의 뿔을 가진 머리와 새의 깃털을 가지 몸통 그리고 곰의 발을 한 하이브리드 형상의 사람은 이상적 인격체인 샤먼을 나타낸다. 하이브리드 형상의 샤먼은 구석기시대부터 현대에 이르기까지 계속 나타난다. 그러면 샤먼은 어떤 존재인가?

샤먼은 선사시대부터 현대에 이르기까지 이상적인 인격체를 가리키는 개념이다. 그는 지혜의 측면에서는 깨달은 각자覺者이고, 자비의 측면에서는 자비慈悲의 화신化身이며, 사회의 측면에서는 정치적인 지도자이고, 종교적인 지도자인 동시에 교육자이다. 따라서 샤먼을 그린 암각화는 그들의 업적을 기리기 위하여 제작되었다.

이 지역에서 이루어지는 고래 사냥은 삶의 중요한 일과였다. 고래 사냥은 오로지 사냥철이 되어야 가능하다. 그때는 전국의 사람들이 울산에 모였다. 그들은 이곳에 모여서 고래 사냥에 관한 정보를 공유하고, 서로 힘을 합하여 많은 고래를 잡기를 기원하였으며, 사냥이 끝나면 잡은 고래를 공평하게 배분하고, 죽은 고래들의 영혼을 달래는 의례를 했다.[16]

고래 사냥을 시작하고 마치는 과정에서 함께 했던 여러 지역의 사람들은 행사의 내용을 그림으로 기록하여 남기고자 했다. 이처럼 반구대의 암각화는 여러 지역의 사람들이 함께 모여 공유했던 삶의 흔적이다. 따라서 반구대 암각화를 통하여 당시 사람들의 세계관, 가치관, 인간관을 살펴볼 수 있다. 그러면 반구대 암각화만으로 그것이 가능한가?

---

16 이하우, 앞의 책, 2011, 410.

암각화를 제작한 사람들은 암각화를 그릴 수 있는 바위 벽면을 찾았을 뿐만 아니라 의례를 함께 할 수 있는 장소를 찾았다. 피라미드형의 산이 있고, 그 산을 휘돌아서 아홉 굽이의 태화강太和江 물이 흐르며, 바위산과 물이 만나는 위쪽에 움푹하게 들어간 평평한 바위에 암각화가 있다.

산과 계곡의 물, 햇빛이라는 공간적인 요소에 시간의 흐름이 더해져서 정지된 암각화는 생명을 갖는다. 암각화는 시간의 흐름에 따라서 달리 나타나는 모습을 통하여 변화의 세계를 나타낸다. 그러면 암각화는 오로지 변화의 현상을 나타내는가?

암각화의 변화는 빛이 없는 밤에는 나타나지 않았다가 아침 햇살을 받아서 살아나고, 많은 비가 내려 물에 잠기면 나타나지 않았다가 물이 빠지면 다시 나타나는 현상에서 극치를 이룬다. 밤이 되어 어둠 속으로 암각화가 사라짐은 생명의 소멸인 죽음이다. 그러나 아침이 되고, 물이 빠지면 암각화는 부활한다.

죽음이 소멸이 아니며, 부활도 죽었다가 살아남이 아니다. 이처럼 암각화는 생명의 생성으로 지속되는 영원한 경지이자 시간성을 나타낸다. 그러면 시간성은 무엇인가?

암각화는 암각화 홀로 존재하지 않는다. 암벽과 암벽을 가진 산, 샤먼, 암각화를 제작할 수 있는 기술을 가진 사람, 그리고 그려진 암각화를 읽을 수 있는 사람이 하나가 되어 나타난 사건이 암각화라는 하나의 개념으로 표현된 사건이다.

시간성이 시간으로 나타나고, 산, 벽면, 계곡, 물, 샤먼, 사람의 관계가 암각화의 제작과 이해라는 사건으로 나타난다. 우리는 사건을 대상화여 과거의 샤먼과 지금의 나, 암각화, 산, 계곡과 같은 물건으로 나타낸다.

암각화의 제작이라는 사건은 자연과 인위의 두 측면을 넘어서면서도 자연과 인위를 벗어나지 않는다. 암각화의 제작자들은 산과 바위, 사람, 고래, 사슴, 호랑이, 멧돼지를 비롯하여 온 세계의 모든 존재가 끊임없이 변화하는 생명의 연속적인 흐름임을 나타내기 위하여 가장 완벽한 장소를 찾았다.

그들은 산과 암벽, 계곡의 물 그리고 햇빛의 변화를 통하여 암각화에 생명을 불어넣고자 했다. 생명을 가진 암각화를 그리기 위한 첫 번째의 조건은 암각화를 중심으로 아래의 물, 땅과 위의 바위산, 하늘의 상중하의 구조를 가진 암벽의 선택이다.

암각화를 그릴 수 있는 암벽의 선택은 암각화를 중심으로 그 위의 산, 하늘이 상징하는 세계와 바위그림의 세계 그리고 바위그림 아래의 평평한 바위, 물, 땅이라는 세 차원의 공간적 구조를 나타낸 것이다.

암각화를 그릴 수 있는 암벽을 선택한 암각화의 제작자는 공간적 세 차원을 바탕으로 암각화를 그려서 과거와 현재, 미래라는 시간의 세 양상에 따라서 다양하게 변화하여 고정됨이 없는 세계를 나타냈다. 이처럼 암각화의 제작자는 물리적 시간의 세 양상을 대상화하여 암각화라는 물건적 존재로 나타냄으로써 공간적 하늘과 땅 그리고 인간이라는 세 차원을 창조한다. 그러면 암각화와 주변 환경의 관계에서 나타나는 변화의 세계관이 반구대 암각화에서는 어떻게 나타나는가?

반구대의 암각화에는 253점의 그림이 그려져 있다.[17] 그 가운데 고래가 가장 많고, 거북이와 같은 물고기들과 호랑이, 사슴, 멧돼지를 비롯한

---

17 이하우, 『불후의 기록 대곡천의 암각화』, UUP, 2021, 322.

육지 짐승들 그림이 있으며, 사람의 그림이 있고, 배, 그물과 작살과 같은 도구들의 그림도 있다.

암각화를 조사한 학자들은 서로 섞인 그림들을 분류하고 동일한 분류에 속한 그림들의 공통성을 추출하는 분합에 의하여 이해하고 설명한다. 그들은 그림의 제작 기법에 따라서 여러 층으로 분류하고[18] 그것을 바탕으로 제작 시기를 추산한다.[19]

그러나 이미 그려진 그림 위에 그림을 겹쳐서 그리는 덧그림이 있어서 제작 기법에 의하여 분류하는 의미가 없을 뿐만 아니라 결정적으로 그림이 상징하는 내용은 제작 기법에 의한 분류로 드러나지 않는다. 따라서 현재의 모습을 그대로 유기적인 관계를 가진 하나의 전체로 이해하는 것이 필요하다. 그러면 암각화를 어떻게 이해할 것인가?

학자들은 반구대 암각화를 당시의 생활상을 구체적으로 그린 그림으로 이해하거나 샤먼이 트랜스가 된 상태에서 본 세계를 그린 그림으로 이해한다. 샤먼의 트랜스 상태는 자신의 의식을 놓아버리고 다른 의식에 점령당한 상태다.

두 경우는 모두 주체와 객체를 구분하여 양자의 어느 하나의 측면을 중심으로 분석하는 탐구적 방법이다. 그것은 형이하적 패러다임에 의하여 인식 주체로서의 나와 대상으로서의 세계를 물질로 보는 유물론적 세계관에 의하여 나 역시 육신이라는 물질로 이해하는 유물론적 인간관을 바탕으로 전개된다.

그러나 주체와 객체로 분석하기 시작하여 나를 대상으로 분석하고, 세

---

18 이하우, 앞의 책, 2011, 57-67.
19 이하우, 앞의 책, 2011, 162-171.

계를 대상으로 분석하여 나와 남, 세계, 사물이 실재한다고 여기는 것은 의식에 의하여 구성된 허구일 뿐으로 실재하지 않는다.

오늘날 무당들은 의례를 행하면서 나무를 꽂고 그것에 9줄이나 19줄 또는 29줄을 그은 후에 그것을 넘는 퍼포먼스를 한다. 이는 접신이 되지 않은 상태에서 하는 일종의 행위 예술이다. 이와 달리 접신接神이 된 무당은 신을 받아들여 말과 뜻을 전달하는 도구가 된다. 이는 샤먼이 사는 삶의 방식과 다르다. 그러면 우리는 어떻게 암각화를 연구해야 하는가?

암각화의 연구는 연구자가 암각화를 분석하는 일방적인 행위가 아니다. 그것은 암각화를 통하여 제작자와 연구자가 서로 소통하는 과정이다. 이처럼 소통으로서의 암각화의 연구는 샤먼과 연구자가 둘이 아닌 본성의 차원에서 이루어지는 현재적 사건이다.

암각화 연구의 중심에 샤먼이 있다. 샤먼의 형상에 따라서 암각화에 등장하는 동물의 종류, 모습, 자세 역시 달라진다. 따라서 암각화는 샤먼을 중심으로 이해되어야 한다.

세계의 암각화를 보면 내적인 상태를 중심으로 그려진 샤먼과 외적인 상태를 중심으로 그려진 샤먼이 있다. 내적인 상태가 중심인 샤먼은 손과 발을 쭉 뻗고 두 손가락과 두 발가락이 모두 드러난 상태로 정면을 향하고 있다. 이와 달리 외적인 상태가 중심인 샤먼은 새의 머리와 사람의 몸통, 곰의 발과 같이 여러 형태가 결합이 하이브리드 형상이다.

반구대 암각화에는 여러 자세의 샤먼과 하이브리드 형상의 샤먼이 모두 나타난다. 정면을 향하여 방향에서 좌우로 손과 발을 모두 뻗고 있는 형상의 샤먼과 밖을 향하여 서 있는 측면의 샤먼 그리고 하이브리드 형상의 샤먼 그리고 역삼각형의 얼굴 형상의 샤먼은 각각 상징하는 의미가 다르다.

　암각화 가운데서 여러 조각으로 나누어져서 샤먼을 비교할 수 없는 왼쪽 부분과 오른쪽 부분을 제외하면 가운데 부분이 남는다. 가운데 부분을 샤먼의 형태를 중심으로 나누면 다음과 같이 셋으로 구분할 수 있다.

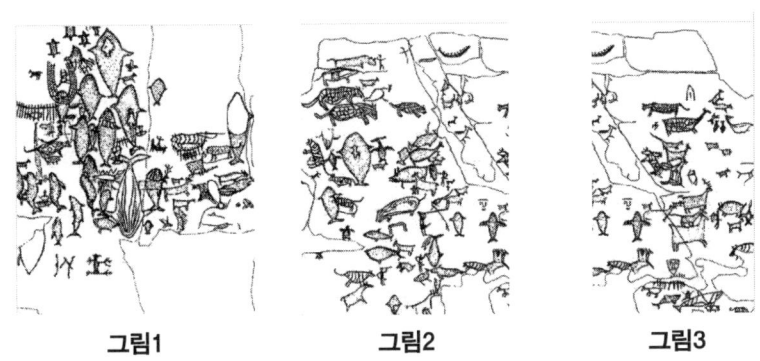

그림1　　　　　그림2　　　　　그림3

　그림1의 위와 아래에 샤먼이 있다. 위의 샤먼은 오른손을 눈 위로 들고 멀리 쳐다보는 형상이고, 아래의 샤먼은 두 손과 두 발을 손가락과 발가락이 모두 드러나도록 뻗고 있는 형상이다.

　그림2를 보면 역시 위와 아래에 샤먼이 있다. 위의 샤먼은 새의 머리에 사람의 몸통을 가진 하이브리드 형상[20]이고, 아래의 샤먼은 왼손에 도구를 들고 서서 앞을 바라보고 있다. 이와 달리 그림3에서는 샤먼이 역삼각형의 얼굴과 짐승을 향하여 활을 쏘는 모습으로 나타난다. 그러면 세 부분의 샤먼은 무엇을 의미하는가?

　그림1의 아래에 나타나는 샤먼은 손발을 모두 드러내고 반듯하게 누워있다. 그는 태어날 때와 같이 아무것도 걸치지 않은 벌거벗은 상태이

20　장석호, 앞의 책, 323-347.

제1부 선사문화와 역문화　43

다. 그가 온몸을 다 드러내고 있지만 몸의 다른 부분은 세세하지 않다.

그러나 두 손의 손가락과 두 발의 발가락을 모두 그리고 있다. 그림1에서는 샤먼의 두 손의 손가락 10개와 두 발의 발가락 10개를 합한 20개가 모두 나타난다. 손가락은 셈을 하는 도구이다. 손은 물건을 셈을 칠 뿐만 아니라 수를 셈을 쳐서 물리적 시간을 나타낸다. 따라서 두 손의 열 손가락을 모두 펴고 있음은 셈을 치는 것을 멈추었음을 뜻한다. 바로 사고를 멈춘 고요한 상태를 나타낸다. 그러면 발가락은 무엇을 상징하는가?

발은 신을 신고 걸음을 걸어서 이곳에서 저곳으로 이동한다. 따라서 두 발의 열 개의 발가락이 모두 펴져 있음을 발을 움직이지 않음을 뜻한다. 이처럼 발의 움직임이 없음을 통하여 몸의 움직임이 없음을 뜻한다. 그러면 몸과 마음이 움직이지 않음은 무엇을 의미하는가?

사람은 잠에서 깨어나서 의식이 돌아오면 눈, 귀, 코, 혀, 몸, 뜻이 모두 밖의 대상을 따라서 분별 작용을 한다. 이처럼 밖으로 향하는 의식을 돌려서 안으로 향하게 하여 내면에 집중하면 마음이 일어나고 사라지는 것을 지켜본다.

마음이 밖을 향하여 형상과 이름을 따라가지 않고 내면에 집중하는 상태를 나타내는 것이 손과 발을 모두 뻗고 누워있는 상태의 샤먼이다. 이처럼 마음을 자신의 내면에 집중하면 분별하는 마음이 사라지고 고요해진다.

오늘날의 학자들은 선정禪定의 상태라고 말하기도 하고, 트랜스 상태에 빠졌다고 말하기도 한다. 이처럼 마음의 분별 작용이 멈추면 기멸起滅하는 생각의 흐름을 통하여 기멸起滅하는 생각으로 나타나기 이전의 근원을 자각한다. 이처럼 선정의 상태에서 이루어지는 본래면목의 자각을 견성見性, 지성知性이라고 말한다. 따라서 아래의 샤먼은 형이하의 시공, 현상의 사물을 벗어난 형이상의 경지인 본성을 나타낸다.

그런데 본성은 세계, 우주의 신성神性과 둘이 아니다. 이 신성은 시간을 따라서 다양한 사건으로 나타나는 시간의 근원인 시간성이다. 따라서 암각화의 샤먼은 시간성을 다양한 관점에서 나타낸다. 그러면 위의 샤먼은 무엇을 상징하는가?

그림1 위의 샤먼은 손을 눈앞에 올리고 가리개를 만들어 멀리 쳐다보고 있다. 이는 감각기관을 통하여 밖의 사물, 현상의 시공을 지각하는 모습을 상징한다. 그러면 위와 아래의 샤먼은 어떤 관계인가?

암각화를 위로부터 아래의 방향으로 보고, 좌측으로부터 우측으로 보면 위의 샤먼은 일상의 상태를 나타내고, 아래의 샤먼은 일상을 벗어난 선정 상태이다.

그림1에 나타나는 윗부분의 샤먼이 나타나는 현상의 변화로부터 시작하여 그것을 초월하여 변화의 근원을 나타내는 아랫부분의 샤먼이 나타내는 경지에 이르는 과정을 나타낸다. 그러면 변화의 현상으로부터 현상의 근원을 찾는 과정은 무엇인가?

위의 샤먼으로부터 아래 샤먼으로의 변화는 현상에서 시작하여 근원에 이르는 생성의 과정이다. 아래의 샤먼이 나타내는 내면의 선정禪定을 통하여 드러나는 경지는 인간과 밖의 세계가 둘이 아니면서도 끊임없는 변화로 자신을 드러내는 시간성이다. 시간성은 시간의 근원인 형이상적 경지이다. 그러면 그림2에서 나타나는 두 사람의 샤먼은 어떤 관계인가?

그림2 위의 샤먼은 새의 머리에 사람의 몸을 한 하이브리드 형상이고, 아래 샤먼은 손을 들어 눈가리개를 만들거나 손에 든 도구를 활용하여

제1부 선사문화와 역문화 **45**

멀리 관찰하고, 활을 쏘는 형상이다. 이처럼 그림2의 샤먼은 하이브리드 형상으로부터 시작하여 일상의 삶을 사는 샤먼으로 변화한다.

새는 공간을 초월하고, 시간을 벗어난 시간성의 세계를 상징하며, 몸은 시간성이 드러난 시간을 상징하다. 그러므로 새의 머리와 사람의 몸이 결합한 형상은 시간성과 시간이 둘이 아님을 상징한다.

그리고 밖을 관찰하는 두 명의 샤먼은 시간을 대상화하여 나타내는 물건의 세계를 상징한다. 이를 통하여 그림2가 시간성과 시간이 둘이 아닌 경계가 현상의 물건으로 드러남을 상징함을 알 수 있다. 그러면 그림3의 샤먼은 무엇을 상징하는가?

그림3의 샤먼은 역삼각형의 얼굴과 짐승을 향하여 활을 쏘는 형태로 나타난다. 얼굴은 짐승과 활 그리고 활을 쏘는 사람과 같이 서로 나누어지는 물건이다. 그러면 왜 얼굴로 샤먼을 나타내는가?

사람의 몸은 분석하여 얼굴과 몸통, 사지로 나눌 수 있다. 이러한 분석은 의식에 의한 구분이다. 이때 몸을 구성하는 손, 손을 구성하는 손가락처럼 부분이 몸이고, 몸이 손이다. 이처럼 현상의 물건적 세계는 부분이 전체이고, 전체가 부분이어서 전체와 부분이 둘이 아니다. 활을 쏘는 형상의 샤먼 역시 물건적 세계를 상징한다. 그러면 왜 삼각형의 얼굴인가?

그림2의 동물들은 모두 좌우와 상하를 향하고 있다. 좌우와 상하의 방향을 직선으로 연결하면 사각형이 된다. 이 사각형은 공간을 상징하는 도형이다.

그러나 삼각형은 인간을 상징한다. 삼각형과 사각형의 관계를 파악하기 위해서는 그림1이 상징하는 세계를 살펴보지 않을 수 없다.

그림1에서는 현상의 변화를 통하여 변화가 없는 변화의 근원을 상징

한다. 변화하는 세계는 물건적 변화와 사건의 변화로 구분할 수 있다. 물건적 변화는 사건적 변화를 객관화하여 대상적으로 표현한 것이다. 따라서 물건적 변화의 바탕에는 사건적 변화가 있다. 그러면 사건적 변화는 어떻게 이루어지는가?

시작과 끝으로 구분하여 양자의 간극을 메꾸는 사건의 연속을 통하여 나타내는 사건적 변화의 근원은 시간성이다. 시간성은 사건에 의하여 나타내는 시간의 근원인 형이상적 경지이다. 그러면 시간성은 어떤 도형을 통하여 나타내는가?

그것은 그림1을 하나의 도형으로 압축하여 나타내면 무엇인가의 문제이다. 시간의 관점에서 보면 하나의 원주 위의 점과 같이 시작과 끝이 있는 것 같지만 서로 연결되어 구분할 수 없다. 그것이 바로 물리적 시간의 특성을 상징한다.

시간성은 원주에서는 나타나지 않은 중심의 점이다. 이 하나의 점이 밖을 향하여 등거리로 확산하면 원주가 되고, 원주를 다시 압축하면 하나의 점이 된다. 원주와 중심점을 비교하면 원주는 시간이고, 중심점은 시간성이다. 이처럼 원과 중심점이 둘이 아님을 통하여 원주가 나타내는 시간과 중심점이 나타나는 시간성이 둘이 아닌 영원한 현재를 나타낸다.

그림1을 추상화하여 도상으로 나타내면 원이 된다. 이러한 영원한 현재를 나타내는 원형은 천전리 암각화에서 여러 형태로 나타나고, 홍산의 옥기에서 독립된 하나의 도형으로 나타난다. 영원한 현재를 객관화하여 대상적 사물로 나타내면 하나의 사각형이 된다.

사각형은 원과 그 중심점이 같다. 그러나 겉으로 드러난 형태는 원과 사각형이 서로 다르다. 사각형은 시간성을 대상화, 객관화여 물건적 세계로 나타내면 공간성과 공간이 됨을 상징한다. 따라서 원과 같은 사각형의 중심점은 공간성인 동시에 시간성이다. 그러면 그림3은 무엇인가?

　삼각형은 영원한 현재를 대상화함으로써 드러나는 물건적 세계를 나타낸다. 현상은 하나가 아닌 물건적 세계이다. 물건의 다양성은 시간성과 공간이 하나가 되어 나타난 인간성이자 본성에 의하여 나타난다. 그것을 삼각형에 담긴 샤먼의 얼굴로 상징한다. 그러면 샤먼의 형상과 동물들의 그림은 어떤 관계인가?

　샤먼이 상징하는 세계는 동물의 형상에서도 다양한 형태로 나타난다. 그림1에 등장하는 동물들은 고래, 거북이, 가마우지이다. 이들은 모두 육지와 바다 그리고 하늘을 날 수 있는 동물이다. 가마우지가 바다와 육지, 하늘을 날고, 고래와 거북이가 바다와 육지에서 사는 것은 모두 샤먼이 형이상의 근원과 형이하의 현상을 두루 오고 감을 상징한다. 형이상의 근원, 시간을 초월한 시간성, 영원의 경지는 망아경忘我境에 빠진 샤먼을 통하여 나타내고, 형이하의 현상, 시공, 사물의 세계는 감각기관에 의하여 지각하는 샤먼에 의하여 나타낸다. 그러면 세 부분의 동물은 그것을 어떻게 나타내는가?

　그림1의 고래, 거북이는 모두 위쪽을 향해 뛰어오르고 있다. 이와 함께 고래 안에 새끼 고래가 보이고, 배를 타고 가는 사람들이 보이며, 그물 안에 있는 형상을 분간할 수 없는 생명체가 있다.

　배는 바다를 이용하여 이곳에서 저곳으로 공간을 이동하는 도구이다. 배를 타기 이전의 땅과 배를 타고 물을 건너서 도달한 땅은 서로 다르다. 두 가지의 땅은 육신의 감각에 의하여 지각하는 형이하의 현상의 세계와 본성을 통하여 도달하는 형이상의 경지를 상징한다.

물을 건너서 도달하는 경지는 공간적 하늘과 땅에 의하여 나타내기도 한다. 하늘을 향하여 뛰어오르는 고래와 위를 향하여 가는 거북, 가마우지, 배를 타고 건넘은 분별심에 의하여 나타나는 시간의 세계, 공간의 세계를 벗어나서 영원의 경지를 향함을 뜻한다. 그러면 그물 안의 생명체는 무엇을 상징하는가?

그물은 세계를 나타내는 범주인 시간과 공간을 나타낸다. 따라서 그물에 잡힌 물고기, 동물은 시공의 현상에서 살아가는 사물을 가리킨다. 그러면 양자는 어떤 관계인가?

선정의 상태에 있는 샤먼의 위에는 아래를 향하여 내려오는 고래가 보인다. 고래의 모습을 보면 줄이 그어져 있다. 이는 사실적 차원에서는 줄무늬고래이다. 그러나 형이상적 측면에서는 투명한 세계인 형이상적 경지를 상징한다.

위로 향하는 고래, 거북이, 배, 그물이 형이하의 시공으로부터 출발하여 시공을 초월한 영원의 세계를 찾는다면 이와 달리 아래를 향하는 고래는 형이상의 근원에 도달한 경지를 상징한다. 그림1의 아래를 향하는 고래가 투명하게 처리된 것처럼 위로 향하는 고래 몸의 대부분이 투명하게 처리되어 있다. 그리고 네 발의 동물들도 내장이 투시되거나 비어 있다. 이를 통하여 안팎, 내외, 상하가 둘이 아닌 경계를 나타낸다.

형이상과 형이하의 관계를 나타내는 또 하나의 그림은 고래 안에 있는 새끼 고래이다. 이 그림은 위로 향하는 고래 안에 작살이 박혀 있는 그림과 함께 이해할 필요가 있다. 그러면 이 두 그림이 상징하는 의미는 무엇인가?

위로 올라가는 고래가 도달하는 곳은 현상을 초월한 형이상의 경지이다. 위를 향한 큰 고래의 안에 있는 작은 고래는 큰 고래의 새끼이다. 형이상의 근원을 상징하는 어미 고래 안의 형이하의 현상을 상징하는 새끼 고래가 잉태되어 있다. 이는 형이상과 형이하가 근원과 지말의 관계이면서 일체임을 뜻한다.

위로 향하는 고래의 몸 안에 있는 작살은 생사의 차원에서 보면 이미 죽은 고래를 위로하는 그림이다. 그러나 죽은 고래는 바다에 떠 있거나 사람에 의하여 물 밖의 땅으로 운반되어야 한다. 따라서 이 고래는 살아 있는 고래이다.

살아서 위로 뛰어오르는 고래의 몸에 붙은 작살은 어미 고래의 안에 있는 새끼 고래와 같다. 작살에 의하여 위로 뛰어오르는 고래가 죽고, 죽은 고래는 다시 작살에 이끌려서 사람으로 와서 사람의 몸의 일부가 되어 새롭게 탄생한다. 이처럼 다양하게 드러나는 시공을 나타내는 것이 고래의 작살이다.

그림1은 밖을 향한 감각지각이 멈추었을 때 바로 죽음의 상태로 표현된 시공을 벗어난 세계, 형이상의 차원이 열림을 나타낸다. 우리가 밖의 대상 세계를 지금 여기의 나로 주체화하여 내면을 향할 때 비로소 안과 밖이 없는 영원한 경계를 스스로 느끼게 된다.

시간과 공간을 중심으로 이 부분을 이해하면 물건적 세계를 건너서, 시간의 세계에 이르고, 시간의 세계를 넘어서 시간성이라는 영원의 세계에 도달한다. 따라서 그림1에서는 시간을 벗어난 영원한 세계인 시간성의 경지를 상징적으로 나타낸다. 그러면 그림2는 어떤가?

그림2에서 나타나는 동물은 고래보다는 육지 동물들이 더 많다. 그리고 나타나는 고래의 모습도 그림1의 고래 모습과 다르다. 그림2의 고래

는 위로 향하고, 아래로 향하며, 오른쪽으로 향하고, 왼쪽으로 향하여, 상하와 좌우의 사방을 향하여 나가고 있다.

그림2의 특징은 네 발의 짐승에서도 나타난다. 그들 대부분이 모두 상하와 좌우를 향하여 네 발로 걷고 있다. 그리고 고래도 상하와 좌우를 향하여 헤엄친다. 이와 더불어 두 발로 선 호랑이 역시 형이상과 형이하의 상하와 나와 남, 세계라는 안팎이 둘이 아님을 상징한다.

그림2의 내용은 샤먼에서 잘 드러난다. 그림2의 위의 샤먼은 새 머리와 사람의 몸통이 결합되어 있다. 이는 근원, 시간성, 형이상과 시간, 형이하, 현상이 둘이 아님을 상징한다. 그리고 몸을 곧추세우고 밖을 향하는 샤먼은 형이하의 현상, 시공의 세계를 상징한다. 이를 통하여 그림2는 형이상의 영원, 시간성으로부터 나타난 현상의 세계인 시간을 상징함을 알 수 있다. 그러면 그림3은 무엇을 상징하는가?

그림3의 샤먼은 역삼각형을 한 하나의 얼굴로 나타난다. 얼굴은 몸 가운데 일부로 전체는 아니다. 그것은 시간성이라는 근원, 형이상이라는 측면이 배제되었을 뿐만 아니라 마음이 배제되고, 육신 가운데서도 오직 얼굴만이 나타남을 뜻한다. 그러면 이것이 무엇을 상징하는가?

그림3에 나타난 얼굴은 몸을 나타내는 얼굴이고, 마음과 몸을 나타내는 얼굴이며, 우주를 나타내는 얼굴이고, 현상의 근원인 형이상의 시간성을 상징하는 얼굴이다. 이는 현상의 수많은 물건이 모두 전체를 나타냄을 뜻한다.

역삼각형의 형태를 띤 샤먼의 얼굴은 공간적 관점에서는 전체와 부분, 근원과 현실이 둘이 아님을 상징하고, 시간적 관점에서는 시간성과 시간, 영원과 순간이 둘이 아님을 상징한다. 그러면 앞의 두 부분과 어떻게 다른가?

　앞의 두 부분이 시간성과 시간을 중심으로 형이상과 형이하, 근원과 현상이 둘이 아님을 나타내는 것과 달리 그림3은 현상의 물건을 통하여 양자가 둘이 아님을 나타낸다. 이 부분에서 보이는 배 역시 형이상과 형이하, 근원과 현실이 둘이 아닌 차원을 바탕으로 전개되는 물건적 현상을 가리킨다.

　그림3에는 한 마리의 자라와 고래가 있고 나머지는 모두 네발의 짐승이다. 네발의 짐승은 공간의 세계를 상징한다. 공간은 상하와 좌우의 직선을 서로 연결하여 형성된다. 이는 공간의식이 상하, 좌우로 확장하여 공간이 전개됨을 뜻한다.

　그리고 동물들은 좌우를 향하고 있고, 투명한 짐승과 겉모습만을 가진 동물들이 반반씩 섞여 있다. 이처럼 그림3에서 비로소 사각형과 삼각형이 나타난다. 그러면 세 부분으로 나누어서 분석한 암각화의 전체 내용은 무엇인가?

　반구대 암각화는 사람과 동물의 모습이 변화함을 통하여 시간성이 시간으로 화하고, 다시 물건으로 화하여 현상에서 드러나는 변화의 세계를 나타낸다. 생장성의 세 단계에 의하여 끊임없이 새롭고 다양한 모습을 나타내는 동시에 소멸하는 변화의 세계가 반구대 암각화에서 표현되고 있다. 그러면 단순하게 반구대 암각화만이 그런가?

　암각화는 일정한 장소에 있다. 그러나 암각화의 위치와 주변의 환경이 하나가 되어 시간의 흐름에 따라서 다양한 모습으로 나타난다. 그것은 암각화를 그린 사람들이 시간의 흐름에 따라서 다양한 모습으로 나타나는 변화를 염두에 두고 장소를 찾아서 그림을 그렸음을 뜻한다. 그것은 이미 그들이 생성적 패러다임에 의하여 영원한 현재의 삶을 살았음을 보여준다.

감각지각에 의하면 오로지 형상의 변화만 보이지만 형이상의 경지에 이른 샤먼의 눈에는 변화의 근원인 시간성과 그것이 나타난 시간이 둘이 아닌 영원한 현재가 나타난다.

샤먼의 지도를 받으면서 사는 사람들은 샤먼이 영원한 현재를 살았음을 안다. 그러므로 암각화를 제작한 사람들은 샤먼의 삶을 따라서 암각화의 제작이라는 사건을 통하여 생성적 삶을 보여준다.

샤먼과 그들과 함께 살아온 선사인들은 샤먼의 삶을 공유하였다. 그리고 암각화가 계속 제작되면서 샤먼에 의하여 시작된 영원한 현재적 삶, 매 순간 다양하고 새로운 미래를 창조하고 진화하는 생성적 삶은 다른 사람들에 의하여 계속되었다.

샤먼이라는 우주의 중심, 세계의 중심과 그가 서 있는 자리로서의 반구대를 통하여 나타나는 세계의 현현顯現이 고래, 호랑이, 사슴, 돼지, 거북이를 비롯한 여러 동물과 배, 그물과 같은 도구로 나타났다.

현상적 패러다임에 의하면 배와 그물은 산 생명인 고래를 잡아서 죽이는 도구이다. 그것은 의식에 의하여 나와 남을 분별하는 삶이 죽음의 세계임을 뜻한다.

그러나 분별이 그대로 죽음이 아니고, 죽음이 그대로 죽음이 아니다. 죽음이 다시 새로운 생명을 낳듯이 분별은 새로운 세계, 새로운 생명을 창조하는 씨와 같다. 이것이 생성적 패러다임이다.

반구대암각화는 샤먼에 의하여 하나의 세계가 다양하게 드러남을 세 차원으로 나타내고 있다. 그 세 차원은 훗날 하늘과 땅 그리고 인간으로 문자화하여 나타낸 세 가지의 차원, 세 가지의 세계이다. 그것을 공간적 관점에서 나타내면 상중하가 되는 동시에 가운데와 좌우가 된다. 그러면 왼쪽으로부터 시작하여 가운데 그리고 끝으로 연결되는 세 부분에 의하여 구성된 반구대 암각화가 무엇을 상징하는가?

상중하의 세 차원의 관계를 하나의 차원에서 나타내면 가운데를 중심으로 그 좌우에 각각 서로 다른 동물들을 배치하여 그림을 그릴 수 있다. 그림의 형상을 중심으로 이해하면 바다 동물 그 가운데 고래 중심의 그림이 그려진 왼편과 바다 동물과 육지 동물이 섞인 가운데 그리고 육지 동물이 중심이 된 오른편으로 구분할 수 있다. 그러면 반구대 암각화를 통하여 나타나는 사상은 무엇인가?

우리는 대곡리 암각화를 지금 여기의 나로 주체화하여 하나의 의미체로 이해한다. 그것은 암각화를 구성하는 각각의 그림과 그림이 하나의 의미를 상징하는 요소가 되어 전체가 하나의 의미를 담고 있는 의미체가 됨을 뜻한다. 그러면 그림1, 그림2, 그림3을 모아서 전체의 암각화가 상징하는 의미를 찾아보자.[21]

그림4 반구대 암각화(울산대학교 반구대연구소)

---

21   반구대 암각화(울산대학교 반구대연구소)

위의 그림에서 하늘을 향하는 고래의 모습은 살아 있는 생명들이 지향하는 이상을 나타낸다. 그것은 이상을 지향하는 활동이 생명현상임을 나타낸다. 이와 반대로 아래로 향하는 고래의 모습은 하늘을 향하는 방향과 반대인 점에서 이상을 향한 작용과 다른 이상이 현실로 나타나는 작용을 상징한다.

이는 형이상적 시간이 물리적 시간으로 나타나는 물리적 시간의 생성과 물리적 시간이 형이상의 근원인 시간성으로 화하는 생성이 둘이 아닌 영원한 현재를 나타낸다. 그러면 반구대 암각화의 시간관을 구체적으로 살펴보자.

반구대 암각화는 세 차원으로 구분된 공간을 바탕으로 전개된다. 이때 세 차원은 물리적 공간의 상중하를 나타내기도 하지만 시간상으로는 과거와 현재 그리고 미래의 세 양상 혹은 생장성을 나타낸다.

생장성은 시간성이 시간으로 화하는 생성인 동시에 시간이 시간성으로 화하는 생성이다. 형이상의 시간성과 형이하의 시간이 둘이 아닌 생성 그것이 영원한 현재이다.

영원한 현재는 물리적 시간을 초월하기 때문에 영원하며, 영원이 현상으로 드러난 현재이기 때문에 영원과 다르다. 영원한 현재는 영원하기 때문에 물리적 현재와 다르며, 현재이기 때문에 물리적 시간을 넘어선 영원과 다르다. 그러므로 형이하의 물리적 시간과 형이상의 시간성이 하나가 된 경지를 영원한 현재라고 말한다.

영원한 현재는 문자를 통하여 신神, 신명神明으로 나타낸다. 이와 더불어 무명無名, 무언無言, 여여부동如如不動과 같이 다양한 개념으로 나타내지만 분별과 무분별이라는 상대성을 벗어나고, 절대성마저도 벗어난 중中,

중도中道의 차원이다.

나. 천전리 암각화

울산시 울주군 두동면 천전리 산20번지의 대곡천 물가에 있는 천전리 암각화는 1970년 동국대학교 박물관 학술조사단에 의하여 발견되었으며, 1971년 두 차례의 조사가 있었고, 1973년에 국보 제147호로 지정되었다.

이전에는 울주 천전리 각석으로 불렸으나 2024년에 울주 천전리 명문과 암각화로 공식 명칭이 지정되었다. 천전리 명문과 암각화는 병풍처럼 앞으로 약간 기울어져서 병풍처럼 세워진 바위에 그림을 그렸기 때문에 병풍바위 그림이라고 부르기도 한다.

암각화가 새겨진 바위 면은 지질학적으로 중생대 경상 누층군 대구층에 해당하는 붉은색 셰일로 이루어져 있다. 암각화의 면이 약 15도 아래로 기울어져 있고 햇볕이 잘 들지 않는 곳에 위치하여 자연적인 풍화로부터 잘 보존될 수 있었다.

천전리 암각화의 크기는 길이가 9.5m이며, 높이는 2.7m로 동쪽을 향하여 서 있다. 천전리 암각화는 앞으로 비스듬하게 기울어져 있어서 바위그림이 비와 눈을 피할 수 있도록 조성되어 있다. 그리고 암각화 앞에는 평평한 바위가 있어서 여러 사람이 앉아 있을 수 있는 공간이 확보되어 있다.

바위 뒤에는 산이 있고, 바로 앞에는 물살이 세게 흐르는 계곡이 있고,

그 앞으로는 높은 산이 있다. 암각화 앞의 계곡에는 공룡 발자국 화석이 산재해 있다. 앞의 높은 산은 암각화가 그려진 벽에 그림자를 드리워서 산 위로 뜨는 햇빛에 의하여 잠깐 동안 암각화의 그림이 보이다가 하루 중 대부분을 그늘 속에 있다.

천전리의 암각화도 반구대의 암각화와 마찬가지로 앞뒤의 산과 바위 그리고 앞을 흐르는 물과 매일 뜨고 지는 태양에 의하여 그 모양이 끊임없이 바뀐다. 그것은 바위그림 자체가 고정되지 않고 때에 따라서 다양하게 드러날 뿐만 아니라 그것을 바라보는 사람과 서로 작용하여 항상 새로운 모습을 보여주고 있음을 뜻한다.

두 암각화는 모두 자연의 일부가 되어 나타났다가 사라지고, 사라졌다가 다시 나타나는 생사를 반복하는 현상을 통하여 자연이 언제나 살아 있음을 보여주고 있다. 그것은 죽음과 부활을 반복하는 생명의 세계를 나타낸다.

그러나 일부는 단순하게 전체의 부분에 그치는 것이 아니라 전체를 그대로 나타내는 부분이다. 그러므로 부분을 통하여 전체를 알 수 있고, 전체를 통하여 부분을 알 수 있다. 그러면 대곡천의 반구대 암각화와 천전리 암각화는 어떻게 다른가?

반구대 암각화가 사람과 바다 동물 그리고 육지 동물과 배와 닻, 화살촉과 같은 도구들을 통하여 그림을 이루고 있는 것과 달리 천전리의 암각화는 구체적인 사물의 모습과 함께 추상적인 도형이 추가되고, 다시 문자가 더 해져서 제작되었다.

시대적으로 사물의 구체적인 형상을 하나의 의미소로 활용하여 뜻을 나타내는 반구대 암각화를 이어서 천전리 암각화에서는 사물의 형상과 함께 마름모꼴, 사각형, 삼각형, 원형을 비롯한 다양한 추상적인 형태로 나타낼 뿐만 아니라 도형이 더욱 추상화한 문자로 나타난다. 따라서 반구대 암각화에 이어서 천전리 명문 및 암각화가 그려졌다고 할 수 있다. 그러면 천전리 암각화의 내용을 살펴보자.[22]

그림5 천전리 암각화(울산대학교 반구대연구소)

천전리 암각화는 사람과 동물의 구체적인 모습을 그린 위에 마름모꼴, 사각형과 같은 추상적인 기하문이 더해지고, 명문과 세선각화가 더해진 것으로 볼 수 있다. 가장 먼저 그려진 사람과 동물의 모습은 반구대 암각화와 같은 선사시대에 그려진 것이며, 원, 마름모꼴, 사각형과 같은 추상적인 기하학적 무늬는 다음 시대에 그려지고, 이어서 명문과 세선각화는 가장 늦은 시기에 그려진 것으로 추정된다.[23]

천전리 암각화에는 활을 쏘는 사람과 함께 두 점의 사람 얼굴이 나타난다. 이는 모두 샤먼을 나타내는 그림이다. 활을 쏘는 사람은 샤먼의 일상의 삶을 나타낸다. 그리고 삼각형의 얼굴은 일상의 삶을 사는 샤먼의

---

22 천전리 명문 및 암각화 실측도(울산대학교 반구대연구소 2014)
23 이하우, 『한국암각화의 祭儀性』, 학연문화사, 2011, 171-175.

세계를 상징한다. 반구대 암각화를 보면 그림3에 역삼삭형의 사람 얼굴이 보인다. 이를 통하여 반구대 암각화의 그림3에서 시작하는 것이 천전리 암각화임을 알 수 있다.

그런데 두 점의 사람 얼굴 가운데 한 점은 사슴의 몸통과 연결된 하이브리드 형상이다. 사람의 얼굴은 물건적 관점에서는 전체를 그대로 나타내는 부분이다. 그것은 사람의 전체를 얼굴로 집약하여 부분인 얼굴과 사람의 전체가 둘이 아님을 상징한다.

사람의 얼굴을 통하여 전체인 몸과 부분인 얼굴이 둘이 아닌 차원을 나타내는 것과 달리 사람의 얼굴과 동물의 몸통을 결합하여 사람과 동물이 둘이 아님을 통하여 나타내기도 한다. 천전리 암각화에서는 사람의 얼굴과 사슴의 몸통을 결합하여 동물과 사람으로 구분하여 나타나는 현상이 양자가 둘이 아닌 경지의 드러남임을 나타낸다.

사람 얼굴과 사슴 몸은 사람의 본래면목이 동물에게 확산되고, 생명이 없는 물건에까지 확산되어 양자를 둘로 나타내지만 둘이 아님을 상징한다. 사람과 동물의 하이브리드 형상은 동물들의 쌍을 통해서도 표현된다. 그것은 동물들이 쌍을 이루어 서로 마주 보거나 엉덩이를 맞대고 교미하는 모습으로 나타내기도 한다. 그러면 이러한 하이브리드 형상은 무엇을 상징하는가?

사슴을 비롯하여 동물들이 쌍으로 하나가 된 모습은 물리적 현상을 나타내는 심볼이다. 쌍으로 나타나는 동물은 물건의 세계인 현상은 언제나 이것과 저것이라는 이원적인 세계임을 상징한다. 그러면 단순하게 물건적 세계만을 나타내는가?

현상의 세계는 물리적 시간과 물리적 공간에 의하여 구성된 시공이다.

비록 시간이 비록 과거와 미래, 현재의 세 양상으로 구분되지만 삶 속에서는 춘하추동의 네 마디로 나누어져서 작동한다. 우리는 춘하추동을 둘로 나누어서 춘추春秋라고 말하고, 춘분과 추분을 중심으로 동지와 하지를 구분하여 나타낸다. 그러면 다음 부분의 기하문은 무엇인가?

기하문 가운데서 가장 많이 나타나는 형태는 사각형과 원형이다. 이 부분에서 가장 많이 나타나는 마름모꼴은 하나, 둘, 셋, 넷, 다섯이 다양한 형태로 연결되어 나타난다. 그리고 마름모꼴 역시 하나가 아니라 안팎으로 겹치는 형태로 나타난다.

원형은 구심점으로부터 시작하여 셋이 겹치는 동심원이 있고, 마름모꼴과 동심원이 결합된 형태도 있다. 이처럼 기하문은 사각형과 원형을 바탕으로 다양한 형태로 표현되고 있다. 때로는 마름모꼴을 좌우와 상하로 연결하여 사각형을 서로 연결한 것처럼 보이기도 한다.

다섯 개의 마름모꼴을 나란히 연결한 도형이 상하로 연결된 모양을 보면 마치 삼각형 두 개가 겹쳐서 형성된 사각형과 같다. 따라서 기하문의 부분을 보면 원방각이 분명하게 나누어져서 나타나지 않고, 서로 섞여서 다양한 형태를 보인다.

원형과 사각형을 보면 둘이 서로 구분되지만 하나의 중심점에서 나타난다. 원을 네 꼭지로 나타내면 사각형이 되고, 다시 세 꼭지로 나타내면 삼각형이 된다. 그것은 하나의 중심점으로부터 원방각의 세 도형이 나타나듯이 셋이지만 하나임을 뜻한다. 그러면 원방각이 상징하는 것은 무엇인가?

학자들은 마름모꼴 문양을 형상을 중심으로 여성의 신체를 나타낸다고 주장하고, 원형을 태양을 가리킨다고 주장하거나 물을 상징한다고 주장하기도 한다. 그러나 어떤 주장을 막론하고 추상적인 문양을 구체적인 사물을 가리키는 것으로 이해하는 것은 한계가 있다.

사람들이 추상적인 도형이나 문양을 사용하는 목적은 시공의 사물과 다른 고도의 추상적인 존재이면서 형이상적인 존재인 신과 같은 존재를 상징적으로 나타내기 위함이다. 따라서 원방각은 고도로 추상적일 뿐만 아니라 가장 근원적인 존재를 상징적으로 나타내기 위하여 사용된 도구라고 할 수 있다.

천전리 암각화의 여러 가지 추상적인 도형들 가운데서 가장 중심이 되는 도형은 원이다. 원을 바탕으로 방형과 각형을 비롯하여 마름모꼴도 생성된다. 원은 선을 서로 이어서 하나가 되게 함으로써 선이 나타내는 시작과 끝을 없앴다. 그것은 시작과 끝이 없이 반복되는 자연, 세계 자체를 나타낸다고 할 수 있다. 원이 시간을 나타내는 도상으로 활용되고 있음을 이를 나타낸다.

원은 시간의 차원에서 보면 끊임없이 변화하는 사건의 연속이지만 시작과 끝이라는 구분이 없는 영원한 세계를 나타낸다. 바로 원의 중심점이 나타내는 영원한 경지가 원이 나타내는 시종의 구분이 없는 변화의 연속, 변화의 흐름으로 나타난다. 암각화에서 동심원의 중심에 동그란 점이 있는 것은 시간의 근거인 시간성을 상징한다.

여러 개의 원이 작은 원으로부터 점점 커지는 밖으로 향하는 원들의 집합인 동심원은 끊임없이 생성되는 세계의 본성을 상징적으로 나타낸다. 하나의 공간적인 위상이 없는 중심점이 점차로 확장하여 나가는 형상이 영원한 현재를 나타낸다.

여러 개의 원이 겹친 동심원이나 구름을 나타내는 것과 같은 물결모양

역시 원으로부터 파생된 형태라고 할 수 있다. 빗살 무늬도 원으로부터 파생된 변형된 형태의 문양이다. 동심원을 구성하는 각각의 원이나 구름, 빗살은 영원이 나타난 다양한 현재를 표현한다.

원으로 표상된 세계를 물건적 관점에서 다양한 생명들의 장으로 나타낸 것이 사각형이다. 사각형을 구성하는 네 변은 각각 좌우와 상하를 상징한다. 그러므로 상하와 좌우는 시간의 세계를 상하로 나누고 그것을 다시 좌우로 나누어서 나타낸 것이다. 그러면 사각형의 중심점은 무엇인가?

사각형의 중심점은 사각형이 상징하는 공간의 세계, 물건의 세계의 근원인 공간성을 상징한다. 동심원을 통하여 시간성이 매 순간 새로운 시간으로 나타나듯이 하나에서 시작하여 둘, 셋, 넷, 다섯으로 연결되어 나타나는 마름모꼴은 바로 공간성을 근거로 무한히 확장하는 공간의 특성을 상징한다. 그러면 시간과 공간이 둘인가?

공간의 근거인 공간성은 바로 시간의 근거인 시간성이다. 시간성이 변하여 사건이 되고, 사건이 화하여 물건으로 나타난다. 그러므로 시간과 공간을 구분하거나 하나로 하는 일은 바로 인간을 통하여 이루어진다.

원을 통하여 시간을 나타내고, 그것을 다시 객관화하여 사각형을 통하여 공간으로 나타내는 주체는 바로 샤먼이라는 자신의 본래면목을 주체로 살아가는 사람이다. 그러므로 시간과 공간은 인간을 중심으로 주체화하여 하나로 이해할 수도 있고, 그것을 대상화하여 인간과 객관하여 둘로 이해할 수도 있다.

인간은 삼각형에 의하여 나타낸다. 삼각형은 시간의 세계를 나타내는 원과 공간의 세계를 나타내는 사각형으로부터 양자를 합하여 구성된다. 그것은 시간과 공간이 하나가 된 세계를 나타내는 것이 삼각형임을 뜻한다.

　삼각형은 상하와 좌우에 그 중심이 되는 점을 더한 셋이 만나서 형성된 도상이다. 그것은 공간적 관점에서는 상하와 좌우의 중심이 되는 세계를 나타내는 동시에 원의 관점에서는 원이 형성되는 중심점, 구심점을 나타낸다.

　원형이 표상하는 시간의 중심은 현재이며, 사각형이 표상하는 상하와 좌우의 중심이 되는 가운데는 다른 곳이 아닌 바로 여기이다. 지금 여기는 시간과 공간을 문제로 삼아서 양자를 규정하고 그 의미를 드러내는 인간이다. 그러므로 원과 사각형의 중심을 잡아서 그것을 나타낸 삼각형은 바로 인간의 세계를 나타낸다.

　삼각형의 변형이 마름모꼴이다. 마름모꼴은 삼각의 두 개가 합하여 형성된 것이다. 그것은 사람과 사람이 만나서 형성된 세계로서의 사회를 나타낸다. 따라서 공간적 세계와 사회는 밀접한 관련이 있다. 그러면 원형이 겹쳐서 나타나는 동심원 형태는 무엇을 상징하는가?

　동심원은 원형이 나타내는 시간의 세계가 끊임없이 변화하는 현상으로 드러나는 역동적인 세계임을 나타낸다. 그것은 시간의 세계가 과거에서 미래를 향하여 흐른다고 표현하듯이 고정되지 않고 다양하게 드러나는 세계임을 나타낸다. 그러면 원과 사각형 그리고 삼각형과 마름모를 비롯한 여러 도형이 모여서 형성된 천전리 암각화는 무엇을 나타내는 것일까?

　시간과 공간의 세계 그리고 인간의 세계로 구분하여 나타내기 이전의 세계 자체를 나타낸다. 그것은 세계는 시간의 세계도 아니고, 공간의 세계도 아니며, 인간의 세계도 아니어서 그 어떤 것으로 규정할 수 없기 때문에 셋으로 나타내었음을 뜻한다.

그 점은 추상적인 도상에 이어서 문자를 통하여 나타내고 있는 부분과 자연물의 형상을 중심으로 나타내고 있는 부분을 통하여 확인할 수 있다. 자연물은 추상적인 도상이나 문자와 같이 인공적인 것이 아니어서 양자와 다르다.

그런데 자연물이라는 것도 인간이 스스로 그렇게 규정한 것일 뿐으로 자연물이라고 할 수 있는 것이 고정되게 존재하는 것은 아니다. 단지 인간이 스스로 추상과 구상, 자연과 인공의 분별을 통하여 셋을 구분하여 나타내었을 뿐이다.

반구대 암각화가 샤먼이라는 주체 내면의 세계를 바탕으로 주객의 분별을 넘어선 시간성의 경지를 세 단계의 시간의 흐름에 의한 사건의 변화로 나타내는 것과 달리 천전리 암각화에서는 방형과 각형, 원형이라는 추상적인 도상을 통하여 시간성의 세계를 나타낸다.

시간성이 나타내는 영원한 경지는 과거와 현재, 미래라는 물리적 시간을 넘어선다. 그러므로 시간성은 과거와 현재, 미래의 구분이 없다. 그러나 이를 물건적 존재로 객관화하여 둘로 나타내면 시간성과 시간으로 나타나고, 이를 논하는 지금 여기의 나와 함께 나타내면 셋이 된다.

그것은 시간성과 시간 그리고 지금 여기의 나와 둘이 아닌 경지가 지금 여기의 나를 통하여 시간성과 시간으로 나누어지면서 비로소 시간성과 시간 그리고 공간이라는 세 공간적 차원이 전개됨을 뜻한다.

시간의 세 양상인 과거, 현재, 미래를 대상화하여 지금 여기의 나를 중심으로 나와 세계로 나타낸 도형이 원방각이다. 원은 시간성이 나타난 시간의 세계를 상징하고, 방은 공간성이 나타난 공간의 세계를 상징하며, 각형은 인간성, 본성이 나타난 인간의 세계를 상징한다.

반구대 암각화에서 전천리 암각화로 이어지는 시대적인 흐름은 구상적인 모습이 점차 추상화하는 과정으로 표현된다. 그것은 사람과 동물의 모습에서 원방각의 도형으로 나타나고, 마지막에는 신라 때 기록한 한자라는 언어로 나타남을 통해서도 확인된다.

우리는 인류 사회의 변화를 선악의 관점에서 점차 좋아지는 발전, 진화로 이해할 수도 있고, 그와 달리 여러 종교에서 말하는 이상적인 경계로부터 점차 멀어지는 타락의 과정, 종말을 향하는 소멸의 과정으로 이해할 수도 있다.

오늘날 우리가 선사시대의 유적과 역사시대의 유적에 나타난 사유 구조나 사상체계, 세계관을 시비, 선악, 진보와 퇴보의 이분법적인 구조에 의하여 판단하는 것은 바른 방법이 아니다. 시비, 선악을 구분하는 분합적 방법에 의하여 나타난 형이하의 물리적 세계를 바탕으로 과거에서 미래를 향하는 직선적 시간관에 의하여 세계를 이해하면 종말론적이고 부정적인 미래를 낳는다.

그러나 반구대와 천전리 암각화에서는 암각화를 그리는 샤먼과 그림, 주변의 자연을 둘로 보지 않는다. 그들은 하나로 어울려서 매 순간 다양하게 변화하는 생명을 가진 세계로 이해한다. 그것은 공간적인 측면에서 하나라는 의미에 그치지 않는다.

구석기시대에서 시작되고, 신석기를 거쳐서 청동기에 이르기까지 기존의 암각화에 새로운 암각화가 계속 추가되고 있다. 그것은 암각화가 어느 한 시대에 제작된 후에 그대로 보존되어 온 것이 아니라 시대에 따라서 여러 세대에 의하여 계속 제작되어 왔음을 뜻한다.

반구대의 암각화를 제작 기법에 따라서 넷이나 다섯으로 구분할 수 있고, 천전리 암각화를 사람과 동물 모양이 중심이 된 부분과 기하학적 도형이 중심이 된 부분 그리고 하부의 명문銘文과 세선각화細線刻畫로 구분할 수 있는 것은 두 암각화가 어느 때 일시적으로 제작된 것이 아니라 어느 시점에서 출발하여 오랜 세월 동안 지속적으로 제작되고 있음을 보여준다. 그러면 그것이 무엇을 의미하는가?

석기시대부터 암각화가 새겨지면서 시대마다 사람과 자연이 하나로 어울려서 매 순간 새롭고 다양한 모습으로 변화하고 생성하는 세계는 그림이 그려진 바위와 하나가 되고, 바위가 있는 산과 하나가 되며, 앞에 흐르는 물과 하나가 되고, 산을 덮고 있는 하늘과 하나가 되며, 그림을 찾는 사람과 하나가 되고, 새와 하나가 되며, 벌과 하나가 되어 그것이 생성된 때부터 지금에 이르기까지 그리고 지금 이 순간에도 여전히 생명 활동을 계속하고 있다.

비록 오랜 옛날에 한정된 공간의 특정한 곳에 고정된 그림으로 자신들의 세계를 나타낸 샤먼은 이미 사라지고 없다. 그러나 그들이 그림을 통하여 드러낸 인간과 세계가 둘이 아닌 차원에서 매 순간 새롭고 다양한 모습으로 나타나는 생성의 세계, 변화의 세계는 영원하다.

샤먼은 암각화를 통하여 당시의 사람들과 자신들의 삶의 정신을 공유했다. 암각화를 통하여 샤먼이 나타낸 삶의 정신은 역사의 흐름 속에서 역사를 이끌어가는 역사정신이 되고, 각 시대에는 시대를 이끌어가는 시대정신인 한국사상이 되었다.

이제 오늘날 우리가 암각화를 통하여 선사시대의 삶의 정신을 공유하고, 역사시대의 역사정신을 공유하며, 각 시대의 사상을 공유함으로써 우리나라의 선사 사람들과 하나가 되고, 역사시대의 우리의 선배들과 하나가 될 수 있다.

　우리가 우리의 역사정신을 파악하여 역사를 바로 세우고, 각 시대의 시대정신인 사상을 파악하여 우리 시대를 어떻게 이끌어갈 것인지 방향과 방법을 찾을 때 비로소 한국인으로서의 개인의 삶, 한국 국민의 삶, 인류의 삶을 살 수 있다.

2. 홍산紅山의 옥기와
　　두 방향의 분합으로 담은 시간

　　1980년대 중반 이후 발굴이 시작된 요하 일대의 신석기 유적지에서는 많은 고고학적 유물들이 발굴되었다. 기원전 7000년경의 소하서小河西 지역의 신석기 유적을 비롯하여 흥륭와興隆洼, 사해査海, 부하富河, 조보구趙寶溝 지역에서 유적과 유물이 발굴되었으며, 동석병용시대의 홍산 지역의 유물은 기원전 4500년경의 유적지로 추정하고 있다.[24]

　　홍산지역에서 발굴되는 유물과 유적은 요하문명의 꽃이라고 할 수 있다. 요하문명은 황화문명과는 전혀 다른 성격의 문명이다. 요하문명 지역에서는 이른 신석기시대부터 많은 옥기들이 발견된다. 이처럼 요하문명은 옥기문화를 바탕으로 한 문명이다.[25]

　　홍산문화 후기 유적지 가운데서 주목해야 하는 곳은 B.C. 3500년경에 조성된 우하량 유적지이다. 그곳에서는 이미 초기 국가단계에 진입한 것으로 파악할 수 있는 유적과 유물들이 나타난다. 실물의 크기나 2배, 3배의 여신상이 있는 여신사당과 제단祭壇, 여신전女神殿이 있고, 다양한 크기의 적석총赤石冢을 통하여 최고의 지도자인 왕이 출현했으며, 여러 신상들을 통하여 주신이 출현했음을 보여준다.[26]

　　홍산문화에서는 다양한 형태의 많은 옥기가 발견된다. 우실하 교수는

24　우실하, 『동북공정너머요하문명론』, 소나무, 2010, 100–212.
25　우실하, 『고조선 문명의 기원과 요하문명』, 지식산업사, 2019, 55.
26　우실하, 앞의 책, 2019, 57.

다양한 형태의 옥기가 당시의 신분 제도를 나타내는 도구라는 연구 성과를 제시했다.[27] 그의 연구는 샤먼과 관련된 제도를 중심으로 연구한 성과로 사상적 측면에서 세계관, 인간관, 가치관을 밝히는 문제가 남아 있다.

우리는 우실하 교수의 연구 성과를 토대로 원방각형의 옥기를 의미소로 하여 원방각형 둘과 셋을 결합한 9가지 형상의 옥기의 관계를 통하여 그것들이 상징 의미를 밝히려고 한다. 이를 통하여 요하문명의 세계관, 가치관, 인간관이 드러날 것이다.

오늘날 우리가 황화문명과 다른 요하문명을 통하여 고조선사상의 연원을 찾는 작업은 역사와 관련이 있다. 오늘날의 중국학자들은 요하문명의 발굴지역이 현재의 중국이기 때문에 유물과 유적이 자신들의 것이라고 주장한다.

그러나 그것은 현재의 영토일 뿐으로 고조선시대의 영토와는 다르다. 그들의 주장은 현대의 상황을 그대로 과거에 투영하여 과거를 조작하는 억지이다. 그들의 동북공정을 비롯한 역사공정이 위험한 까닭이 여기에 있다.

또한 역사는 역사를 이끌어가는 역사정신을 떠나서 존재할 수 없다. 시대에 따라서 다양하게 나타나는 역사정신이 바로 각 시대의 사상이다. 따라서 중국사상과 다른 한국사상을 반영하고 있는 유물과 유적이라면 그것은 한국역사와 관련이 있을 수밖에 없다.

어느 민족, 나라의 사상, 철학을 막론하고 인위적으로 바꿀 수 없는 특징을 갖는다. 고조선의 사상, 사유체계와 당시의 중국 민족이 세웠던 요

---

27 우실하, 앞의 책, 2019, 515-564.

순堯舜의 사유체계, 사상은 서로 다르다. 그러므로 결코 억지로 바꾸거나 뒤섞을 수 없다. 그러면 홍산문화의 특징은 무엇인가?

사람은 사유하는 존재이다. 자신은 물론 자신에 속한 세계와 자연 그리고 그것과 자신의 관계에 대하여 끊임없이 사유하고 그 결과를 현실에 적용하면서 살아가는 존재가 인간이다. 그런 점에서 하나의 문명, 문화를 형성한 집단에 속한 사람들이 그들의 사상이나 철학이 없을 수 없다.

홍산문화의 유물을 남긴 사람들 역시 그들의 삶 속에서 자신들의 사유체계와 사상을 형성하였을 것이다. 사람의 사고나 사유체계 또는 사상이나 철학은 추상적이다. 그러므로 그것을 파악할 수 있는 가장 직접적인 자료는 문자를 매개로 하여 그들 스스로 자신들의 사유 세계를 나타낸 전적들이다.

그러나 홍산 지역에서는 아직은 문자를 통하여 체계적으로 사유체계를 나타내고 있는 기록들은 발견되지 않고 있다. 그러므로 현재는 그동안 출토된 유물이나 유적을 중심으로 홍산 문화의 세계관이나 가치관, 인간관을 살펴볼 수밖에 없다.

홍산 문화에서 발견되는 특징은 첫째는 여신상女神像의 출토이다. 여신상은 가슴이나 둔부臀部를 부각시켜 여자의 모습을 나타낸 조각품을 일컫는 말이다. 사람들은 여자의 모습을 가진 조각품을 숭배의 대상으로 삼았기 때문에 여신상으로 규정한다. 여신상은 유럽과 아시아 그리고 남북아메리카 지역에서 고르게 출토된다.

여신상과 대응하여 사용되는 개념이 남신男神, 남신상男神像이다. 기독교에서는 하느님 아버지, 거룩한 아버지(聖父)와 같이 신을 남성의 관점에서 이해한다. 학자들은 역사시대에 들어서면서 남성적 관점에서 신을 표현한 것과 달리 선사시대에는 여성적 관점에서 신을 나타내었다고 주장한다.

고조선의 사람들은 신神이라는 개념을 세계 자체의 무규정적無規定的 특성을 나타내기 위하여 사용한다. 환인桓因의 아들인 환웅桓雄은 천신天神이다. 그런데 환웅이 웅녀와 결혼하기 위하여 잠시 남자로 변했다고 말한다. 이를 통하여 환인과 환웅을 부자 관계로 비유하여 나타냈지만 환인과 환웅이라는 신적 존재는 물질적인 신체를 가진 육신이 갖는 남녀의 성이 없다. 그러면 왜 남자의 육신과 여자의 육신을 통하여 신을 나타내는가?

신은 시공을 초월한 형이상적 경지이기 때문에 어떤 개념이나 도구를 통하여 나타낼 수 없다. 그렇다고 하여 신은 일정한 상태, 경지에 머물러 있는 것도 아니다. 신을 본체의 관점에서 나타내면 근원적 특성, 주재적 특성이라고 말할 수 있다. 이와 달리 현상의 측면에서 보면 변화성, 다양성이라고 할 수 있고, 작용의 측면에서는 생성적 특성, 창조적 특성이라고 할 수 있다. 그러면 신의 특성을 어떻게 나타내는가?

남자는 2세를 생산하는 과정에서 씨를 뿌리는 역할을 하고, 여자는 2세를 생산하는 과정에서 씨를 받아서 싹을 틔워서 자라게 하는 밭과 같은 역할을 한다. 이러한 역할은 서로 차이가 있을 뿐으로 가치상의 우열이 없는 평등한 관계이다. 남자의 역할을 통하여 본체적 특성을 상징적으로 나타낸다. 우리는 그것을 남신이라고 말한다. 그러면 여신은 무엇인가?

우주, 세계의 본질을 나타내는 신을 현상적 측면의 변화성, 다양성과 작용적 측면의 창조적 특성, 생성적 특성을 여성을 통하여 상징적으로 나타내는 개념이 여신이다. 따라서 여신은 물리적 존재로서의 육신에 의하여 이루어지는 출산을 나타내는 것이 아닐 뿐만 아니라 여성의 모습이 그대로 신은 아니다.

신이라는 개념 자체도 세계, 우주의 본질인 시간성을 물건화하여 공간성을 중심으로 나타낸 개념이다. 이처럼 남신, 여신이라는 개념은 물건적 관점에서 나타내는 개념일 뿐을 시간성의 차원에서는 나타날 수 없는 개념이다.

두 번째는 홍산 지역에서 여신과 관련된 유적지가 원형圓形과 방형方形을 통하여 구성되었다는 점이다. 여신을 숭배하는 제의를 진행하는 곳이 원방의 형태를 띠고 있음은 여신상에 의하여 표상된 시간성時間性이 공간적 관점에서 시의성時義性, 공간성空間性으로 표상되었음을 뜻한다.

세 번째는 홍산 문화의 특징은 옥기玉器의 출토이다. 홍산 지역에서 발굴된 유물의 특징은 다른 신석기 지역과 달리 옥기가 발견되는 점이다. 이 옥기들은 여신과 원방형의 제의祭儀 터가 나타내는 상징적인 의미를 구체적으로 고찰할 수 있는 자료가 된다.

홍산 지역에서 출토된 옥기를 보면 다양한 모습을 하고 있다. 그 가운데는 사람의 전체 모습이나 얼굴 또는 머리와 같은 육신의 일부를 나타내기도 한다. 그리고 동물이나 물고기의 형상을 나타내기도 하고 곤충의 형상을 띠고 있기도 한다.[28]

자연물의 형상을 그대로 옮겨서 나타내고 있는 옥기들은 그것을 제작하여 사용하는 사람들의 생각이나 사유 세계가 잘 드러나지 않는다. 왜

---

28 박선희, 「복식과 제의문화로 본 홍산문화와 고조선문명」, 신용하 외, 『왜 지금 고조선문명인가』, 나남, 2019, 394-400.

냐하면 자신들의 생각이나 사유 세계를 드러내기보다는 자연물의 형상을 나타내어 그것을 장식품이나 일상의 실용적인 측면에서 사용하고자 제작하였기 때문이다.

그런데 자연물의 형상을 나타내고 있는 옥기들과 달리 추상적인 형태의 옥기들이 있다. 이는 실용적인 목적보다는 주로 제의에 사용되기 위하여 제작되었다고 여겨진다.[29] 제례나 장례는 사자死者와 생자生者의 관계를 중심으로 이루어지는 의식이기 때문에 의식에 사용되는 옥기들은 주로 생사가 하나가 된 세계, 근원의 세계를 나타내기 마련이다. 따라서 추상적 형상을 가진 옥기들을 통하여 홍산 문화를 일으킨 사람들의 사유 세계, 사상이 무엇인지를 추출할 수 있다.

지금부터 우리는 기존의 홍산 지역에서 출토된 유물을 중심으로 그들의 문화에 나타난 사유체계나 사상, 철학을 조명한 연구 성과[30]를 바탕으로 홍산의 옥기가 나타내는 세계관, 가치관, 인간관이 무엇인지 고찰할 것이다. 이를 통하여 대곡천의 암각화와 홍산의 옥기에 나타난 세계관, 가치관, 인간관이 어떻게 다르며, 어떤 관계인지가 밝혀질 것으로 기대한다.

가. 옥기의 유형과 상징 의미

홍산 지역에서 출토된 옥기들 가운데서 일부의 옥기들은 형태를 구분

---

29 박선희, 「복식과 제의문화로 본 홍산문화와 고조선문명」, 신용하 외, 『왜 지금 고조선문명인가』, 나남, 2019, 401.
30 이현중, [고조선철학], 문진, 2019, 96-128.

할 수 없을 정도로 마모되어 있지만 대부분의 옥기들은 형상을 구분할 수 있다. 추상적인 형상을 구분할 수 있는 옥기들은 원형圓形과 방형方形, 각형角形의 세 가지의 기본 형태로 구성된다.

원방각의 형상은 옥기의 외형과 내형에서 동시에 나타난다. 다만 모든 옥기들의 내형은 원형으로 통일되어 있다. 외형에 따라서 하나의 원형과 방형, 각형으로 구성된 세 가지의 옥기와 원방각의 두 형태가 상하로 결합하여 형성된 네 가지 형태의 옥기, 원방각의 세 형태가 상하와 좌우로 각각 결합하여 형성된 두 가지 형태의 옥기가 있다. 따라서 원방각에 의하여 구성된 옥기들은 모두 아홉 가지의 형태이다.

예로부터 원과 방은 각각 하늘과 땅을 나타낸다. 반구대 암각화에서 나타나기 시작하여 천전리 암각화에서 나타나는 원방각은 각각 시간과 공간 그리고 인간을 나타낸다. 이것이 문자에 의하여 천원지방天圓地方[31]과 천현지황天玄地黃으로 표현된다.

중지곤괘의 상육효上六爻의 효사爻辭에서 "용龍이 들판에서 싸우니 그 피가 검고 누렇다(玄黃)."[32]라고 하였다. 이에 대하여 문언에서는 "대저 현황玄黃은 천지가 하나 됨으로 천현天玄이면서 지황地黃이다."[33]라고 했다.

천현은 시간의 세계인 천天을 나타내고, 지황은 공간의 세계인 지地를 나타낸다. 천현의 현玄은 깊이를 알 수 없음, 시작과 끝을 알 수 없음을 나타내는 개념이다. 그러므로 천현은 시간의 세계가 시작과 끝을 알 수 없음을 나타내는 개념이다.

---

31 『周髀算經』, "方屬地,圓屬天, 天圓地方".
32 『周易』 重地坤卦 上六, "上六, 龍戰于野, 其血玄黃".
33 『周易』 重地坤卦 文言, "陰疑於陽必戰. 爲其嫌於无陽也, 故稱龍焉. 猶未離其類也, 故稱血焉. 夫玄黃者, 天地之雜也, 天玄而地黃".

그리고 지황의 황黃은 눈이 잘 띄어 쉽게 드러나는 색이다. 따라서 지황은 공간의 세계를 채우고 있는 물건이 다양하게 가득 차 있음을 뜻한다. 그러면 왜 시간의 세계를 원을 통하여 나타는가?

원을 구성하는 원주 위의 모든 점들은 원의 중심에서 같은 거리에 있다. 그것은 중심점을 밖으로 확산하면 원주가 되고, 원주를 수축하면 구심점, 중심점이 됨을 뜻한다. 원주상의 모든 점들은 시간상의 시종을 나타낸다.

원을 형성하는 중심점은 시종이 없는 세계이자 시간의 본질, 근원인 시간성을 상징한다. 원은 형태를 갖고 있지만 중심점은 겉으로 드러나지 않는다. 이는 시간성의 본질이 시간을 초월하여 시위時位가 없는 공空이자 무無임을 상징한다.

그러나 원의 구심점은 때로는 원으로 나타나고, 때로는 사각형으로 나타나며, 때로는 삼각형으로 나타나서 원방각의 어느 하나의 근원이라고 할 수 없다. 이처럼 시간성이 시간으로 변화함을 나타내는 도형이 원이다.

원은 서로 연결된 선이지만 분석하여 보면 여러 점들이 모여서 형성된다. 이처럼 점의 위치가 변화하면서 반복적으로 계속되어 하나의 원이 형성된다. 그것이 원을 구성하는 점들이 서로 구분되지 않고 이어져 있는 모습으로 나타난다. 원의 모든 점들은 그 자리가 끝이면서 시작이 되는 종시의 세계와 함께 시초와 종말의 시종의 세계를 나타낸다.

원이 나타내는 시종과 종시가 둘이 아님은 시종의 순환과 더불어 순환을 넘어서 있는 세계를 나타냄을 뜻한다. 시종은 시간의 세계를 나타내며, 종시는 시간의 근원이 되는 시의성時義性의 세계를 나타낸다. 시의성은 시간성을 매시간의 측면에서 나타낸 개념으로 시간의 존재근거를 나타낸다. 따라서 구심점이 나타내는 시간성이 시간을 나타내는 원주에서는 시의성으로 나타난다.

시의성의 관점에서 보면 시작과 끝으로 규정된 시종의 시간은 없다. 그러나 시작과 끝이 없는 종시가 시종의 시간으로 드러나는 점에서 보면 시종의 시간은 있다. 시간은 현상적 측면에서는 있지만 시의성의 차원에서는 없기 때문에 있다거나 없다고 할 수 없다. 그러면 홍산 유적지에서 발굴된 하나의 원형으로 구성된 옥기는 어떤 형태인지 살펴보자.[34]

그림6 원형 옥기

위의 옥기를 보면 안쪽의 원과 바깥쪽의 두 원으로 구성되어 있다. 내원은 모든 옥기들이 공통적으로 갖고 있다. 실용적 측면에서 내원은 실이나 끈을 묶어서 지니고 다니기 편리하도록 만든 구멍이라고 할 수 있다.

그러나 상징성을 중심으로 옥기를 이해하면 내원은 구심점을 나타낸다. 원주를 구성하는 구심점은 시간의 측면에서는 시위가 없기 때문에

34　遼寧省文物考古硏究所,『牛河梁紅山文化遺址發掘報告書(1983-2003年度)下』圖版 九0.

드러나지 않는 시간성을 나타낸다. 이와 달리 외원을 중심으로 내원을 이해하면 시간성이 매 순간 시간의 근거로서의 시의성으로 나타남을 상징한다.

매 순간의 시간은 시의성의 나타남이다. 그것은 매 순간이 항상 영원의 드러남임을 뜻한다. 따라서 우리가 감각지각의 대상으로 있는 것처럼 착각하고 있는 물리적 시간은 없다. 그것은 물리적 시간의 세 양상인 과거와 미래, 현재가 없음을 뜻한다.

과거는 이미 지나갔기 때문에 없고, 미래는 아직 오지 않아서 없으며, 현재는 매 순간 나타나서 고정되지 않기 때문에 현재 아닌 것이 없을 뿐만 아니라 그 어느 것도 현재라고 할 수 없어서 없다.

영원의 드러남, 시의성의 나타남으로서의 시간은 현재이지만 과거와 미래를 포함한 현재인 점에서 물리적 시간과 달리 영원하며, 영원함이 드러남으로서의 현재인 점에서 시의성과 달리 현재이다. 이처럼 본질적 시간, 본래적 시간으로서의 영원한 현재를 상징적으로 나타내는 것이 원형의 옥기이다. 그러면 방형의 옥기가 나타내는 지방地方은 무엇인가?

지방地方의 지地는 공간의 세계를 나타낸다. 그리고 방은 공간의 세계의 특성, 본질을 나타낸다. 원을 구성하는 원주 위의 모든 점은 다른 점과 이어져서 구분을 할 수 없다. 이와 달리 방형은 네 선이 만나서 형성된 도형이다.

원이 하나의 점이 다른 점으로 계속 나타남을 표상하고 있는 것과 달리 방형은 점이 서로 모여서 네 선을 이루고, 네 선이 모여서 비로소 하나의 방형을 이룸을 나타낸다. 그것은 방형이 공간의 세계의 특성인 온갖 사물이 모여서 형성된 세계, 개체적 존재들이 모여서 형성된 집단의 세계를 나타냄을 뜻한다.

과거와 미래 그리고 현재가 모여서 시간이 되고, 만물이 모여서 현상의 세계가 벌어지며, 하늘과 땅 그리고 인간의 천지인天地人이 모여서 세계가 형성되고, 시간과 공간이 모여서 형성된 우주는 공간적 세계이다.

방형을 구성하는 기본 요소는 상하와 좌우 그리고 동서남북이다. 선을 통해서는 상하와 좌우를 나타내며, 선과 선이 만나는 네 점을 통해서 동서남북의 네 방향을 나타낸다. 위와 아래를 나타내는 두 직선과 왼쪽과 오른쪽을 구성하는 두 직선은 구분되면서도 서로를 포함하고 있다.

방형을 구성하는 상하의 두 직선은 수직의 관계이지만 좌우의 두 직선은 수평의 관계이다. 상하를 구성하는 두 직선이 상하의 관계를 통하여 가치상의 우열을 나타낸다면 좌우를 구성하는 두 직선은 수평적인 평등의 세계를 나타낸다.

좌우의 직선이 수평적인 평등관계를 이루는 분별을 나타내고, 상하의 두 직선은 가치적 우열을 나타내는 분별을 나타낸다. 좌우의 두 직선이 무분별을 통하여 분별을 나타내고, 상하의 두 직선이 분별을 통하여 무분별을 나타낸다.

그리고 네 직선이 만나서 형성되는 네 점이 나타내는 동서남북은 각각 서로 독립적인 관계를 형성한다. 네 점이 표상하는 분별의 관계는 상하도 좌우도 아닌 일종의 확장의 관계이다. 밖을 향하여 끊임없이 확장하는 성질을 상징적으로 나타낸 것이 네 점이 나타내는 동서남북이라고 할 수 있다.

방향을 구성하는 상과 하, 좌와 우가 서로 대대관계를 이룰 뿐만 아니라 상하와 좌우 역시 대대관계를 이룸을 뜻한다. 상이 있으므로 하가 있고, 하가 있으므로 상이 있어서, 상과 하는 서로의 존재 근거가 된다. 마찬가지로 상하를 나타내는 위와 아래의 두 직선이 서로 마주 보면서 수평적인 관계를 나타내고 있는 것과 달리 좌우를 구성하는 두 직선은 서로를 마주면서도 상하의 관계를 나타내고 있다. 네 직선이 만나서 형성되는 네 점이 나타내는 동서남북이라는 공간적 위상 역시 대대적이다. 홍산 유적지에서 발굴된 하나의 방형으로 구성된 옥기는 다음과 같다.[35]

그림7 사각형 옥기

시간성을 표상하는 내원內圓을 확장하여 사방으로 펼치면 방형의 도상이 나타난다. 그것은 시간의 관점에서 시의성이 나타난 영원한 현재를 나타내는 원을 상하좌우로 확장함으로써 하여 마주 보는 네 직선에 의하여 과거와 미래라는 물리적 시간에 일어나는 사건이 고정되어 이것과 저것이라는 물건으로 드러남을 뜻한다.

---

35 遼寧省文物考古研究所 編著, 『紅山遺址發掘報告書(1983-2003年度)下』, 圖版 七七.

방형을 이루는 좌우의 직선은 각각 과거와 미래라는 물리적 시간을 나타내는 선이다. 그것은 시작과 끝이라는 시종의 관계로 나타난다. 시종의 관계를 나타내는 사건은 근본과 지말이라는 관계를 통하여 물건으로 나타낼 수 있다.

그런데 시종을 나타내는 좌우의 직선은 본래 서로 연결되어 종시의 관계를 나타낸다. 그것을 나타내는 것이 상하의 관계를 나타내는 두 직선이다. 이 두 직선은 좌우의 두 직선을 나타내는 시종의 두 점을 위로 확장함으로써 좌우의 두 직선이 형성될 수 있게 한다.

그것은 시간상의 사건을 나타내는 두 점을 고정하고 확장함으로써 각각의 근본과 지말을 구성하는 이것과 저것이라는 물건이 형성됨을 상징적으로 나타낸다. 그리고 상하의 관계를 통하여 물건이 본말이라는 가치상의 우열을 통하여 상징적으로 나타남을 보여주고 있다.

좌우의 두 직선이 시간상의 한 시점을 나타내기 때문에 양자의 사이를 나타내는 선이 길어질수록 그것을 구성하는 점들이 많아진다. 그리고 좌우의 직선을 구성하는 본말을 나타내는 상하의 두 직선 역시 상하로 확장되어 나타난다.

원형과 방형을 비교하여 이해하면 방형의 옥기가 상징하고 있는 시의성을 고정하여 나타낸 공간성은 그 특성이 근본과 지말이라는 본말의 관계가 중심이 되어 형성되었으며, 본말의 관계는 끊임없이 확장되는 특성을 갖는 동시에 좌우의 직선이 수없이 구분되듯이 영원히 반복되는 특성을 갖고 있음을 알 수 있다.

그런데 원형과 방형은 모두 하나의 구심에 의하여 형성된다. 그것은 원형과 방형의 옥기가 모두 내면의 원을 바탕으로 하고 있음을 통하여 확인할 수 있다. 방형을 확장하면 원이 되고, 원을 수축하면 방형이 된다. 그러면 원형과 방형은 어떤 관계인가?

원형을 바탕으로 방형이 나타나고, 방형을 바탕으로 원형이 나타난다. 그것은 원형과 방형을 막론하고 하나의 구심점에 의하여 구성되는 점에서는 일체적이지만 양자가 구분되는 점에서는 서로 다름을 뜻한다.

원형과 방형이 상징하는 시간성과 공간성의 관계를 파악하기 위해서는 지금까지 원형과 방형이라는 대상에 가려져서 드러나지 않았던 근본적인 문제에 접근해야 한다. 그것은 방형과 원형을 통하여 시간성을 나타내고, 공간성을 나타내는 주체가 무엇인가의 문제이다. 그러면 천원과 지방이 인간을 떠나서 독립적으로 존재하는가?

근대과학을 낳은 실체적 세계관에 의하면 인간과 무관하게 객관적으로 존재하는 시간과 공간이 존재한다. 그것은 인간과 독립적인 시공이라는 점에서 절대시간과 절대공간이다. 그러나 시간과 공간이라는 범주에 의하여 세계를 구분하여 천지, 우주로 나타내고, 존재 근거인 시간성과 공간성을 도출하여 그것을 바탕으로 세계를 이해하는 것은 인간이다.

만약 시간과 공간을 문제로 삼는 인간이 없다면 천원과 지방이 존재할 수 없을 뿐만 아니라 설사 인간을 떠나서 객관적인 천지가 존재한다고 하여도 그것은 인간에게 아무런 의미가 없다. 인간과 무관한 천지를 인간이 소중하게 여길 까닭이 없다.

시간과 공간에 의하여 세계를 천지로 나타내고, 원과 방으로 나타내는 주체는 인간이다. 따라서 인간이라는 존재가 없다면 천원이나 지방도 존재할 수 없다. 그것은 천원과 지방이 존재하고 그것을 인간이 인식하는 것이 아니라 인간이 자신을 중심으로 천원과 지방으로 세계를 나타냄으로써 비로소 세계가 세계로 존재함을 뜻한다.

　천지를 원방으로 규정하여 천원과 지방으로 존재하도록 하는 인간을 표상하는 도형이 각형이다. 각형은 세 선이 만나서 형성되는 도형으로 그 안에는 세 선과 세 점이 존재한다. 방형이 표상하는 공간이 일차적이라면 공간은 원이 표상하는 시간과 만나서 비로소 입체적인 사차원이 된다.

　각형은 시간과 공간의 관계를 나타낸다. 세 선은 원과 방이 표상하는 시간과 공간의 세계 그리고 시간과 공간을 규정하는 인간을 나타낸다. 그러므로 각형은 인간과 시공의 천지가 병립하게 됨으로써 비로소 세계가 형성됨을 나타낸다.

　언제나 물건적 차원에서 세계를 보고 인간을 보는 중국사상에서는 시간과 공간의 세계를 나타내는 천지와 더불어 인간을 병립시켜서 삼재를 바탕으로 세계와 인간 그리고 삶을 이해한다. 중국사상의 연원인 주역에서는 주역이 표상하는 내용이 광대하여 모든 것을 다 나타내고 있다고 말하고, 이어서 천도天道와 지도地道, 인도人道가 있음을 밝히면서 육효六爻가 나타내는 삼재의 도[36]라고 했다.

　시간과 공간 그리고 인간의 세 요소를 중심으로 세계를 인식하는 특성은 『노자』에서도 드러난다. 그는 만물의 근원인 도를 제시하고 이어서 도로부터 하나의 세계, 혼돈混沌의 세계가 나타남을 언급하고 이어서 무無의 세계로부터 비로소 유有의 세계인 천지가 전개됨을 논한 후에 다시

36　『周易』 繫辭下篇 第十章, "易之爲書也, 廣大悉備, 有天道焉, 有地道焉, 有人道焉. 兼三材而兩之, 故六, 六者非它也, 三才之道也".

셋이 있어야 비로소 만물의 세계가 전개됨을 밝히고 있다.[37] 그러면 조양시의 건평박물관에 소장된 각형 옥기를 살펴보자.[38]

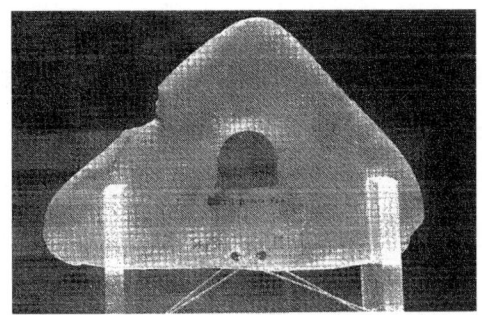

그림8 삼각형 옥기

원형, 방형의 옥기와 마찬가지로 각형의 옥기도 여기 중앙에 원을 나타내는 원형을 갖고 있다. 중심부의 원형을 바탕으로 형성된 외형은 세 선과 세 점에 의하여 구성된 각형이다. 각형을 구성하는 선과 점을 중심으로 상징하는 의미를 살펴보면 다음과 같다.

각형의 세 선이 만나서 형성되는 세 점은 천지인의 세계에 존재하는 만물을 표상한다. 천과 지가 만나고, 천과 인이 만나고, 인과 지가 만나서 형성된 수많은 세계를 나타내는 것이 각형의 세 점과 그것을 구성하는 세 선이다.

각형을 통하여 천지와 인간, 시간과 공간으로 표현된 세계가 인간과 둘이 아님을 알게 된다. 천을 표상하는 선과 지를 표상하는 선이 만나서

---

37 『道德經』 第四十二章, "道生一, 一生二, 二生三, 三生萬物".
38 우실하, 『고조선문명의 기원과 요하문명』, 지식산업사, 2019, 527, 자료 10-9.

하나의 점이 되듯이 천과 지가 일체이며, 천을 표상하는 선과 인을 표상하는 선이 만나서 하나의 점이 되듯이 천과 인이 일체이며, 지를 표상하는 선과 인을 표상하는 선이 만나서 하나의 점이 되듯이 지와 인이 일체이다. 그러므로 천과 지 그리고 인은 일체이다.

각형에는 세 선이 표상하는 천지인으로 구분되는 세계와 세 점이 표상하는 천지인이 일체인 세계가 동시에 표상되어 있다. 천지인이 구분되면서도 일체인 세계를 나타내는 삼각형은 천지와 인간의 관계를 통하여 인간의 천지간의 위상을 상징적으로 나타내고 있음을 알 수 있다.

인간의 세계를 표상하는 삼각형을 통하여 세계가 만물로 드러나는 다양한 세계와 만물이 하나인 세계가 있음을 알 수 있다. 그러한 세계는 세 선과 세 점이 만나서 비로소 삼각형을 이루듯이 별개의 것이 아니라 하나의 세계를 이루는 둘임을 알 수 있다. 둘로 나타난 하나의 세계 그것을 표상하는 것이 각형이 나타내는 내용이다. 그러면 구심점을 중심으로 각형이 상징하는 내용이 무엇인가?

원형, 방형과 마찬가지로 각형의 구심점도 원이다. 그것은 시의성, 공간성이 인간에 있어서는 인간의 본래성임을 나타낸다. 시간과 공간의 존재근거인 시간성, 공간성이 바로 인간의 존재근거인 본래성이다.

본래성은 과거적 본성과 미래적 이상이 하나가 된 영원한 현재의 관점에서 인간의 본래면목을 나타내는 개념이다. 그것은 본래성이 시간성을 인간의 본성과 모든 존재자의 본성을 통하여 나타낸 개념임을 뜻한다. 따라서 인간의 본성이 바로 시간성에 이르는 통로이다.[39]

---

39 『주역』, 계사상편 제7장, "天地設位이면 而易이 行乎其中矣니 成性存存이 道義之門이라".

나. 옥기玉器에 표상된 세계관과 인간관

우리는 앞에서 원형의 옥기가 하늘을 상징하고, 하늘은 시간의 세계를 나타내며, 방형의 옥기는 땅을 나타내고, 땅은 공간의 세계를 나타내며, 각형은 천지의 관계를 나타내는 사람의 세계를 나타냄을 살펴보았다. 그러면 홍산紅山의 옥기에서 나타나는 세계관과 인간관이 무엇인지 살펴보자.

원방각의 세 도상을 통하여 세계를 상징적으로 나타내고 있는 옥기는 공간적 관점에서 천지인의 구조를 중심으로 세계를 나타내고 있다. 그것은 세계 자체가 그러한 구분이 있음을 나타내는 것이 아니다. 인간이 하나의 관점과 일정한 범주를 중심으로 세계를 구분하여 나타내었을 뿐이다. 그러면 고조선사람들이 옥기를 통하여 나타내고자 한 내용은 무엇인가?

그들은 원방각의 형상 가운데 둘을 서로 결합하거나 셋을 결합한 형태의 옥기를 통하여 자신들의 세계관과 인간관을 상징적으로 나타내었다. 그들은 천지인의 공간적 구조를 중심으로 천天과 지地, 천天과 인人, 인人과 지地, 천天과 천天의 관계를 통하여 세계관과 인간관을 나타낸다. 그러면 먼저 원방각의 세 도상 가운데 두 가지 도상을 결합하여 구성한 옥기를 중심으로 나타내는 내용이 무엇인지 살펴보자.

원방각의 셋 가운데서 둘을 결합하여 형성된 옥기는 네 가지 형태로 분류된다. 첫 번째는 윗부분이 각형이고, 아랫부분이 방형인 각방형 옥기이고, 두 번째는 윗부분이 각형이고, 아랫부분이 원형인 각원형 옥기이며, 세 번째는 윗부분이 원형이고, 아랫부분이 방형인 원방형 옥기이며, 네 번째는 윗부분과 아랫부분이 모두 원형인 원원형 옥기이다.

각형과 방형으로 구성된 각방형 옥기는 인물人物이 합일合一된 세계를 나타낸다. 인간과 공간, 인간과 사물의 합일은 공간이나 사물을 통하여 이루어지는 것이 아니라 인간의 본성을 통하여 이루어진다.

각방형 옥기는 본성을 통하여 드러나는 공간의 근거인 공간성을 나타내는 동시에 공간성을 근거로 나타나는 공간의 세계를 나타낸다. 이때 인간을 나타내는 각형과 공간을 나타내는 방형의 중심이 모두 하나의 원형임을 상기할 필요가 있다.

인간의 근원인 본성과 사물, 공간의 근원을 나타내는 공간성은 본래 하나의 시간성이다. 시간성을 공간의 관점에서 나타내면 공간성이고, 인간의 관점에서 나타내면 인간성인 본성이다. 따라서 인간과 공간의 사물이 하나가 되는 인물합일人物合一은 시간성에 의하여 이루어진다.

그러나 시간성의 차원에서는 인간과 사물, 공간의 분별이 없다. 그러므로 본성에 의하여 공간성을 넘어 시간성에 도달함으로써 인간과 사물, 공간이 둘이 아닌 합일의 경계가 드러난다. 이처럼 각방형 옥기는 본성을 매개로 하여 이루어지는 지인地人합일, 인물人物합일의 세계를 나타낸다. 지금까지 살펴본 내용을 상징적으로 나타내는 각형과 방형에 의하여 구성된 각방형 옥기는 흑룡강성 태래현太來縣 광승향廣升鄕 동옹근산東翁根山 유지에서 출토되었다.[40]

---

40 遼寧省文物考古硏究所,「牛河梁紅山文化遺址發掘報告書(1983-2003年度)下」圖版 二 六五.

그림9 각방형 옥기

다음에는 두 번째 유형의 각형이 위에 있고, 원형이 아래에 있는 각원형 옥기에 대하여 살펴보자. 이는 각형이 상징하는 인간과 원형이 상징하는 천의 세계의 합일을 나타낸다. 신神과 인간이 합일된 세계, 천天과 인간이 합일된 세계를 나타내는 것이 각원형 옥기이다.

각형이 표상하는 인간의 세계와 원형이 표상하는 하늘의 세계는 인간을 통하여 드러난 하늘의 세계를 나타낸다. 그것은 인간을 표상하는 각형과 하늘을 표상하는 원형이 상하의 관계로 나타낸 것을 통하여 확인할 수 있다.

만약 하늘을 상징하는 원형이 위에 있고, 인간을 상징하는 각형이 아래에 있다면 그것은 세계의 구조를 나타내고 있을 뿐으로 양자가 서로 작용을 하지 않는 상태이다. 따라서 상하의 관계로 나타나는 하늘과 인간의 상호 작용을 나타내는 것이 각원형 옥기이다.

하늘의 작용이 인간에서 나타나고, 인간이 작용이 하늘에 나타남으로써 양자가 하나가 된 세계가 바로 각형과 원형을 상하로 결합한 각원형 옥기이다. 각원형 옥기가 나타내는 천인합일天人合一의 경지는 훗날 중국 유학을 비롯하여 중국사상에서 추구하는 대명제가 되었다.

천인합일은 물리적 시간에서는 응연應然의 천인합일天人合一과 이연已然의 천인합일天人合一로 나누어서 이해한다. 이연의 합일은 과거적 측면에서 이미 이루어진 합일이다. 그것은 현대적 개념에서는 존재론적 측면에서의 천인합일이라고 할 수 있다.

그러나 원형이 위가 되고, 각형이 아래가 되어 하늘이 위에 있고, 인간이 아래에 있는 상태는 하늘과 인간의 관계를 나타낼 뿐으로 서로 작용하지 않는 세계를 나타낸다. 그것이 바로 응연의 천인합일이다. 이는 하늘과 인간이 서로의 위치를 지킬 뿐으로 서로 작용하지 않기 때문에 장차 양자가 하나가 되어 서로 작용하는 것이 필요함을 나타낸다. 따라서 이때의 합일은 응연의 합일이다. 이를 현대적 개념으로 나타내면 당위론적 천인합일이다. 앞에서 살펴본 각원형 옥기는 다음과 같다.[41]

그림10 각원형 옥기

---

41 遼寧省文物考古硏究所, 『牛河梁紅山文化遺址發掘報告書(1983-2003年度)下』 圖版 三一八.

세 번째 유형은 윗부분이 원형이고, 아랫부분은 방형인 원방형圓方形 옥기이다. 원형은 천天의 세계, 시간의 세계를 나타내고, 방형은 지地의 세계, 공간의 세계, 물건의 세계를 표상한다. 따라서 원형과 방형이 결합된 옥기는 천지합일을 표상한다.

천지합일은 그것을 논하는 지금 여기의 나와 무관한 객관적 대상으로 나타난 천지합일이다. 따라서 여기에는 천지합일을 논하는 지금 여기의 내가 빠져 있다. 비록 객관적 천지를 나타내지만 인간이 포함되기 때문에 객관적 시공으로서의 자연과 다르다.

그러나 원방형의 옥기가 나타내는 천지는 아직은 합일이 이루어지지 않고, 장차 합일을 이루어야 할 세계를 나타낸다. 그것을 주역에서는 천지비괘를 통하여 나타낸다. 하늘이 위에 있고, 땅이 아래에 있어서 하늘과 땅이 모두 제자리를 지킬 뿐으로 서로 작용하지 못하여 비색된 체계, 소통이 단절된 세계를 나타낸다. 그러면 이미 천지합일이 이루어진 세계는 어떻게 나타나는가?

하늘과 땅의 소통은 각자가 자신의 위치를 고집하지 않아서 하늘이 땅으로 내려와서 땅의 역할을 하고, 땅은 하늘로 올라가서 하늘의 역할을 함으로써 비로소 소통이 이루어지고, 하나가 된다.

주역에서는 천지가 하나가 되어 소통하는 세계를 지천태괘地天泰卦[42]에 의하여 나타낸다. 지천태괘는 땅이 위로 올라가서 하늘에 있고, 하늘이 아래로 내려와서 땅에 있다. 그것은 하늘과 땅이 하나가 되어 하늘의 작용이 땅에서 나타나고, 땅의 작용이 하늘에서 나타남을 뜻한다. 그러므

---

42 『周易』, 地天泰卦 彖辭, "彖曰 泰, 小往大來, 吉亨 則是天地交而萬物通也, 上下交而其志同也. 內陽而外陰, 內健而外順, 內君子而外小人, 君子道長, 小人道消也".

로 시간적으로 나타내면 천지의 합일이 이미 이루어진 세계 곧 이연의 천지합일을 나타낸다.

이 유형의 옥기는 천지의 관계를 나타내고 있는 전형적인 옥기이다. 천지의 관계를 색깔을 통하여 "하늘은 검고 땅은 누렇다."[43]라고 말하기도 하고, 언어를 통하여 "하늘은 둥글고 땅은 모나다."[44]라고 말하기도 하였다. 천현지황天玄地黃, 천원지방天圓地方을 도상을 통하여 나타내는 전형적인 옥기는 원방형 옥기이다.[45]

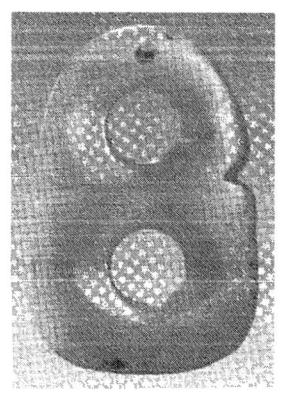

그림11 원방형 옥기

각방원의 세 도형의 두 가지가 결합되어 형성된 옥기의 네 번째 유형은 윗부분과 아랫부분이 모두 원형에 의하여 구성된 원원형 옥기이다. 원형의 옥기는 천의 세계, 시간의 세계를 상징적으로 나타낸다. 따라서

---

43 『주역』 중지곤괘 문언, "夫玄黃者는 天地之雜也니 天玄而地黃하니라".
44 『주비산경周髀算經』, "圓者天之象 方者地之形".
45 중국문물신식중심, 『중국고대옥기예술상』, 중국미술출판사, 2003, 45쪽 도판. 우실하, 『고조선문명의 기원과 요하문명』, 지식산업사, 2019, 530에서 재인용.

두 개의 상하의 구조를 갖는 원형을 결합하여 형성된 원원형 옥기는 시간과 시간의 합일의 세계를 나타낸다.

이 유형의 옥기는 상하의 옥기의 외형이 모두 원형일 뿐만 아니라 내면의 두 개의 구멍도 역시 원형이다. 이처럼 내형과 외형이 모두 네 개의 원형으로 구성되어 있다. 그것은 시간성과 그것이 현상에서 나타난 시의성 곧 공간성 그리고 공간이 모두 하늘임을 나타낸다.

시간적 관점에서는 원원형 옥기의 윗부분은 천지비의 선천을 나타내고, 아랫부분은 지천태의 후천을 나타낸다. 그것은 시간성이 나타난 시간을 둘로 나누어서 앞의 시간과 뒤의 시간을 각각 나타낸 개념이다.

그런데 두 원을 구성하는 중심점이 모두 원이다. 그것은 내원이 표상하는 시의성이 나타난 것이 선천과 후천임을 뜻한다. 물리적 시간의 관점에서 선천과 후천을 이해하면 양자가 별개의 실체적 존재로 여겨진다.

우리가 하루를 구분하여 낮과 밤으로 나누고, 다시 낮은 오전과 오후로 구분하여 나타내지만 본래 오전과 오후 그리고 낮과 밤의 구분은 없다. 낮과 밤은 지구에 나타난 해와 달의 영향을 중심으로 구분하여 나타낸 것일 뿐이다. 따라서 낮과 밤이라는 시간은 자연현상을 기준으로 구분하여 나타낸 것일 뿐으로 실재하지 않는다.

선천과 후천은 모든 시간을 둘로 나누어서 나타낸 구분이다. 이처럼 둘로 나누어 나타내는 기준은 현재이다. 현재는 과거와 미래를 구분하는 기준이 되는 동시에 과거와 미래가 하나임을 나타낸다. 이 현재가 바로 시의성이 나타난 본질적 시간으로서의 영원한 현재이다.

위의 원형이 나타내는 선천, 과거와 아래의 원형이 나타내는 후천, 미래가 모두 시의성이 나타난 시의성의 현현으로서의 영원한 현재이다. 따라서 네 번째 유형의 원원형 옥기는 시간성이 공간적 시간인 물리적 시간에서 시의성으로 드러나는 동시에 영원한 현재로 드러남을 상징한다. 네 번째 유형의 원원형 옥기는 다음과 같다.[46]

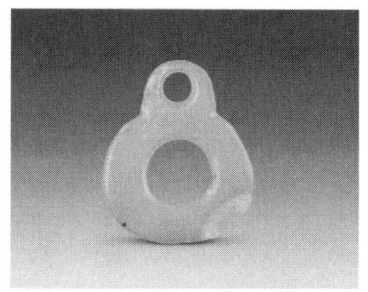

그림12 원원형 옥기

우리는 앞에서 네 유형의 두 가지 형태를 결합하여 구성된 옥기가 상징하는 의미를 살펴보았다. 각방角方, 각원角圓, 원방圓方, 원원圓圓의 네 유형의 옥기들이 표상하는 내용을 살펴보면 시간성을 물리적 시간의 관점에서 나타낸 시의성時義性을 중심으로 나타낸다. 그러면 네 유형의 옥기가 나타내는 내용은 무엇인가?

네 유형의 옥기들 역시 유기적인 상관관계가 있다. 원방형 옥기가 나타내는 천지는 주체와 별개로 존재하는 객관적 대상으로서의 천지이다. 물리적 천지는 인간과 무관한 천지가 아니라 인간을 통하여 드러난 천지이다. 그것을 나타내는 것이 각방형 옥기와 각원형 옥기이다.

각방형 옥기는 인간 본성을 통하여 공간성의 세계가 열림을 나타내고,

---

46 遼寧省文物考古研究所, 『牛河梁紅山文化遺址發掘報告書(1983-2003年度)下』 圖版 九二.

각원형 옥기는 인간 본성에 의하여 시간성이 드러남을 나타낸다. 이처럼 본성을 주체로 나타난 대상적 경지로서의 천지를 나타내는 옥기가 원방형 옥기이다. 그러면 원원형 옥기는 무엇을 상징하는가?

세 유형의 옥기가 상징하는 천인합일, 천지합일, 지인합일은 서로 다르지만 하나이다. 원방이 나타내는 객관적인 천지는 각방, 각원이 나타내는 원방을 객관화하여 나타낸 것이다. 그것은 원방의 천지를 구체화하면 각방, 각원이 됨을 뜻한다.

그리고 각원, 각방을 주체화하여 원방각이 나타나기 이전으로 돌아가면 바로 원원형 옥기가 상징하는 영원한 현재에 이른다. 그것은 원원형 옥기가 상징하는 시간성과 시간이 둘이 아닌 영원한 현재를 객관화하면 각원과 각방의 천인합일, 지인합일의 경계가 나타나고, 다시 그것을 객관화, 대상화하면 천지를 나타내는 원방에 이름을 뜻한다.

다음에는 세 가지의 도상을 결합하여 구성된 옥기를 살펴보자. 세 가지의 도상에 의하여 구성된 옥기는 각방원의 셋을 결합하여 상하의 구조로 나타낸 옥기와 각방원의 셋을 좌우의 구조로 결합하여 형성된 옥기로 구분할 수 있다.

각방형 각각을 결합하여 구성된 옥기는 두 개의 도상이 결합되어 형성된 옥기의 외형이 모두 삼각형인 것과 달리 원방각 각각의 모습을 그대로 보여주고 있다. 그리고 셋이 결합하는 순서도 원방각圓方角이 아니라 각방원角方圓의 순서로 결합을 하고 있다.

맨 위에 각형이 있고, 이어서 방형이 있으며, 마지막으로 원형이 놓여 있다. 물론 옥기를 뒤집으면 원방각이 될 수도 있다. 그러나 각방원의 상태가 안정적으로 짜임새가 있는 구도를 보이는 점에서 각방원이 본래의 모습이라고 추정할 수 있다.

각방원의 세 형상이 결합하여 형성된 옥기는 천지인이 합일合─된 세계를 나타낸다. 그것은 각형과 방형 그리고 방형과 원형이 각각 지천태의 구성을 보이고 있음을 통하여 확인할 수 있다. 각형과 방형의 결합은 인물합일, 인간과 공간의 합일을 지천태의 관점에서 나타내고, 방형과 원형의 결합은 천지의 합일을 지천태의 관점에서 나타내고 있다.

현상적 측면에서 천지인이 각각 세계를 구성하는 세 요소로 역할을 하고 있다. 그렇기 때문에 두 개의 원형을 통하여 나타낸 선천과 후천이 합일된 세계가 공간적 관점에서 천지인의 구조로 표상되고 있음을 알 수 있다.

각형의 본질을 나타내는 내원은 각형의 관점에서는 인간성을 나타내고, 방형의 관점에서는 공간성, 물성物性을 나타내며, 원형의 관점에서는 시의성時義性을 나타낸다. 그것은 각각 천지인의 본질인 천성天性과 지성地性 그리고 인성人性이다.

그런데 원방각의 하나의 형상으로 구성된 옥기와 둘로 구성된 옥기 그리고 셋으로 구성된 옥기를 보면 그 외형이 서로 다른 특성을 보인다. 하나의 형상으로 구성된 옥기는 당연히 원방각 가운데서 하나의 형상을 띤다.

그러나 두 개의 형상으로 구성된 옥기의 외형은 모두 삼각형이다. 그리고 세 개의 형상으로 구성된 옥기는 그대로 원방각의 형상을 띠고 있다. 그러면 이것은 무엇을 나타내는가?

원방각형의 어느 하나로 구성된 옥기는 천과 지 그리고 인을 구분하여 별개의 존재로 인식하는 대상적 사고의 세계, 분별의 세계를 나타낸다.

그것은 현상적 패러다임에 의하여 드러나는 주객의 이분법적 세계이다. 이 세계는 인과의 세계, 물건이 가득 찬 사물의 세계, 공간의 세계를 나타낸다.

그러나 각형의 외형을 바탕으로 그 안에서 두 개의 형상에 의하여 구성된 옥기는 인간의 안에서 이루어진 하나의 세계를 나타낸다. 천과 지가 합일하고, 천과 인이 합일하고, 천과 천이 합일하고, 지와 인이 합일하는 것은 모든 것이 합일한 상태를 나타낸다.

육신의 기능인 의식을 통하여 드러나는 세계에는 합일이 없다. 그것은 의식이 본래 대상적 사고, 분별적 사고를 하기 때문에 그 세계에는 합일이 없음을 뜻한다. 그렇다면 천지인이 합일한 세계는 인간의 육신을 나타내는 것도 아닐 뿐만 아니라 그렇다고 하여 의식의 세계, 사유의 세계를 나타내는 것도 아니다. 그것은 사람과 사람이 하나인 세계 곧 본래성의 세계를 나타낸다.

인간의 본성을 통하여 드러난 세계는 천지가 하나가 되고, 천인이 하나가 되며, 지인이 하나가 된 세계 곧 천지인이 하나가 된 세계이다. 그러한 세계는 만물이 일체인 세계이다. 그것이 바로 도의 세계, 형이상의 세계, 근원의 세계, 신의 세계라고 할 수 있다.

사실 다양한 개념들을 통하여 그 세계를 나타내고 있지만 아무런 분별을 용납하지 않는 세계이다. 무無라고 할 수도 있고, 공空이라고 할 수도 있는 세계이다. 각방원이 상하로 결합하여 형성된 각방형 옥기를 제시하면 다음과 같다.[47]

---

47 우실하, 『고조선문명의 기원과 요하문명』, 지식산업사, 2019, 532, 자료 10-11.

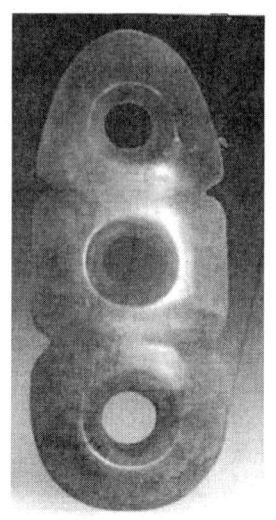

그림13 각방원형 옥기

천지인이 합일된 세계를 천지인이라는 현상적 측면에서 나타낸 것이 앞에서 살펴본 각방원의 세 가지 형상을 상하의 구조를 통하여 나타낸 것이다. 이와 달리 천지인이 합일된 세계를 나타내는 다른 형태의 옥기가 있다. 그것은 세 개의 원형이 중심이 되어 그 밖을 방형으로 나타내고 있는 옥기이다.

각방원을 상하로 나타내고 있는 옥기와 달리 이 옥기는 좌우로 결합되어 있다. 그리고 모든 옥기들이 외형을 중심으로 구성된 것과 달리 내형이 중심이 되고 있다. 중앙의 세 개의 내원을 좌우로 나란히 결합하고 그 밖을 장방형으로 나타내고 있다. 방향의 좌우는 동물의 머리나 사람의 머리로 장식하고 있다.

학자들은 원의 형태를 중심으로 세 개의 원의 좌우에 동물의 머리가 장식되어 있기 때문에 쌍수수삼공기雙獸首三孔器라고 하기도 하고, 동물을 곰으로 보아 쌍웅수삼공기雙熊首三孔器라고도 하며, 좌우에 사람의 머리가 장식되어 있는 경우에는 쌍인수삼공기雙人首三孔器라고도 한다.[48]

이 옥기가 상징하는 의미를 살펴보면 세 개의 원형은 원방각으로 나누어서 나타내기 이전의 세계가 하나의 세계임을 표상한다. 그것은 하나나 둘 또는 셋이 모여서 형성된 어떤 형태의 옥기를 막론하고 그 안에 원형이 들어 있음과 같다. 따라서 이 옥기는 원형이 표상하는 시간성의 세계가 세계의 근원임을 나타낸다.

그리고 좌우에 사람이나 동물의 형태를 장식한 것은 원방각의 세 형태로 구성된 현상의 세계, 유有의 세계를 표상하고, 세 개의 원으로 구성된 옥기는 근원적인 세계, 하나의 세계, 무無의 세계를 표상한다. 따라서 두 형태의 옥기들은 공간성의 세계와 현상의 세계, 유와 무의 세계가 일체임을 표상한다.

그것은 세 개의 원이 수평적으로 결합된 옥기나 원방각의 세 형태가 수직적으로 결합하여 형성된 두 옥기가 표상하는 내용을 통해서도 드러난다. 세 개의 원형으로 구성된 옥기는 셋이면서 하나인 세계를 표상하고, 세 개의 형태를 모두 취하여 형성된 옥기는 하나이면서도 셋인 세계를 표상한다. 세 개의 원형에 의하여 구성된 원원원형 옥기는 다음과 같다.[49]

---

48 우실하, 『3수분화의 세계관』, 소나무, 2012, 204-205.
49 遼寧省文物考古硏究所, 『牛河梁紅山文化遺址發掘報告書(1983-2003年度)下』 圖版 二八四.

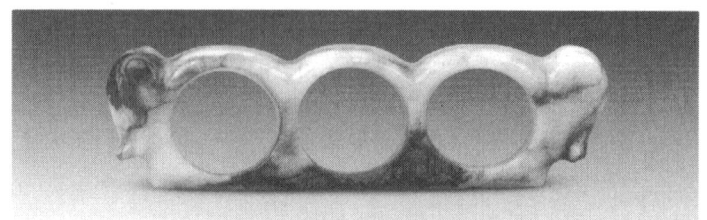
그림14 원원원형 옥기

우리가 지금까지 원방각의 세 형태의 바탕으로 세 형태의 하나를 사용한 첫 번째 유형 ①과 세 형태를 둘씩 결합한 두 번째 유형 ② 그리고 셋을 결합한 세 번째 유형 ③을 살펴보았다. 첫 번째 유형은 3가지이며, 두 번째 유형은 4가지이고, 세 번째 유형은 2가지이다. 따라서 세 유형의 옥기는 모두 9가지이다. 그러면 세 유형의 옥기는 어떤 관계인가?

우리는 세 가지의 유형의 옥기가 상징하는 내용을 각각 두 방향에서 이해할 수 있다. 그 하나는 ①에서 시작하여 ②를 거쳐서 ③에 이르는 형이하의 현상에서 시작하여 형이상의 근원을 찾는 방향이며, 나머지 하나는 ③에서 시작하여 ②를 거쳐서 ①에 이르는 형이상의 근원이 형이하의 현상에 드러나는 방향이다.

③에서 시작하여 ②를 거쳐서 ①에 이르는 방향은 현상의 근원인 시간성이 사건을 거쳐서 물건으로 나타나는 존재론적인 사건을 나타내고, ①에서 시작하여 ②를 거쳐서 ③에 이르는 방향은 현상의 물건으로부터 시작하여 이전의 시간을 찾고, 시간에서 다시 근원인 시간성에 이르는 인식론적 사건, 수행론적 사건을 나타낸다. 그러면 순역, 도역의 두 방향을 중심으로 홍산의 옥기에 나타난 선사문화의 내용이 무엇인지 살펴보자.

첫째는 모든 옥기의 내원이 표상하는 시간성의 세계를 바탕으로 세 유형의 9가지 형태의 옥기가 구성됨을 통하여 시간성이 사건으로 그리고 물건으로 드러남을 나타낸다. 이는 불변不變의 하나가 하나를 고집하지 않고 셋으로 다양하게 드러나는 변화의 세계관을 상징한다.

또한 원방각圓方角으로 나타낸 천지인의 세계가 하나의 상태에서 둘이 결합한 상태였다가 셋이 결합을 하였으면서도 각각의 형상을 그대로 유지한 것을 통하여 만물이 고정되지 않고 끊임없이 변화하는 변화의 세계관을 볼 수 있다.

그것은 시간을 나타내는 원형圓形이 종시의 세계를 나타내고, 공간을 나타내는 방형方形이 밖으로 확장하는 속성을 가지고 있음 그리고 각형角形 역시 고정되지 않고 여러 모양의 각형을 띨 수 있음을 통하여 이 점을 확인할 수 있다.

둘째는 원방각의 세 형태를 기본으로 시간성을 표상하고 있음을 통하여 옥기들이 표상하는 내용이 시간성 자체가 아니라 그것을 공간적 관점에서 공간성空間性, 물성物性으로 나타낸 것임을 알 수 있다.

셋째는 외형이 표상하는 변화의 측면과 내원이 표상하는 근원이 하나로 결합되어 있음을 통하여 변화의 세계인 유有의 세계와 근원의 세계로서의 무無의 세계가 하나가 된 중도中道의 세계, 역도易道의 세계가 표상되고 있다.

넷째는 내원이 표상하는 공간성을 원방각의 형태를 통하여 상징적으로 나타내고 있다. 이는 변화의 세계가 시간상으로는 과거와 미래 그리고 현재의 세 양상으로 드러나는 동시에 공간적 측면에서는 천지인天地人이라는 세 세계로 드러나는 삼원적三元的 세계임을 나타낸다.

다섯째는 하나의 원과 방 그리고 각을 형태를 띤 옥기를 통하여 천지인과 과거, 현재, 미래의 세계를 구분하여 나타내면서도 각방角方, 각원角圓, 원원圓圓, 원방圓方을 통하여 삼자가 일체임을 나타내고 있을 뿐만 아니라 각방원角方圓을 결합하고 원원원圓圓圓을 결합하여 삼자가 일체임을 나타내고 있다. 이를 통하여 시간상으로는 과거와 미래 그리고 현재가 하나가 된 회통會通의 세계, 공간상으로 천지인이 하나가 된 합일合一의 세계가 표상되고 있다. 그러면 옥기를 통하여 표상된 인간관은 어떤지 살펴보자.

인간의 세계를 상징적으로 나타내고 있는 각형 옥기의 구조를 보면 시간의 세계를 나타내는 원형과 공간의 세계를 나타내는 방형이 결합되어 하나가 된 구조를 갖고 있다. 천지를 결합하여 합일시키는 존재가 양자를 나타내는 두 선의 끝을 연결하는 직선으로 표상되어 있다. 그것은 천지의 합일合一과 상분相分이 인간에 의하여 이루어짐을 나타낸다.

천지의 합일과 상분이 인간에 의하여 이루어짐은 천지의 본성이 곧 인간의 본성임을 뜻한다. 그것은 천지인을 표상하는 원방각의 중심이 모두 하나의 원으로 표상되었음을 통해서 확인할 수 있다. 내원이 표상하는 시간성이 천天의 근원인 천성天性인 동시에 지地의 근원인 지성地性이고 인간의 본성인 인성人性이다.

그러나 인간의 관점에서 보면 각형이 드러내고 있듯이 천지의 본성이 합일하여 형성된 것이 인간의 본성이다. 그것은 각방원이 일체임을 나타내는 각방角方, 각원角圓, 원원圓圓, 원방圓方의 외형이 모두 각형을 띠고 있음을 보아도 확인된다. 인간에 의하여 천지합일天地合一, 천인합일天人合一, 신인합일神人合一, 신물합일神物合一이 이루어진다. 이처럼 홍산의 옥기에는 인간 중심의 세계관이 담겨 있다.

예로부터 시간은 수에 의하여 나타낸다. 시간의 근원이 되는 시간성 역시 수에 의하여 나타낸다. 시간을 나타내는 수는 역수曆數이다. 따라서 역수를 통하여 시간성의 세계를 상징적으로 나타낸다. 『서경』과 『논어』에서는 "천의 역수曆數가 네 몸에 있다."[50]라고 하여 천도天道가 역수원리이며, 천도인 역수원리가 인간의 본성임을 밝히고 있다.

홍산의 옥기에서는 이미 시간성을 표상하는 원형이 모든 옥기의 기준, 근본이 됨을 통하여 천지인의 본성이 시간성임을 밝히고 있다. 그것은 이 세계의 본질, 본성이 시간성임을 뜻한다. 시간은 밝음과 어둠을 통하여 인식된다. 그러므로 빛을 통하여 시간성을 나타낸다. 신이나 하나님을 빛으로 나타내고, 법신불法身佛을 보광편조普光徧照의 비로자나불로 나타내며, 인간의 본성을 명덕明德으로 나타내는 근저에 시간성이 있다.

그리고 천지天地, 천인天人, 지인地人, 천천天天의 합일合一을 상징하는 옥기가 모두 삼각형을 띠고 있듯이 합일은 인간의 본래성에 의하여 이루어진다. 그것은 인간의 본래성이 천지의 본성과 다르지 않음을 뜻한다. 그러므로 인간의 본래성을 깨달았을 때 곧 천지의 본성을 깨닫게 된다. 이로부터 천지의 본성이 하나가 된 존재가 인간이라는 천지합일天地合一, 신인합일神人合一, 신물합일神物合一의 인간관을 볼 수 있다.

---

50 『논어』 요왈堯曰, "堯曰 咨爾舜 天之曆數在爾躬 允執其中 四海困窮 天祿永終 舜亦以命禹".

3. 암사동 즐문토기와
   시간을 객관화한 물건

한반도의 신석기시대를 대표하는 유물은 토기土器이다. 신석기시대의 토기 가운데서 빗살무늬 토기로 명명된 토기는 신석기시대를 대표하는 토기이다.

빗살무늬토기는 지역에 따라서 형태와 무늬가 다양하다. 그 가운데서 암사동의 토기를 중심으로 신석기시대의 토기를 고찰하고자 한다.

고고학자들은 과학적 방법에 의하여 학문을 한다. 그렇기 때문에 토기의 형태와 무늬가 상징하는 의미를 파악하지 않고, 어떤 사물의 어떤 형태와 유사한가를 구분하여 이름을 짓는다.

암사동에서 출토된 토기의 위는 둥그렇고, 아래는 뾰쪽하여 옆에서 보면 역삼각형의 모습이고, 위에서 보면 원형이다. 그리고 토기를 엎어놓고 보면 한 점을 중심으로 형성된 원형의 모습을 띠고 있다. 따라서 암사동에서 출토된 토기는 원형과 삼각형이 결합하여 형성되었다.

반구대 암각화에서 나타내고 있는 생성의 세계, 변화의 세계는 인간과 자연, 인간과 사물의 구분이 없는 하나의 세계이다. 그것이 천전리 암각화와 홍산의 옥기玉器에서는 하나의 점을 확산하여 형성된 원을 통하여 상징적으로 표현되고 있다. 원형은 변화하는 세계, 끊임없이 생성되는 세계를 나타낸다.

원에 의하여 표상된 하나의 세계는 천전리 암각화에서는 삼각형이 겹쳐서 형성된 사각형, 마름모를 통하여 상하와 사방으로 규정된 공간적 세계로 표상되고 있다. 홍산의 옥기에서도 사각형을 통하여 반구대 암각화에서 표상된 생성의 세계가 공간의 세계, 이것과 저것으로 구분되는 만물의 세계로 표상되고 있다.

　원과 사각형이 하나가 된 것이 삼각형이다. 그것은 만물의 세계, 공간의 세계를 나타내는 사각형을 둘로 나눈 것이다. 세계와 인간, 인간과 자연을 구분하여 인간을 바탕으로 원으로 표현된 하나의 세계와 만물로 표현되는 다양한 세계를 함께 나타내는 것이 삼각형이다.

　천전리 암각화와 홍산의 옥기에서는 원과 사각형 그리고 삼각형을 중심으로 세계를 추상적으로 나타내고 있음을 살펴볼 수 있다. 이처럼 세계를 나타내는 원과 인간을 나타내는 삼각형을 중심으로 구성된 것이 신석기시대의 토기이다. 그러면 암사동 토기를 바탕으로 토기의 표현에 표현된 무늬가 무엇을 상징하는지 살펴보자.

　오늘날의 학자들이 신석기시대의 토기를 빗살무늬토기로 규정한 것은 토기의 표현에 새긴 무늬를 현상적 측면에서 빗살과 같다고 여겼기 때문이다.

　그러나 신석기 이전부터 제작된 반구대 암각화에서는 고래와 호랑이, 사슴과 거북이, 사람과 같은 만물을 통하여 주변의 자연과 하나가 된 세계를 상징적으로 나타내고 있다.

　그것은 반구대 암각화가 상징적으로 나타내고 있는 세계가 인간과 자연, 인간과 세계, 인간과 동물, 인간과 사물을 구분할 수 없는 하나의 세계, 분별과 무분별을 넘어선 세계를 상징적으로 나타내고 있음을 뜻한다.

　그러나 천전리 암각화에 이르러서는 그 내용이 자연물의 형상을 중심으로 표현되지 않고 추상화되고 있다. 그것은 천전리 암각화와 홍산의 옥기에 이르러서 비로소 인간과 자연, 인간과 세계, 인간과 사물을 구분할 수 없는 상태에서 하나의 세계로 그리고 더 나아가서 다양하게 구분하여 나타내기 시작하였음을 뜻한다.

원과 사각형, 마름모, 삼각형 그리고 빗금, 주름살과 같은 다양한 모습으로 세계를 구분하여 나타내고 있는 천전리 암각화와 달리 세계를 셋으로 구분하여 나타내고 있는 것이 홍산의 옥기에서 보이는 세계관이다.

반구대와 천전리의 암각화의 무늬를 바탕으로 암사동 토기에 새겨진 무늬를 이해하면 그것은 하늘에서 내려오는 비를 나타내는 무늬라고 해도 상관이 없고, 태양 숭배의 관점에서 표현된 햇살이라고 해도 상관이 없다.

토기의 표면에 새겨진 무늬를 보면 빗금처럼 이어진 윗부분과 삼각형의 연속이 된 중간 부분 그리고 다시 빗금으로 이어진 아랫부분으로 구분되어 있다. 그것은 원圓과 방方 그리고 각角으로 구분하여 세계를 이해하는 세계관의 상징적인 표현이다. 그러면 세 부분에 새겨진 무늬가 상징하는 것은 무엇인가?

반구대와 천전리의 암각화가 보여주듯이 암각화는 배경이 되는 자연과 별개로 존재하지 않는다. 주변의 경관과 하나가 될 때 비로소 암각화가 존재할 수 있다. 마찬가지로 토기는 언제나 그것이 땅이 되거나 아니면 부엌의 일부나 어떤 것이든 그 무엇인가의 위에 놓여서 존재한다는 것이다.

그것은 토기 자체가 하나의 세계 곧 땅과 어우러진 하나의 세계를 상징적으로 나타냄을 뜻한다. 암사동에 출토된 토기를 중심으로 무늬를 살펴보면 삼각형을 구성하는 무늬들이 삼각형의 두 변이 만나는 꼭지 모양이 연결된 것이거나 사각형을 이어서 새겼고, 윗부분에서는 위에서 아래로 비스름하게 사선을 내려 그어서 여러 줄을 긋고 있다.

토기의 겉모습을 구성하는 도형은 사각형이나 마름모 또는 삼각형이지만 그러한 도형이 모두 사선을 통하여 형성되고 있는 점에서 사선이 무엇을 상징하는지가 중요하다. 사선을 내리는 비로 여기거나 햇빛, 햇살로 여기거나를 막론하고 같은 의미를 갖는다.

햇빛은 밝음의 세계로 밝음과 어두움을 통하여 시간의 세계가 표상된다. 이때 시간의 세계는 물리적으로 존재하는 어떤 것을 나타내는 것이 아니라 생성, 변화의 세계를 나타내는 개념이다.

일반적으로 말하는 태양숭배는 물리적인 사물로서의 태양을 신으로 여기고 숭배하는 어리석음의 표현이 아니다. 그것은 현대인과 선사시대의 사람들을 뇌라는 육신의 일부가 갖는 기능을 중심으로 비교하여 그들의 지능이 현대인의 지능보다 낮다는 것을 전제로 하여 이해한 결과이다.

인간의 본래성은 선사시대의 사람들이나 현대의 사람들을 막론하고 같다. 다만, 그것을 표현하는 방법의 차이가 있을 뿐이다. 따라서 선사시대의 사람들이 현대인들보다 오히려 뛰어난 부분이 있다. 그것은 지식에 오염되지 않아서 순수함을 그대로 지니고 있음을 뜻한다.

선사시대의 사람들이 사선斜線을 통하여 나타내고자 하는 것은 물리적인 태양을 숭배하는 것이 아니라 태양의 빛을 통하여 드러나는 생명의 현상 곧 변화의 세계에 대한 경외감의 표현이다. 그것은 선사시대의 사람인 자신을 배제하고 자연을 경외하는 것이 아니라 자연과 인간의 구분이 없는 하나의 세계, 분별을 넘어선 세계 자체에 대한 경외감의 표현이다.

사선 무늬는 밝음을 상징한다. 그것은 밝음과 어둠으로 나타나는 시간의 세계를 표상한다. 따라서 원이나 삼각형 그리고 사각형은 시간의 세계를 나타내는 것이 아니라 시간으로 드러나는 근원, 자연과 사물 그리고 인간에게 공통적으로 내재된 무분별의 세계를 상징적으로 나타낸다.

그러나 반구대 암각화가 시간의 근원인 시간성을 그대로 표상하고 있듯이 암사동의 토기는 형태와 그것을 구성하는 사선을 통하여 시간성의 세계를 그대로 표상하고 있다. 그것은 홍산의 옥기에서 표상되는 것과 서로 다르다.

암사동의 토기가 원형을 중심으로 그 안에서 사각형과 삼각형을 표상하고 있는 것과 달리 홍산의 옥기에서는 사각형과 삼각형 그리고 원형의 내면에 모두 원형을 기본으로 하면서도 각각 원방각형의 외형이 중심이 되고 있다. 암사동에서 출토된 토기의 모양을 살펴보면 다음과 같다.[51]

그림15 암사동 즐문토기

---

51 국립중앙박물관 소장, 빗살무늬토기, 신석기, 강동구 출토.

4. 서해안의 고인돌과
   천지인의 통합으로 나타난 공간

세계적으로 거석문화는 기원전 5000년부터 시작되었다. 우리나라의 고인돌은 중석기 말기에 시작하여 청동기시대에 집중적으로 축조되고, 철기시대까지 이어졌다. 고인돌의 축조가 어떻게 시작되었는지는 자생하여 발전했다는 주장과 다른 나라로부터 유입되었다는 주장이 있으나 정설은 없다.[52]

전 세계에는 약 6만여 개 이상의 고인돌이 있다. 그 가운데 약 35,000~40,000여 개의 고인돌이 분포한 우리나라는 세계 거석문화의 중심지이다. 우리나라의 고인돌은 전라도 서해안 지역과 대동강 유역에 집중적으로 분포하며, 고창, 강화, 화순 지역은 대표적인 고인돌 군락지로 유네스코 세계문화유산에 등재되었다.[53] 그러면 고인돌은 무엇인가?

학자들은 고인돌을 지상이나 지하에 시신을 안치하는 무덤방을 만들고 그 위에 거대한 덮개돌을 얹은 선사시대 무덤으로 이해한다. 그러나 고인돌은 단순한 장례 시설을 넘어 한국 청동기시대 문화를 이해하는 데 결정적인 자료를 제공한다.

이 유적들은 당시의 문화, 사회 구조, 정치 체계, 그리고 사람들의 정신세계를 엿볼 수 있게 해 주는 보존가치가 높은 유물이다. 우리는 고인돌의 축조 방식을 통하여 당시 사람들의 기술적 역량을 파악할 수 있고,

---

52   이병렬, 「하늘의 길, 고인돌에 새기다」, HOLIDAYBOOKS, 2025, 38-39.
53   이병렬, 앞의 책, 30.

노동력 동원 및 계층 구조를 통하여 사회 조직을 파악할 수 있으며, 세계관과 의례를 통하여 사상을 파악할 수 있다. 그러면 그동안 고인돌을 어떻게 연구해 왔는가?

우리나라 고인돌의 연구는 19세기 말의 유럽 학자들에 의하여 시작되었다. 영국대사관에 근무하던 W. R. Carles와 Allen은 포천 지역의 탁자식 고인돌을 학계에 보고하며 초기 연구의 문을 열었다. 이어서 1895년 W. Gowland는 포천 송우리와 자작리 고인돌의 외형적 특징에 대해 상세히 기술하여 당시로서는 상당한 수준의 연구 성과를 보여주었다. Emile Bourdaret 또한 파발마 인근 고인돌에 대한 보고를 통해 초기 연구에 기여했다.[54]

손진태를 비롯한 여러 학자들은 외국인들의 연구 성과를 한반도와 동북아시아 관련 자료와 비교하여 연구를 심화시켰다. 오늘날 고인돌의 연구는 분포 현황 조사, 정밀 발굴 조사, 항공 LiDAR(Light Detection and Ranging) 탐사를 통한 고대 지형 및 경관 분석, 고인돌 석재 및 토양의 과학적 성분 분석을 통한 채석장 연구 등 다양한 학제 간 연구를 포함한다.

또한 1949년 방사성탄소 연대측정법(C^{14})이 고고학에 등장하여 고인돌 유적 및 유물의 절대 연대를 파악하는 데 혁명적인 기여를 하며 고인돌 연대 이해를 심화시켰다.

고인돌의 외형적인 여러 특징을 파악하는 데 중점을 두었던 초기의 연구와 달리 현대에는 전면적인 발굴 조사를 통해 고인돌의 구조와 공간

---

54 하문식, 「한강유역 고인돌의 최근 연구 성과」, 『博物館紀要』18, 檀國大學校 石宙善紀念博物館, 2003, 6.

적 기획을 파악하고 체계적으로 연구를 한다. 그러면 고인돌의 형태는 어떻게 분류할 수 있는가?

우리나라의 고인돌은 형태에 따라 크게 세 가지 주요 유형으로 분류된다. 첫째는 탁자식 고인돌이다. 탁자식 고인돌은 지상에 노출된 직사각형의 무덤방을 특징으로 하며, 네 개 또는 여섯 개의 판석으로 무덤방을 구성하고 그 위에 거대한 덮개돌을 얹어 책상과 유사한 형태를 이룬다. 포천 지역의 고인돌과 강화 부근리 고인돌이 대표적인 예시이다.

둘째는 바둑판식(기반식) 고인돌이다. 기반식 고인돌은 지하에 무덤방을 만들고 그 주위에 4개에서 8개 정도의 작은 받침돌을 놓은 후 그 위에 커다란 덮개돌을 올려놓는 형식이다. 받침돌이 지표면에 노출되어 웅장한 외형을 자랑한다.

셋째는 개석식 고인돌이다. 개석식 고인돌은 지하에 무덤방을 조성하고 그 위에 직접 덮개돌을 덮는 형태로, 받침돌이 외부로 드러나지 않는 경우가 많다. 대부분의 발굴된 개석식 고인돌에서는 돌로 만든 무덤방이 확인된다.

이 외에도 제주도에서 주로 확인되는 위석식圍石式 고인돌은 덮개돌 가장자리를 따라 여러 매의 판석이 둘러 세워진 형태를 보인다. 그러면 고인돌에 담긴 사상은 무엇인가?

오늘날 우리가 고인돌을 통하여 파악할 수 있는 자료는 고인돌 한 기의 구조에 나타난 상징, 두 번째는 고인돌 무리를 형성하는 여러 고인돌과 고인돌의 구조에 나타난 상징, 세 번째는 고인돌 무리와 주변의 자연과의 구조가 갖는 상징이다. 그러면 먼저 한 기의 고인돌을 형성하는 요소들의 구조에서 드러나는 공통적인 요소와 상징이 무엇인지 살펴보자.

고인돌은 자연에 의하여 형성된 것이 아니라 사람들이 자연석이나 가공한 돌을 이용하여 축조한 인위적인 유적이다. 따라서 그들이 고인돌을 축조할 때 목적이나 의도, 상징하는 내용이 없을 수 없다.

학자들은 고인돌을 형태에 따라서 셋 또는 넷으로 구분한다. 탁자식, 바둑판식, 개석식, 위석식 고인돌의 공통점은 덮개돌과 굄돌 그리고 덮개돌과 굄돌 사이에 형성되는 공간, 고인돌이 놓인 터의 세 요소로 구성된다. 탁자식 고인돌의 구조를 살펴보면 다음과 같다.

그림16 강화도 부근리 고인돌

고인돌을 형성하는 세 요소는 시간과 공간의 두 측면에서 살펴볼 수 있다. 우리가 고인돌을 시간의 관점에서 살펴볼 필요는 덮개돌에 새겨진 성혈에 있다. 김일권 교수는 성혈이 고인돌과 자연석에 새겨진 천문도[55]임을 밝혔으며, 이병렬은 고창 지역과 여러 지역의 고인돌 무리들을 연

---

55 김일권, 「별자리형 바위구멍에 대한 고찰」, 『고문화』 51집, 한국대학박물관협회, 1998, 123-156.

구하여 덮개돌의 성혈이 북극성, 북두칠성, 남두육성, 은하수와 같은 별자리를 나타낸다고 주장했다.[56]

이병렬은 고인돌 덮개돌 장축과 단축의 방향, 굄돌 통로의 방향이 동지와 하지, 춘분, 추분의 태양의 방향을 가리킨다고 주장할 뿐만 아니라 고인돌 무리의 구조와 고인돌 무리의 주변 자연과의 구조 역시 태양과 별을 가리킨다고 주장한다.

그리고 그는 고인돌이 주변의 산봉우리와 고개에서 동지와 하지, 춘분과 추분의 태양과 24절기의 별자리를 파악할 수 있는 위치에 세워져서 천문과 지리가 하나가 될 뿐만 아니라 고인돌에서 천제를 지내고, 농경 행사를 하며, 농사지식과 천문지식을 공유하여 발전시키는 장소가 되었다고 주장했다.[57]

고인돌의 구조와 고인돌 무리의 구조, 그리고 고인돌이 축조되는 주변의 자연환경과의 구조 그리고 덮개돌에 새겨진 성혈이 가리키는 내용을 고려할 때 고인돌을 시간적 관점에서 이해하는 것이 타당하다. 그러면 우리는 고인돌의 구조에서 드러나는 세 요소들을 어떻게 이해할 것인가?

우리가 시간을 객관적 대상으로서의 물건으로 이해하면 과거, 미래, 현재라는 물리적 시간은 우리와 무관한 실체이다. 그러나 고인돌의 덮개가 나타내는 미래와 땅이 나타내는 과거 그리고 공간이 나타나는 현재의 세 요소가 하나의 고인돌을 형성하듯이 시간을 형성한다. 그러면 고인돌은 누가 만드는가?

---

56   이병렬, 앞의 책, 423.
57   이병렬, 앞의 책, 425-427.

인간이 고인돌을 만들고 고인돌을 통하여 천체를 나타낸다. 천체는 이미 시간과 공간을 구분하는 의식에 의하여 인간이 인식한 세계일 뿐으로 인간과 무관한 세계가 아니다. 그것은 고인돌에 새겨진 시간은 인간을 통하여 규정된 시간임을 뜻한다.

고인돌이 나타내는 시간은 과거와 미래, 현재가 하나인 시간이다. 미래는 덮개돌에 새긴 태양, 별을 비롯한 천문을 통하여 표현되고, 과거는 고인돌이 놓인 공간적 위치를 통하여 표현되고, 현재는 덮개돌과 굄돌의 사이에 형성된 공간에 의하여 현재가 표현된다.

그런데 덮개돌과 굄돌이 일정한 장소에 놓이는 사건이 인간에 의하여 이루어지지 않으면 고인돌은 형성되지 않을 뿐만 아니라 이미 설치한 고인돌을 사람들이 모여서 천체에 관한 지식과 그것을 활용한 농사에 관한 지식을 공유하고, 곡식을 수확한 후에 공동체의 구성원들이 모여서 하늘에 감사하는 의례를 행하지 않으면 고인돌은 생명을 잃는다.

그것은 고인돌의 축조와 축조된 고인들이 자연과 조화를 이루고, 인간의 삶 속에서 하나가 되어 작용하는 일들이 모두 인간과의 관계를 통하여 이루어짐을 뜻한다. 이는 마치 암각화와 옥기, 토기들이 인간에 의하여 제작되었지만 인간의 삶 속에서 그것들이 자연과 하나가 되는 것과 같다. 그러면 고인돌이 상징하는 의미는 무엇인가?

반구대 암각화를 통하여 상징된 시간성과 시간이 둘이 아닌 영원한 현재가 천전리 암각화와 옥기에서는 시간성이 대상화한 공간성에 의하여 전개되는 공간의 차원에서 시의성時義性으로 표현되었다.

홍산의 옥기가 원방각의 세 형상을 결합하여 9가지의 형태로 시의성을 시간으로 나타내는 것과 달리 물리적 시간을 다시 대상화하여 물건적 존재인 천지인에 의하여 공간적 구조로 나타낸 것이 고인돌이다.

고인돌의 덮개돌과 굄돌에 의하여 형성된 공간 그리고 고인돌이 세워진 땅을 통하여 미래, 현재, 과거의 시간의 세 양상과 동시에 천지인이라는 물건적 세계가 나타난다.

고인돌은 한 기를 구성하는 구조를 통해 보아도 천天의 경지, 시간의 경지를 나타내는 덮개돌과 지地의 경지, 물건의 경지를 나타내는 땅 그리고 인간의 경지를 나타내는 공간이 둘이 아닌 하나임을 상징한다. 그러면 천지인은 단지 하나일 뿐인가?

만약 물건적 세계를 구성하는 천지인이 오로지 하나로 합일된 상태로 있으면 그것은 생명이 없는 죽음의 세계이다. 현재를 가리키는 덮개돌과 굄돌에 의하여 형성된 공간에는 인간 삶의 끝인 죽음에 이르러서 그의 삶과 관련된 물건들을 주검과 함께 묻는다. 그것은 삶의 끝인 죽음이 새로운 삶의 시작이기를 바라는 마음의 표현이다.

그들은 또한 덮개돌을 제단으로 사용하여 하늘에 제사를 올리기도 한다. 그리고 고인돌 앞에 모여서 천문에 관한 지식을 공유하고, 이를 농사에서 활용하는 방법을 다른 사람에게 전하여 공유하거나 후대의 사람들에게 계승하는 장소로 활용하여 고인돌이 공동체와 어울려 하나의 삶의 터전이 된다.

또한 고인돌과 고인돌이 무리를 이루는 구조 역시 천문을 바탕으로 이루어질 뿐만 아니라 고인돌 무리와 주변의 자연 경관이 서로 만나는 구조 역시 천문을 바탕으로 이루어진다. 그것은 천문이 인간의 세상인 땅에서 구현되는 동시에 땅의 인간의 삶이 하늘에 천문으로 새겨지는 현상이라고 할 수 있다. 그러면 지금까지 살펴본 선사문화는 무엇인가?

우리는 앞에서 한반도의 남쪽인 울진의 반구대 암각화와 천전리 암각화, 북방의 홍산에서 출토된 옥기, 암사동에서 출토된 즐문토기, 그리고 서해안을 중심으로 남북에서 고루 나타나는 고인들을 통하여 고조선의 강역에서 일어났던 선사문화가 무엇인지 살펴보았다.

한국의 선사 사람들은 시간의 흐름에 따라서 다양한 모습이 생성되는 변화의 연속을 이루도록 암각화와 고인돌의 공간적 위치를 선정하였을 뿐만 아니라 암각화의 구조와 고인돌의 구조 역시 다양하고 새로운 모습이 생성되는 구조에 의하여 새기고, 축조했다.

반구대암각화는 고래, 사람, 호랑이, 사슴을 비롯하여 여러 동물과 식물을 통하여 세 단계로 나타나는 변화의 세계를 표현했다. 처음 부분에서는 트랜스 상태에 빠져서 공간의 세계를 초월한 샤먼에 의하여 시간을 초월한 영원의 세계를 나타내고, 두 번째는 트랜스 상태에 들어가서 현상을 바라보는 샤먼을 통하여 영원의 눈으로 바라보는 시간의 세계를 나타내며, 세 번째는 트랜스 상태와 트랜스 상태를 벗어난 일상이 둘이 아닌 샤먼을 통하여 영원과 시간이 둘이 아닌 차원을 나타내고 있다.

반구대 암각화가 고래, 사람, 사슴과 같은 인간과 사물의 모습을 바탕으로 그들의 세계관을 나타낸 것과 달리 천전리 암각화에서는 원, 방, 각을 비롯한 추상적 도구를 활용하여 그들의 세계관을 나타낸다.

원, 방, 각은 각각 시간성이 매 순간 나타나는 영원한 현재를 객관화, 대상화하여 나타낸 시간상의 과거와 미래, 현재의 삼세와 공간상의 천지인의 삼재를 나타낸다.

홍산의 옥기에서는 시간성과 시간을 삼세三世, 삼재三才의 관계를 나타내는 9가지의 옥기의 형태를 통하여 상징적으로 표현한다. 그리고 원방각의 세 도형이 고인돌에서는 덮개돌과 굄돌 그리고 땅과 그 사이의 공간을 통하여 상징적으로 표현된다. 원이 나타내는 시간의 세계는 덮개돌의 성혈聖血을 통하여 태양의 위치를 나타내는 춘분과 추분, 동지와 하지, 별자리와 같은 천문의 기록으로 나타난다. 그리고 방형이 나타내는 공간적 차원은 땅을 통하여 표현되고, 각형이 나타내는 인간의 세계는 덮개돌, 굄돌, 땅에 의하여 형성된 공간을 통하여 표현된다.

덮개돌, 굄돌, 땅이 형성한 공간에는 청동검, 석검을 비롯하여 다양한 부장품들을 채워서 인문의 세계를 나타낸다. 이처럼 고인돌에서는 원방각圓方角이 객관화, 대상화, 물건화하여 삼재의 측면에서 공간적으로 표현되고 있다.

그런데 반구대 암각화를 비롯하여 천전리 암각화, 홍산의 옥기, 암사동의 즐문토기, 고인돌을 관통하는 일정한 흐름이 있다. 그것은 시간성과 공간성 그리고 시간과 공간으로 이어지는 형이상적 방향과 반대의 형이하적 방향으로 나타난다.

현상의 물리적 시간으로부터 근원인 시간성을 찾는 방향과 시간성으로부터 출발하여 현상의 시간을 향하는 방향은 둘이 아니라 하나이다. 정역에서는 시간성을 바탕으로 그것이 시간으로 드러나는 방향을 도倒로 나타내고, 그와 달리 시간으로부터 근원인 시간성을 찾아가는 방향을 역逆으로 나타낸다.[58]

주역에서는 시간성과 시간을 대상화하여 물건적 관점에서 형이상과 형이하로 구분하고 양자를 각각 도道와 기器로 나타내어 도에서 기를 향

---

58 김항, 『정역正易』 제1장張, "龍圖는 未濟之象而倒生逆成하니 先天太極이니라. 龜書는 旣濟之數而逆生倒成하니 后天无極이니라".

하는 방향을 순順으로 그리고 기에서 도를 향하는 방향을 역逆으로 규정한다.[59]

서양철학에서는 도방향에서 세계의 본질을 나타내는 이론을 존재론, 형이상학이라고 말하고, 역방향에서 세계의 본질을 찾아가는 이론을 인식론이라고 말한다. 그러나 서양철학을 철저하게 이론일 뿐으로 실천이 중심이 아니다. 지금까지 살펴본 내용을 정리하여 나타내면 다음과 같다.

	반구대암각화	천전리 암각화	홍산옥기	고인돌
제작 시기	신석기	신석기-철기	신석기-청동기	청동기-철기
제작 형태	사람, 고래 등의 동물 모습	원방각 등의 도형	원방각과 인물의 모습	덮개돌과 굄돌
상징 의미	생장성과 시간성	시간성의 시간화와 삼세	삼세三世와 삼재三才	삼재와 물건
세계관	시간성	시간성과 시간	시간과 공간	공간과 물건
사상	영원한 경지, 신, 하나님,	시간성의 시간화와 생성	시간성의 공간성화와 천인상분	공간성과 삼재 합일

도표1 선사문화의 다양한 표현과 내용

위의 도표를 보면 훗날 고조선의 영토인 남쪽에서 북쪽에 이르는 지역

---

59 『주역』 설괘 제3장, "數往者는 順하고 知來者는 逆하니 是故로 易은 逆數也라".

에서 나타나는 암각화, 옥기, 고인돌이 하나의 공통성을 갖는다. 도표를 물리적 시간의 차원에서 보면 시간성이 대상화하여 시간의 과거와 미래, 현재의 세 양상으로 나타나고, 그것이 다시 객관화, 대상화하여 천지인이라는 공간적 구조로 정착되어 감을 알 수 있다. 그러면 그것이 무엇을 의미하는가?

우리가 개인, 국가, 인류, 우주를 구분하여 논하지만 본성은 하나이다. 그것이 반구대 암각화에서는 시간성으로 나타나고, 천전리 암각화에서는 시간성과 시간의 관계로 나타나며, 홍산의 옥기에서는 공간성을 과거, 현재, 미래와 천지인이라는 시공의 구조를 통하여 나타내고, 고인돌에서는 천지인의 공간적 구조로 나타난다. 그러면 시간성과 시간은 어떤 관계인가?

시간성은 반구대 암각화를 구성하는 왼쪽에서 시작하여 중간을 거쳐서 끝에 이르는 세 부분을 통하여 표현된다. 이 세 부분은 시간성을 생장성의 세 단계로 나타낸다.

그것은 시간성이 과거와 미래, 현재라는 시간의 세 양상으로 구분되어 나타남을 뜻한다. 이때 시간성의 시간화는 샤먼이 상징하는 인간의 본성에 의하여 이루어진다. 따라서 반구대 암각화의 세 부분이 모두 샤먼을 중심으로 전개된다.

엑스터시 상태의 샤먼은 본성의 경지를 상징한다. 그러나 샤먼과 동물에 의하여 나타내는 우주는 개체적 본성이 둘이 아닌 시간성을 나타낸다.

시간성이 매 순간 다양한 현상의 모습으로 나타남은 본성이 매 순간 새롭고 다양하게 나타남을 뜻한다. 본성을 통하여 과거와 미래가 둘이 아닌 본질적 시간인 현재가 나타난다.

그것은 반구대 암각화에서 나타나는 시간이 영원한 현재임을 뜻한다. 형이상의 시간성과 형이하의 시간이 둘이 아니면서도 매 순간 새롭고 다양하게 나타남을 영원한 현재라고 말한다. 그러면 천전리 암각화에서는 시간성과 시간이 어떻게 표현되고 있는가?

천전리 암각화의 처음 부분에서는 시간성을 나타내고, 다음 부분에서는 시간을 나타내며, 마지막 부분에서는 공간을 나타낸다. 이는 시간성이 시간으로 나타나고, 그것이 다시 물건적 공간으로 나타나는 구조라고 할 수 있다. 그러면 시간성과 시간, 공간의 관계는 무엇인가?

시간성과 시간, 공간의 관계를 잘 나타내고 있는 것은 홍산의 옥기이다. 홍산의 옥기는 시간성을 그것이 나타나는 시간의 차원에서 대상화하여 과거와 미래, 현재로 나타나는 물리적 시간의 측면에서 이해할 수 있다.

원은 미래의 관점에서 미래성을 중심으로 시간성을 나타내고, 방은 과거의 관점에서 과거성을 중심으로 시간성을 나타내며, 각은 현재의 관점에서 현재성을 중심으로 시간성을 나타낸다. 그러면 원방각이 모두 모여서 하나로 형성된 옥기는 무엇을 나타내는가?

원방각을 가로와 세로로 나타내면 옥기는 각각 시간성을 공간과 시간의 차원에서 나타낸다. 원방각을 세로로 하나로 결합한 옥기는 시의성을 중심으로 시간성을 나타내고, 원방각을 가로로 하나로 결합한 옥기는 공간성을 중심으로 시간성을 나타낸다.

원방각이 나타내는 시간성을 공간성으로 나타낸 것이 고인돌이다. 고인돌은 시간의 과거, 현재, 미래의 삼세를 공간화하여 천지인의 삼재로 나타낸다.

고인돌의 덮개돌은 미래적 시간성을 대상화한 천을 나타내고, 고인돌이 세워진 터, 땅은 그대로 과거적 시간성을 대상화한 지를 나타내며, 덮개돌과 땅 그리고 굄돌이 만들어낸 공간은 현재적 시간성을 대상화하여 나타내는 인을 나타낸다. 그러면 암각화, 옥기, 고인돌을 통하여 나타나는 한국선사문화의 특성은 무엇인가?

암각화와 옥기, 즐문토기, 고인돌을 통하여 나타나는 선사문화는 변화의 세계관, 영원한 현재적 시간관을 바탕으로 전개되는 역문화易文化이다. 그러면 역문화는 어떻게 발전하는가?

역문화는 암각화에서 나타나는 시간성 중심의 역문화와 홍산의 옥기에서 나타나는 공간성 중심의 역문화 그리고 고인돌에서 나타나는 형이하의 현상인 삼재 중심의 역문화로 구분하여 이해할 수 있다.

시간성 중심의 역문화가 본체, 근원인 것과 달리 공간성 중심의 역문화는 시간성 중심의 역문화를 대상화하여 객관적으로 나타낸 것이고, 공간성을 한 단계 더 객관화하여 물건화하면 현상의 세계가 전개된다. 그러면 선사시대의 역문화는 무엇인가?

한국 선사시대의 암각화, 옥기, 토기, 고인돌을 통해서 파악할 수 있는 선사문화는 변화의 세계관을 바탕으로 전개되는 역문화易文化이다. 역문화는 형이하의 물리적 시간을 바탕으로 이루어지는 사건의 변화가 아니라 변화의 근거가 되는 시간성을 바탕으로 전개된다.

시간성은 매 순간 다양한 변화의 현상으로 나타나지만 나타나는 동시에 소멸하여 나타나도 나타남이 없어서 영원하다. 이처럼 변화가 없는 부동不動의 영원을 바탕으로 전개되는 현상의 다양한 변화가 한국선사문화가 나타내는 역문화이다. 그러면 역문화는 어떻게 이해할 것인가?

오늘날의 학자들은 선사문화를 샤먼을 중심으로 나타내어 샤머니즘이라고 말한다. 학자들은 샤먼을 사제이며, 예언자이고, 의사이자, 마술사이며, 점성술사이고, 천문학자이자, 과학자[60]라고 말한다.

그러나 샤먼은 현상적 차원에서 사회적 지도자에 머물지 않는다. 그는 철학자이자 사상가이고, 깨달은 자이며, 종교적 지도자인 동시에 정치적 지도자이다.

형이하적 패러다임에 의하면 샤먼은 과학자, 마술사와 같이 다양한 이름으로 부를 수밖에 없다. 형이하적 패러다임에 의한 샤먼은 언제나 신과 둘이다. 그러므로 민속학자와 고고학자들은 샤먼을 여신으로 규정한다.

그러나 형이상적 패러다임에 의하면 샤먼과 신은 둘이 아니다. 반구대 암각화에서 샤먼은 그대로 암각화가 나타내는 세계이자 우주이다. 이처럼 세계, 우주와 샤먼이 둘이 아니어서 구분할 수 차원, 주체와 객체, 근원과 현상을 구분하여 나타낼 수 없는 경지를 신이라고 말한다.

따라서 형이하적 패러다임에 의하여 선사시대의 신은 여신이고, 청동기시대 이후의 신이 남신이며, 여신의 시대는 평등했으나 남신의 시대에는 불평등했다는 주장[61]은 타당하지 않다.

생성적 패러다임에 의하여 한국사상을 살펴보면 남자 샤먼을 통하여 시간성의 부동적不動的 특성, 주재적主宰的 특성을 나타내고, 여자 샤먼을 통하여 시간성이 현상에서 다양한 변화로 나타나면서 태어나고 죽고 다시 태어나는 부활을 반복하는 창조적 특성을 나타내어 양자가 둘이 아님을 나타낸다.

---

60   박용숙, 『샤먼문명』, 소동, 2015, 5.
61   마리야 김부타스 지음, 고혜경 옮김, 『여신의 언어』, 한겨레출판, 2016, 3-321.

제2부

고조선문명과
생성적 패러다임

우리는 선사문화를 통하여 한국사상의 연원을 살펴보았다. 한국 선사문화는 시간성을 중심으로 전개되는 변화의 세계관과 영원한 현재적 시간관을 내용으로 하는 역문화이다.

선사시대의 중심에 샤먼이 있다. 그는 암각화와 옥기, 토기, 고인돌을 통하여 시간성을 시간(공간성)으로 그리고 다시 공간(물건)으로 나타내어 선사문화를 이루었다.

역사시대의 중심은 샤먼이다. 그들은 선각자先覺者, 영통자靈通者, 무당, 성인聖人, 대인大人, 부처, 구세주와 같은 다양한 이름으로 나타난다.

하나의 사상은 이론체계로 형태로 나타난다. 이론 체계는 다양한 주장이 결합되어 구성된다. 그리고 주장들은 언어, 수數, 도상圖象을 비롯한 여러 도구가 활용된다.

사상은 샤먼이 두 손가락과 발가락을 펼친 상태로 나타내는 현상을 초월한 경지가 마음을 거쳐서 몸을 통하여 현상에서 드러남이다.

마음은 시간을 구성하는 사건으로 나타내고, 몸은 공간을 구성하는 물건으로 나타낸다. 이처럼 마음과 몸을 통하여 몸과 마음 이전의 근원을 나타낸다.

마음을 통하여 밝혀지는 마음으로 드러나기 이전은 시간성이다. 시간성은 손에 의하여 이루어지는 셈을 바탕으로 하는 수에 의하여 나타낸다.

시간성을 대상화하면 공간의 세계가 드러난다. 시간성을 시간의 관점에서 나타내면 시의성이 되고, 그것이 공간의 근거인 공간성이다. 공간성은 형이상적 존재, 도, 현상의 근원, 사물의 근원이라고 말한다.

공간성과 공간은 발가락에 의하여 지각하는 것은 물론 온몸이 그대로 인식의 통로가 된다. 공간성이 몸을 통하여 물건으로 나타나고, 물건의 구성에 의하여 공간으로 드러난다. 그러면 역문화가 고조선에서는 어떻게 나타나는가?

샤먼은 수를 통하여 시간성을 중심으로 세계를 나타내고, 언어를 중심으로 공간성을 중심으로 세계를 나타낸다. 수를 통하여 시간성을 중심으로 세계를 나타내는 역사상易思想과 언어, 도상을 통하여 공간성을 중심으로 세계를 나타내는 역사상易思想은 서로 다른 세계관, 가치관, 인간관을 낳는다. 그러면 역사상易思想을 중심으로 형성된 고조선사상을 어떻게 고찰할 것인가?

역사시대는 언어에 의한 기록 자료를 낳았다. 우리는 이미 존재하는 언어에 의한 기록 자료를 바탕으로 당시의 사상을 고찰할 수 있다.

역사학자들은 객관적 사실을 바탕으로 역사에 관한 서적들을 연구하고, 유물과 유적을 연구한다. 객관적 사실은 주관적인 이해가 배제된 사건이다. 그들은 사실과 사실이 아닌 관념, 사유의 세계를 나타내는 신화神話를 엄격하게 구분한다.

그러나 형이하적 패러다임에 의하여 세계를 이해하고 유물과 유적을 연구하며, 사화를 이해하면 형이상의 사상은 드러나지 않는다. 그러면 우리는 어떻게 해야 하는가?

역사와 사상, 철학을 연구하는 일은 동일한 인문학적 연구지만 그 성격과 방법이 서로 다르다. 역사는 역사의 근원인 역사정신이 담긴 사관史觀에 따라서 달라진다. 따라서 역사철학이 없는 역사학은 존재할 수 없다.

역사철학은 형이하의 현상적 관점에서 역사를 연구하지 않는다. 형이상학으로서의 역사철학은 형이상적 안목, 형이상적 패러다임에 의하여 드러난다. 따라서 형이상적 패러다임에 의하여 역사철학을 연구하고, 역사관을 세워야 역사를 올바로 파악할 수 있다.

우리는 선사시대의 역문화가 고조선시대에 어떤 문명의 어떤 사상을 형성했는지를 밝히고, 그것이 시대마다 어떤 사상을 생성했는지를 고찰할 것이다. 그러면 우리는 왜 고조선 사상을 고찰하는가?

과거와 미래는 의식에 의하여 분별한 물리적 시간으로 실재하지 않는다. 시간의 본질인 시간성이 나타난 영원한 현재가 있다. 영원한 현재의 현재는 과거와 미래가 둘이 아닌 지금이다. 우리는 지금 우리사회를 새롭게 창조하기 위하여 고조선사상을 고찰한다. 그러면 오늘날 우리 사회는 어떤 문제가 있는가?

오늘날 우리 사회가 안고 있는 문제는 분열과 대립이다. 그것은 우리 각자의 문제인 동시에 인류의 문제이다. 분열은 국가의 관점에서는 과거와 단절, 역사와 단절이고, 전통사상과 단절이며, 대립은 과거와 현재,

역사와 미래, 한국사상과 외국사상의 대립입니다.

개인적 측면에서 분열은 자신의 과거와 단절, 자신의 본래면목인 본성과 단절, 자신의 미래인 이상과 단절이며, 대립은 표층의 자아와 심층의 무아, 본성의 대립이고, 본성과 미래적 이상인 대인, 성인, 부처, 구세주와의 대립이다.

개인과 국가를 막론하고 자기의 정체성을 상실하면 스스로 삶의 주인이 되지 못하고, 노예의 삶을 산다. 사람이 자신의 정체성을 잃으면 자신의 본래면목인 본성을 벗어나서 육신의 기능인 본능의 지배를 받는 동물의 삶으로 전락하고, 국가가 정체성을 상실하면 다른 나라의 사상을 따르는 사대적事大的 정치를 할 수밖에 없다.

우리는 분열과 대립을 넘어서 소통과 화합 속에서 모두가 행복한 삶, 아름다운 미래를 창조하기 위하여 한국사상의 원형을 담고 있는 고조선 사상을 고찰할 것이다. 그러면 우리의 역사와 사상을 어떻게 정립하는가?

전통사상에 관한 논의는 역사적 관점에서 시대를 구분하여 마디를 짓는 일로부터 시작한다. 역사 이전의 역사를 이끌어가는 역사정신과 역사를 구분하고, 다시 역사와 역사 이전의 선사先史로 구분하며, 다른 나라의 역사와 우리나라의 역사를 구분하여 그것을 언어로 나타낸다.

만약 다른 나라와 다른 우리나라의 역사가 없다면 역사를 이끌어온 역사 정신이 없고, 역사 정신이 없다면 각 시대를 이끌어온 패러다임이 형성될 수 없다. 그러면 역사 정신으로 나타나는 전통사상, 고유사상은 역사의 산물일 뿐인가?

과거적 측면에서 보면 역사를 통하여 역사 정신이 다양한 시대적 사상으로 나타난다. 이와 달리 미래적 측면에서 보면 전통사상은 각 나라의 역사를 이끌어 가는 고유한 역사 정신으로 기능한다.

학자들은 우리의 역사를 5천 년으로 말하고 어떤 학자들은 1만 년으로 말한다. 5천 년의 역사는 단군에 의하여 시작된 고조선을 우리 역사의 시작으로 보는 경우이며, 1만 년을 주장하는 사람들은 환인桓因에 의하여 시작된 한국桓國을 우리 역사의 시작이라고 말한다.[62]

역사 정신을 중심으로 문화, 사상, 종교, 예술, 문학, 경제, 과학, 사회, 교육, 정치를 비롯하여 한국인의 삶을 살펴보는 일은 앞의 두 경우 가운데서 어느 경우를 막론하고 차이가 없다. 사적史的 관점에서 환인과 환웅, 단군에 관한 내용을 살펴보는 일과 한국, 배달국, 고조선을 일관하는 역사 정신을 살펴보는 일이 둘이 아니다. 그러면 고조선 사상을 어떻게 연구할 것인가?

선사문화의 대곡천 암각화를 통하여 시간성이 시간화하는 동시에 시간이 시간성화하는 시간성 중심의 삶을 살펴보았고, 홍산의 옥기와 암사동의 토기를 통하여 시간성이 대상화한 공간성이 시간으로 대상화하고, 공간으로 객관화하는 삶을 살펴보았으며, 서해안의 고인들을 통하여 천지인의 통합으로 나타난 공간적 삶을 살펴보았다.

선사문화에서 제시된 삶을 이끄는 정신이 언어를 통하여 이론체계화되어 사상이 형성되고, 문명이 형성된다. 그렇다면 우리는 선사문화를 바탕으로 그것을 계승한 고조선문명이 어떤 방향으로 흐를 것인가를 알 수 있다.

선사문화을 계승한 고조선문명은 나타난 시간성과 공간성 그리고 공

---

62 유승국 번역 주해, 『한단고기』, 정신세계사, 1987, 3-5.

간, 물건의 세 가지 주제가 하나가 된 이론체계로 구성된 사상을 중심으로 형성될 수밖에 없다.

우리는 지금부터 고조선에 관한 내용들을 기록한 여러 사서들을 자료로 고조선사상에 대하여 고찰할 것이다. 그 과정에서 선사문화의 시간성, 공간성, 공간, 물적의 세 주제를 바탕으로 종합적이고 체계적인 이론 체계화한 내용이 고조선사상임을 확인할 수 있을 것이다.

한 시대를 이끌어가는 역사 정신은 한 시대를 이끌어가는 패러다임의 내용이다. 현상적 측면에서 패러다임은 과학의 세계를 낳는 형이하적 패러다임으로부터 출발하여 현상의 근원을 찾는 형이상적 패러다임으로 변화하고, 다시 형이상적 패러다임에서 한 걸음 더 나가서 생성적 패러다임으로 변화한다.[63] 따라서 우리는 생성적 패러다임에 의하여 고조선사상을 고찰하여 한국철학의 원형이 무엇인지를 살펴볼 것이다. 그러면 왜 생성적 패러다임에 의하여 고조선사상을 고찰해야 하는가?

과학자들이 제시하는 자연은 부분에 의하여 구성한 기계적 세계나 전체를 과정으로 나타낸 유기체적 세계를 막론하고 고정된 실체이다. 그것은 형이하적 패러다임에 의하여 나타내는 세계가 실재하지 않음을 뜻한다. 그러면 형이상적 패러다임에 의한 세계는 실재하는가?

형이상적 패러다임에 의하여 현상의 시공을 초월한 형이상적 경지인 신, 도, 본성이 드러난다. 자연을 초월한 형이상의 도, 신, 성의 경지는 근심과 걱정, 두려움이 없어 항상하고, 즐거우며, 영원하고, 더러움이 없는

63　이현중, 『제3의 패러다임과 인류의 미래』, 지식과감성, 2025, 446-459.

깨끗한 경계[64]이다.

형이상적 패러다임은 형이하적 패러다임의 전도견顚倒見을 벗어난 정견正見이다. 그러나 전도견과 정견은 사람이 주장하는 일종의 지견일 뿐으로 둘이 아니다.

전도견과 정견이 둘이 아닌 경지는 정견과 전도견이라는 지견이 제시되기 이전의 상락아정常樂我淨의 경지이다. 그러므로 상락아정은 고락苦樂이 둘인 상태에서 이고득락離苦得樂을 통하여 얻어지는 경지가 아니라 고락苦樂이 둘이 아닌 중도中道라고 말한다.

중도는 공空하면서도 공하지 않아서 항상 변화하여 다양하고 새롭게 자신을 드러내면서도 드러냄이 없는 역도易道이다. 중도에 머물지 않고 한 걸음 더 나아가서 지금 여기의 삶을 통하여 항상 새롭고 다양하게 중도를 생성하는 삶을 사는 사람을 군자, 보살이라고 말한다.

생성적 패러다임에 의한 우주는 매 순간 다양하고 새롭게 자신을 드러내는 생성의 연속이면서도 생성이 없다. 대인, 성인, 부처, 구세주, 신은 실체적 존재가 아니라 항상 지금 여기서 다양하고 새로운 생명으로 나타난다.

형이상적 패러다임에서 한 걸음 더 나가면 생성적 패러다임에 의한 창조적 삶이 전개된다. 생성적 패러다임에 의한 생성의 삶은 서로가 서로를 살리고, 서로가 서로를 진화시키며, 서로가 서로를 새롭게 하고, 서로가 서로를 다양하게 하는 창조적인 삶이자 자유로운 삶이다.

---

64 『대반열반경』 17권(ABC, K0105 v9, p. 148a16–a21), "菩薩摩訶薩無所得者 名常樂我淨 菩薩摩訶薩見佛性故 得常樂我淨 是故菩薩名無所得 有所得者 名無常無樂無我無淨 菩薩摩訶薩斷是無常無樂無我無淨 是故菩薩名無所得".

생성적 패러다임 자체도 매 순간 다양하고 새롭게 나타날 뿐이어서 고정되지 않는다. 생성적 패러다임에 의한 삶은 형이상적 패러다임과 형이하적 패러다임을 자유자재로 활용하는 다양하고 새로운 삶으로 나타난다.

생성적 패러다임은 지금 여기에서 항상 다양하고 새롭게 생성하는 활발한 세계, 생명의 경지, 변화의 연속인 활발活潑하고 활발活潑한 경지를 낳는다. 생성적 패러다임에 의한 세계는 영원한 현재이다.

지금 여기에서 매 순간 다양하고 새롭게 나타나는 삶이 그대로 신의 작용의 결과이자 본성, 자성이 작용한 결과이다. 그러나 매 순간 다양하고 새롭게 현상이 나타남은 생성의 시작인 시생일 뿐이다. 신, 본성, 자성의 시생이 완성되기 위해서는 나타나기 이전의 본래 자리로 놓아 버려야 한다.

오늘날 인류는 학문의 통합, 통섭과 융복합, 회통을 말하고, 실천의 관점에서 자유와 평등을 말한다. 통합과 통섭, 융복합과 회통은 삶과 세계에 관한 이론, 주장, 사상, 종교 사이에 발생하는 문제이다. 따라서 다양한 이론, 사상, 종교를 제시하는 본성, 자성에서 보면 아무런 문제가 없다.

자유와 평등은 민주주의와 사회주의라는 정치적인 이념을 넘어선다. 좌파와 우파, 보수와 진보라는 이념은 인간이 제시한 하나의 주장, 이론, 이념일 뿐으로 대립하는 두 이념, 이론의 근원인 본성, 자성, 신의 차원에서 보면 둘이 아니다. 따라서 둘 가운데 어떤 것이 옳은가의 문제는 본래 없다.

지금은 낡은 정치적 이념에 의한 분열을 넘어서 한마음으로 소통하고 화합해야 한다. 그리고 우리 스스로 무엇이 우리가 원하는 정치, 경제, 교육, 사회가 무엇인지를 파악해야 한다. 그러면 어떻게 해야 하는가?

앞이 어두워서 길이 보이지 않을 때는 잠시 눈을 감고 과거를 돌아보아야 한다. 그것은 현상을 보지 말고 현상으로 드러나기 이전의 본래면목을 찾아야 함을 뜻한다. 대한민국이라는 국가 사회의 본래면목은 우리의 역사를 통하여 찾을 수 있다.

오늘에 이르기까지의 역사를 돌아보고, 역사를 전개시켜 온 역사 정신이 무엇인지를 통찰해야 한다. 고조선으로부터 오늘에 이르기까지 대한민국이라는 국가 사회를 이끌어온 역사 정신은 시대마다 새로운 사상을 생성해 왔다.

대한민국이 건국되고 6·25의 폐허 속에서 우리는 가난했던 현실을 부정하고 부유한 나라를 만들고, 무지했던 현실을 부정하고, 지혜로운 나라를 만들고, 비민주적인 현실을 부정하고 민주적인 나라를 만들고자 애써왔다. 그리고 그 결과는 한강의 기적으로 나타나서 개도국을 넘어 선진국이 되었다.

오늘날 우리는 현재에 긍정하여 발전을 멈추어서도 안 되고, 현재를 부정하여 발전만을 추구해서도 안 된다. 오로지 긍정과 부정을 넘어선 대긍정의 관점에서 새로운 나라, 새로운 미래를 창조해야 한다.

부정은 언제나 긍정을 바탕으로 할 때 의미를 갖는다. 지금 여기에 대한 긍정이 없는 단순한 부정은 지금 여기의 파괴일 뿐으로 발전이 아니다. 지금 여기의 나에 대한 긍정이 없는 부정은 자신을 능멸하는 허무를 낳는다. 그렇다고 하여 현재의 무한 긍정은 발전이 없고, 미래가 없다.

지금 여기의 나, 한국, 인류는 새로운 나. 새로운 나라, 새로운 인류가 되기 위한 대전환점에 섰다. 나, 한국, 인류의 미래는 오로지 나, 한국, 인류가 스스로 창조해야 한다.

이제 우리는 대긍정을 바탕으로 개인의 삶을 살고, 국가를 경영해야 한다. 대긍정을 바탕으로 새로운 진보, 새로운 보수의 정치를 하고, 대긍정의 경제, 대긍정의 교육, 대긍정의 종교, 대긍정의 외교, 대긍정의 안보, 대긍정의 삶을 살아야 한다.

그러나 대긍정을 바탕으로 한 새로운 미래는 이미 우리의 선조들이 살았던 삶이다. 진보와 보수는 직선적인 시간관의 산물일 뿐이다. 그렇다고 하여 시간이 나선형은 아니다. 역사는 반복되면서 앞으로 나가지 않는다.

매 순간 새로운 진보이자 매 순간 다양한 보수가 둘이 아닌 생성의 삶이 대긍정의 삶이다. 먼저 선사문화가 역사시대에 어떻게 발전했는지를 살펴보고, 이어서 고조선사상이 무엇인지 살펴본 후에 마지막으로 고조선사상에 담긴 생성적 패러다임에 대하여 살펴볼 것이다.

1. 고조선문명과 신문神文사상

우리나라의 상고시대에 관한 기록은 부도지符都誌, 규원사화揆園史話, 한단고기桓檀古記, 삼국사기三國史記, 삼국유사三國遺事, 고려사高麗史, 조선왕조실록朝鮮王朝實錄을 들 수 있다.

그 가운데서 부도지, 한단고기, 규원사화, 삼국유사, 제왕운기帝王韻紀 등은 상고시대의 역사와 사상을 살펴볼 수 있는 자료들이다. 규원사화에서는 "환웅 천왕이 세상을 다스린 지 11,000년이 지났다."[65]라고 했고, 부도지와 한단고기에서는 10,000년의 역사를 논하고 있다.

그러나 현재 우리의 역사와 사상은 체계적으로 정리되지 못하였다. 우리의 역사가 언제 시작했으며, 고조선의 역사가 무엇인지 체계적인 연구가 이루어지지 못하고 있다. 이와 더불어 한국사상의 원형인 고조선사상의 체계적인 연구가 없어 한국철학사도 없다.[66]

우리는 앞으로 우리의 역사와 사상에 대하여 아무런 선입견이 없이 열린 마음으로 연구해야 한다. 우리의 역사와 사상은 기존의 사료와 민속학, 고고학, 천문학, 선사미술, 철학, 언어학을 비롯한 다양한 분야에서 연구하여 새롭게 정립해야 한다.

천문학자인 박창범은 환단고기의 오성취루五星聚婁에 관한 기록이 역사적 사실임을 확인했고, 삼국사기, 삼국유사에 기록된 고구려, 백제, 신

---

65 북애자 지음, 민영순 옮김, 『규원사화』, 도서출판 다운샘, 2012, 55, "桓雄天王御世 凡闕千歲".
66 현재 대부분의 한국철학사에 관한 서적들은 고조선사상을 제시하지 못하고, 삼국의 유불도 사상부터 시작하여 한국철학과 중국철학의 명확한 구분이 없어 한국철학사라고 할 수 없다.

라에 일어났던 일식을 비롯한 천문학적 기록을 검토하여 한반도가 아닌 중국 대륙에서 일어났음을 확인했다.[67]

정태민은 부도지와 규원사화를 비교하여 그 내용을 정리하고, 천상열차분야지도를 바탕으로 천문과 관련시켜서 연대를 추적하여 고조선 4,300년과 신시 10,800년 그리고 태고 4,200년을 합하여 19,300년의 역사를 제시한다.[68]

역사는 역사철학을 떠나서 존재할 수 없다. 우리가 역사를 연구할 때는 각자의 역사관에 의하여 역사를 연구한다. 역사관은 역사철학을 바탕으로 구성된다. 이처럼 역사철학이 각 시대를 이끌어가는 사상으로 나타나기 때문에 사상을 떠나서 역사를 연구할 수 없다.

근원의 차원에서 보면 사상이 없는 역사는 존재할 수 없지만 현상의 차원에서 보면 역사가 없으면 역사정신으로 기능하는 각 시대의 사상 역시 없다. 따라서 역사는 민속학, 고고학, 천문학을 비롯하여 철학과 함께 연구해야 한다. 그러면 어떻게 연구할 것인가?

우리는 역사서 안에 담긴 사유구조, 세계관, 인간관, 가치관을 고찰할 것이다. 그것은 우리가 생성을 바탕으로 한 분합에 의하여 사서를 연구할 것임을 뜻한다. 우리는 사서를 지금 여기의 나로 주체화하여 불이不二의 차원을 바탕으로 다시 그것을 대상화하여 하나가 아닌 차원에서 새롭게 제시하는 방법을 사용할 것이다.

시공의 사물은 형이하적 패러다임을 통하여 드러나며, 시공을 초월한 형이상의 신, 본성의 차원은 형이상적 패러다임을 통하여 드러난다. 이때

67　박창범, 『하늘에 새긴 우리역사』, 김영사, 2013, 24-211.
68　정태민, 『별자리에 숨겨진 우리역사』, 한문화, 2007, 92.

형이하적 패러다임과 형이상적 패러다임은 둘이 아니어서 하나이다.[69]

생성적 패러다임이 본체가 되고, 형이상적 패러다임이 작용하여 형이하적 패러다임에 의한 시공의 현상의 세계가 전개된다. 생성적 패러다임은 형이상과 형이하가 둘이 아닌 자유로운 삶, 때와 장소에 따라서 자유롭고, 평등한 삶, 언제나 새롭고 다양한 삶으로 나타난다. 그것을 우리는 역학易學사상으로 부른다.

패러다임은 과학자에 의하여 제시된 과학적 세계관, 패턴을 나타내는 개념이다. 그러나 우리는 그 의미를 확장하여 시간성이 드러난 천문天文과 공간성이 드러난 지문地文이 둘이 아닌 본성과 본성이 드러난 인문人文을 나타내는 개념으로 사용할 것이다.[70]

하나의 시대를 이끌어가는 패러다임은 역사적 측면에서는 역사를 이끌어가는 역사 정신으로 기능한다. 그리고 각 시대를 살아가는 각 사회의 구성원인 개인의 관점에서 패러다임은 개인의 삶을 발현하는 기능을 한다.

우리는 한 시대를 이끌어가는 패러다임을 파악하여 그 시대를 살아가는 개인의 정체성과 사회의 정체성을 파악할 수 있다. 그리고 그것을 바탕으로 한 시대의 사회에 속한 개인의 미래를 파악할 수 있을 뿐만 아니라 그가 속한 사회의 미래를 파악할 수 있다. 그러면 사서史書에서는 역학易學사상이 어떻게 나타나는가?

암각화와 토기, 옥기, 고인돌에서 나타나는 시간성을 바탕으로 전개

---

69 이현중, 『제3의 패러다임과 인류의 미래』, 지식과감성, 2025, 20-97.
70 『주역』 산화비괘山火賁卦 단사, "賁亨은 柔來而文剛故로 亨하고 分剛하여 上而文柔故로 小利有攸往하니 天文也오 文明以止하니 人文也니 觀乎天文하야 以察時變하며 觀乎人文하야 以化成天下하나니라".

되는 변화의 세계관과 영원한 현재의 시간관을 내용으로 한 선사시대의 역문화는 두 방향에서 체계화되고 구체화되어 발전한다. 그 하나는 시간을 바탕으로 전개되는 다음과 같은 내용이다.

> 마고성麻姑城은 지상에서 가장 높은 성城이다. 천부天符를 받들어서 선천先天을 계승繼承하였다. 성 중의 사방에 네 명의 천인天人이 있어 관音을 쌓아놓고, 음音을 만들었다. 첫째는 황궁黃穹씨이고, 둘째는 백소白巢씨이며, 셋째는 청궁靑穹씨이고, 넷째는 흑소黑巢씨이다. 두 궁씨의 어머니는 궁희穹姬씨이며, 두 소씨의 어머니는 소희巢姬씨이다. 궁희와 소희는 모두 마고의 딸이다. 마고는 짐세朕世에 태어나 기쁘고 분노하는 감정이 없어 선천을 남자로 후천後天을 여자로 하여 배우자가 없이 궁희와 소희를 낳았다. 궁희와 소희도 역시 선천의 정精을 받아 결혼하지 않고, 두 천인天人과 두 천녀天女를 낳았다. 합하여 네 천인과 네 천녀였다.[71]

위의 내용은 마고와 선천, 후천이라는 개념이 중심이다. 선천과 후천은 시간의 세 양상 가운데서 현재를 중심으로 과거와 미래를 나타낸다. 따라서 위의 내용은 시간을 중심으로 이해해야 한다. 그러면 마고는 무엇인가?

마고라는 개념 자체는 늙은 할머니를 가리킨다. 그러나 본문에서는 마고의 성城을 논한다. 이때 성은 공간, 세계를 가리킨다. 그러므로 마고성

---

71 박제상 지음, 김은수 번역주해, 『부도지符都誌』, 한문화, 2012, 제1장, "麻姑城地上最高大城 奉守天符 繼承先天. 城中四方 有四位天人 提管調音 長曰皇穹氏 次曰白巢氏 三曰靑穹氏 四曰黑巢氏也 兩穹氏之母曰穹姬 兩巢氏之母曰巢姬 二姬皆麻姑之女也 麻姑生於朕世 無喜怒之情 先天爲男 後天爲女 無配而生二姬 二姬亦受其精 無配而生二天人 二天女 合四天人四天女也".

은 마고의 세계이다. 그러면 마고성은 공간적 세계인가?

마고성은 선천을 계승했으며, 희로애락의 감정이 없다. 그렇다면 마고는 물질적 요소인 육신이 없는 존재이다. 따라서 마고는 남과 여의 성적인 구분이 없다. 그는 물건적 현상으로 나타나기 이전의 물건의 근원을 가리킨다. 그러면 마고는 물건의 근원인가?

마고의 고가 늙은이라는 시간의 측면에서 영원의 의미를 나타낸다. 그런데 마고성이 선천을 계승했다고 했을 뿐만 아니라 제2장에서는 마고성이 실달성, 허달성과 함께 선천에 있었다고 했다. 따라서 마고성은 선천과 후천에 있었다. 그러면 마고성, 허달성, 실달성은 무엇인가?

마고성과 실달성, 허달성은 모두 하나의 상징이다. 세 성城은 모두 8음으로부터 태어났다.[72] 8음이 처음부터 있었던 것이 아니다. 태양의 화기가 따뜻하게 내리쬘 뿐으로 형상을 갖춘 것은 아무것도 없었다.[73] 그러면 8음으로부터 세 성이 태어남이 무엇을 의미하는가?

실달성實達城은 태극, 과거성을 상징하고, 허달성虛達城은 무극, 미래성을 상징한다. 삼재三才의 관점에서 실달성은 지도地道이고, 허달성虛達城은 천도天道이다. 그리고 마고성은 인도이자 황극, 현재성을 상징한다. 그러면 8음은 무엇이며, 8음으로부터 세 성이 태어남은 무엇인가?

8은 9와 달리 시간의 시생작용을 나타낸다. 무극과 태극을 수에 의하여 나타내면 십과 일이고, 황극을 수에 의하여 나타내면 오이다. 삼자를 체용의 구조에 의하여 나타내면 체십용구體十用九와 체오용육體五用六이다.

---

72 박제상, 앞의 책, "唯八呂之音 自天聞來 實達與虛達 皆出於此音之中 大城與麻姑亦生於斯 是爲朕世也".

73 박제상, 앞의 책, "先天之時 大城在於實達之上 與虛達之成竝列 火日暖照 無有具象".

그런데 용구와 용육은 모두 본체와 작용을 함께 나타내어 작용만을 나타내는 수는 8과 7이다. 선천과 후천이라는 물리적 시간을 대상화하여 공간적 측면에서 나타내면 정편正編의 8방이 된다. 이처럼 8마디를 나타내는 팔려八呂에 의하여 공간적인 천지인의 삼재의 세계가 전개된다. 그것을 8려에 의하여 허달성과 실달성 그리고 마고성이 태어남으로 나타내었다. 그러면 짐세는 무엇인가?

선천과 후천은 하나의 근원에서 갈라진다. 그것을 원천이라고 할 수 있다. 이 원천에 의하여 선천과 후천이 나누어진다. 그러므로 선천과 후천이 하나가 되는 것은 바로 원천이라고 할 수 있다. 이처럼 원천이 그대로 드러나는 선후천은 영원한 현재이다.

영원한 현재는 바로 시간성이 나타난 본질적인 시간이다. 그것을 짐세朕世라고 했다. 짐세는 영원한 현재를 황극, 현재성을 중심으로 규정한 개념이다. 그러면 마고는 무엇인가?

마고는 현재성, 황극을 통하여 시간성이 갖는 변화성을 나타낸다. 시간성이 매 순간 나타나는 시간을 현상의 물건적 관점에서 나타내면 창조성, 변화성이라고 하지 않을 수 없다.

선사시대의 사람들은 여자의 가슴이나 음부를 통하여 시간성의 창조적 특성을 상징적으로 나타낸다. 마고를 현상의 측면에서 나타내면 시간성을 시간의 차원에서 나타낸 시의성時義性이다. 따라서 마고의 선천 계승은 시간성이 본성에 의하여 시의성으로 변하여 시간으로 화함을 뜻한다.

시간성이 시의성과 시간으로 분화分化하면서 시간의 생장성의 세 양상이 전개되고, 이것이 다시 물건화하여 춘하추동과 같은 네 마디로 전개된다. 시간의 세 마디인 생장성은 과거와 미래, 현재가 된다.

그리고 춘하추동의 네 마디는 일 년이라는 역년曆年을 구성하는 기본 단위가 된다. 생장성의 세 마디와 춘하추동의 네 마디가 결합하여 일 년이 된다. 하나의 계절은 생장성의 마디를 나타내는 3개월로 구성되고, 이것이 네 마디를 이루어 일 년이 된다. 그러면 선천과 후천, 생장성, 춘하추동의 마디는 누가 짓는가?

마고에 의하여 선천과 후천이 구분되고, 후천이 다시 선천과 후천으로 구분되며, 구분된 선천과 후천이 다시 선천과 후천으로 구분된다. 이것이 바로 시간성의 시간화하고, 다시 시간이 공간, 물건으로 대상화하는 과정이다. 그러면 마고는 무엇인가?

마고를 현상적 차원에서 이해하면 우주를 창조하고, 만물을 창조하는 주체인 창조주, 신이라고 할 수 있다. 그러나 그것은 현상적 패러다임, 형이하적 패러다임에 의하여 마고를 이해한 결과이다.

마고는 형이하의 물건이 아닐 뿐만 아니라 형이상의 근원도 아니다. 그는 우주의 근원이자 우주 자체이다. 이를 시간의 관점에서 나타내면 시간성이자 시간이다.

그것은 시간의 측면에서는 시간성과 시간이 둘이 아닌 영원한 현재이며, 공간적 측면에서는 불이不二와 불일不一이 둘이 아닌 역도易道, 변화變化의 도道이다. 그러면 우리가 앞에서 살펴보았던 선사문화인 역사상과 마고는 어떤 관계인가?

마고는 반구대 암각화, 천전리 암각화에서 나타나는 샤먼이자 샤먼이 그린 암각화의 세계이다. 그리고 홍산의 옥기에서는 원방각을 가로와 세로로 하나로 결합한 옥기이다. 그것은 시간성과 공간성 그리고 인간성이 둘이 아닌 경지를 나타내는 개념이 마고임을 뜻한다. 그러면 고인돌과는 어떤 관계인가?

고인돌 하나는 천지인으로 구분하여 나타낼 수 없는 하나의 경지를 나타낸다. 이를 역사시대의 기록에서는 신神이라는 개념을 통하여 나타낸다. 따라서 역문화의 근원인 역사상易思想은 신神으로부터 시작된다.

시간성을 나타내는 마고와 선후천의 세 요소를 중심으로 전개되는 역사상은 수를 통하여 상징적으로 표현된다. 왜냐하면 시간성은 시간을 나타내는 수를 통하여 상징적으로 나타낼 수밖에 없기 때문이다. 그러면 수에 의하여 나타나는 시간성은 무엇인가?

시간성의 시초와 종말의 시종을 연결하는 생장성의 사건을 통하여 표현된다. 그리고 생장성의 사건은 수에 의하여 상징된다. 시간성 자체는 선과 후, 과거와 미래, 시초와 종말이 없다. 그것을 수로 나타내어 다음과 같이 말한다.

> 하나로 시작하지만 하나로 시작함이 없고, 하나로 끝나지만 하나로 끝남이 없다.[74]

인용문을 보면 하나는 시초를 나타내는 동시에 종말을 나타낸다. 그러므로 시초와 종말의 시종은 시작해도 시작함이 없고, 끝내도 끝냄이 없다. 그러면 시초와 종말의 시종과 시작과 끝이 없는 무시무종은 무엇인가?

종말이 있기 때문에 종말로부터 새로운 시초가 있다. 그러므로 시초와 종말은 둘이 아니다. 이처럼 시종은 시간의 경계를 나타낸다.

그러나 시종의 근거가 되는 시간성은 종시로 나타낸다. 종시는 시종과

---

74 앞의 책, 태백일사, 천부경天符經, "一始無始一 一終無終一".

달리 시간적 간극間隙이 없어 무시무종이라고 할 수 있다. 종시는 단순하게 무시무종의 영원만을 의미하지 않는다. 종시는 끝나면 다시 시작하여 시종이 계속됨의 의미가 있다. 무시무종의 시간성은 반드시 순간이라는 시간으로 드러난다. 이러한 시종과 종시를 나타내는 도구가 수이다. 그러면 시종과 종시를 나타내는 일은 무엇인가?

> 삼극三極으로 나누어도 근본은 다함이 없다. 천일天一이 하나이고, 지일地一이 둘이며, 인일人一이 셋이다.[75]

하나에서 시작하여 시작과 끝을 구분하면 시종과 시종이 없는 종시의 셋이 된다. 이처럼 하나를 나눈 셋을 삼극이라고 한다. 삼극은 시간으로는 과거와 현재, 미래의 삼세를 가리키고, 사건의 측면에서는 시생, 생장, 장성의 생장성을 나타낸다.

시종과 시종이 없는 무시무종은 둘이 아니다. 작용의 측면에서 생장성의 삼극을 논하지만 근본인 무시무종의 영원의 관점에서 보면 생장성은 없다. 그것은 아무것도 없음이 아니라 순간이 그대로 영원임을 뜻한다. 하나의 본체를 셋으로 나누어서 나타내는 삼극은 작용이다. 그러므로 작용의 측면에서는 셋이지만 본체의 측면에서는 하나이다. 그러면 종시의 본체를 셋으로 나눈 생장성의 작용은 무엇인가?

사건적 삼극을 대상화, 객관화하면 물건적 삼재가 된다. 앞부분에서 시종의 관점에서 삼극을 논한 후에 다시 물건적 삼재인 천지인이 모두 종시와 시종이 둘이 아닌 삼극임을 밝힌다. 물건의 세계인 삼재를 구성

75　앞의 책, 태백일사, 천부경天符經, "析三極無盡本 天一一 地一二 人一三".

하는 천天도 종시와 시종이 둘이 아닌 하나이고, 지地도 종시와 시종이 둘이 아닌 하나이며, 인人도 종시와 시종이 둘이 아닌 하나이다. 그러므로 천일, 지일, 인일이라고 말한다.

그러나 천지인의 삼재를 시종의 사건적 측면에서 나타내면 천일이 첫 번째이고, 지일이 두 번째이며, 인일은 세 번째이다. 그것은 천일이 시생이고, 지일은 생장이며, 인일은 장성임을 뜻한다. 그러므로 천일天一은 일一이고, 지일地一은 이二이며, 인일人一은 삼三이라고 했다. 그러면 삼극의 구체적인 내용은 무엇인가?

천일은 시간성이 영원함을 나타낸다. 이때 영원은 영원의 경계에 머물지 않고, 스스로 변화하여 시간으로 자신을 드러낸다. 그것을 영원을 중심으로 나타내어 무극無極이라고 말한다. 이와 달리 지일은 물건으로 드러나는 천일이 다시 시간성으로 돌아가는 특성을 나타낸다. 그것을 무극으로 돌아가는 작용인 반극反極이라고 말한다. 그러면 인일은 무엇인가?

인일은 천일과 지일이 둘이 아님을 나타낸다. 천일이 지일로 드러나고, 지일이 천일로 귀체歸體하는 작용이 인일에 의하여 이루어진다. 그러므로 인일을 태일太一이라고 말하고, 무극과 대응하는 현상적 측면에서 태극太極으로 말하기도 한다.[76]

일一을 쌓아서 십거十鉅가 되고, 무궤는 화하여 셋이 된다.[77]

---

76 정역의 무극, 태극, 황극의 삼극과 주역의 천지인의 삼재는 무극과 천, 태극과 지, 황극과 인이 대응한다. 이처럼 태극을 비롯한 개념들은 문맥에 따라서 서로 다른 의미로 사용된다.

77 앞의 책, 태백일사, 천부경天符經, "一積十鉅 無匱化三".

시간성은 본체의 측면에서는 하나이지만 작용의 측면에서는 셋이다. 하나를 셋으로 나누는 것과 달리 하나를 쌓아서 하나에 하나를 합하면 둘이 되고, 둘에 다시 하나를 쌓아서 합하면 셋이 된다. 이처럼 하나에 하나를 계속 더해 가면 십이라는 또 다른 차원의 하나가 이루어진다.

10은 시종이 둘이 아님을 나타내는 1과 시종이 하나가 아닌 종시를 나타내는 0이 결합하여 형성된다. 그것은 일—과 그것을 부정하는 ㅣ이 결합하여 형성된 수가 십十임을 뜻한다. 그러면 십거十鉅와 무궤无匱는 무엇인가?

1을 쌓음은 1에 1을 더하여 수가 늘어남을 뜻한다. 1에서 시작하여 계속 1을 더하여 형성된 수는 십거十鉅라고 했다. 이때 쌓음은 10에서 1을 제하는 반대의 쌓음이 있다. 그것은 10에서 시작하여 9, 8과 같이 수가 점점 감소하여 1에 이르는 변화로 나타난다.

> 토土로 다스리기 위하여 하나를 쌓아서 음陰으로 십十을 세웠고, 양陽으로 무궤无匱를 지어서 충衷을 낳았다.[78]

위의 내용을 보면 십거와 무궤를 각각 음과 양으로 구분하여 양자가 하나가 되어 충이 발생했음을 밝히고 있다. 십거와 무궤는 모두 10이라는 수이다. 이 십거와 무궤의 음양의 수는 합덕과 상승의 두 측면에서 추연推衍이 가능하다.

1로부터 10까지의 음적 변화를 나타내는 수와 10에서 1까지의 양적 변화를 나타내는 수를 더하면 20이 된다. 이 20은 음과 양이 서로 만남

---

78 앞의 책, 삼한관경본기三韓管境紀. "以土爲治 一積而陰立十鉅 而陽作无匱而衷生焉".

을 뜻한다. 따라서 음과 양이 만나면 그 결과가 없을 수 없다.

20이 나타내는 10과 10의 만남은 100이 상징하는 10과 10의 상승이라는 결과를 낳는다. 이때 100은 20을 포함하여 80이 더해진 구조를 갖는다. 그러므로 충을 낳음은 바로 20과 100을 낳음이라고 할 수 있다. 그러면 20과 100이 나타내는 의미는 무엇인가?

20과 100은 모두 5에 의하여 이루어진다. 20은 10에 의하여 이루어지고, 10은 5와 5의 합일合一에 의하여 형성된다. 그리고 20과 5의 상승相乘에 의하여 100이 형성된다. 따라서 10과 100의 수 가운데는 5가 중요한 요소이다.

> 천이天二는 셋이며, 지이地二도 셋이고, 인이人二도 셋이다. 크게 셋을 합하면 육六으로, 칠七, 팔八, 구九를 낳는다. 삼三과 사四로 운영하여 오五와 칠七의 고리를 이루어서 완성한다.[79]

시간의 삼극을 대상화하여 나타내면 물건적 삼재가 된다. 그것은 시종, 종시와 그것을 논하는 주체인 지금 여기의 나를 합하면 둘이 되는 것이 물건의 세계임을 뜻한다.

천지인은 물건적 대상의 세계를 나타낸다. 물건적 삼재의 세계는 그것을 논하는 주체인 나(人)와 객체, 대상(天地)의 관계로 나타난다. 그러므로 천이天二, 지이地二, 인이人二라고 했다. 그러면 셋은 무엇을 의미하는가?

물건적 세계는 주체인 나와 대상인 천지인으로 구분된다. 이때 천지인

---

[79] 앞의 책, 태백일사, 천부경天符經, "天二三地二三人二三 大三合六生七八九 運三四成環五七".

의 삼재가 모두 형이상과 형이하, 도道와 기器, 성性과 명命으로 나누어진다. 그러므로 천지인의 삼재가 모두 이원적인 구조를 갖는다. 이것이 천이天二, 지이地二, 인이人二의 의미이다. 그러면 왜 천지인의 삼재를 셋이라고 했는가?

천지인의 삼재는 사건적 삼극三極, 삼세三世를 근거로 형성된다. 그것은 물건적 천지인이 사건적 삼세, 삼극으로 돌아감을 뜻한다. 그러므로 천이와 지이, 인이를 모두 셋이라고 했다. 셋이라는 수가 나타내는 의미는 삼세, 삼극이다.

이제 시간의 삼세, 삼극을 일관하는 하나가 본체가 되고, 삼극이 작용이 되어 나타나는 사건과 그것이 대상화하여 전개되는 물건적 삼재의 경지가 둘이 아님을 나타내는 것이 시간성임을 알 수 있다. 그러면 시간과 공간, 사건과 물건의 세계가 어떻게 전개되는가?

물건적 세계인 삼재의 세계에 이르면 비로소 중국사상의 연원인 육효六爻에 의하여 구성된 괘효卦爻가 성립한다. 대삼합大三合은 천지인의 삼재가 하나가 된 천지인 합일의 경지를 나타낸다. 천의 시종과 종시, 지의 형이상과 형이하, 인의 성과 명이 합하여 하나인 경지를 나타내는 수가 바로 육六이라는 수이다. 그러면 육이 칠, 팔, 구를 낳음은 무엇인가?

그것이 무엇을 의미하는가를 파악하기 위해서는 다음 부분을 살펴보자. 다음 부분에서는 삼三과 사四를 운용하여 오五와 칠七을 고리처럼 잇는다고 했다. 이때 삼과 사는 각각 사건화와 물건화의 과정을 나타낸다. 셋을 운용함은 삼세, 삼극을 운용함이며, 넷을 운용함은 사시四時, 사방四方을 운용함을 뜻한다.

운삼運三은 하나를 셋으로 나누어서 생장성의 과정으로 나타냄이다. 그것이 천일天一, 지일地一, 인일人一이다. 이와 달리 운사運四는 하나를 넷으로 나누어서 천이天二, 지이地二, 인이人二를 중심으로 선후천이 다시 선후천으로 나누어지고, 춘추가 춘하추동의 사시, 상하좌우의 사방으로 나타냄을 뜻한다. 이에 대하여 주역에서는 "삼천양지參天兩地를 수에 의하여 나타낸다."[80]라고 했다. 그러면 양자는 어떤 관계인가?

운삼은 하나의 본체를 셋의 작용으로 나타내어 시간성의 시간화를 나타내고, 운사는 시간을 물건화하는 사건의 물건화를 나타낸다. 이처럼 시간성의 시간화와 시간의 물건화, 사건의 물건화는 모두 일에서 십까지의 수와 20, 100에 의하여 나타낸다. 그러면 오五와 칠七이 고리를 이룸은 무엇을 의미하는가?

1에서 10까지의 수는 1이 쌓여서 형성되는 동시에 10이 나누어져서 1이 형성된다. 그것은 1과 10이 분합에 의하여 구성됨을 뜻한다. 1이 쌓여서 2가 되고, 2에 다시 1이 합하여 3이 되는 것과 달리 10에서 하나가 나누어져서 9가 되고, 9에서 다시 1이 나누어져서 8이 된다. 그러면 분합은 어떻게 이루어지는가?

분합은 1과 1이 합하는 경우와 1과 1이 하나가 되는 경우로 나눌 수 있다. 1과 1일 나누어진 상태에서 서로 만나는 합은 2가 되지만 1과 1이 합하여 하나가 되는 합덕은 1이 된다. 이때 서로 더하는 1과 합덕의 결과로 나타나는 1의 내용은 다르다.

합일과 합덕의 차이는 10과 10의 합일인 20과 10과 10이 합덕한 100의 차이에서 분명하게 볼 수 있다. 20은 1에서 10까지의 변화와

---

80 『주역』 설괘 제1장, "昔者聖人之作易也애 幽贊於神明而生蓍하고 參天兩地而倚數하고".

10에서 1까지의 변화의 두 측면을 모두 나타낸다. 그러나 100은 10과 10이 하나가 되어 새로운 창조가 이루어진 결과이다.

100의 중심에는 5가 있다. 5를 중심으로 20을 합덕하여 나타내면 100이 된다. 100을 둘로 나누어서 나타나는 50에 5를 더하면 55가 되고, 5를 차감하면 45가 된다. 또한 20은 5가 상하와 내외로 전개됨을 상징하는 수이다.

운사의 측면에서 보면 4의 다음에 위치하는 수는 5이다. 그리고 5는 6의 이전 수이고, 7은 6의 이후 수이다. 6을 중심으로 이해하면 6의 이전인 5와 6의 이후인 7을 연결하는 것이 사四의 운용을 통하여 이루어짐은 바로 10에서 시작하여 7, 6을 거쳐서 5에 이르고, 1에서 시작하여 5를 거쳐서 6에 이름을 뜻한다. 그러면 이것이 무엇을 의미하는가?

> 하나가 묘하게 늘어나서 만 가지가 오고, 만 가지가 간다. (이처럼) 작용은 변하나 본체는 움직이지 않는다.[81]

이 부분에 이르러서 비로소 하나의 본체는 움직이지 않으나 작용이 변화함을 밝힌다. 변화가 없는 하나의 본체는 일—과 삼三, 삼三과 일—의 두 측면의 작용이 둘이 아님을 통하여 시간성임이 드러난다.

본체인 하나가 오묘한 작용으로 나타나서 현상은 온갖 것이 오고 간다. 하나가 오묘하게 늘어남은 하나가 셋이 됨이고, 작용은 변하나 본체가 움직이지 않음은 셋의 현상이 하나의 본체로 돌아가는 되먹임이다.

하나가 셋이 됨은 쪼개어 나누는 작용이고, 셋이 하나가 되는 작용은

---

81 앞의 책, 태백일사, 천부경天符經, "一妙衍萬往萬來 用變不動本".

쌓아서 합하는 작용이다. 이처럼 물건적 석합析合을 이곳에서는 사건적 측면에서 왕래로 나타내고 있다. 그러면 사건적 왕래, 물건적 석합은 어떻게 이루어지는가?

> 본심은 본래 태양과 같아서 사람의 중심에서 천지가 하나임을 우러러 밝힌다.[82]

이곳에서는 무극, 반극(태극), 태극(황극)의 삼극으로 나누고, 천지인의 삼재로 나누며, 일을 합하여 십을 나타내고, 십과 십을 합덕하여 이십을 드러내며, 십과 십을 상승하여 백을 추연하는 주체가 본심임을 밝힌다.

본심은 체용상의 관점에서 보면 본성이라는 형이상적 근원의 작용이다. 그것은 본성, 자성이 나타난 작용이 본심本心임을 뜻한다.

> 사람의 중심에서 천지가 하나가 됨이여! 마음과 신이 근본에서 둘이 아니기 때문에 빈 것과 가득함이 같고, 근본에 나아가는 까닭에 신과 물건이 둘이 아니다.[83]

사람의 본체인 본성, 자성은 천지의 근본과 둘이 아니다. 그러므로 천인, 지일, 인일이라고 했다. 본성, 자성의 작용인 본심과 천일, 지일이 둘이 아니다. 천일이 나타내는 천성과 지일이 나타내는 지성이 둘이 아님은 천성天性과 지성地性, 천일과 지일이 사람의 성품에서 하나가 됨을 뜻

---

82 앞의 책, 태백일사, 천부경天符經, "本心本太陽 昻明人中天地一".
83 앞의 책, 태백일사, "人中天地爲一兮 心與神卽本爲一 故其虛其粗是同卽本 故惟神惟物不二".

한다. 그러므로 텅 빈 하나의 본체와 그것이 드러난 현상의 조야한 만물이 둘이 아니며, 신과 물이 둘이 아니다. 그러면 본심이 태양과 같이 밝고 밝음은 무엇을 의미하는가?

본성의 작용인 마음은 천지가 함께 작용한다. 천天의 시생始生과 지地의 장성長成은 매 순간 지금 여기 마음에서 일어나는 생장이다. 이처럼 시생과 장성이 둘이 아닌 생장이 본심의 작용이다. 매 순간의 본심의 작용은 영원한 현재이다. 영원한 현재는 영원한 생성이다. 영원한 생성에는 실체적인 진망眞妄, 염정染淨, 시비, 선악이 없다.

그러나 매 순간 나타나는 현상을 보면 진망, 시비, 선악, 염정이 나타난다. 이로부터 마음이라는 작용이 천지를 창조하고, 천지를 진화시킴을 알 수 있다. 마음은 육신과 둘이 아니어서 마음을 움직이는 용심用心이 육신을 운용하는 운신運身으로 나타난다. 그러면 천지와 인간의 관계를 어떻게 이해할 것인가?

수를 통하여 시간성을 논하는 구조는 일과 삼의 관계를 통하여 전개된다. 일을 바탕으로 삼을 논하는 구조를 통하여 존재론적 논의가 전개되고, 삼을 바탕으로 일을 논하면 인식론, 수행론적인 논의가 전개된다.

일과 삼은 본래 둘이 아니라 하나의 시간성을 논의하는 도구로 활용되는 체계이다. 일과 삼의 구조에 의하여 시간성을 나타내더라도 그 가운데는 존재론과 인식론, 수행론이 나누어지지 않고 하나로 제시되어 있다.

수행론의 측면에서 보면 1에서 10까지의 수에서 5가 중요하다. 5는 성품의 작용인 본심을 가리키는 동시에 시간성의 차원에서는 미래성과 과거성이 둘이 아닌 현재성을 가리킨다. 무극은 미래성을 나타내고, 반극은 과거성을 나타내며, 태극은 현재성을 나타낸다.

1에서 10까지의 수로 삼극을 나타내면 반극은 1이고, 무극은 10이며, 태극은 5이다. 5는 시간성의 측면에서는 미래성과 과거성이 합하고 나누어지는 현재성이다. 그리고 공간성의 측면에서는 천도과 지도가 하나가 되고, 나누어지는 인간의 본성을 나타낸다.

　19세기 말기에 한국사상을 역학의 이론체계로 나타낸 정역에서는 태극을 황극으로 나타내고, 반극을 태극으로 나타내어서 무극과 태극을 무無와 유有로 대응을 시켜서 황극을 강조한다.

　1에서 10까지의 수를 통하여 위의 내용을 이해하면 10은 5와 5가 만나서 하나가 된 수이다. 이때 1에서 4까지의 수는 5가 없는 수이며, 6에서 9까지의 수는 5가 1, 2, 3, 4를 만나서 형성된 수이다. 따라서 수를 석합析合하고 그것을 통하여 천지의 근원과 현상을 밝히는 주체가 본성임을 알 수 있다. 그러면 언어를 중심으로 시간성을 객관화, 대상화하여 나타낸 공간성 중심의 역사상은 어떻게 나타나는가?

　수를 통하여 시간성을 바탕으로 전개되는 역사상易思想은 존재론이 중심이 되어 존재론과 인식론, 수양론, 실천론이 둘이 아닌 신문神文사상이다. 신문은 원방圓方의 체상體相과 그것을 논하는 주체인 본성이 둘이 아닌 경지이다.

　그러나 시간성을 대상화한 공간성을 바탕으로 전개되는 역사상은 인식론, 수행론이 중심이다. 존재론이 신, 도, 본성의 차원에서 현상을 향하는 순방향, 도倒방향이 중심이라면 인식론, 수행론은 현상에서 출발하여 현상의 근원인 신, 도, 본성을 찾아가는 수행론, 인식론은 역방향이 중심이다.

　역방향이 중심이 된 수행론, 인식론을 나타내는 역사상은 괘상卦象과 언어를 도구로 사용한다. 이때 수행, 인식은 지금 여기라는 공간을 바탕으로 전개되는 인간의 삶이 중심이다. 그러므로 인식론, 수행론과 더불어 존재론을 논하더라도 철저하게 인간이 중심이 되어 논한다.

그것은 시간성이 중심이 되어 전개되는 천도를 바탕으로 한 신도神道 중심의 역사상이 공간화, 대상화하여 지도를 바탕으로 인도 중심의 역사상으로 나타남을 뜻한다. 그러면 공간성의 측면에서 전개되는 존재론적 측면 곧 일을 바탕으로 전개되는 삶은 무엇인가?

> 세상을 다스리도록 내려보냄을 개천開天이라고 한다. 개천으로 인하여 능히 만물을 창조한다. 이것이 허와 같은 본체本體이다. 인간 세상을 구함을 개인 開人이라고 한다. 개인으로 인하여 능히 인간 세상의 일을 순환시킨다. 이는 혼魂의 모든 작용이다. 산을 다스리고 길을 냄을 개지開地라고 한다. 개지로 인하여 능히 세상의 일들을 개화한다. 이를 지혜를 함께 닦음이라고 한다.[84]

위의 내용을 보면 빛에 의하여 세상을 다스림이 개천開天, 개인開人, 개지開地로 나타남을 알 수 있다. 그것은 시간성의 시간으로의 변화가 천지인이라는 공간적 세계, 물건적 현상으로 나타남을 뜻한다.

공간 세계인 삼재의 개벽開闢은 빛으로 세상을 밝히는 광명이세이다. 이때 빛은 영원을 상징한다. 그러므로 빛을 밝힘은 존재론적 측면에서는 시간의 근원인 시간성에 의하여 시간이 전개됨을 뜻한다.

그러나 인식론, 수행론의 측면에서 빛을 밝힘은 인간이 자신의 본성,

---

84 『환단고기』 신시본기神市本紀, "遣往理世之謂開天 開天故能創造庶物 是虛之同體也 貪求人世之謂開人 開人故能循環人事 是魂之俱衍也 治山通路之謂開地 開地故能開化時務 是智之雙修也".

본래면목을 자각함이다. 삶은 존재론적 측면과 인식론적 측면이 하나가 되어 이루어진다. 우리의 삶에서 인식론적 측면은 앎으로 나타나고, 존재론적 측면은 실천으로 나타난다. 그러면 이 두 측면을 어떻게 이해할 수 있는가?

물건적 관점에서는 하나의 광명이 환인과 환웅, 단군왕검의 셋으로 나타나고, 셋은 개천開天, 개인開人, 개지開地의 셋으로 표현된다. 개천의 천은 시간을 나타내고, 개지의 지는 공간을 나타낸다. 따라서 개천과 개지는 시간과 공간이 전개됨을 뜻한다.

시간의 시작인 개천에 의하여 만물이 시생된다. 그것이 개천에 의한 만물의 창조이다. 이와 달리 시생된 만물을 다스리는 일인 산을 다스리고, 길을 닦는 일을 개지라고 한다. 개지는 시생한 만물을 완성하는 종성이라고 할 수 있다. 개지에 의하여 매 순간의 일들을 개화한다. 그러면 개인은 무엇인가?

개인은 인간이 자신의 본래면목을 파악하는 성품, 본성의 자각이다. 그것은 사람의 천지, 사물과 같은 육신과 다른 측면, 인간의 삶을 파악함이다. 따라서 개인은 인문의 세계를 밝힘, 인간의 세계를 전개함이다. 그러면 개천과 개지, 개인은 어떤 관계인가?

마지막 부분에서는 개천과 개지, 개인을 지혜를 쌍으로 닦음으로 규정하고 있다. 이때 개천과 개인은 본체와 작용이다. 따라서 개지는 현상이다. 매 순간에 해야 할 일을 시작하여 완성하는 개화가 개지에 의하여 이루어진다. 그것은 개지가 나타내는 현상이 바로 시무時務의 개화임을 뜻한다.

이제 본체의 측면에서 광명이세를 나타내는 개천과 작용의 측면에서 광명이세를 나타내는 개인 그리고 현상의 측면에서 광명이세를 나타내는 개지가 어떤 관계인지를 파악할 수 있다. 체용상은 본래 둘이 아니면서 하나도 아니다.

빛, 시간성이 나타내는 본체와 시간, 인간이 나타내는 작용 그리고 만물이 나타내는 현상은 둘이 아니면서 하나도 아니다. 본체와 작용 그리고 현상이 둘이 아님을 시간성에 의한 대통합을 의미하는 대원일大圓一[85]이라고 말한다.

대원일의 원圓은 시간성과 시간의 관계를 상징적으로 나타내는 도형이다. 따라서 대원일은 시간성을 나타내는 원에 의하여 크게 하나가 됨, 원으로 이루어진 대통합을 뜻한다. 이와 달리 공간성을 나타내는 도형은 방형方形이며, 인간성을 상징하는 도형은 각형角形이다. 그러면 대원일은 무엇인가?

시간성을 나타내는 원을 통하여 공간성을 나타내는 방형과 인간성을 나타내는 각형이 하나가 된 통합적 도형이다. 이때 크게 하나가 되는 대통합은 신神을 가리키는 개념이다. 대원일의 대일大一은 태일太一이다. 대일이자 태일은 환과 단이 둘이 아닌 경지, 경계를 나타낸다.

신神은 시간과 공간을 초월하여 시간과 공간, 생生과 사死, 유有와 무無, 형이상과 형이하, 도道와 기器, 성性과 명命를 비롯하여 어떤 분별을 가할 수 없는 경지를 가리킨다. 이를 물건적 관점에서 나타내면 형이상과 형이하. 도와 기, 유와 무를 초월하면서도 유와 무를 벗어나지 않기 때문에 중中이라고 말하고, 하나의 경계에 머물지 않고 끊임없이 변화하기 때문

---

85 앞의 책, 단군세기. "夫三神一體之道 在大圓一之義".

에 역도, 변화의 도라고 말한다. 그러면 신과 대원일은 어떤 관계인가?

신은 어떤 분별도 넘어서기 때문에 신이라는 개념으로 나타낼 수 없다. 그러나 하나의 상태, 경계에 머물지 않고 끊임없이 새롭고 다양하게 자신을 드러내기 때문에 다양하고 새롭게 나타낼 수 있다. 이처럼 신의 두 측면을 나타내는 개념이 하늘이라는 천상으로부터 밝아옴의 환桓과 지상으로부터 하늘을 향하여 밝아지는 단檀이 둘이 아님을 나타내는 대원일이다. 그러면 대원일을 어떻게 논하고 있는지 살펴보자.

> 무릇 세 신神이 하나라는 도리는 대원일大圓一에 그 뜻이 있다. 조화造化의 신이 내려와 나의 성품을 이루고, 교화敎化의 신이 내려와 내 삶을 이루며, 치화治化의 신이 내려와 정신을 이룬다. 그러므로 만물 가운데서 사람이 존귀하다.[86]

우리는 대원일사상이 신이라는 개념을 중심으로 전개됨을 주목할 필요가 있다. 신神은 시공의 내에 존재하는 사물과 같은 실체적 존재가 아니다. 음과 양의 작용을 통하여 형이상의 도道로 나타나지만 음과 양으로 구분하여 나타낼 수 없는 경지가 신神[87]이다. 그러면 대원일은 무엇인가?

신이 이것과 저것으로 분별할 수 없는 경지를 나타내는 개념이다. 따라서 일신一神과 삼신三神을 논할 수 없을 뿐만 아니라 본체와 작용이라는 구분도 할 수 없다. 왜냐하면 본체와 작용이라는 개념도 물건적 관점에서 제기될 수 있는 개념이기 때문이다. 그러면 대원일은 무엇인가?

---

86 앞의 책, 단군세기, "夫三神一體之道 在大圓一之義 造化之神 降爲我性 敎化之神 降爲我命 治化之神 降爲我精 故惟人爲最貴".
87 「주역」 계사상편 제오장, "陰陽不測之謂神".

삼신은 하나로 상제上帝이다. 본체의 측면에서는 일신一神일 뿐으로 각각의 신이 있는 것은 아니다. 그러나 작용의 측면에서는 일신이 삼신이다. 삼신은 만물을 인출引出하고, 세계를 통치할 수 있는 무한한 지혜와 능력을 갖추었다.[88] 따라서 삼신이 일체임을 나타내는 대원일은 바로 체용상이 둘이 아님을 나타낸다. 그러면 삼신三神은 무엇인가?

앞의 내용을 보면 삼신이 지금 여기의 나이다. 삼신인 조화의 신이 지금 여기의 나의 성품이고, 교화의 신이 지금 여기의 나의 물리적 생명이며, 치화의 신이 지금 여기의 나의 정신이다. 따라서 삼신三神이란 지금 여기의 나의 세 측면을 나타내며, 일신一神은 지금 여기의 내가 어느 하나의 측면이라고 할 수 없음을 나타낸다. 따라서 대원일사상은 지금 여기의 나를 중심으로 전개됨을 알 수 있다. 그러면 대원일사상은 오로지 지금 여기의 나에 관한 내용일 뿐인가?

대원일사상은 일신이 삼신이 되는 존재론적 측면과 삼신이 일신이 되는 인식론적, 수행론적 측면이 있다. 삼신이 일신이 되는 인식론적, 수행론적 측면과 일신이 삼신이 되는 존재론적 측면이 둘이 아니다.

> 상계上界의 주신主神을 천일天一이라고 한다. 조화造化를 주관하며, 절대적이고 지고의 권능이 있다. 무형으로 형形을 삼으며, 만물로 하여금 각각 성性을 통하게 한다. 이를 청진대清眞大의 체體라고 한다. 하계의 주신은 지일地一이라고 한다. 교화教化를 주관하며 지극히 선하고 유일한 법력이 있어 함이 없이 만물을 만들고 만물로 하여금 그 명命을 알게 한다. 이를 선성대善聖大의

---

88 앞의 책, 삼신오제본기三神五帝本紀, "自上界却有三神 三神則一上帝 主體則爲一神 非各有神也 作用則三神也 三神有引出萬物 統治世界之無量知能".

체體라고 한다. 중계의 주신은 태일太一이라고 한다. 치화治化를 주관하며, 최고이고 무상한 덕량으로 말없이 교화하고, 만물로 하여금 그 정精을 보전하게 한다. 이를 미능대美能大의 체體라고 한다.[89]

삼신이 천일天一, 지일地一, 태일太一이라면 그것이 하나임을 나타내는 대원일은 무엇인가를 논하지 않을 수 없다. 대원일은 지금 여기의 나를 통하여 이루어진다. 존재론적 측면에서는 조화의 신과 교화의 신, 치화의 신이 내려와 지금 여기의 나의 성명정性命精을 이룬다. 그러나 인식론적, 수행론적 측면에서는 대원일은 지금 여기의 내가 장차 이루어야 할 일이다.

사람의 성품은 신의 뿌리이지만 성품이 그대로 신은 아니다. 기가 밝게 빛나서 어둡고 더럽지 않을 때 비로소 참성품이라고 할 수 있다. 이를 통하여 신은 기를 떠나지 않고, 기는 신을 떠나지 않음을 알 수 있다. 따라서 나에게 갖추어진 성품과 기가 잘 조화를 이루어 합해진 후에 자신의 성품과 삶을 볼 수 있다.[90]

성품은 삶을 떠나 있을 수 없고, 삶은 성품을 떠나서 있을 수 없다. 자신의 성품과 삶이 잘 어울린 후에 비로소 이 몸이 신의 성품에서 비롯된 것도 아니고, 기운이 넘치는 삶에서 비롯된 것도 아님을 알 수 있다. 그러므로 성품의 신령한 깨달음은 천신과 뿌리를 함께하고, 삶이 세상에

---

89 앞의 책, 삼신오제본기三神五帝本紀, "上界主神其號曰天一 主造化 有絶對至高之權能 無形而形 使萬物各通其性 是爲淸眞大之體也 下界主神 號曰地一 主敎化 有至善唯一之法力 無爲而作 使萬物各知其命 是爲善聖大之體也 中界主神號曰太一 主治化 有最高無上之德量 無言而化 使萬物各保其精 是爲美能大之體也".
90 앞의 책, 단군세기檀君世紀, "夫性者神之根也 神本於性而性未是神也 氣之炯炯不昧者 乃眞性也 是以神不離氣 氣不離神 吾身之神與氣合而後 吾身之性與命可見矣".

남은 산천과 기운을 함께 하며, 정신이 끝없이 이어짐은 모든 생명을 가진 것들과 업을 함께 함이다.[91] 그러면 삼신과 일체는 어떤 관계인가?

대원일은 형식적 측면에서는 삼신이 일신이 되고, 일신이 삼신이 되는 이치이지만 체용의 측면에서는 본체로부터 작용을 통하여 현상으로 나가는 방향과 현상으로부터 작용을 거쳐서 본체에 이르는 두 방향에서 논할 수 있다.

삼신이 지금 여기의 나의 성명정이 됨은 본체에 의한 작용에 의하여 현상이 드러남을 나타낸다. 이는 하나를 잡고 셋을 포함하는 집일함삼執一숨三이라면 나의 성명정을 하나로 하여 삼신과 하나가 됨은 회삼귀일會三歸一이다.[92]

셋의 현상으로부터 출발하여 하나로 돌아가는 작용은 수행, 수기, 수도이다. 마음이 고요하여 변화가 없음을 참나라고 말하고, 신통하여 끝없이 변화함을 일러서 일신이라고 한다. 참나는 일신이 머무는 집과 같다. 이 참된 근원을 알고, 올바르게 수련하면 좋은 징조가 나타나고, 밝은 빛이 항상 비춘다. 바로 사람과 하늘이 하나가 되었을 때 삼신을 인연으로 잡고 계戒를 세워서 맹세하면 이에 비로소 능히 하나로 돌아갈 수 있다.[93] 그러면 회삼귀일의 경지는 어떤가?

성품과 정신이 어울려서 빈틈이 없으면 세 가지 신이 하나인 상제와

---

91 앞의 책, 단군세기檀君世紀, "性不離命 命不離性 吾身之性與命 合而後吾身未始神之性 未始氣之命可見矣 故其性之靈覺也與天神同其源 其命之現生也與山川同其氣 其精之永續也與蒼生同其業也".
92 앞의 책, 단군세기檀君世紀, "乃執一而含三 會三而歸一也".
93 앞의 책, 단군세기檀君世紀, "故定心不變謂之眞我 神通萬變謂之一神 眞我一神攸居之宮也 知此眞源 依法修行 吉祥自臻 光明桓照 此乃天人相與之際 緣執三神 戒盟而始能 歸于一者也".

같아서 우주 만물과 잘 어울리고, 마음과 기운, 몸이 있는 듯 없는 듯하여 자취도 없이 오랫동안 존재한다. 감식촉이 자연스럽게 잘 어울려서 흔님 그대로이다. 이 세상 어디나 두루 덕을 베풀어 함께 즐거우며, 하늘, 땅, 사람과 더불어 끝없이 스스로 변화한다.[94] 그러면 대원일을 왜 삼일三一과 같은 수를 통하여 나타내는가?

신은 형상이 없는 무형적인 경지를 나타낸다. 시간과 공간을 초월하면서도 시간과 공간을 벗어나지 않는 형이상적 존재가 신이다. 그러므로 신에 관한 어떤 표현도 신 자체를 그대로 나타낼 수 없다.

시공을 초월한 신이지만 시간과 공간을 초월한 존재라고 말하는 것도 역시 시간과 공간을 통하여 신을 나타낸다. 이처럼 신은 사건과 물건을 통하여 상징적으로 나타낼 수밖에 없다. 물건적 관점에서 신을 나타내면 비록 형이상적 존재라고 할지라도 여전히 실체적 존재이다.

그러나 시간의 관점에서 시간의 근원인 시간성을 통하여 신을 나타내면 시간성이 시간으로 나타나는 방향과 나타난 시간성인 시간이 다시 시간성으로 돌아가는 시간의 시간성화를 통하여 나타낼 수 있다.

회삼귀일은 시간의 시간성화를 나타내고, 집일함삼은 시간성의 시간화라고 할 수 있다. 이때 시간은 수를 통하여 나타낸다. 그러므로 시간성을 통하여 신을 나타내는 도구는 수가 될 수밖에 없다. 그러면 수를 통하여 신을 어떻게 나타내는가?

---

94 앞의 책, 단군세기檀君世紀, "故性命精之無機 三神一體之上帝也 與宇宙萬物混緣同體 與心氣身無跡而長存 感息觸之無機 桓因主祖也 與世界萬邦一施而同樂 與天地人無爲而自化也".

삼일의 체는 일이고, 삼은 작용이다. 서로 섞이고, 묘한 하나의 고리와 같아서 체와 용은 서로 갈라짐이 없다. 원圓은 무극無極이니 하나이고, 방方은 둘이니 반극反極이며, 각角은 태극이니 셋이다.[95]

    삼신과 일심의 삼일 가운데서 일신이 체이고, 삼신이 작용임은 이미 살펴보았다. 다만 본체와 작용은 비록 서로 나누어서 나타냈지만 서로 나누어지지 않으면서도 하나도 아니어서 체는 체이고 용은 용이다.
    뒷부분에서는 삼일의 삼을 삼극으로 나타내고 있다. 천일天一의 조화의 신은 원에 의하여 상징적으로 나타내어 무극이라고 말한다. 이때 천일은 시간성의 세계를 나타낸다. 원은 시간성을 상징적으로 나타내는 도구이다.
    무극의 극은 한계가 없음이다. 그러므로 무극은 시간적인 한계가 없는 영원함을 나타낸다. 원은 시초와 종말이라는 간극이 없이 계속 이어진다. 그리고 원주는 중심의 하나의 구심점에 의하여 성립된다. 이 구심점은 넓이가 없는 하나의 점이라는 점에서 무극이다.
    지일地一의 교화의 신은 사각형으로 나타낸다. 사각형은 상하, 좌우의 직선에 의하여 형성된다. 사각형의 도형은 공간성을 상징한다. 시간성을 물건화하여 나타낸 공간성은 시간성으로 돌아가려는 성질이 있다. 이를 무극으로 돌아가는 특성을 나타내어 반극이라고 했다.
    천일과 지일이 하나가 되는 대원일은 태일太一에 의하여 이루어진다. 태일은 시간성의 시간화와 공간의 시간성화에 의하여 이루어지는 대원일을 나타낸다. 원과 방으로 상징하는 시간성과 공간성의 합일은 상징하

---

95 앞의 책, 소도경전본훈蘇塗經典本訓, "三一其體一三其用 混妙一環 體用無岐 圓者一也無極 方者二也反極 角者三也太極".

는 도형이 삼각형이다. 삼각형은 천일과 지일, 시간성과 공간성을 나타내는 두 개의 직선과 그것을 합하는 하나의 직선을 결합하여 형성된다. 그러면 심신의 운용법이 무엇인지 살펴보자.

> 사람과 만물은 똑같이 세 가지 참됨(三眞)을 받는다. 그러나 사람들이 땅에 미혹하여 삼망三妄이 뿌리를 내리고, 진과 망이 서로 작용하여 삼도三途를 만든다. 말하되 성性, 명命, 정精이다. 사람은 골고루 온전히 받고, 만물은 치우치게 받는다. 참성품(眞性)은 선하여 악이 없으니 상철上哲이 통달하며, 참생명(眞命)은 맑아서 탁함이 없어서 중철中哲이 알고, 참정신(眞精)은 두터울 뿐으로 엷음이 없어서 하철下哲이 잘 보존한다. 세 가지의 참됨으로 돌아가면 일신一神과 하나가 된다.[96]

대원일사상은 일신이 삼신으로 화하는 존재론적 측면과 삼신이 일신으로 화하는 인식론, 수양론적 측면이 있다. 존재론적 측면에서 보면 일신이 본질인 덕혜력德慧力에 의하여 삼신으로 화하듯이 인간의 내면에 존재하는 삼신으로서의 삼진三眞 역시 자성自性을 고집하지 않고 자신을 벗어나서 타자화他者化한다. 그러면 왜 참됨과 망령됨이 발생하는가?

사람과 사물이 한가지로 삼진을 받았으나 사람들이 땅에 미혹하기 때문에 삼진과 상대적인 삼망이 나타나고, 삼진과 삼망이 서로 작용하여 삼도三途가 나타난다. 삼진을 받음은 주는 주체와 받는 객체가 있음을 뜻하지 않는다. 단지 삼신을 인간의 관점에서 나타내어 삼진이라고 말할

---

96 앞의 책, 태박일사, 三一神誥, 人物, "人物同受三眞 惟衆迷地 三妄着根 眞妄對作三途, 曰性命精 人全之物偏之 眞性無善惡上哲通 眞命無淸濁 中哲知眞精無厚薄 下哲保返眞一神".

뿐으로 삼신, 삼진은 없다.

성품, 도, 일신의 차원에서 보면 인간과 사물 그리고 천지의 구분이 없다. 그것은 성품, 도, 일신이 그것을 논하는 지금 여기의 나와 둘이 아님을 뜻한다. 그럼에도 불구하고 사람이 일신, 성품을 지금 여기의 나와 둘로 봄을 사물이 치우쳐 받음으로 나타낸다.

사물은 지금 여기의 나와 둘로 존재하는 물건적 존재, 대상적 존재이다. 그러므로 신, 성품과 같은 존재를 사물과 같은 나와 둘로 여기는 순간 성품과 신은 나와 별개의 물건적 존재, 대상적 존재가 된다.

삼신과 삼진을 지금 여기의 나와 둘로 여기기 때문에 삼신, 삼진을 대상화하여 삼망을 논한다. 그리고 삼진과 삼망이 서로 나누어져서 삼도三途가 나타난다. 삼도는 세 가지 서로 다른 삶의 방식과 그 결과를 나타낸다.

성명정의 삼관이 주체가 되고, 심기정의 삼가가 객체가 되어 감식촉의 삼도의 작용이 이루어진다. 이러한 작용의 결과 선청후의 삼진과 악탁박의 삼망이 나타난다. 삼도의 작용이 삼진을 이루면 일신으로 돌아간다. 그러면 삼도의 작용이 어떻게 이루어지는가?

진망의 대립에 의한 삼도의 현상은 지혜에 의하여 이루어진다. 성품과 삶 그리고 정신이 둘이 아님에도 불구하고 서로 나누어서 셋으로 인지하기 때문에 사람의 지혜가 상중하의 세 단계로 나타난다.

상철은 참성품을 주체로 하여 선하여 악이 없어서 일신과 통하는 경지이며, 참생명을 주체로 하여 맑아서 탁함이 없어서 일신을 아는 경지이고, 하철은 참정신을 주체로 하여 두터움이 있고, 얇음이 없어서 일신을 보존하는 경지이다. 그러면 주체인 삼관에 대응하는 객체인 삼가를 중심으로 진망에 대하여 살펴보자.

가로되 마음(心), 기운(氣), 몸(身)이다. 마음은 본성에 따라서 선함과 악함이 있다. 선하면 복되고 악하면 화가 미친다. 기운은 목숨에 따라서 맑음과 탁함이 있다. 맑으면 오래 살고 탁하면 빨리 죽는다. 몸은 정기에 따라서 두터움과 얇음이 있다. 두터우면 귀貴하고, 얇으면 천賤하다.[97]

인용문에서는 객체인 삼가를 바탕으로 선청후의 삼진과 악탁박의 삼망을 논하였다. 시간성의 차원에서 보면 인간과 사물 그리고 천지는 둘이 아니다. 그것을 체용의 측면에서 일신과 삼신으로 나타내지만 하나도 아니면서도 둘도 아니어서 언어를 통하여 다 드러낼 수 없기 때문에 수를 통하여 나타내기도 하였다.

성명정은 지금 여기의 나를 시간성이 아닌 공간성의 차원에서 물건화하여 나타낸 개념이다. 그러므로 셋이나 하나라고 할 수 없다. 그것은 있음과 없음이나 양자를 초월한 중, 공, 신에 의하여 나타낼 수 없음을 뜻한다.

그러나 이미 성명정을 논하는 순간 성명정과 성명정이 아닌 둘로 나누어진다. 그것을 진과 망으로 나타내었다. 도를 도라고 말하는 순간 도와 도가 아닌 둘로 나누어져서 진망이 나타나기 시작한다.

삼진三眞의 진성眞性은 선善하여 악惡이 없고, 진명眞命은 맑아서 탁濁함이 없으며, 진정眞精은 두터워서 얇음이 없다. 그러나 삼망三妄의 심心은 선악善惡이 있어서 그것을 따라서 화복禍福이 나타나고, 기氣는 청탁淸濁이 있어서 이에 따라서 수요壽夭가 갈라지게 되며, 신身은 후박厚薄이 있어서 이에

97　앞의 책, 三一神誥, 人物, "惟衆迷地 三妄着根 曰心氣身 心依性有善惡 善福惡禍 氣依命有淸濁 淸壽濁夭 身依精有厚薄 厚貴薄賤".

따라서 귀천貴賤이 발생한다.

　인식주체인 삼관과 인식대상인 삼가의 작용에 의하여 나타나는 삼진三眞과 삼망三妄은 삼도에 의하여 이루어진다. 성명정을 나의 밖에 존재하는 실체로 인식하게 되면서 심기신의 대상의 인식에 따라서 삼진과 삼망이 형성된다. 이러한 삼망과 삼진의 현상은 삼도에 의하여 형성된다. 그러면 삼도가 무엇인지 살펴보자.

> 세 가지 참됨과 세 가지 망령됨이 서로 섞여서 세 가지 길을 만든다. 그것을 느낌(感), 숨(息), 부딪침(觸)이라고 말한다. 이 셋이 변하여 18가지 경계가 이루어진다. 느낌(感)에는 기쁨, 두려움, 슬픔, 성냄, 욕심냄, 싫어함이 있고, 숨(息)에는 향기, 썩은 기, 찬 기, 더운 기, 마른 기, 습기가 있고, 부딪침(觸)에는 소리, 색깔, 냄새, 맛, 음란함, 저촉抵觸이 있다.[98]

　느낌感은 삼망三妄의 심心에 의하여 나타나는 현상으로 기쁨, 두려움, 슬픔, 성냄, 탐냄, 싫어함으로 나타난다. 숨息은 삼망三妄의 기氣에 나타나는 현상으로 향기, 썩은 기氣, 한기寒氣, 열기熱氣, 마른 기氣, 습기濕氣로 나타난다. 그리고 부딪침觸은 신身에 나타나는 현상으로 소리, 빛, 냄새, 맛, 음란淫亂, 저촉抵觸으로 나타난다. 그러면 사람이 삼도에 의하여 형성되는 십팔경十八境을 따라서 전전輾轉하면 어떤 결과를 낳는가?

98　앞의 책, 三一神誥, 人物, "眞妄對作三途 曰感息觸 轉成十八境 感喜懼哀怒貪厭 息芬爛寒熱震濕 觸聲色臭味淫抵".

일상의 사람들은 선악과 청탁과 후박이 서로 섞여서 여러 경계의 길을 따라서 이리저리 달리다가 나고 자라고 늙고 병들어 죽는 고통에 떨어진다.[99]

자신이 어떤 존재인가를 성찰하는 삶을 살고자 뜻을 두지 않은 일반적인 사람들은 생로병사生老病死가 본래 고통이 아님에도 불구하고 고통으로 느끼면서 산다. 인간의 삶이 고苦라는 것은 무엇을 의미하는가?

일신이 삼신으로 화하여 성명정의 삼진이 되었다. 그리고 삼진이 현상화하여 삼망으로 드러난다. 그러므로 인간이 삶을 살아가면서 땅의 관점 곧 현상의 관점에 얽매이지 말고 다시 본래의 일신의 세계를 향해야 한다.

삼신이 일신으로 화함은 자연의 관점에서는 사물이 인성人性에 이르는 점에서는 만물의 진화라고 할 수 있고, 인간의 관점에서는 인간의 차원을 벗어나서 신성神性에 이르는 수기修己, 수양修養, 수행修行, 수도修道라고 할 수 있으며, 종교의 관점에서는 만물의 근원인 주재자主宰者, 창조자創造者와의 합일合一이고, 세간을 벗어남이며, 이상적인 세계로서의 천국天國, 천당天堂에 올라감, 천상天上의 선계仙界로 올라감이라고 할 수 있다. 그러면 인간이 지상에 내려와서 삼망三妄에 빠지고 그에 따라서 화복禍福, 수요壽夭, 귀천貴賤이 다름이 무엇인가?

인간이 지상에 내려왔다는 것은 육신肉身을 갖게 되었음을 뜻한다. 그것은 일신의 삼신으로의 변화가 시간성의 시간화 곧 공간화임을 나타낸다. 일신이 변하여 삼신으로 화化하는 과정을 통하여 천지와 인간이 생성된다.

시간성의 시간화가 물건적 세계, 사물의 세계, 공간의 세계의 생성을

---

99 앞의 책, 三一神誥, 人物, "衆善惡淸濁厚薄相雜 從境途任走 墮生長消病歿苦".

나타내는 것은 그 이면에서 생성된 천지인의 공간의 세계가 합일合―하는 공간성의 측면이 있다. 그것은 공간성의 합일을 통하여 시간으로부터 시간성의 세계로 돌아가는 측면이다.

시간성을 중심으로 도생역성倒生逆成의 관점 곧 시간성의 시간화를 통하여 세계를 보면 만물의 생성으로 드러나지만 시간의 시간성화의 측면 곧 역생도성逆生倒成의 관점에서 세계를 보면 만물은 존재하는 것이 아니라 매 순간 합일을 통하여 하나를 보여줌으로써 물건이 존재하지 않음을 나타낸다.

하나에서 시작하지만 시작함이 없고, 하나에서 끝나지만 끝남이 없다. 하나로 시작하여 하나로 끝나지만 시작도 없고 끝남도 없음은 삼신으로 나타나는 현상이 하나의 끝없는 변화의 과정이지만 그 하나마저도 없어서 모든 분별을 벗어나 있음을 뜻한다.

세계는 모든 분별을 넘어서지만 그것을 공간적 관점에서 인간과 다른 존재를 구분하여 나타낼 때 비로소 삼진三眞과 삼망三妄 그리고 삼도三途가 문제가 된다. 그것은 일신의 변화를 구분하여 진眞과 망妄으로 나타내고, 다시 양자의 관계를 삼도三途를 통하여 나타내었음을 뜻한다.

일신에서 삼신으로의 변화는 삼신에서 일신으로의 변화와 함께 이루어진다. 그것은 시간성의 시간화와 시간의 시간성화가 둘이 아니라 일체임을 뜻한다. 십十을 본체로 하여 이루어지는 작용을 오五를 중심으로 일이삼사一二三四와 육칠팔구六七八九로 구분하여 양자의 분합分合을 통하여 표상함 또한 이를 보여준다.[100]

---

100 이현중, 「천부경의 세계관과 인간관」, 『東아시아古代學』 제39집, 동아시아고대학회, 2015, 20-22.

인간의 삶도 단지 일신의 작용 곧 변화일 뿐이다. 그것을 성명정性命精의 삼관三關과 심기신心氣身의 삼가三家로 구분하고 삼도三途를 통하여 선청후善淸厚의 삼진과 악탁박惡濁薄의 삼망의 현상으로 나타낸다. 비록 양자를 진眞과 망妄으로 구분하여 나타내었지만 양자는 가치상의 우열이 없다. 그러면 왜 양자를 단순하게 구분하지 않고 가치 개념이 담겨있는 진망眞妄으로 구분하여 나타내는가?

그것은 일一에서 삼三으로의 변화를 전제로 하여 삼三에서 일一로의 변화가 이루어짐을 나타내기 위함이다. 삼일三一과 일삼一三은 일체이지만 일삼一三을 본체로 하여 삼일三一이 이루어진다. 이는 시간성의 시간화가 본체라면 그것을 바탕으로 시간의 시간성화가 이루어짐을 뜻한다. 그러면 일삼과 삼일이 인간에 있어서는 어떤 의미를 갖는가?

일삼一三은 인간에 있어서는 존재원리이고, 삼일三一은 인간의 당위원리이다. 그러나 양자는 일체로 일삼一三을 바탕으로 삼일三一이 이루어진다. 그것은 일삼一三이 세계 자체를 나타내는 반면에 삼일三一은 지금 여기의 나를 중심으로 세계를 표상함을 뜻한다.

지금 여기의 나를 통하여 끊임없이 나타나는 시간의 시간성화는 개체적 존재로서의 만물의 합일合一로 나타난다. 그것은 삼관과 삼가의 관계를 나타내는 삼도三途와 그 결과로 나타나는 십팔경계十八境界를 통하여 진망眞妄이 일체이며, 도경途境도 일체임을 체험함으로써 언제나 일신一神으로 존재함을 뜻한다.

삼관과 삼방 그리고 삼도와 십팔경계의 합일은 삼도를 통하여 이루어진다. 삼도가 사라짐으로써 십팔경계가 사라지는 동시에 삼진과 삼망 역시 일체가 된다. 주체인 삼관과 객체인 삼방 그리고 인식작용인 삼도와 인식내용인 십팔경의 합일을 통하여 일신, 시간성을 체험한다. 그러면 삼도를 통하여 이루어지는 진망합일眞妄合一, 삼도와 십팔경의 합일은 무엇을 의미하는가?

　시간성의 차원에서 이루어지는 도역倒逆의 생성生成에는 가치상의 우열優劣이 없어서 시비是非, 선악善惡의 구분이 없다. 그러나 시간성을 대상화하여 공간성의 관점에서 나타냄으로써 비로소 도역의 생성이 순역順逆으로 대상화하면서 가치상의 우열이 나타나게 된다.

　도역의 생성의 관점에서는 진망眞妄의 구분이 없는 일체이지만 그것을 대상화하여 삼신三神으로 나타내기 때문에 본래 삼신이 일신一神이지만 삼신을 일체화하는 과정이 필요하게 된다. 그것은 삼진을 스스로 삼망으로 여기게 됨으로써 삼진으로 돌아가고자 하는 수기修己, 수행修行, 수련修鍊이라는 수도修道의 문제가 제기됨을 뜻한다. 삼망이 바로 삼진임에도 불구하고 삼진을 대상화하여 삼망으로 여기고 그것으로부터 상대적인 삼진을 찾고자 한다. 그러면 삼진을 찾고자 하는 마음 자체가 잘못된 것인가?

　시간성의 차원에서 보면 시비是非, 선악善惡이 없지만 그것을 대상화하여 시비와 선악을 나타낸 까닭은 선善과 악惡을 분별하고, 옳음과 그름을 분별하더라도 선이나 옳음에도 머물지 않아야 하며, 분별 자체에도 머물러서 집착하지 말아야 함을 나타내기 위함이다.

　그것은 스스로 지금 여기의 나를 중심으로 육신이나 의식에 의하여 드러나는 현상에 머물지 않고, 자유자재하는 삶을 살도록 하기 위함이다. 선과 악을 구분하고, 옳음과 그름을 구분하는 까닭은 악에 머물지 않고 선을 행하고, 그름에 머물지 않고, 옳음을 실천하도록 하기 위함이다.

수기, 수도의 과정이라고 할 수 있는 분별의 세계, 삼신의 세계로부터 일신에 이르는 과정은 세 단계를 거치게 된다. 하철下哲과 중철中哲 그리고 상철上哲은 세 단계를 인격화하여 나타내 개념이다. 그것은 삼진에 대응하는 삼망三妄에 따라서 이루어지는 세 단계이다.

진망이 구분되고, 삼도와 십팔경이 구분된 세계로부터 벗어나서 주객이 하나가 된 주객미분主客未分의 세계, 만물이 일체인 하나의 세계에 도달하는 방법은 분별의 세계에 머물지 않음이다. 그것은 분별을 하면서도 분별에 머물러서 집착하지 않음이라고 할 수 있다.

분별의 세 단계에 머물지 않음은 지감止感, 조식調息, 금촉禁觸이다. 지감止感은 삼망의 마음에서 일어나는 여러 감정들을 그치게 함으로써 삼진三眞의 성性으로 화化하도록 함이며, 조식은 숨을 고르게 쉬는 것을 통하여 기운氣運을 고르게 함으로써 삼진三眞의 명命으로 화化하도록 함이고, 금촉은 조화로운 행위를 통하여 삼망三妄의 몸의 굴레로부터 벗어나서 삼진三眞의 정精으로 화化하도록 함이다.

> 지혜로운 사람은 느낌을 그치고(止感), 숨을 고르게 하며(調息), 부딪침을 금하여(禁觸), 한결같은 뜻으로 망령됨을 돌이켜서 참됨에 나아가는 변화를 행한다. 대신기大神機를 펴서 본성에 통通하여 공을 완수함(性通功完)이 바로 이것이다.[101]

지감止感, 조식調息, 금촉禁觸은 삼망의 심기신心氣身을 없앰으로써 삼진이 되는 것이 아니라 삼망이 본래 삼진임을 자각하는 방법이다. 그것은 삼

---

101 앞의 책, 三一神誥, 人物, "哲止感調息禁觸 一意化行 返妄卽眞 發大神機 性通功完是".

망에 즉即하여 삼진을 체험하는 즉망즉진即妄即眞이라고 할 수 있다.

즉망즉진은 삼도를 통하여 삼도의 공空함을 알고, 십팔경을 통하여 십팔경十八境의 무성無性을 알며, 삼망을 통하여 삼망이 없음을 알아서 삼망과 삼진이 없는 일신의 세계를 체험하는 방법이다.

지감, 조식, 금촉은 물건적 관점에서 보면 즉망즉진이지만 도역의 생성의 관점에서 보면 매 순간 끊임없이 새롭게 드러냄이다. 그것은 일신이 삼신으로 화는 시간성의 시간화를 바탕으로 시간의 시간성화를 살펴보면 지감과 조식, 금촉은 삼망을 없애는 것이 아니라 삼도와 십팔경의 끊임없는 창조임을 뜻한다.

그것은 매 순간 삼망과 삼도, 십팔경의 창조를 통한 삼진, 삼신의 일신화一神化이다. 그러므로 지감과 조식, 금촉은 심기신心氣身을 조절하거나 변화시키는 것이 아니라 성명정의 삼진이 삼망을 통하여 드러냄인 동시에 삼신三神을 삼망三妄으로 나타냄이다.[102]

시간성의 시간화 곧 일삼一三을 바탕으로 시간의 시간성화 곧 삼일三一을 이해하면 지감, 조식, 금촉은 삼망에 따라서 삼도를 구분하여 나타낸 것에 불과하다. 삼망은 삼진이고, 삼진은 일신이 나타난 삼신이다. 그러므로 삼진은 나타난 일신으로서의 자성自性이다.

삼망과 삼진이 일체인 일신의 차원에서 보면 삼진의 작용은 삼망을 통하여 이루어진다. 그것은 자성의 작용이 삼망을 통하여 이루어짐을 뜻한다. 그렇기 때문에 개망즉진改妄即眞 역시 내 안의 대신기大神機를 발發하는

---

102 이는 順逆의 관점에서 보면 順을 體로 하여 逆의 관점에서 三眞, 三妄, 三塗의 관계를 고찰함이다. 일반적으로 逆의 관점에서 三妄이 변하여 三眞으로 化하는 것을 修行으로 여긴다. 그러나 順을 體로 하여 이루어지는 逆의 관점에서 보면 一神이 나타난 三神인 三眞이 三妄으로 자신을 드러냄이 된다.

것이라고 하였다.

대신大神의 기틀을 발현하는 것은 자성自性과 통通함인 동시에 성품과 밖의 세계가 통通함이다. 그것은 세계와 내가 하나가 됨이라고 할 수 있다. 나와 세계가 하나가 되는 삼일三一은 삼망三妄을 중심으로 마음과 몸의 관점에서 성통性通과 공완功完으로 구분하여 나타낼 수 있다.

성통性通은 내재된 참나, 대아大我로서의 신성神性과 통함으로 그것은 본래 처음부터 하나이다. 그러므로 막힌 바가 없기 때문에 새삼스럽게 통하거나 할 것이 없다. 다만 공완功完을 나타내기 위하여 성통을 언급할 수밖에 없다.

공관功完은 삶을 통하여 다른 존재와 더불어 살아가는 과정에서 모든 존재를 나타난 신神으로 대하는 실천을 통하여 자신의 본성이 본래 통함을 체험하는 일이다. 그러한 체험이 심기신心氣身 그 어느 것에도 걸림이 없이 자연스럽게 이루어질 때 비로소 성통의 공功이 완성된 것이다. 그러면 성통공완性通功完의 단계는 무엇인가?

삼망에 즉卽하여 삼진을 체험하는 과정은 셋으로 구분할 수 있다. 상철은 성통을 이룬 경계이며, 중철은 지성知性의 단계로 아직은 성性과 하나가 되지 못한 상태이고, 하철은 보성保性의 단계로 성性을 잊지 않고 유지하는 단계이다.[103]

하철下哲의 보성保性은 성품을 감추어 보존하고 있을 뿐으로 그것을 발견하여 하나가 되어 자유자재하게 활용할 수 없는 단계를 나타낸다. 하철은 비록 자성自性을 알지는 못하지만 믿기 때문에 믿음을 갖지 않는 사

---

103 이맥李陌, 앞의 책, 三一神誥, 人物, "眞性善無惡上哲通 眞命淸無濁中哲知 眞精厚無薄下哲保".

람들과 다르다.

 중철中哲의 지성知性은 성품을 발견하였으나 아직은 하나가 되지 못하여 하나가 되고자 하는 과정을 나타낸다. 상철上哲은 성품과 하나가 되어 성품도 없고, 나와 없는 경지를 나타낸다.

 하철下哲에서 상철上哲에 이르는 세 단계는 성통性通의 과정이다. 그것은 삼망으로부터 시작하여 삼진의 일신一神으로 돌아감이다.[104] 그렇기 때문에 일신一神에도 머물지 않고 다시 삼신三神으로 나아가야 한다.

 그것은 상철에 이르러서 성품과 하나가 되어 성품도 없고, 나도 없을지라도 그 경계에서 더 나아가서 성품을 자유자재自由自在하게 활용할 수 있어야 함을 뜻한다. 삼심에서 일신에서 이르러서 일신에도 머물지 않고 삼신으로 드러남을 나타내는 것이 공완功完이다.

 공완功完은 순順방향에서 이루어지는 삼신으로의 나툼이다. 따라서 공완功完 역시 세 단계로 구분하여 나타낼 수 있다. 그것은 일신이 하늘을 낳는 첫 번째의 단계와 영철靈哲을 낳는 두 번째의 단계 그리고 만물萬物을 낳는 세 단계로 나타내고 있다. 그것은 일신一神이 상세계上世界의 조화의 신과 하세계下世界의 치화의 신 그리고 중세계中世界의 교화의 신의 삼신三神으로 나타남을 뜻한다.

 그러나 인간이 매 순간 현상에 머물지 않고 끊임없이 새로운 차원을 향하여 나가는 수기修己, 수행修行, 수도修道에 중심이 있기 때문에 공완功完을 생성의 관점에서 나타내지 않고 단지 역逆방향에서 성통性通과 함께 논하고 있다. 이처럼 개체적 관점에서 역방향을 향하여 이루어지는 논의

---

104 이맥李陌, 앞의 책, 三一神誥, 人物, "返眞一神".

되는 성통공완은 개체적 인간을 중심으로 전개되는 도교적 수행이다.

우리는 앞에서 시간성을 바탕으로 영원한 현재를 나타내는 역사상이 시간성 자체를 중심으로 수를 통하여 전개되는 역사상과 언어를 중심으로 시간성이 객관화, 대상화한 공간성 중심의 역사상으로 발전해 왔음을 살펴보았다. 그러면 시간성 중심의 역사상과 공간성 중심의 역사상은 무엇인가?

시간성 중심의 역사상은 한국사상의 연원이고, 공간성 중심의 역사상은 중국사상의 연원이다. 시간성이 중심이 된 신문神文사상은 환인, 환웅, 단군으로 계승되면서 한국역학으로 발전했고, 시간성을 객관화, 대상화한 공간성을 중심이 된 인문人文사상은 중국역학으로 발전했다.

> 환역桓易의 체는 원圓이고, 용用은 방方이다. 모양이 없음을 통하여 실實을 알게 되니 이것이 하늘의 이치이다. 희역羲易의 체는 방方이고, 용은 원圓이다. 모양이 있는 것에서 변화를 아니 이것이 하늘의 실체이다. 지금의 역易은 서로 체이면서 서로 용이니 스스로 원이면서 원이고, 방이면서 방하며, 각이면서 각한다.[105]

환역桓易은 한국사상의 연원인 한국역학이다. 이를 대한민국의 측면에서 나타내면 한국역학인 한역이다. 한역은 원이 나타내는 천일天一, 무극无極을 본체로 하여 방이 나타내는 지이地二, 반극反極을 용用으로 한다.

원과 방이 상징하는 내용을 중심으로 살펴보면 한역은 시간성을 본체

---

[105] 앞의 책, 소도경전본훈蘇塗經典本訓, "桓易體圓而用方 由無象以知實 是天之理也 羲易體方而用圓 由有象而知變 是天之體也 今易互體而互用 自圓而圓 自方而方 自角而角 是天之命也".

로 하여 공간성으로 작용하여 공간의 물건으로 나타난다. 그것은 시간성이 시간으로 변하고, 물건으로 화하여 매 순간의 다양하고 새로운 모습으로 나타남을 뜻한다. 한국사상의 연원으로 작용하는 한역은 천도가 중심이 되어 존재론과 인식론, 수행론이 둘이 아니게 통합된 신문사상이다.

그러나 복희에 의하여 중국화한 희역羲易은 주나라를 중심으로 전개되는 중국역이자 주역周易이다. 주역은 지이地二, 반극反極을 본체로 하여 천일, 무극으로 작용으로 한다. 그러므로 공간성을 본체로 하여 시간성으로 작용함을 뜻한다. 그것은 희역이 현상의 물건으로부터 시작하여 사건을 거쳐서 본체인 시간성에 이르는 작용임을 뜻한다. 따라서 희역은 수양론, 인식론이 중심이 된 역학이라고 할 수 있다. 그러면 존재론과 인식론, 수행론이 둘인가?

마지막 부분에서는 환역과 희역을 논한 후에 금역今易을 논하고 있다. 금역의 의미는 앞의 환역과 희역을 통하여 파악할 수 있다. 환역이 미래로부터 과거를 향하는 방향, 근원으로부터 현상을 향하는 방향에서 역을 나타낸 것과 달리 희역은 과거로부터 미래를 향하는 방향, 현상으로부터 근원을 향하는 방향에서 역을 나타낸다.

그런데 과거와 미래는 지금이라는 현재를 기준으로 할 때 비로소 성립된다. 그러므로 현재가 없는 과거와 미래는 존재할 수 없다. 마찬가지로 여기라는 기준이 없는 위나 아래의 상하는 성립할 수 없다. 그러면 지금이라는 현재가 있는가?

지금은 과거로부터 시작된 이제이거나 미래로부터 시작된 이제이다. 그것은 과거와 미래가 없다면 현재 역시 성립할 수 없음을 뜻한다. 그러면 물리적인 시간, 객관적인 시간이 있는가?

시간을 논하는 지금 여기의 내가 없다면 지금이라는 시간과 여기라는 공간은 성립하지 않는다. 그것은 지금 여기의 나라는 시공의 물건은 시간성이라는 근원을 떠나서 존재할 수 없음을 뜻한다. 지금 여기의 나를 나타내는 도형은 각형이다.

각형은 원이 나타내는 시간성과 방이 나타내는 공간성을 하나로 하기도 하고 둘로 나누기도 한다. 시간성을 객관화, 대상화하여 공간성을 나타내고, 공간성을 주체화, 내면화하여 시간성을 나타내는 주체는 지금 여기의 나이다. 그러면 금역今易은 무엇인가?

금역今易은 시간상으로는 현재이지만 공간상으로는 여기이고, 물건적 관점에서는 나를 가리키는 개념이다. 그것은 지금 여기의 나는 시간상으로는 근원인 시간성과 공간상의 공간성 그리고 물건적 내가 하나가 된 존재임을 뜻한다.

시간성의 차원에서 나는 고정되지 항상 새로운 나이며, 공간성의 차원에서 나는 고정되지 않아서 항상 다양한 나이기 때문에 이것과 저것이라는 물건적 존재는 아니다. 시간성의 측면에서 나는 매 순간 새로워서 어느 한 순간에도 항상하지 않기 때문에 무상無常하다. 그리고 공간성의 측면에서 나는 매 순간 다양하여 어느 한 순간의 나를 나라고 할 수 없어서 무아無我라고 말한다. 그러면 무상하고, 고정된 실체가 없어서 허무한가?

시간성과 공간성을 구분하여 나타내는 주체인 내가 있고, 주체인 내가 나타내는 시간성과 공간성도 있다. 그것을 마지막 부분에서 금역으로 나타내고 있다. 시간성을 중심으로 세계를 나타내면 시간성일 뿐이다. 이를 인용문에서는 원으로부터 시작하면 원은 원이라고 했다.

그리고 공간성을 중심으로 세계를 나타내면 공간성일 뿐이다. 이를 인용문에서는 방으로부터 시작하면 방은 방이라고 했으며, 자기 자신을 중심으로 나타내면 인간성, 본성, 자성일 뿐임을 각으로부터 시작하면 각은 각角일 뿐이라고 말했다. 그러면 역학易學의 주제인 천도와 지도, 천도와 인도, 시간성과 공간성의 대통합은 어떻게 나타내는가?

대원일은 대원과 같은 언어, 일과 같은 수, 그리고 원방각과 같은 도형을 통하여 나타낼 수 있다. 수와 도형, 언어는 주역에서 나타나는 것과 같이 수와 상, 사라는 역학을 나타내는 세 가지의 도구가 된다.

수, 상, 사는 셋이지만 그것을 사용하는 주체인 인간에 따라서 다양하게 활용된다. 수와 상이 결합하여 간지도수와 같은 형태로 나타나기도 하고, 하도와 낙서와 같은 도상으로 나타나기도 하며, 수지상수로 발전하기도 한다.

그리고 원방각의 상은 주역에서 나타나는 것과 같이 직선으로 변화하여 나타난다. 주역의 중괘는 일직선과 그것을 삼등분한 양효와 음효에 의하여 구성된 소성괘인 팔괘를 겹쳐서 만들어진다.

간지도수, 도서상수, 수지상수와 같은 수 중심의 역학의 도구는 기본적으로 십진법을 바탕으로 한다. 일에서 십까지의 수를 주역에서는 천지의 수라고 규정하고, 정역에서는 천지의 도수라고 규정한다. 그러면 다양한 수의 체계로 드러나는 기준이 되는 수는 무엇인가?

대통합은 조화의 신神과 교화의 신神, 치화의 신神으로 나타낼 뿐만 아니라 천일, 지일, 태일의 일로 나타낸다. 이때 천일, 지일, 태일은 세 신이 하나임을 나타내는 동시에 천에서 시작하여 지를 거쳐서 인에서 완성되는 생장성을 나타낸다. 그러므로 대원일은 시간성을 중심으로 나타내어 생장성의 과정으로 표현된다. 그러면 그것이 무엇인가?

   과거와 미래가 둘이 아니고, 선천과 후천이 둘이 아니며, 선후천과 근원인 원천이 둘이 아니며, 시간성과 시간이 둘이 아닌 영원한 현재이다. 그것은 시간성의 시간화인 도생역성과 시간의 시간성화인 역생도성이 둘이 아닌 생성이다. 그것이 바로 한국사상의 고갱이인 신문사상이다.

2. 신문사상과 영원한 현재의 홍익인간

　우리는 앞에서 선사시대의 역문화의 내용인 역사상이 역사시대로 들어와서 시간성과 시간 그리고 공간이 둘이 아닌 신문사상으로 발전했음을 살펴보았다.

　선사문화를 바탕으로 체계화된 신문사상은 시간성과 시간성을 대상화한 공간성 그리고 공간성을 대상화한 공간, 물건의 세 차원을 바탕으로 시간성의 시간화와 물건의 공간성화를 거친 시간성화의 두 방향의 생성으로 나타날 수밖에 없다. 따라서 이러한 신문사상은 존재론적 측면과 인식론적 측면, 수행론적 측면, 실천론적 측면이 통합될 수밖에 없다.

　그러나 천부경이나 부도지, 삼일신고는 어느 한 측면을 강조하고 있다. 천부경은 수를 통하여 시간성의 시간화라는 존재론적 측면은 잘 나타내고 있지만 인식론적 측면, 실천론적 측면이 부족하고, 삼일심고는 인식론적, 실천론적을 강조하여 존재론적 측면이 부족하며, 부도지는 시간성의 시간화를 논했지만 존재론적 측면과 인식론적, 실천론적 측면이 부족하다. 그것이 무엇을 의미하는가?

　천부경과 부도지 그리고 삼일신고의 내용은 순수한 고조선 사상이 아니라 공간성 중심의 중국사상적 요소가 가미되어 있음을 뜻한다. 그것은 시간성 중심의 한국선사문화가 대상화하여 중국화하는 과정에서 공간성 중심의 내용들이 위의 자료들에서 나타나고 있음을 뜻한다. 그러면 어떻게 할 것인가?

　고조선문명의 정수인 고조선사상을 건국설화를 통하여 체계적이고,

종합적으로 제시하고 있는 전적은 『삼국유사』이다. 『삼국유사』는 환인의 한국에서 시작하여 환웅의 배달국, 단군의 고조선, 북부여, 고구려, 대진국, 삼국, 고려에 이르는 역사를 기술하고 있는 각종의 역사서에서 단편적이고 반복적으로 다양하게 나타나는 신문사상을 종합적이고, 체계적으로 기술하고 있다.[106] 따라서 우리는 『삼국유사』를 중심으로 신문사상을 살펴볼 것이다.

일본 제국주의자들은 식민 통치를 정당화하고, 한국사상을 말살하기 위하여 우리 역사를 왜곡하고, 부정했다. 그들은 고조선의 개국에 관한 내용을 역사적 사실이 아닌 신화라고 부정했다.

신神은 이것과 저것으로 분별하여 나타낼 수 없는 경지[107]를 가리키는 개념이다. 형식적 측면에서 보면 고조선 개국설화는 신화이다. 그러면 사화와 신화가 둘인가?

우리가 현상을 중심으로 형이하적 패러다임에 의하여 건국설화를 이해하면 사화와 신화는 둘이어서 서로 다르다. 그리고 형이상적 패러다임에 의하면 건국설화는 모든 분별이 사라진 형이상의 경지를 나타내는 사상, 철학을 담고 있을 뿐으로 신화와 사화가 없다.

그러나 생성적 패러다임에 의하면 고조선 개국에 관한 내용은 역사적 사실을 기록한 사화이면서도 동시에 역사정신, 역사를 일관하는 사상을 기록한 사화이다. 따라서 단국의 고조선 개국에 관한 내용은 양자가 둘이 아니기 때문에 필요에 따라서 자유롭게 활용하면 된다. 그러면 오늘

---

106 고조선의 건국설화를 담고 있는 역사서는 『고려사』, 『제왕운기』, 『동국이상국집』, 『세종실록 지리지』 등이 있다.

107 『주역』 계사상편 제5장, "陰陽不測之謂神也".

날 우리가 고조선 사상을 고찰하는 목적이 무엇인가?

고조선의 개국설화는 국가사회가 무엇이고, 국가를 경영하는 정치철학은 무엇이며, 국가의 미래의 방향을 어떻게 설정하고, 미래 세대의 사회화를 어떻게 준비할 것인가의 교육철학은 물론 국민이 공유하는 문화, 종교, 예술을 비롯하여 여러 분야에 걸쳐서 우주관, 가치관, 인간관을 비롯한 다양한 사상을 담고 있다. 그러면 고조선 개국 설화는 어떤 내용을 담고 있는가?

고조선 개국 설화는 환인을 시작으로 그의 아들인 환웅이 홍익인간의 뜻을 품고, 인간 세상에 내려와 이화하여 360을 주관하는 일과 웅호가 사람이 되어 환웅과 결혼하여 단군을 낳는 일, 그리고 단군이 고조선을 개국하여 1908년 동안 다스리다가 신선이 되는 일을 담고 있다. 이처럼 고조선의 개국에 관한 내용은 환인에 관한 내용이다. 따라서 고조선사상은 환인사상이다. 그러면 환인은 무엇인가?

> 환인桓因을 천신天神이라고도 말한다. (천신의) 천天은 큼이고, 하나이다. 환웅桓雄은 천왕天王이라고도 말한다. 환웅은 황皇이며, 제帝이다. 단군檀君은 천군天君이라고 한다. 제사를 주재하는 우두머리이다. 왕검王儉은 감군監群이며, 관경管境의 우두머리이다. 하늘로부터 밝음을 환桓이라고 하고, 땅으로부터 밝음을 단檀이라고 한다.[108]

위의 내용을 보면 신을 시간성을 중심으로 선천과 후천으로 구분하는

---

108 『한단고기』 신시본기神市本紀, "桓仁亦曰天神天卽大也一也 桓雄亦曰天王王卽皇也帝也 檀君亦曰天君主祭之長也 王儉亦卽監群管境之長也 故自天光明謂之桓也 自地光明謂之檀也".

것과 달리 물건적 관점에서 천지인天地人으로 구분하여 삼재三才를 중심으로 신을 논하고 있음을 알 수 있다.

물건적인 천지인天地人은 공간적인 상중하의 구조를 통하여 나타낸다. 천상의 환인桓因과 지상의 단군檀君을 중심으로 한 상하의 공간이 인간의 삶이 논해지는 세계이다. 그러면 천지인의 삼원적 구조를 일관하는 것은 무엇인가?

천상과 지상의 연결은 빛에 의하여 이루어진다. 빛은 하늘로부터 땅을 향하고, 땅으로부터 하늘을 향하는 두 방향에서 작용한다. 하늘로부터 빛을 비추어서 땅이 밝음을 환桓이라고 말하고, 땅으로부터 하늘을 비추어서 하늘이 밝음을 단檀이라고 한다. 이처럼 환인, 환웅, 단군을 일관하는 하나는 빛이다. 그러면 천상의 신과 지상의 인간을 일관하는 빛은 무엇인가?

환인, 환웅, 단군은 천신인 동시에 지상의 인간 세상에서는 국가를 경영하는 우두머리이다. 환인과 환웅, 단군왕검은 각자가 통치하는 사회의 성격을 나타낸다.

환인과 환웅은 모두 천신이다. 이때 환웅은 천왕이지만 황제이다. 이처럼 환인, 환웅, 단군을 막론하고 천신이자 지상의 지도자인 점에서 보면 천상과 지상, 신과 인간을 둘로 보지 않음을 알 수 있다.

그런데 환인桓仁의 인仁은 임任이면서 인因이다. 환인의 인이 근원, 시초를 나타내고, 환웅桓雄의 웅雄은 결과, 완성, 열매를 뜻한다. 따라서 환인과 환웅은 시종의 관계이다.

그것은 환인과 환웅, 단군이 모두 하나의 빛이지만 환인이 하늘, 시간성의 차원에서 삼자가 일체임을 나타내고, 환웅은 공간성의 차원에서 삼자가 일체임을 나타냄을 뜻한다. 그러면 단군왕검은 어떤 의미를 갖는가?

 단군은 종교적 지도자를 가리키고, 왕검은 정치적 지도자를 가리킨다. 단군과 왕검은 모두 지상의 인간을 중심으로 사회의 지도자를 가리킨다.

 종교적 지도자로서의 단군은 하늘을 향하여 제사를 지낸다. 그것은 땅으로부터 하늘을 향하여 빛을 밝히는 일이다. 이와 달리 사회적 지도자, 정치적 지도로서의 왕검은 고조선이라는 강역을 다스리고, 사회를 다스림을 통하여 하늘로부터 땅을 빛으로 밝힌다. 그러면 환인과 환웅, 단군을 일관하는 빛은 무엇인가?

 위의 내용을 보면 환인, 환웅을 하늘에서 땅을 향하는 빛과 단군왕검을 땅에서 하늘을 향하는 빛이라고 하여 셋이 하나이면서도 서로 다름을 나타내고 있지만 구체적인 관계를 파악할 수 없다. 다만 셋을 모두 빛으로 규정한 것을 통하여 본질이 하나임을 알 수 있다. 그러면 환인, 환웅, 단군을 일관하는 본질은 무엇인가?

 천신의 천天은 시간을 나타내고, 신神은 이것과 저것으로 구분하여 나타낼 수 없는 경지, 형이상의 경지를 나타낸다. 천이 나타내는 시간과 신이 나타내는 근원, 본질의 경지, 차원을 하나로 나타내면 시간성이다. 시간성은 시간이 갖는 특성이 아니라 매 순간 사건으로 드러나지만 드러남이 없어서 이것과 저것으로 구분하여 나타낼 수 없는 경지를 나타낸다.

 시간성을 현대의 과학자들의 언어로 나타내면 물리학자인 봄이 말한 펼쳐진 질서와 접혀진 질서가 둘이 아닌 홀로무브먼트holomovement이다. 접혀진 질서는 형이상의 경지로 이해할 수 있고, 펼쳐진 질서는 형이하의 현상으로 이해할 수 있다.

 현상은 매 순간 드러나기 때문에 펼쳐진 질서라고 말하고, 형이상의 경지는 현상의 측면에서는 드러나지 않기 때문에 접혀진 질서라고 말할 수 있다. 접혀진 질서는 혼돈, 무질서이다. 이러한 두 측면이 둘이 아님을 나타내는 개념이 홀로무브먼트이다.

홀로무브먼트는 우주가 매 순간 새롭고 다양하게 변화하는 생성의 연속임을 나타낸다. 형이상의 혼돈, 무질서와 질서가 둘이 아니다. 혼돈, 무질서는 질서의 세계를 향하여 작용하고, 질서는 무질서, 혼돈을 향하여 작용한다.

그것은 일리야 프리고진이 말한 자기 조직화self-organization[109]와 유사하다. 자기 갱생, 자기 복사에 의한 자기조직화가 접혀진 질서가 펼쳐진 질서로 나타남이라면 자기초월은 펼쳐진 질서가 접혀진 질서로 돌아감이라고 할 수 있다.[110] 그러면 환인이라는 개념이 무엇인가?

환인이라는 단어는 우리말을 소리에 따라서 그대로 한자로 바꾸었거나 아니면 뜻을 중심으로 한자로 나타냈을 것이다. 따라서 한문으로 번역한 음역보다는 그 이전의 우리말을 중심으로 그 의미를 살펴보는 것이 중요하다.

우리말의 측면에서 보면 환인은 ᄒᆞ님, ᄒᆞ임과 관련이 있다. ᄒᆞ님, ᄒᆞ임을 오늘날의 우리말로 나타내면 하나님, 하나임이다. 오늘날의 하나님, 하느님, 하늘님, 한울님이라는 개념은 하나님, 하나임과 관련된 개념들이다.

---

109 에리히 얀치 지음, 홍동선 옮김, 『자기 조직하는 우주』, 범양사, 1991, 5.
110 일리야 프리고진은 화학자이며, 봄은 물리학자이다. 그들이 비록 현상과 근원을 구분하여 양자의 관계를 주장하지만 그들의 주장은 현상의 시공을 바탕으로 전개되기 때문에 형이상적 차원은 전제가 되지 않는다. 따라서 이들이 형이상적 차원을 논한 것은 아니다. 다만 생성적 패러다임에 의하여 이들의 주장을 이해하면 위와 같다.

하나님, 하나임은 하나-님, 하나-임의 두 측면이 있다. 동서와 고금을 막론하고 인간과 세계를 이해하는 범주는 시간과 공간이다. 인류는 선사시대부터 죽음과 삶이라는 시간을 구분하고, 사람이 죽으면 매장을 하여 산 사람의 공간과 죽은 사람의 공간을 구분했다.[111]

공간적 관점에서 물건을 중심으로 하나라를 이해하면 하나는 전체의 한 부분을 가리키거나 전체로서의 하나를 가리키고, 시간적 관점에서 사건을 중심으로 하나를 이해하면 변화가 없이 한결같음, 움직임이 없음의 하나와 순간, 생멸, 변화의 하나를 뜻한다.

물건적 관점에서 님, 임은 물건적 관점에서는 높여야 할 대상으로서의 근원, 실체를 나타내는 동시에 사건적 관점에서는 되어감, 상태, 과정을 나타낸다. 이제 양자를 결합하여 하나님, 하나임의 의미를 살펴보자.

물건적 관점에서 하나님, 하나임은 부분과 전체, 근본과 지말, 형이상과 형이하가 둘이 아닌 실체를 나타내고, 사건적 관점에서 하나님, 하나임은 영원과 순간, 영원과 시간, 적멸과 생멸, 부동과 변화가 둘이 아닌 과정, 상태, 경지를 나타낸다. 그러면 양자의 관계는 무엇인가?

사건적 관점에서 영원과 순간, 적멸과 생멸, 부동과 변화가 둘이 아닌 경계, 경지를 현대적 개념으로 나타내면 시간성이다. 시간성은 두 측면의 사건으로 나타내면 시간성의 시간화와 시간의 시간성이다. 이를 일부는 화화옹, 화무옹이라고 하였다.

물건적 관점에서 전체와 부분, 형이상과 형이하가 둘이 아닌 세계, 차원을 신神, 신도神道, 신명神明이라고 말한다. 그리고 신도를 두 관점에서

---

111 미르치아 엘리아데 지음, 이용주 옮김, 『세계종교사상사1』, 이학사, 2014, 29-36.

나타내어 천도와 지도라고 말한다. 주역에서 천도와 지도를 하나로 하여 역도, 신도라고 말하였다.

다음에는 의역意譯을 중심으로 환인桓因의 의미를 살펴보자. 일연一然은 불교의 관점에서 환인을 도리천忉利天을 다스리는 제석천帝釋天이라고 주석하였다. 그러나 의역이 우리말을 당시의 문자인 한자로 옮긴 것이기 때문에 우리말을 중심으로 이해하는 것이 타당하다.

환인을 불교의 고유명사가 아닌 문자의 의미를 중심으로 살펴보자. 환桓은 밝음을 나타내고, 인因은 근원, 원인을 가리킨다. 그러므로 환인은 빛의 근원을 가리킨다.

> 한은 전일全一이며, 광명이다.[112]

밝음과 어둠은 상대적인 것으로 밝음이 낮이 되고, 어두움은 밤이 된다. 이처럼 빛을 놓고, 거두어들여서 밝음과 어둠을 통하여 낮과 밤의 시간으로 나타나는 근원은 바로 시간성이다. 시간성은 자신의 상태에 머물지 않고 스스로 변하여 시간으로 화하는 시간성의 시간화에 의하여 시종을 사건의 변화로 나타나고, 그것이 이것과 저것으로 구분되는 물건의 세계로 나타난다.

시간성의 시간화에 의하여 나타나는 사건의 생성을 인간의 관점에서 나타내어 지혜라고 말한다. 그리고 시간의 사건이 변하여 시간성으로 돌아가는 시간의 시간성화를 인간의 관점에서 나타내어 자비라고 말한다.

---

112 앞의 책, 한국본기桓國本紀, "桓者全一也光明也."

신을 지혜를 중심으로 나타내어 신명神明¹¹³이라고 말하고, "온 우주에 가득한 빛이 널리 비춘다."¹¹⁴라고 말함은 시간성을 지혜를 중심으로 나타낸 것이다.

시간성은 물건적 관점에서 나타내면 변역變易과 불역不易의 두 측면이 있다. 불역不易의 측면에서는 불이不二라고 말하고, 변역變易의 측면에서는 불일不一이라고 말할 수 있다. 불역, 불이는 시간성의 시간화를 물건화하여 나타내는 개념이며, 변역, 불일은 시간의 시간성화를 물건화하여 나타내는 개념이다. 그러면 단군신화에서는 환인을 어떻게 나타내고 있는가?

단군신화에서는 환인을 환웅과 웅호를 통하여 나타내고 있다. 환웅은 불이不二, 불역不易의 측면을 나타내고, 웅호는 불일不一, 변역變易의 측면을 나타낸다. 그러면 먼저 불이, 분역의 측면을 중심으로 환인을 나타내는 단군신화의 내용이 무엇인지 살펴보자.

① 옛날에 환인桓因의 아들 환웅桓雄이 있어서 수에 의하여 의미가 드러나는 천하를 통하여 인간의 세계를 구하기를 원하였다. 아버지가 아들의 뜻을 알고 아래로 삼위三危, 태백太白을 내려다보니 인간을 널리 이롭게 할 만하였다. 이에 천부인 세 개를 주어 가서 다스리도록 하였다.¹¹⁵

② 환웅이 삼천의 무리를 이끌고 태백산의 정상에 있는 신단수神檀樹 아래 내려와 그곳을 신시神市라고 불렀다. 이분이 바로 환웅桓雄 천왕天王이다.¹¹⁶

113　김항金恒『정역正易』제1장, "大哉라 體影之道여 理氣囿焉하고 神明이 萃焉이니라".
114　『대방광불화엄경大方廣佛華嚴經』1권(ABC, K1262 v36, p. 3c16), "佛號普光徧照吉祥藏王".
115　一然,『三國遺事』古朝鮮, "昔有桓因庶子桓雄 數意天下 貪求人世 父知子意 下視三危太伯 可以弘益人間 乃授天符印三箇 遣往理之".
116　一然, 앞의 책, 古朝鮮, "雄率徒三千 降於太伯山頂神壇樹下 謂之神市 是謂桓雄天王也".

③ 그는 풍백風伯과 우사雨師 그리고 운사雲師를 거느리고 곡식, 생명, 질병, 형벌, 선악을 주관하는 등 무릇 인간의 360여 가지 일을 다스림으로써 인간 세상을 이치理致에 의해 교화하였다.[117]

①은 환웅을 통하여 환인을 나타내고 있다. 환인은 환웅에 의하여 표현된 인간 세계를 구하고자 하는 뜻이 본성이다. 다만 환웅은 수에 의하여 드러난 천하를 통하여 인간 세계를 구하고자 한다.

이때 환웅이 내려가야 할 인간 세계는 삼위三危, 태백太白으로 나타내고, 환웅이 인간 세계를 다스리는 존재임을 나타내는 징표를 천부인 세 개로 밝히고 있다. 그러면 삼위와 태백은 무엇인가?

환인이 시간성을 상징하는 개념이라면 지상에 나타난 환인인 환웅은 시간성과 관련되지 않을 수 없다. 시간을 중심으로 삼위와 태백을 이해하면 삼위三危는 물리적 시간의 측면에서 과거와 미래 그리고 현재의 삼세三世를 나타내고, 태백은 높은 산의 의미를 통하여 삼세를 일관하는 하나의 근원을 상징한다. 따라서 삼세를 일관하는 태백은 시간성을 나타낸다. 그러면 삼위와 태백은 어떤 관계인가?

삼위와 태백은 환웅이 환인과 함께 있었던 천상이 아니라 지상이다. 그것은 환웅이 천상으로부터 내려왔을 때 비로소 전개되는 세계이다. 환웅이 내려온 지상의 세계는 시간의 세계이다. 따라서 삼위와 태백은 시간의 차원에서 이해되어야 한다. 그리고 삼위는 시간을 나타내고, 태백은 시간의 근거인 시간성을 나타낸다.

---

117 일연一然, 앞의 책, 古朝鮮, "將風伯雨師雲師 而主穀主命主病主刑主善惡 凡主人間三百六十餘事 在世理化".

시간성은 시간의 존재근거이다. 이와 달리 시간의 차원에서 시간성을 나타내어 시의성時義性이라고 한다. 따라서 태백이라는 개념이 나타내는 시의성과 삼위가 나타내는 시간의 두 경계를 통하여 환인이 내려다본 천하를 나타낸다. 그러면 시의성과 시간의 관계는 무엇인가?

시의성과 시간의 관계는 시의성이 시간화하는 과정을 통하여 파악할 수 있다. 인용문의 내용은 바로 환웅이 인간 세상으로 내려와서 행하는 이화理化를 통하여 시간성이 시간화하는 과정을 상징적으로 나타내고 있다.

환웅의 이화理化는 세 단계로 표현되고 있다. 그 첫째 단계는 환웅이 인간의 세계를 구하고자 하는 뜻을 세움이다. 이 단계는 시간성의 시간화의 시생始生 단계로 그 내용은 ①을 통하여 확인할 수 있다.

①에서는 환웅이 "수에 의하여 밝혀진 세계"에 의하여 인간의 세계를 구하고자 하는 뜻을 세웠고, 환인이 환웅을 뜻을 수용하여 허락하고 그 증거로 천부인天符印 세 개를 준다. 그러면 천부인 세 개는 무엇을 상징하는가?

시간성의 차원에서는 과거성과 미래성, 현재성을 상징하며, 시간의 차원에서는 과거와 미래 그리고 현재를 상징한다. 이때 환웅이 시간성을 상징하는 개념이기 때문에 천부인 세 개는 과거성과 미래성, 현재성을 상징한다.

두 번째 단계는 환웅이 인간의 세계로 내려와서 인간의 세계를 다스림이다. ②에서는 시간성의 시간화의 두 번째 단계를 나타낸다. ②에서는 환웅이 3천의 무리를 이끌고 태백산의 정상에 있는 신단수 아래로 내려와서 그곳을 신시神市라고 불렀다고 말한다. 이것이 무엇을 상징하는가?

환웅이 인간 세계로 내려옴은 형이상의 시간성이 인간 세계 곧 현상으로 드러남을 뜻한다. 이처럼 생장한 시간성, 나타난 시간성의 세계를 신시神市라고 하였다. 신시神市는 환웅이라는 천왕이 내려온 세계이다.

그것은 인간의 관점에서는 형이상의 시간성을 통하여 드러난 차원, 경계를 나타낸다. 이는 인간의 마음에서 비로소 나타난 형이상의 시간성을 뜻한다. 따라서 신시는 시의성을 상징적으로 나타내는 개념이다. 그러면 세 번째 단계는 무엇인가?

환웅을 통하여 나타내는 시간성의 시간화의 세 번째 단계는 ③에서 나타내고 있다. ③에서는 인간의 세계를 이치에 의하여 교화함(在世理化)으로 나타내고 있다. 이화理化의 내용은 인간의 360여 가지 일을 다스림(凡主人間三百六十餘事)이다. 따라서 이화의 내용은 360여사가 상징하는 의미가 무어인지를 파악하는 일로부터 시작해야 한다.

360여사가 상징하는 의미를 파악할 수 있는 단서는 환인이 나타내는 시간성이다. 단군신화의 내용이 시간성이기 때문에 360여사 역시 시간성을 중심으로 파악하지 않을 수 없다. 『십익』에서는 360을 일년一年을 간의 단위를 나타내는 기수朞數로 규정한다.[118] 그러면 360역수는 무엇을 의미하는가?

360의 기수는 음력과 양력이 하나가 된 음양의 합덕역合德曆일 뿐만 아니라 음력과 양력의 과부족이 없는 정역正曆이다. 이는 이것과 저것의 분별에 의하여 가치상의 우열로 드러나는 물건과 달리 시초에서 종말을 일관하는 시간의 세계를 뜻한다.

360여사餘事는 360의 기수를 나타낸다. 360의 기수를 시종始終으로

---

118 『주역』 계사상繫辭上 9, "乾之策二百一十有六, 坤之策百四十有四, 凡三百有六十, 當期之日".

드러나는 사건을 통하여 나타낸 수가 360여사餘事이다. 따라서 360여사를 주재함은 시간을 다스림을 뜻한다. 환웅에 의한 시간의 다스림은 시간성의 본성에 의하여 이루어지는 변화를 상징적으로 나타낸다. 그것은 환웅의 이화가 시간성이 시간으로 변화하는 시간성의 시간화임을 뜻한다. 그러면 360여사의 주재가 어떻게 나타나는가?

풍백風伯, 우사雨師, 운사雲師가 곡식, 생명, 질병, 형벌, 선악을 주관한다. 이때 삼사三師가 주관하는 대상은 곡식, 생명, 질병, 형벌, 선악과 같은 물건이다. 곡식은 잡초와 다르고, 생명은 죽음과 다르며, 질병은 건강과 다르고, 형벌은 상찬賞讚과 다르다. 이처럼 이것과 저것으로 구분되는 실체적 세계가 바로 선악善惡의 세계이다. 따라서 이 부분은 360여사를 주재함이 현상에서 물건적 세계의 다스림으로 드러남을 나타낸다. 그러면 풍백, 우사, 운사는 무엇을 상징하는가?

물건적 세계의 근원은 시간성을 대상화하여 나타낸 공간성 중심의 천도와 지도, 인도로 나타낸다. 물건적 세계를 주관하는 존재인 풍백, 우사, 운사는 천도와 지도, 인도를 상징하는 개념이다. 그러면 세 단계를 통하여 나타내는 환웅은 무엇인가?

③은 사건적 경계는 나타내는 ①, ②와 달리 물건적 경계를 나타내고 있다. 물건적 세계를 나타내는 개념이 곡식, 생명, 형벌, 선악 등이다. 이에 환웅을 통하여 나타내는 환인이 무엇인지 알 수 있다. 환웅에 의하여 나타내는 환인인 시간성에서 시작하여 그것이 시의성으로 변하여 나타난 사건 그리고 사건이 변하여 나타난 물건이다.

환웅이 인간의 세상에 내려옴으로 나타낸 첫 번째 시생의 단계는 시간성이 시의성으로 드러남이고, 환웅이 인간의 세상에서 360여사를 주재함으로 나타낸 두 번째 생장의 단계는 시의성이 시간, 사건으로 드러남이며, 풍백, 우사, 운사에 의하여 선악을 주관함으로 나타낸 세 번째 장성의 단계는 시간, 사건이 공간, 물건으로 드러남이다. 따라서 환웅을 통하여 상징적으로 나타낸 환인의 세계는 시간성에 의한 사건의 생성이다.

그것은 시간성이라는 실체적 존재가 생장성하는 것이 아니라 환웅에서 시생하여 선악의 분별이 상징하는 웅호의 경계로 장성함을 뜻한다. 단지 환웅에서 시생하여 웅호에서 장성한 부분에서는 웅호를 직접 언급하지 않고, 시간의 주재의 결과로 나타나는 생사生死, 선악善惡과 같은 개념을 통하여 나타내고 있다. 그러면 이화의 방법인 360여사餘事를 다스림은 무엇인가?

시간은 시초에서 종말을 향하는 시종의 사건을 통하여 표현된다. 360을 시간의 관점에서 이해하면 360은 일종의 시간의 단위이다. 따라서 1일에서 시작하여 360일에서 끝나는 일 년이라는 시간의 단위를 통하여 시간을 다스림이 이루어진다.

그런데 360일을 중심으로 시간을 논하면 매년 새로운 일 년이 계속된다. 일 년이라는 시간의 단위를 통하여 나타내면 시초와 종말이 있지만 종말에서 다시 시초가 시작되어 계속된다. 이러한 360일의 특성을 나타내는 도형이 원형이다. 원형을 구성하는 원주상의 어떤 점이라도 시초와 종말이 하나가 되어 구분할 수 없다. 그러면 원의 근원이라고 할 수 있는 구심점은 무엇인가?

원형의 원주를 형성하는 근원은 구심점이다. 이 구심점은 시간의 근원, 의미를 나타내는 시의성을 상징한다. 따라서 시의성이 변하여 매 순간의 시간으로 화함을 나타내는 도상이 원형이다. 그러면 원주는 무엇을 상징하는가?

하나의 구심점이 매 순간 원주가 나타내는 시간으로 화化한다. 그러나 원주를 구성하는 점은 서로 연결이 되어 나누어지지 않는다. 그것은 원주 위의 점이 나타내는 현재는 과거와 미래, 시초와 종말이 구분되지 않는 현재임을 뜻한다. 그러면 원이 상징하는 내용은 무엇인가?

보이지 않는 구심점과 원이 나타내는 내용은 시간성이 매 순간 시간으로 드러나는 영원한 현재를 나타낸다. 원주를 구성하는 각각의 점이 상징하는 현재는 시종이 하나가 된 점이자 과거와 미래가 된 현재이다. 이처럼 나타난 시간성으로서의 현재를 가리키는 개념이 영원한 현재이다. 그러면 구심점과 원은 어떤 관계인가?

원은 구심점으로 집약되어 하나가 되고, 그 하나는 다시 공空으로 사라진다. 그러나 그 공空은 아무것도 없는 절대무絕對無가 아니라 하나의 점으로 나타나고, 그것을 다시 객관화, 대상화하여 나타내면 원이 된다.

원을 직선화하여 나타내면 과거와 미래를 시종과 종시로 하여 과거에서 미래를 향하는 방향과 미래에서 과거를 향하는 두 방향에서 나타낼 수 있다. 이때 두 직선의 양 끝을 일-과 십+이라는 수로 나타내고 그 중간을 열 마디로 나누면 일-에서 십+까지의 열 개의 수로 나타낼 수 있는 점을 얻을 수 있다.

그리고 양 끝을 중심으로 중앙에 하나의 점을 찍어서 삼자의 관계를 통하여 시간성을 상징적으로 나타낼 수도 있다. 이 직선은 시간을 나타내는 동시에 시간을 나타내는 도구로 활용할 수 있다.

그것은 하나의 직선을 열 가지의 수를 통하여 나타낼 수 있는 열 개의 점으로 구분하여 나타냄으로써 그것을 통하여 시간성을 나타내는 동시에 시간을 나타낼 수 있음을 뜻한다. 『주역』에서 언급되는 천지의 수는 천지의 도를 나타내는 하도와 낙서를 구성하는 수로 언급되고 있다. 그러면 『정역』에서는 환인에 관한 내용이 어떻게 전개되고 있는가?

정역에서는 십과 일 그리고 오의 세 수를 각각 무극과 태극 그리고 황극으로 규정하고, 삼극을 통하여 시간성의 원리를 밝히고 있다. 그러면 환웅을 통하여 나타내는 시간성의 시간화는 무엇인가?

시간성은 이것과 저것으로 구분하여 나타낼 수 있는 형상을 가진 물건과 다를 뿐만 아니라 시종의 인과因果로 나타나는 사건과도 다르다. 시간성은 물건적 실체가 갖는 분석과 종합의 분합分合을 초월할 뿐만 아니라 시종의 사건을 초월하기 때문에 나와 남, 사람과 사물의 구분이 없다. 시간성은 동動과 정靜, 선善과 악惡, 시是와 비非, 영원과 순간과 같은 분별을 넘어선다.

그러나 시간성은 시의성으로 변하여 시간으로 화한다. 그것은 물리적 시간인 과거, 현재, 미래를 초월한 시간성이 삼세를 일관하는 시의성으로 변하여 시종의 사건으로 화함을 뜻한다. 이때 시의성은 삼세에 상응하는 과거성과 미래성, 현재성이다. 따라서 셋은 본래 하나의 시간성이다.

시의성을 바탕으로 한 시간은 영원한 현재이다. 이 영원한 현재를 바탕으로 과거는 시초가 되고, 미래는 종말이 되어 시종의 사건이 전개된다. 그것은 나의 관점에서는 지금 이 순간과 이 순간을 고정화한 여기 그리고 여기를 주체화, 집약화한 내가 시초와 종말을 구분하여 나타내는 기준임을 뜻한다.

마지막 부분에서 시간의 측면에서 360의 사건으로 나타낸 이화理化의 내용을 다시 생명과 죽음, 선과 악, 질병과 건강, 곡식과 잡곡을 통하여 이것과 저것으로 드러나는 물건을 다스림으로 나타내고 있다.

온갖 분별로 나타나는 물건은 독립하여 스스로 존재하는 것이 아니라 언제나 함께 존재한다. 분별을 이루는 두 항인 이것과 저것은 서로에 의하여 존재한다. 선이 없으면 악이 없고, 악이 있으면 선이 있다. 그렇기 때문에 선을 보존하기 위하여 악을 제거하면 선도 역시 사라진다.

현상의 세계를 물건의 세계, 이것과 저것이 분명하게 구분되는 실체적 세계인 것처럼 사고하고, 사고의 결과를 언어를 통하여 나타낸다. 그러나 분별이 그대로 시간성의 드러남이다. 그렇기 때문에 실체적 존재로서의 저것과 다른 이것이나 이것과 무관한 저것은 없다. 그러면 시간성의 현현으로서의 나는 어떤 존재인가?

현상적 측면에서 남과 구분되는 내가 있는 것 같지만 나와 남이 그대로 둘이 아닌 하나 곧 시간성의 다양한 현현이다. 그렇기 때문에 매 순간에 다양하게 드러나는 나는 고정되지 않아서 항상 새로운 나이다.

만약 과거와 미래, 현재를 일관하는 남과 다른 내가 있어서 때와 장소에 따라서 다양한 언행을 하고, 사고를 비롯하여 다양한 작용을 하면서 살아간다는 것은 착각일 뿐이다. 현상은 나와 남의 관계로 드러나는 사건의 연속, 사건의 흐름이다. 찰나에 나타나는 서로가 서로를 먹여 주는 생명현상, 서로가 서로의 존재하게 하는 공생共生, 서로가 서로를 이용하여 서로가 서로이게 하는 공용共用, 서로가 서로의 몸이 되는 공체共體, 서로가 서로의 마음이 되는 공심共心의 사건을 말할 수 있을 뿐이다.

우리는 매 순간에 나타나는 다양한 사건, 시간성의 현현顯現을 삶이라고 말한다. 그리고 나의 삶, 너의 삶이라고 구분하여 나타내지만 나의 삶과 구분되는 남의 삶은 없다. 단지 함께하는 하나의 생명현상이 있을 뿐이다.

환인이 환웅임을 나타내는 개념이 널리 인간을 이롭게 함인 홍익인간이다. 홍익인간은 시간성이 인간의 360시간을 다스리는 사건과 이것과 저것으로 구분되는 물건의 세계를 주관하는 사건을 내용으로 한다.

시간성이 사건으로 화化하여 물건으로 나타나는 시간성의 현현顯現이 그대로 홍익인간弘益人間이다. 홍익인간은 사람이라는 실체적 존재가 다른 사람을 이롭게 함을 의미하지 않는다. 홍익인간은 시간성이 사건으로 화하여 물건으로 나타나는 시간성의 물건으로서의 현현 자체가 그대로 사람과 사람의 삶임을 뜻한다. 그러면 그것이 구체적으로 무엇을 의미하는가?

사람과 사람의 관계, 사람과 사람으로 드러나는 사건을 인간人間이라고 한다. 그것은 사물과 다른 존재로서의 인간, 자연과 다르고, 세계와 다른 실체적 존재로서의 인간이 있는 것이 아니라 사람과 사람의 관계를 나타내는 삶을 인간이라고 개념화함을 뜻한다. 서로가 서로를 존재하게 하는 사건이 삶이며, 그것을 나타내는 개념이 홍익인간이다. 그러면 다음에는 시간의 시간성화, 불일의 측면에서 환인이 무엇인지 살펴보자.

단군신화에서는 환웅에서 시작하여 웅호熊虎에서 끝나는 변화의 이면을 웅호에서 시작하여 환웅에서 그치는 변화로 나타내는데 그 내용은 다음과 같다.

① 그때에 곰 한 마리와 호랑이 한 마리가 같은 굴에 살면서 항상 신웅神雄에게 인간이 되기를 기도하였다.[119]

---

119 일연一然, 앞의 책, 古朝鮮, "時有一熊一虎 同穴而居 常祈于神雄 願化爲人".

② 이에 신웅神雄은 영험한 쑥 한 묶음과 마늘 스무 개를 주면서 "너희들이 이것을 먹고 백 일 동안 햇빛을 보지 않으면 곧 인간이 될 것이다."라고 하였다. 곰과 호랑이는 환웅이 준 마늘과 쑥을 받아서 먹었다. 곰은 몸과 마음을 깨끗하게 한 지 21일 만에 여자가 되었으나 호랑이는 계율을 지키지 않아 사람의 몸을 얻지 못하였다.[120]

③ 웅녀熊女는 함께 혼인할 사람이 없으므로 매일 신단수 아래에서 아이 갖기를 기도하였다. 이에 환웅이 잠깐 인간의 모습으로 변화하여 웅녀와 혼인을 하여 아이를 낳고 그를 단군왕검檀君王儉이라고 불렀다.[121]

①은 전체 내용의 성격을 나타낸다. ①은 곰과 호랑이가 하나의 굴에서 살았다는 내용이다. 곰과 호랑이는 앞부분에서 나타낸 이화理化의 결과 드러나는 현상을 나타낸다. 이화理化는 곡식, 생명, 형벌, 선악을 주관함, 주재함이다. 이처럼 사건을 대상화, 객관화하여 실체화한 결과가 객관적 물건의 세계이다.

곰과 호랑이는 환웅을 언급한 부분에서 생명, 형벌, 선악과 같은 물건의 경계를 나타내는 개념이다. 환웅이 환인에게 인간의 세계를 구하고자 하는 뜻을 내고, 인간의 세계에 내려와서 생명, 형벌을 주재하는 변화를 바꾸어 반대 방향에서 나타내는 것이 웅호에 관한 내용이다. 그러면 웅호에서 환웅을 향하는 변화에 대하여 살펴보자.

곰과 호랑이는 이것과 저것으로 구분하여 나타내는 분별의 경계, 물건

---

120 일연一然, 앞의 책, 古朝鮮, "時神遺靈艾一炷 蒜二十枚曰 爾輩食之 不見日光百日 便得人形 熊虎得而食之 忌三七日 熊得女身 虎不能忌 不得人身".

121 일연一然, 앞의 책, 古朝鮮, "熊女子 無與爲婚故 每於神壇樹下 呪願有孕 雄乃假化而婚之 孕生子 號曰檀君王儉".

의 경계를 나타낸다. 곰과 호랑이가 나타내는 물건의 경계는 바로 나와 남, 나와 자연, 나와 우주, 나와 세계를 구분하여 둘로 나타낸 경계이다. 그러면 곰과 호랑이는 무엇인가?

곰과 호랑이는 다른 생명을 수단으로 살아가는 삶의 양태를 상징한다. 양자가 나타내는 삶은 투쟁의 삶, 서로가 서로의 먹이가 되는 삶, 서로가 서로를 먹고 사는 삶, 고통스러운 삶이다. 이러한 고통스러운 삶은 곰이 나타내는 음적陰的인 삶과 호랑이가 나타내는 양적陽的인 삶으로 나눌 수 있다. 그러면 음적인 곰과 양적인 호랑이는 무엇인가?

곰은 호랑이와 달리 겨울잠을 잔다. 그것을 본 사람들은 곰이 죽었다가 다시 태어나는 것으로 생각했을 것이다. 곰이 동굴에서 겨울잠을 자고 새롭게 태어나는 것과 달리 호랑이는 한결같아서 변화하지 않는다.

곰과 호랑이를 인간의 관점에서 이해하면 곰은 끊임없이 나타났다가 사라지는 의식을 나타내고, 곰은 의식에 따라서 다양한 언행으로 나타나는 육신을 나타낸다. 의식은 끊임없이 분별작용을 한다. 의식은 분별작용에 의하여 밖의 대상을 주체화하여 내면에 지식으로 저장하고, 그것을 씨로 하여 밖의 대상을 다시 확대 재생산하여 내면에 저장하는 일을 반복한다. 그러면 그들이 하나의 동굴에서 살아감은 무엇을 상징하는가?

비록 의식에 의하여 이것과 저것을 구분하지만 독립된 실체적 존재인 이것과 저것은 없다. 물건의 경계는 이것과 저것이 서로 의존하여 존재하기 때문에 둘이 아니다. 선과 악을 별개의 실체로 생각하지만 선이 없으면 악이 없고, 악이 없으면 선이 없다. 선이 있으므로 악이 있고, 악이 있으므로 선이 있다. 곰과 호랑이가 둘이지만 서로가 서로의 존재근거임을 나타내기 위하여 하나의 동굴에서 산다고 하였다. 그러면 동굴은 무엇인가?

　동굴은 곰과 호랑이가 태어나는 장소인 동시에 살아가는 집이다. 그것은 곰과 호랑이로 표현된 분별의 세계, 물건적 세계, 실체적 세계의 근원을 상징하는 개념이다. 샤머니즘에서는 샤먼으로 거듭나기 위하여 다른 사람과 격리하여 홀로 지내는 장소를 선택한다. 이처럼 과거의 사람이 죽고 새로운 사람이 탄생하는 재생, 부활의 장소가 동굴이다.[122]

　현상의 관점에서 동굴은 공간성인 지도地道, 물리物理를 상징한다. 그것은 곰과 호랑이의 근원이 동굴이 나타내는 지도, 물리임을 뜻한다. 그러나 곰과 호랑이가 상징하는 지도, 물리의 근원은 환웅이 상징하는 시간성, 천도이다.

　지도, 물리는 언제나 근원인 천도, 신도를 향하여 작용한다. 그것을 단군신화에서는 곰과 호랑이가 환웅과 하나가 되는 과정을 통하여 나타내고 있다. 곰과 호랑이가 변하여 환웅으로 화하는 과정의 시작은 ①이다. 곰과 호랑이는 신웅神雄에게 기도를 한다.

　신웅神雄은 환웅을 나타내는 개념으로 천왕天王이라고도 하였다. 이 두 개념을 하나로 나타내면 환웅은 천신天神이다. 천신인 환웅이 상징하는 내용은 시의성이다. 곰과 호랑이가 환웅에게 기도한 내용은 인간이 됨이다. 이처럼 환웅의 인간을 구하려는 뜻과 웅호의 인간이 되고자 하는 뜻이 같음은 양자의 본성이 하나임을 나타낸다.

　환웅과 웅호는 비록 둘로 나타내지만 양자가 모두 환인의 다른 표현인 점에서 둘이 아니다. 환웅이 환인의 본체적 표현이라면 웅호는 환인의

122　미르치아 엘리아데, 이윤기 옮김, 「샤머니즘」, 까치, 2014, 67.

현상적 표현이다. 웅호의 환웅을 향한 기도는 주종主從의 관계에서 이루어지는 일방적인 소통이 아니라 양자가 평등한 쌍방의 소통이다. 따라서 환웅과 웅호는 하나가 아니다.

곰과 호랑이의 기도는 사물의 더 높은 차원으로 변화하고자 하는 본성, 진화하고자 하는 본성을 나타낸다. 인간의 관점에서는 일상의 삶을 벗어나서 본래의 자신으로 돌아가고자 하는 뜻을 세우는 입지立志이자 서원誓願이다. 입지, 서원은 환웅에 대한 믿음을 바탕으로 이루어진다. 주역에서는 믿음을 바탕으로 따를 것을 생각함[123]이라고 하였고, 대학에서는 머물 곳을 알아서 정함[124]이라고 하였다.

웅호가 사람이 됨은 웅호가 변하여 환웅으로 화하는 작용의 두 번째 단계를 나타낸다. 기도로 표현된 시생의 단계를 거쳐서 생장의 단계를 나타내는 내용이 ②이다. ②에서는 웅호가 사람이 되는 과정을 나타내고 있다. 웅호가 사람이 되고자 함은 단순하게 사람이 됨에서 그치지 않는다. 웅호가 사람이 되고자 하는 뜻은 결국 환웅과의 결혼으로 이어진다.

웅녀가 환웅과 결혼함은 환웅으로부터 나누어져서 둘이 되었다가 다시 환웅과 하나가 되어 본래의 상태로 돌아감이다. 이처럼 웅녀의 환웅과의 결혼은 복귀復歸를 뜻한다. 현상의 측면에서 결혼은 여자가 태어난 집에서 남자의 집으로 가는 것이지만 형이상의 차원에서는 본래의 자신

---

123 「주역周易」 계사상繫辭上 제십이장, "子曰祐者는 助也니 天之所助者順也오 人之所助者信也니 履信思乎順하고 又以尙賢也라".
124 「대학大學」 경일장經一章, "知止而后有定".

의 집으로 돌아감이다.[125] 그것이 무엇을 상징하는가?

시간성이 본성에 의하여 시간으로 화하여 물건으로 나타나듯이 물건은 시간으로 화하여 시간성으로 돌아가는 것이 본성이다. 그것이 곰과 호랑이가 사람이 되고자 기도함을 통하여 표현하고자 하는 내용이다.

체용상의 측면에서는 나타난 현상이 본체로 돌아가는 귀체歸體의 과정이자 공空으로부터 드러난 색色이 다시 공空으로 돌아가는 귀공歸空의 과정이다. 그러면 웅호에서 시작되어 환웅에서 끝나는 변화의 두 번째 단계는 무엇인가?

②를 살펴보면 웅호의 환웅에 대한 기도로부터 시작된 변화의 두 번째 단계인 생장은 신웅神雄에 의하여 제시된 조건을 지키는 일이다. 환웅은 웅호에서 두 가지의 조건을 제시하였다. 그 하나는 영험한 쑥 한 묶음과 마늘 스무 개를 먹는 일이며, 나머지 하나는 백 일百日 동안 햇빛을 보지 않음이다.

백 일 동안 햇빛을 보지 않음은 동굴 밖으로 나가서 활동을 하지 않음이다. 사람이 되는 변화는 동굴이 상징하는 내적 세계를 넘어서 동굴 밖으로 달려 나가서 이루어질 수 있는 변화가 아니다.

만약 곰과 호랑이가 변하여 사람이 되는 변화가 물건적 변화라면 과학기술에 의하여 이루어질 수 있다. 오늘날 일부의 기술자들은 사람의 의식을 로봇에게 이식하여 육체를 바꾸어 가면서 영생을 할 수 있다고 여긴다.

---

125 예로부터 여자의 결혼을 본래의 자리로 돌아감(于歸)이라고 말한다. 우귀于歸는 남녀로 서로 떨어져서 성장하다가 결혼을 통하여 부부라는 하나의 인격체로 살아가는 변화를 나타낸다.

비록 로봇에 이식된 의식이 생체에서 벗어났지만 여전히 로봇이나 컴퓨터와 같은 또 하나의 물체에 여전히 갇혀 있는 점에서 영생을 얻지 못하였을 뿐만 아니라 진화라고 할 수 없다. 그러면 햇빛을 보지 않음은 무엇인가?

곰과 호랑이는 육식동물이다. 그렇기 때문에 밖에 나가서 활동하는 것은 모두 생명을 유지하기 위하여 다른 생명들을 사냥하는 일이다. 따라서 햇빛을 보지 않는 백 일은 자신의 물리적 생명을 유지하기 위하여 남의 생명을 해치는 일을 하지 않음이다. 그러면 남의 생명을 해치지 않음은 무엇을 상징하는가?

이것과 저것이라는 모습을 바탕으로 이루어지는 분별을 놓아버림을 뜻한다. 그것은 육신을 중심으로 모습을 구분하여 나와 남을 별개의 존재로 여기고, 나와 사물, 나와 우주를 둘로 보는 견해見解에서 벗어남을 뜻한다. 그러면 쑥과 마늘을 먹음은 무엇을 의미하는가?

쑥과 마늘이 어떤 채소를 가리키느냐는 중요하지 않다. 중요한 것은 지금의 육신과 다른 새로운 삶의 방법이다. 환웅이 제시한 전체의 내용은 육식을 버리고 채식을 해야 함을 나타낸다. 이는 나와 남을 둘로 여기고 남을 내 삶의 도구로 아는 잘못된 견해, 어리석은 지견知見을 버리고 모든 존재가 나와 둘이 아님을 아는 정견正見을 가짐을 뜻한다. 그러면 육식은 하지 않고, 채식은 해도 되는가?

채식의 대상인 식물들은 동물과 달리 자신을 취하려는 대상으로부터 도망칠 수도 없을 뿐만 아니라 거부할 수도 없다. 오로지 원하는 모든 존재들에게 오롯하게 자신을 내맡기는 상태이다. 따라서 채식이 상징하는 의미는 서로가 서로를 먹는 공식共食, 서로가 서로를 살리는 공생共生을 상징한다.

 쑥과 마늘을 먹는 삶은 동굴 안에서 이루어진다. 쑥과 마늘을 먹음은 나와 남이 둘이 아닌 차원, 경계를 나타낸다. 그렇기 때문에 어떤 존재가 다른 존재를 먹음은 서로가 서로를 먹으면서 살아가는 일이다. 우리는 그것을 부정적인 측면에서 희생犧牲이라고 말하지만 긍정적인 측면에서는 조건이 없는 사랑인 자비이다.

 동굴은 물건의 측면에서는 공체共體, 공심共心으로 드러나지만 사건의 측면에서는 과거와 미래 그리고 현재를 일관하는 하나를 뜻한다. 그것이 바로 시간이 갖는 의미로서의 시의성이다. 곰과 호랑이가 21일 동안 조건을 충족하면서 몸과 마음을 정갈하게 하면 비로소 인간의 몸을 얻는다. 그러면 인간의 몸을 얻음은 무엇을 의미하는가?

 곰과 호랑이가 상징하는 물건적 차원에서 시간의 차원으로 화함을 뜻한다. 이러한 물건에서 사건으로의 변화는 본래의 자리로 돌아가서(歸) 합하여(合) 하나가 되는(一) 과정이다. 곰이 여자의 몸을 얻음은 본래의 자리로 돌아가서 합하여 하나가 될 수 있는 준비가 되었음을 상징한다. 그러면 그것이 무엇을 의미하는가?

 여자가 다른 사람인 남자를 만나서 하나가 되는 결혼을 할 수 있을 뿐만 아니라 아이를 낳을 수 있을 만큼 몸과 마음이 성숙하였음을 뜻한다. 웅호가 변하여 환웅으로 화함으로써 본래의 자리로 돌아감은 ③에서 밝히고 있다.

 ③을 보면 웅호가 기도를 통하여 사람이 되고자 하는 자신의 뜻을 표현하여 사람됨이 시작되었듯이 환웅과 하나가 되어 본래의 자기로 돌아감 역시 자신의 뜻을 표현하는 기도로 시작된다. ③에서 웅녀는 다시 환

웅에게 기도하여 아이를 낳고자 함을 밝힌다. 그러면 웅녀는 왜 아이를 낳고자 하는가?

웅녀가 남자와 결혼을 하여 하나가 되는 사건은 아이를 낳는 결과로 나타난다. 오늘날의 사람들은 결혼을 두 사람이 하나 됨으로 생각한다. 결혼을 두 사람의 관계로만 이해하면 결혼과 아이를 낳음은 같은 사건이 아니다.

부부가 아이를 낳음은 단순하게 하나의 새로운 생명체를 낳음에 그치지 않는다. 아이는 그대로 하나의 우주이다. 따라서 새로운 우주의 창조가 아이를 낳는 일이다. 그러므로 웅녀는 결혼과 아이 낳음을 둘로 보지 않는다.

물건적 차원에서 시작된 변화의 완성은 환웅과의 결혼을 통하여 완성되는 것이 아니라 자식을 낳음을 통하여 완성된다. 그러면 웅녀가 결혼하는 방법은 무엇인가?

곰과 호랑이가 사람이 되고자 하는 뜻을 세워서 그 뜻을 이룰 수 있는 방법을 얻었듯이 사람이 되어 또 다른 우주를 낳는 일로서의 사람을 낳는 일을 완성하기 위해서는 역시 환웅에게 기도를 할 수밖에 없다.

물건에서 사건으로 그리고 다시 사건에서 시의성으로의 변화는 환웅이라는 근원, 내 안의 나, 나 아닌 나에 의하여 가능하다. 이처럼 두 단계를 거칠 수 있는 조건인 기도는 환웅에게 모든 일을 맡김이다.

웅호의 관점에서 보면 육신을 얻어서 사람이 되고, 다시 남자와 결혼하여 하나가 되는 것이 모두 환웅에 의하여 이루어진다. 그것은 웅호에서 시작하여 환웅에서 완성되는 변화가 실체적 존재인 웅호가 사람이 되고, 환웅과 결혼을 하여 자식을 낳는 것이 아니라 환웅에서 시작하여 웅호에서 끝나는 변화가 그대로 웅호에서 시작하여 환웅에서 끝나는 변화임을 뜻한다.

이제 환인이 환웅을 보내어서 인간의 세계를 다스림과 웅호가 환웅과 결혼함이 모두 환인을 두 측면에서 나타낸 것임을 알 수 있다.

웅녀가 환웅이 짐짓 변화한 남자와 결혼을 함은 환인의 변화이다. 물건적 관점에서 보면 실체적 개체가 있는 것 같지만 그것이 모두 하나의 사건이자 환인의 변화이다.

남녀라는 두 실체적 존재, 물건적 존재가 결혼하여 하나가 됨은 이미 결혼한 부부가 자식을 낳아서 부모가 되는 변화가 있었기 때문이다.

결혼한 부부가 부모가 되는 것은 자식을 낳는 순간부터이다. 그것은 자식을 길러 인격적인 존재인 사람으로 성장시킬 수 있는 부모로서의 삶이 비로소 시작됨을 뜻한다.

환웅이 인간 세상에 내려와서 이화하여 360일의 현상을 다스리고, 홍익인간의 삶을 펼치는 일의 완성은 자식을 낳아서 기르는 부모가 됨으로써 비로소 이루어진다.

물건의 측면에서는 웅녀와 환웅의 하나 됨(合)이 결혼이지만 사건의 측면에서는 웅녀에서 시작하여 환웅에서 끝나는 사건이 결혼이라는 사건이다. 이때 시초를 나타내는 웅녀의 기도에서 환웅과의 결혼이라는 종말을 일관하는 존재가 환웅이다.

결혼이 환웅에 의하여 이루어질 뿐만 아니라 환웅이 다시 웅녀를 만나서 수많은 단군을 낳는 사건 곧 잉태孕胎하여 자식을 낳는 사건으로 나타난다. 이때 웅호가 환웅과 결혼이라는 하나가 된 결과로서의 단군의 탄생은 또 다른 사이클을 나타낸다. 그것은 웅녀와 환웅의 결혼을 통하여 다시 환웅이 인간의 세계에 내려와서 인간을 다스리는 일이 계속됨을 뜻한다. 그러면 이것이 상징하는 의미는 무엇인가?

곰과 호랑이가 사람이 되고자 기도하는 사건은 웅호가 환웅이 되는 첫 번째 단계이며, 웅호가 쑥과 마늘을 먹고 동굴에서 백일 동안 햇빛을 보지 않고 생활하여 여자의 몸을 얻음은 두 번째의 단계이고, 환웅과 결혼하여 단군을 낳음은 세 번째 단계이다.

세 단계를 통하여 나타내는 웅호와 환웅과의 합일合一은 공간적 관점에서 이것과 저것이 하나가 되어 시간적 관점에서 사건으로 변하고, 다시 시간이 시의성과 합하여 하나가 되어 시간성으로 화하여 영원한 현재로 드러난다. 따라서 윗부분에서 나타내는 내용은 시간의 시간성화이다.

웅호의 환웅과 합일을 나타내는 세 단계는 각각 시간의 시간화의 세 단계인 생장성을 나타낸다. 웅호의 환웅과의 합일을 통하여 나타내는 세 단계는 웅호가 인간이 되고자 하는 뜻을 세우는 시생의 단계에서 환웅이 제시한 조건을 충족하여 여자의 몸을 얻는 생장의 단계 그리도 환웅과 결혼하여 단군을 낳는 장성의 단계이다.

시간의 시간성화를 나타내는 세 단계는 시간성이 변하여 나타난 사건, 물건이 다시 시간성으로 돌아가는 소멸을 나타낸다. 그것은 시간성의 시간화인 사건의 생성, 물건의 현현이 그대로 완성, 새로운 생성을 위한 준비로서의 소멸이 시간의 시간성화임을 뜻한다.

시간성의 시간화의 측면에서는 매 순간의 생성이 사건과 물건의 나타남이기 때문에 유有라고 할 수 있지만 나타난 사건과 물건이 그대로 사건으로 화하고, 시간성으로 화하는 점에서는 나타남이 없어서 무無, 생성이 없음으로서의 공空이다.

인간을 중심으로 웅호를 통하여 나타내는 시간의 시간성화를 이해하면 의식의 분별을 놓아 버리고 하나의 마음이 되는 일로부터 시작하여 다시 시간성과 하나가 되는 합일이 이루어지고, 시간성이 시간으로 화함으로써 끝난다.

시간의 시간성화는 의식에 의한 물건적 사고를 버리고 사건적 사고로 바꾸는 주체화, 내면화를 시작으로 본성인 시의성에 이르는 두 번째 단계를 거쳐서 세 번째 단계인 시간성과 합일하여 다시 시간으로 화한다.

시간의 시간성화를 물건적 관점에서 나타내면 생장성의 세 단계를 각각 본체와 작용 그리고 현상의 구분을 통하여 나타낼 수 있다. 첫 번째 단계인 본래의 자리인 본체로 돌아가고자 하는 뜻을 세움은 입지, 서원을 세움을 뜻한다. 그리고 두 번째의 단계인 의식을 버리고 시의성과 하나가 됨은 바로 단군이 상징하는 인간의 본성과 하나가 됨이다.

또한 세 번째 단계인 환웅과 결혼하여 단군을 낳음은 시간성과 하나가 되어 아법구공我法俱空이 이루어진 경계를 나타내고, 단군의 탄생은 본성에 의하여 삶을 살아감을 뜻한다. 그러면 지금까지 살펴본 두 측면에서 바라본 환인에 관한 내용을 인간인 단군을 중심으로 하나의 관점에서 살펴보자.

환인을 나타내는 두 측면인 환웅이 웅호로 변화함이 인간을 매개로 하여 이루어지고, 웅호가 환웅과 결혼하여 하나가 됨도 인간을 매개로 하여 이루어진다. 이처럼 환인사상의 중심에 단군이 있다. 따라서 단군을 중심으로 환인사상을 고찰함은 환인사상을 통섭적通涉的으로 이해함이다.

(환웅이 이에 잠시 남자로 화하여 웅녀와 결혼하였다. 아이를 잉태하여 자식을 낳았는데 그를 불러 말하기를 단군왕검이라고 하였다.) ① 평양성에 도읍을 정하고, (나라를 세워서) 말하기를 조선이라고 하였다. 또한 백악산白岳山)의 아사달阿斯達로 옮겼으며, 또한 궁홀산弓忽山이라고 말하고, 금미달今彌達이라고 말한다. 나라를 다스린 지 1,500년이 되었을 때 주나라의 무왕武王이 기자箕子를 조선에 봉封했다. 단군은 이에 장당경藏唐京으로 옮겼으며, 후에 아사달阿斯達로 돌아와 은거하여 산신山神이 되었는데 나이는 1908세였다.[126]

①이 제시하는 단군에 관한 내용은 환웅에서 시작하여 웅호에서 끝나는 변화와 웅호에서 시작하여 환웅에서 끝나는 변화의 관계를 나타낸다. 단군은 환웅과 웅녀가 부모가 되어 낳은 자식이다. 그것은 단군이라는 개념이 나타내는 의미가 환웅과 웅녀의 합일체임을 뜻한다.

단군은 시간성의 차원, 시간성을 대상화한 공간성의 차원, 시간성과 공간성의 양자의 세 관점에서 이해할 수 있다. 다만 시간성과 공간성을 함께 살펴볼 때 단군의 특성이 잘 드러난다. 그러면 시간성과 공간성의 양자를 중심으로 단군을 살펴보자.

환웅은 시간성을 나타내고, 웅녀는 공간성을 상징한다. 그러므로 환웅과 웅녀가 결혼을 하여 낳은 자식인 단군은 시간성과 공간성이 둘이 아닌 경계를 나타낸다. 그러면 시간성과 공간성이 둘이 아닌 경계는 무엇

---

[126] 일연一然, 앞의 책, 古朝鮮, "雄乃假化而婚之 孕生子 號曰檀君王儉 以唐高(堯)卽位五十年庚寅(唐堯卽位元年戊辰, 則五十年丁巳, 非庚寅也, 疑其未實), 都平壤城(今西京), 始稱朝鮮. 又移都於白岳山阿斯達. 又名弓(一作方)忽山, 又今彌達. 御國一千五百年. 周虎(武)王卽位己卯, 封箕子於朝鮮, 壇君乃移於藏唐京, 後還隱於阿斯達爲山神, 壽一千九百八歲".

인가?

　시간성과 공간성이 하나가 된 경계는 단군이 평양성에 도읍을 정하고 세운 나라인 조선을 통하여 상징적으로 나타내고 있다. 그것은 형이하적 측면에서는 시간과 공간이 하나가 되고, 사건과 물건이 하나가 되며, 형이상과 형이하가 하나가 되어 양자를 구분하여 하나라고 하거나 둘이라고 할 수 없는 경계를 나타낸다. 그러면 조선이라는 나라를 통하여 상징하는 경계가 무엇인가 구체적으로 살펴보자.

　단군이 나타내는 경계는 시간성의 시간화와 시간의 시간성화를 통하여 확인할 수 있다. 이때 시간성의 시간화는 환웅에서 시작하여 웅호에서 끝나는 생성이다. 시간성에서 시작하여 시간에서 완성되는 매 순간 일어나는 사건의 창조작용이 시간성의 시간화이다.

　그런데 환웅에 관한 부분에서는 웅호를 언급하지 않고 있다. 오로지 인간의 세계를 다스린다는 언급만이 있다. 그것은 사건의 객관화, 대상화를 통하여 물건의 경계, 입자적 경계가 전개됨을 나타내기 위함이다.

　사건의 대상화, 객관화를 통하여 물건적 경계가 드러남은 웅호에서 시작하여 환웅에서 끝나는 결혼이라는 사건을 통하여 상징적으로 나타내는 부분이다. 곰과 호랑이는 하나의 동굴에 함께 산다. 그러나 둘 가운데 하나만이 사람의 몸을 얻는다. 이를 통하여 동굴은 곰과 호랑이 모두가 공존할 수 없는 세계, 이것과 저것으로 구분된 실체적 경계를 상징함을 알 수 있다.

　환웅은 환인과 함께 있던 하늘로부터 인간의 세계로 내려온다. 그리고 인간의 세계를 이치로 교화教化하는 이화理化를 실천한다. 이화는 360의 역수를 다스리는 시간의 다스림을 통하여 생명, 곡식을 비롯한 다양한 일들을 주관함을 내용으로 한다.

시간의 다스림을 통하여 곡식을 주관하고, 생명을 주관함은 바로 사건을 객관화, 대상화하여 나타내는 물건적 경계가 전개됨을 뜻한다. 형이상과 형이하, 도道와 기器, 생生과 사死, 윤회와 열반과 같은 경계는 물건적 관점에서 비로소 등장한다. 따라서 곡식과 풀, 건강과 질병, 삶과 죽음, 선과 악과 같은 실체적 경계가 바로 곰과 호랑이가 나타내는 경계이다. 그러면 시간성의 시간화와 시간의 시간성화는 어떻게 이루어지는가?

환웅이 천상에서 인간의 세계로 내려와서 이화理化를 함은 환인의 본성이자 환웅의 본성인 인간의 세계를 구하고자 하는 뜻이 그대로 드러난 현상이다. 그리고 웅호가 상징하는 실체적 존재, 물건적 존재 역시 인간이 되고자 원하였다. 이때 웅호가 인간이 되고자 원했던 것은 단순하게 자신이 인간이 되고자 한 것이 아니라 자식을 낳고자 함이다. 따라서 환웅과 웅호의 본성에 의하여 시간성의 시간화와 시간의 시간성화가 이루어진다.

웅호가 사람이 되고, 환웅과 결혼을 함은 웅호가 자신이 본래 왔던 곳으로 되돌아가서 환웅으로 작용함을 뜻한다. 웅녀의 환웅과의 결혼은 단순하게 왔던 곳으로 돌아가는 귀체, 귀본에 그치는 것이 아니라 새로운 환웅의 작용을 나타내는 자식을 낳기 위함이다. 따라서 환웅과 웅호의 작용은 둘이 아니다.

환인을 나타내는 환웅과 웅호의 시간성의 시간화와 시간의 시간성화가 둘이 아님은 시간적 측면에서는 동시적임을 뜻한다. 시간성의 시간화와 시간의 시간성화는 시간의 선후가 없이 동시적으로 일어난다.

매 순간에 이루어지는 시간성의 시간화와 시간의 시간성화를 하나의 개념으로 나타내면 영원한 현재라고 할 수 있다. 영원은 시간성을 나타내고, 현재는 시간을 나타낸다. 영원한 현재는 시간성과 시간이 둘이 아님을 나타내기 때문에 현재라는 시간의 영원한 지속을 나타내지 않는다. 그러면 영원한 현재는 무엇인가?

영원한 현재의 경계에서는 매 순간 끊임없이 다양한 생명의 현상이 나타나는 동시에 매 순간 나타난 생명은 사라져서 새로워진다. 이처럼 영원한 현재의 경계는 매 순간 다양한 생명이 나타나는 창조의 연속인 동시에 매 순간 나타난 생명이 소멸하여 새로운 창조를 준비하는 진화의 연속이다. 따라서 영원한 현재를 바탕으로 전개되는 변화, 생성, 역易이 바로 환인사상의 내용이다. 앞에서 살펴본 내용을 정리하여 하나의 도표로 나타내면 다음과 같다.

하나님, 하나임, 환인桓因			
분합分合	환인桓因=아버지		환웅桓雄=아들
생성生成	환웅	단군檀君	웅호熊虎
경지境地	신	인간	사물
시공時空	미래, 천天	현재, 인人	과거, 지地
형이상形而上	시간성, 천도天道	인간성, 인도人道	공간성, 지도地道
재세이화在世理化, 홍익인간弘益人間			

도표2 단군신화의 내용

위의 도표는 평면상에 놓여 있는 일차원적인 도표이다. 우리가 단군신화의 내용을 한 차원으로 집약하여 이것과 저것으로 나누어서 나타낸

것은 마치 살아 있는 우주를 어느 한 부분을 중심으로 사진을 찍어서 나타내는 것과 같다.

우주를 정지시켜서 그것의 일부를 분석하여 나타내는 분합의 방법은 형이상적 패러다임과 형이하적 패러다임에 의하여 학문을 하고, 실천을 하는 삶의 방법이다. 분합은 우주와 그것을 논하는 주체인 인간을 나누고, 객체인 우주를 대상으로 다시 나누어서 드러나는 요소들의 관계를 통하여 나누기 이전의 우주를 설명하는 방법이다.

단군신화를 기술하는 방법 역시 분합의 방법에 의하여 나타낼 수밖에 없다. 하나님, 하나임을 나타내는 환인을 언급하고, 다시 환인을 환웅과 웅호, 단군으로 분석하여 나타낸다. 그리고 환웅과 웅호, 단군의 관계를 통하여 환웅과 웅호, 단군으로 나누어서 나타내기 이전의 환인을 나타낸다.

우리는 환인을 환웅과 웅호, 단군의 셋으로 구분하여 나타낼 때 드러나는 과정에 주목해야 한다. 위의 도표는 논리적인 측면에서 환인을 나타내는 과정을 처음에는 환인을 환인과 환웅의 둘로 나누고, 다음에는 다시 둘을 환웅과 단군, 웅호의 셋으로 구분하였다.

하나임을 대상화하여 환인으로 나타냄은 하나임은 주체와 대상의 분별이 없음을 전제로 한다. 이때의 하나임은 이미 하나임을 떠나서 하나님이 된다. 따라서 하나님이라는 개념으로 나타내기 이전의 하나임은 어떤 개념으로도 나타낼 수 없다.

하나임을 환인이라는 개념으로 나타내는 순간 하나임은 이미 하나임과 그것이 아닌 다른 것의 상대로서의 하나님으로 전락한다. 하나님은 이미 절대적인 경지에서 벗어난 상대적인 세계로 전락한 실체적 존재를 가리키는 개념이다.

환인과 환웅의 구분은 하나임과 하나님의 관계와 같다. 노자는 "도가 하나를 낳는다."[127]라고 말하여 도와 일一을 구분하여 나타낸다. 이때의 도는 내용의 측면에서는 상도常道이고, 이름의 측면에서는 상명常名이다. 이와 달리 일一은 내용의 측면에서는 상대적인 도道이고, 이름의 측면에서는 상대적인 이름이다. 그러면 고조선 건국설화는 분합적인 방법을 사용하는가?

첫째는 고조선 건국설화는 환인을 두 측면에서 나타낸다. 환웅에서 시작하여 웅호에서 끝나는 시간성의 시간화는 수에 의하여 나타내고, 웅호에서 시작하여 환웅에서 끝나는 시간의 시간성화는 언어에 의하여 나타낸다. 따라서 수와 언어가 동시에 사용되어 하나의 전체를 이룬다.

둘째는 시간성의 시간화는 생성에 의하여 나타내고, 시간의 시간성화는 물건적 분합에 의하여 나타낸다. 이처럼 물건적 분합을 포함한 사건적 생성이 건국설화의 전개 방법이다.

셋째는 고조선 건국설화의 주제는 시간성과 공간성 그리고 공간이 둘이 아닌 역도이다. 역도는 시간성이 객관화하여 공간성으로 변하여 공간성이 화하여 공간, 물건으로 나툰다.

넷째는 고조선 건국설화의 내용은 시간성의 시간화의 존재론과 시간의 시간성화의 인식론, 수행론, 실천론이 둘이 아니다. 그것은 건국설화가 중국사상의 역과 순을 순과 역으로 바꾸어서 동시적 생성으로 나타냄을 뜻한다.

다섯째는 고조선 건국설화는 영원한 현재적 시간관과 생성적 세계관

---

127 『도덕경』 제42장, "道生一, 一生二, 二生三, 三生萬物".

을 바탕으로 전개되는 홍익인간의 생성적 인간관이다. 그러면 사건적 생성과 물건적 분합의 관점에서 고조선사상은 무엇인가?

하나임, 환인을 하나님으로 나타내는 방법은 상하와 내외의 구조를 통하여 드러나는 시생과 종성의 생성이다. 하나임을 상하의 구조에 의하여 나타내면 상에서 시생하여 하에서 종성하는 도생역성과 하에서 시생하여 상에서 종성하는 역생도성으로 나타낼 수 있다.

도역역성의 측면에서 형이상의 환웅, 천상의 환웅이 변하여 현상의 웅호로 화하는 변화와 역생도성의 측면에서 형이하의 웅호가 변하여 형이상의 환웅, 천상의 환웅으로 화하는 변화가 둘이 아님을 통하여 환인을 나타낸다. 그러면 하나임(환인)은 무엇인가?

하나임을 상하의 구조에 의하여 두 측면에서 하나님을 분석하여 나타냈기 때문에 하나님으로 나타내기 이전의 하나임은 바로 생성이 둘이 아닌 하나의 관점에서 나타내지 않을 수 없다. 생성의 중심에는 생장성의 두 번째 단계인 장의 과정이 있다.

단군신화에서는 환웅과 웅호를 논한 후에 단군을 논하고 있다. 그것은 단군이 생장성의 중심을 이루는 장의 관점에서 생성을 나타냄을 뜻한다. 단군은 환웅이 내려온 인간 세상의 한 곳인 평양성에 도읍을 정하고, 조선이라는 나라를 세운다. 그러면 단군은 무엇인가?

시간성의 관점에서 하나임은 바로 현존성, 현재성이다. 단군은 시간성의 측면에서는 환웅이 나타내는 무극, 미래성과 웅호가 나타내는 태극, 과거성의 중심인 황극이 나타내는 현재성, 현존성이다. 단군이 나타내는 황극은 하도와 낙서의 중심이다. 도서가 나타내는 도역의 생성은 오황극에 의하여 이루어진다.

도역의 생성을 통하여 나타나는 하나임은 우주, 세계가 그대로 매 순간 항상 새로워지는 발전의 연속이자 진화의 연속이며, 항상 다양해지는 창조의 연속이자 창발의 연속이다. 그러므로 세계, 우주는 옳고 그름의 시비와 선하고 악함의 선악, 아름다움과 추함의 미추가 없다.

이것과 저것으로 구분할 수 없는 신문神文이 천문天文에서 시작하여 지문地文으로 드러나는 동시에 지문地文으로 드러난 현상은 변하여 천문天文으로 화하여 천문과 지문의 분별이 없는 신문으로 돌아간다. 그러므로 매 순간 지문으로 드러나도 드러남이 없으며, 신문으로 돌아가도 지문의 소멸이나 적멸이 없다.

신, 화화옹이 나타내는 하나임은 미래성에서 시작하여 과거성으로 나타나지만 동시에 나타난 과거성은 변하여 미래성으로 화함으로써 본래의 자리로 돌아간다. 그러므로 과거성으로 나타나도 나타남이 없고, 미래성으로 돌아가도 돌아감이 없다.

사람들이 현상의 측면에서 언어를 통하여 다양한 이치를 나타내지만 매 순간에 나타난 이치는 그 순간의 이치일 뿐으로 고정되지 않는다. 만약 어떤 사람이 물리를 나타내면 다음 순간에 물리는 심리, 성리, 도리를 거쳐서 신리로 돌아간다.

성리, 도리를 말하고 신리를 말함은 이치 자체가 다양함을 뜻하지 않는다. 비록 이것과 저것으로 나타낼 수 없는 이치가 아닌 이치인 신리神理를 말하지만 신리는 고정된 실체가 아니어서 매 순간 다양하고 새롭게 나타남을 가리키는 개념일 뿐이다.

신리는 지금 여기의 나를 통하여 때로는 물리로, 때로는 심리로, 때로는 성리로, 때로는 도리로 나타낸다. 이처럼 다양하게 나타내지만 나타낼 수 있는 고정된 실체가 아니어서 나타내는 순간 다시 나타내기 이전으로 돌아간다.

하나임과 하나님은 하나가 아니기에 둘로 나타내고, 비록 둘로 나타내지만 둘이 아니기에 하나라고 하지만 하나도 아니다. 시간성과 공간성, 형이상과 형이하, 근원과 현상, 과정과 실재, 분합과 시간성, 중, 중도, 화화옹 그 어느 것도 하나임, 하나님이 아니지만 그 모든 것이 하나임이자 하나님이다.

하나임을 시간성을 중심으로 나타내면 환웅이 나타내는 미래성과 웅호가 나타내는 과거성이 단군이 나타내는 현재성에서 하나가 되어 매 순간 다양하고 새롭게 나타나는 영원한 현재이다.

하나임을 공간성을 중심으로 나타내면 환웅이 나타내는 천도, 천성과 웅호가 나타내는 지도, 지성이 단군이 상징하는 인도, 인성과 하나가 되어 매 순간 천문과 지문이 하나가 된 인문으로 드러남이다.

하나임을 종교의 관점에서 살펴보면 우주가 매 순간 새롭고 다양하게 생성하는 우주로 드러나지만 매 순간의 생성이 아닌 생성의 주체, 근원을 신이라고 말한다. 그러므로 신앙의 대상으로서의 하나임은 일신一神이나 다신多神도 아니고, 유일신唯一神도 아니다.

하나임을 생명의 관점에서 나타내면 환웅에서 시생하여 웅호에서 종성하는 변화는 온 우주가 하나의 생명체, 생명의 시스템, 생명의 네트워크로 매 순간 다양한 생명 현상으로 나타나는 측면에서는 항상 창조, 창발이지만 웅호가 변하여 사람이 되고, 사람이 다시 환웅으로 돌아가는 측면에서는 부분을 구성하는 생명이나 하나의 전체로서의 생명계를 막론하고 항상 진화함을 뜻한다.

하나임을 사회의 관점에서 나타내면 환웅에서 시생하여 웅호에서 종성하는 변화는 온 사회가 하나의 생명체, 생명의 시스템, 생명의 네트워크로 매 순간 다양한 사회의 현상으로 나타나는 측면에서는 항상 창조, 창발이지만 웅호가 변하여 사람이 되고, 사람이 다시 환웅으로 돌아가는 측면에서는 부분을 구성하는 생명이나 하나의 전체로서의 온 우주라는 거대세계를 막론하고 항상 진화한다. 앞에서 살펴본 내용들을 정리하여 하나의 도표로 나타내면 다음과 같다.

	단군신화	세계	차원	이치	인격체	
⇓ 도생 역성	환인	신문神文	신神	신리神理	신인神人	⇑ 역생 도성
	환웅	천문天文	무극, 진여	도리道理	성인, 대인 부처, 구세주	
	단군	인문人文	황극, 본성	성리性理	군자, 보살	
	곰	지문地文	마음, 의식	심리心理	학인學人	
	호랑이		육신, 물질	물리物理	소인, 중생 죄인	

도표3 인간과 세계

우리는 시간성을 중심으로 단군신화를 살펴보았다. 그러나 우리 자신의 삶을 살펴보고, 우주 가운데 지구를 중심으로 이루어지는 인류의 삶 그 가운데서 이루어지는 한국사회를 살펴보기 위해서는 공간성의 관점에서 단군을 살펴보지 않을 수 없다.

하나임과 하나님이 둘이 아니듯이 단군은 하나님의 측면에서는 인성을 나타낸다. 물건적 관점에서 하나님을 나타내는 환웅은 천성天性을 나타내고, 웅호는 지성地性을 나타낸다. 천지의 본성이 하나로 합일合一하여 하나임이 드러나고, 둘로 나누어지는 분화에 의하여 웅호의 물건적 경계가 나타난다. 이러한 분합의 중심에 순역을 주체인 인성人性이 있다.

하나임을 상하로 구분하여 생성으로 나타내는 주체는 인간이다. 그러므로 단군은 하나임을 인간의 관점에서 나타낸 개념이다. 일부는 "천지에 일월이 없으면 빈껍데기와 같고, 일월에 지인至人이 없으면 실체가 없는 그림자와 같다."[128]라고 하여 인간을 강조한다. 그러면 인간은 무엇인가?

> 건곤乾坤과 천지天地에 뇌풍雷風이 중中이다.[129]

건곤은 천지, 시간과 공간을 형이상의 차원에서 나타낸 중천건괘와 중지곤괘를 나타낸다. 따라서 건곤은 천지의 도를 나타낸다. 그리고 뇌풍은 성인을 상징하는 진괘와 신도를 상징하는 손괘를 가리킨다.

그런데 성인에 의하여 천지의 도가 밝혀지고, 군자에 의하여 성인이 밝힌 천지의 도가 인도로 실천된다. 이처럼 성인이 밝힌 천지의 도가 하나가 된 신도이자 천지의 도의 근원인 신도가 군자에 의하여 실천되는 신도가 바로 인도이다. 따라서 뇌풍이 중이라는 개념은 인도가 바로 중임을 뜻한다.

인도는 하나임을 인간의 작용(道)을 중심으로 나타낸 개념이다. 이처

---

128 김항, 앞의 책, 제팔장, "天地는 匪日月이면 空殼이오 日月은 匪至人이면 虛影이니라".
129 김항, 앞의 책, 제칠장, "理會本原은 原是性이오 乾坤天地에 雷風中이라".

럼 생성의 시종이 되는 상하를 인간의 작용을 중심으로 나타내면 인간의 내면과 외면을 나타내는 내외가 된다. 인간의 내면인 마음을 통하여 형이상, 천상의 환웅이 나타나고, 인간의 외면인 몸을 통하여 형이하, 물건의 웅호가 나타난다. 따라서 단군을 중심으로 내외적 관점에서 하나임을 이해하기 위해서는 내외의 합일을 통하여 하나님으로 나타내기 이전을 통관洞觀해야 한다. 그러면 단군의 관점에서 하나임을 통관하면 우주, 세계는 무엇인가?

우주, 세계, 천지는 도역생성의 관점에서 하나임을 나타내는 개념들이다. 도생역성의 관점에서 보면 하나임은 매 순간 새롭고 다양하게 나타나는 생성의 연속, 변화의 연속이다. 그것을 나타내는 개념이 화화옹化化翁[130]이다.

우주, 세계는 환웅이 나타내는 시간성이 웅호가 나타내는 물건으로 매 순간 다양하고 새롭게 나타난다. 그것은 환웅에서 시작하여 시간을 따라서 나타나는 삶과 죽음과 같은 사건의 연속으로 변하여 곰과 호랑이와 같은 물건으로 나타남을 뜻한다.

내면의 환웅이 나타난 외면으로서의 현상은 곰이 동면을 통하여 다음 해에 새로워지는 것처럼 매 순간 새로워지는 사건과 호랑이가 동면이 없는 것처럼 자기의 혁신, 갱신이 없는 고정된 실체인 물건으로 구성된다.

그런데 매 순간 다양하게 나타나는 물건은 항상 다시 나타나기 이전의 본래의 자리로 돌아간다. 그것은 웅호가 변하여 사람이 되고, 다시 사람이 변하여 환웅이 되는 사건을 통하여 나타내는 생성이다.

130　김항金恒, 『정역正易』 九九吟, "我摩道正理玄玄眞經이 只在此宮中이니 誠意正心하야 終始无怠하면 丁寧我化化翁이 必親施敎시리니 是非是好吾好아"

하나임을 물건적 관점에서 하나님으로 나타내면 우주, 세계는 환웅이 웅호로 나타나는 현상으로 나타내듯이 매 순간 전일적인 우주가 부분의 다양한 변화로 나타나는 동시에 웅호가 사람으로 변하여 환웅으로 돌아가듯이 매 순간 새로운 모습으로 변화한다. 그러면 단군을 통하여 나타나는 하나님은 무엇인가?

단군은 개체적 관점에서는 본성, 자성, 인성을 상징하며, 조선은 본성을 통하여 드러난 세계를 가리킨다. 세계는 사회, 종교, 교육, 정치, 문화, 예술을 비롯한 인간의 삶을 나타내는 다양한 측면을 모두 포함한다. 따라서 우리는 조선이 나타내는 세계를 통하여 사회의 미래, 종교의 이상, 교육의 목표, 정치의 미래, 문화의 지향점, 예술의 가치를 파악할 수 있다. 그러면 먼저 개체적 측면에서 단군을 중심으로 인간의 삶이 무엇인지 살펴보자.

인간의 삶은 매 순간 환웅이 인간의 세상에 내려와서 인간의 360의 사건을 주재하여 선과 악, 건강과 병, 상과 벌을 주재한다. 그것은 환웅이 표현하는 천성이자 신성이 매 순간 지금 여기 나의 본성으로 드러나고, 그것이 주체가 되어 마음이 작용하여 매 순간의 사건을 주재하며, 사건의 주재가 현상에서는 선과 악, 옳음과 그름, 아름다움과 추함과 같은 분별의 언행으로 나타난다.

환웅으로 표현된 우주가 매 순간 사건으로 나타나고, 여기의 언행으로 드러난다. 그러므로 지금 여기에서 나의 언행으로 나타나는 생명 현상은 신의 드러남이자 온 우주의 드러남이다. 그러면 매 순간의 언행은 있는가?

매 순간 나타난 언행은 나타난 순간 사라진다. 그것은 웅호가 사람이 되어 환웅과 결혼하여 하나가 된 것으로 나타내듯이 매 순간 나타난 언행은 나타났다가 다시 본래의 자리인 환웅으로 사라짐을 뜻한다. 그러므로 나타난 현상의 생명 현상은 나타나는 동시에 사라지기 때문에 나타나도 나타남이 없다.

그러나 본래의 자리로 돌아가서 환웅에 머물지 않고, 웅녀와 환웅이 결혼하여 단군을 낳았듯이 다시 새로운 단군으로 나타난다. 그것은 환웅이 나타내는 시간성이 단군이 나타내는 본성을 통하여 마음에 의한 사건과 육신에 의한 물건적 언행으로 나타난다. 따라서 사라지는 언행은 사라져도 사라진 것이 아니다.

그런데 우리가 도생역성과 역생도성의 생성을 물건적 관점에서 분합으로 나타내면 역방향에서 물건적 차원, 현상적 차원을 벗어나서 형이상의 근원에 이르는 과정을 수행, 수도, 수기라고 말한다.

수기, 수행, 수도에 의하여 형이하의 현상을 초월하여 형이상의 근원인 본성에 이르고, 다시 시간성에 이른다. 이처럼 수행, 수도, 수기는 과거의 자신과 다른 새로운 자신으로 변화하는 측면에서 일종의 진화라고 할 수 있다.

수행, 수기, 수도는 현재의 자신에 대한 긍정을 바탕으로 이루어지는 부정을 통하여 시작된다. 지금 여기의 나는 항상 새로울 수 있음을 믿고, 스스로 변하여 새로운 내가 되겠다는 마음을 낼 때 비로소 변화의 과정인 수도, 수기, 수행이 시작된다. 그러면 형이상의 근원인 본성, 자성, 시간성을 자각하면 되는가?

자각은 새로운 자신이지만 본래의 자신을 깨닫는 것이다. 그러므로 마음에서 일어나는 깨달음이 삶 가운데서 드러나지 않으면 아무런 의미가 없다. 깨달음이 생활 속에서 삶으로 드러나도록 실천하는 것이 중요하다.

물건적 관점에서 인간의 삶을 둘로 나누어서 나타내면 매 순간의 수도, 수기, 수행을 통하여 새로워지는 진화의 과정과 매 순간 다양한 언행을 통하여 자신으로 다양하게 나타내는 실천, 창조의 과정이 둘이 아니다. 그러면 우리는 삶을 어떻게 이해할 것인가?

시간성을 대상화하여 공간성이 나타나듯이 공간성을 바탕으로 전개되는 분합은 시간성의 생성을 대상화하여 나타낸 개념이다. 그러므로 분합을 물건적 실체로 여기지 않고, 생성으로 보아야 한다.

수도, 수기, 수행은 삶을 역생도성의 관점에서 물건화, 대상화하여 나타낸 개념이며, 제도, 화화중생, 안인은 도생역성의 관점에서 삶을 물건화, 대상화하여 나타낸 개념이다. 그러므로 수도와 제도, 수기와 안인은 둘이 아닌 하나의 생성이다.

수도와 제도, 수기와 안인을 생성의 관점에서 나타낸 것이 도생역성을 바탕으로 이루어지는 역생도성이다. 도생역성을 바탕으로 이루어지는 역생도성의 관점에서 수도와 제도, 수기와 안인을 이해하면 매 순간의 삶이 그대로 본성이 나타나서 서로가 서로를 존재하게 하고, 서로가 서로를 새롭게 하며, 서로가 서로를 다양하게 하는 안인, 안백성이자 하화중생이다.

그러나 개체적 물건이 없는 사건의 세계는 연기의 관계일 뿐으로 둘이 아니다. 그러므로 안인, 안백성을 하고, 하화중생을 해도 안인을 하고, 안백성을 함이 없으며, 하화중생을 함이 없다. 왜냐하면 매 순간 시간성이 시간화하고, 공간화한 것이 지금 여기의 나의 언행으로 나타나는 생명 현상이기 때문이다.

도생역성을 바탕으로 역생도성을 이해하면 매 순간 나타나는 생명 현상은 서로가 서로를 새롭게 하는 진화의 과정이자 서로가 서로를 가르치는 수도, 수기의 과정이다. 그러므로 수행, 수도에 의하여 부처가 되어 부처의 삶을 실천하고, 대인이 되어 대인의 삶을 살며, 구세주를 자각하여 구세주의 삶을 사는 것이 아니다.

지금 여기의 내가 대인이고, 나타난 신이며, 부처이고, 매 순간의 지금 여기의 생각과 언행이 그대로 대인의 언행, 신의 언행, 부처의 언행이다. 그러나 생각, 언행은 나타난 순간 다시 본래의 자리로 돌아가서 사라진다. 그러므로 나타난 대인, 부처, 신의 언행은 없다.

물건적 관점에서는 삶을 두 측면에서 나타내어 역방향에서 학문, 수기, 수도를 하고, 순방향에서 실천, 제도하는 것이라고 말하지만 사건적 관점에서는 도생역성에 의하여 매 순간 제도, 실천이 이루어지는 동시에 다시 다양한 제도, 실천을 위하여 새워지는 것이 바로 수도, 수기이다. 그러면 환인사상을 단군을 중심으로 나타내면 무엇인가?

환인은 환웅이 인간의 세계를 구하고자 하는 뜻을 수용하여 홍익인간이라고 말하였다. 그것은 인간을 구하는 일이 바로 널리 인간을 이롭게 하는 일임을 뜻한다. 따라서 단군의 관점에서 환인사상을 한마디로 나타내면 홍익인간이다.

널리 인간을 이롭게 하는 홍익인간은 환웅이 가리키는 시간성이 매 순간 새로운 사건으로 시생하여 다양한 물건으로 종성하는 생성으로 나툼을 뜻한다.

시간성이 사건화하고, 사건이 다시 물건으로 나투는 동시에 물건은 사건으로 변하여 시간성으로 화한다. 이처럼 시간성의 시간화와 시간의 시간성화에 의하여 우주는 매 순간 새롭고 다양하게 생성하는 생명의 연속이다.

시간성의 시간화와 시간의 시간성화는 둘이 아니어서 영원한 현재이다. 영원이 매 순간 새롭고 다양하게 생성하는 변화의 연속, 생성의 흐름이 우주이다.

인류사회의 측면에서는 영원한 연재는 홍익인간의 삶이다. 그것은 서로가 서로를 새롭게 하는 공진화共進化의 삶이고, 서로가 서로를 다양하게 하는 창조의 삶이며, 서로가 서로를 존재하게 하는 공생共生의 삶이고, 서로가 서로를 번영하게 하는 공영共榮의 삶이다.

그리고 홍익인간은 서로가 서로의 존재근거가 되는 공체共體의 삶이고, 서로가 서로의 마음이 되는 공심共心의 삶이다. 이처럼 홍익인간은 물건적 관점에서 논하는 실체적 존재인 인간에 의하여 이루어지는 삶이 아니다. 그러므로 홍익인간의 삶은 인간이 중심이 된 인본주의와 같은 인간 중심의 인간 이기주의가 아니다.

홍익인간은 물건적 관점에서 널리 사물을 이롭게 함이고, 우주의 관점에서 널리 우주를 이롭게 함이다. 그러나 홍익인간은 실체적 사건이 아니다. 지금까지의 내용을 정리하여 도표로 나타내면 다음과 같다.

분화 객체화	회통과 합일					일체화 무화
제도 ⇓ 도생 역성 실천	단군 신화	세계	차원	인격체		수도 ⇑ 역생 도성 학문
	환인	신문神文	신神	신인神人		
	환웅	천문天文	무극, 진여	성인, 대인 부처, 구세주		
	단군	인문人文	황극, 본성	군자, 보살		
	곰	지문地文	마음, 의식	학인學人		
	호랑이		육신, 물질	소인, 중생 죄인		
창조 제도	통합과 통섭					자각 초월

도표4 인간과 삶

3. 홍익인간과 생성적 패러다임

우리는 앞에서 환인과 환웅, 단군을 통하여 나타내는 역사상易思想이 무엇인지 살펴보았다. 그러면 지금부터는 고조선의 역사상이 갖는 특성이 무엇인지 살펴보자.

고조선 사상은 수도, 수기, 자각을 통하여 드러나는 형이상과 형이하가 둘이 아닌 중도中道의 경지로부터 출발한다. 물건적 중도를 단군신화에서는 환인桓因으로 나타낸다. 환인은 고정된 실체가 아니라 변화의 근원이기 때문에 화화옹이다.

화화옹은 시간성이 변하여 시간으로 화하고, 물건으로 나투는 변화와 물건이 변하여 사건으로 화하고, 다시 시간성으로 돌아가는 두 방향의 변화를 나타낸다.

시간성이 시간으로 변하여 물건으로 나투는 변화는 열매가 씨로 심어지는 형이상적 변화이고, 물건이 변하여 사건으로 화하여 시간성으로 돌아가는 변화는 씨가 썩어서 싹이 트고, 자라서 꽃이 피고, 열매가 맺는 형이하적 변화이다. 그러면 두 방향의 변화는 둘인가?

두 방향의 변화는 하나의 환인이다. 이처럼 두 방향의 변화는 시간적 사이가 없는 동시적 변화이다. 그것은 형이상적 시간성과 형이하적 시간이 둘이 아님을 나타낸다. 따라서 환인은 영원한 현재적 시간관을 나타낸다.

영원한 현재의 영원은 시간성을 나타내고, 현재는 시간을 나타낸다. 영원의 작용을 나타내는 현재는 물리적 시간의 현재와 다르다. 왜냐하면 영원한 현재는 물리적인 과거와 미래를 포괄한 현재이기 때문이다. 그러면 영원한 현재는 현재의 지속인가?

영원한 현재의 영원은 시간이 아니어서 현재와 다르다. 현재를 초월한 경지가 시간성인 영원이다. 그러므로 시간성인 영원이 나타나는 현재는 물건적 존재가 아니다.

영원한 현재적 시간관은 그대로 세계관이다. 영원한 현재의 현재는 나타나 있음을 의미하지 않는다. 새로운 나타남이 계속되어 다양한 나타남이 현재이다. 그러므로 영원한 현재의 현재는 현현顯現의 의미를 포함한다.

영원한 현재의 현재를 변화의 개념으로 나타내면 생성이다. 그것은 시초와 종말의 시종의 사건으로 나타내면 시생종성始生終成이라고 할 수 있다. 이때 시종은 고정되지 않아서 환웅에서 시생하고, 웅호에서 시생하여, 웅호에서 종성하고, 환웅에서 종성한다. 그러면 영원한 현재를 생성의 관점에서 나타내면 무엇인가?

매 순간 새롭고 다양한 생성, 생성의 흐름, 생성의 연속, 영원한 생성이라고 할 수 있다. 영원의 변화가 사건의 시생과 물건의 종성으로 나타난다. 그러므로 영원한 생성은 실체적 물건으로 나툰다.

그러나 물건으로 나툼과 동시에 물건이 사건으로 시생하여 시간성으로 종성하는 변화가 동시에 이루어진다. 따라서 영원한 생성은 물건이나 사건은 나투어도 나툼이 없다. 그것은 영원한 생성이 실체적 사물의 유무를 초월하면서도 벗어나지 않음을 뜻한다. 영원한 현재적 시간관과 생성적 세계관은 변화의 세계관이다. 그러면 생성적 세계관의 인간관은 무엇인가?

환웅이 상징하는 우주의 본성인 시간성이 단군이 상징하는 개체적 본성으로 작용하여 웅호로 상징하는 개체적 언행으로 나툼다. 따라서 매 순간 나타나는 모든 언행은 진실하여 염정染淨, 시비是非, 선악善惡이 없다.

그러나 매 순간 새롭고 다양하게 나타나는 언행은 마음으로 변하여 개체적 본성과 우주적 본성이 둘이 아닌 환웅으로 돌아간다. 이처럼 언행으로 나툼은 환웅의 시간성을 회향, 귀체에서 완성된다. 따라서 고조선 사상의 인간관은 생성적 인간관이다.

우리가 고조선 사상을 역사상으로 규정한 까닭은 변화의 세계관, 시간관, 인간관을 내용으로 하기 때문이다. 그러면 영원한 현재의 시간관과 영원한 생성적 세계관, 생성적 인간관은 어떤 관계인가?

환인사상은 환웅이 인간 세상에 내려와 이치로 교화하는 제세이화에 의하여 홍익인간의 세계를 구현하는 사건과 웅호가 사람이 되어 환웅과 결혼하여 단군을 낳는 두 사건을 통하여 상징적으로 표현된다.

천신天神인 환웅은 시간성을 상징한다. 그가 인간 세상에 내려와 360의 역수를 다스리는 이화에 의하여 홍익인간의 세계를 전개시키는 사건은 환웅이 상징하는 시간성이 웅호가 상징하는 물건으로 변화하는 시간성의 시간화와 그 결과를 나타낸다.

웅호는 물건의 본질을 상징한다. 웅호가 사람이 되어 환웅과 결혼하여 단군을 낳는 사건은 웅호가 상징하는 물건이 사람이 상징하는 사건으로 변하여 환웅이 상징하는 시간성으로 화하는 시간의 시간성화와 그 결과를 나타낸다. 그러면 두 사건의 관계는 무엇인가?

환웅이 홍익인간의 뜻을 세우고, 인간 세상에 내려와서 역수를 다스리는 이화를 통하여 홍익인간을 구현하는 과정은 그대로 웅호가 사람이 되고자 뜻을 세우고 환웅에게 기도하고, 그로부터 사람이 되는 방법을 듣고 실천하여 사람이 되어 환웅과 결혼하는 세 단계의 과정과 둘이 아니다. 이 두 사건이 둘이 아님을 한마디로 나타내어 환인이라고 한다. 그러면 고조선의 역사상은 유럽철학과 다른가?

환웅의 변화는 존재론적 사건이며, 웅호의 변화는 수양론적, 인식론적 사건이다. 그런데 환웅과 웅호의 변화는 둘이 아니다. 이처럼 고조선의 역사상은 존재와 인식, 수양이 둘이 아닌 불이不二의 경지를 나타낸다. 따라서 존재론과 인식론, 논리학을 구분하는 유럽철학과 다르다. 그러면 고조선의 역사상은 중국철학과 다른가?

고조선의 역사상은 인도人道 중심의 유가, 불가, 도가를 비롯하여 과학, 수학을 비롯한 현상을 대상으로 하는 학문과도 다르다. 유가와 불가는 역逆방향에서 자신의 본래면목을 찾는 수기, 견성성불의 상구보리의 앎, 지혜를 구하고, 이어서 안인, 안백성의 도제천하, 하화중생의 실천으로 이어진다. 따라서 지知와 행行의 합일合一, 상구보리와 하화중생의 합일의 문제가 있다.

그러나 고조선 사상에서는 매 순간 운신運身하여 실천하고, 동시에 실천을 본래의 시간성, 신성으로 놓아 버리는 용심用心에 의하여 삶을 산다. 따라서 안인, 안백성과 수기, 하화중생과 상구보리가 둘이 아닌 삶이 전개된다.

불가와 유가의 사상이 역방향에서 출발하여 순방향에 도달하려고 하거나 그리스도교가 천국에 이르는 역방향에서 삶의 목적을 맞추는 것과 달리 고조선 사상에서는 순방향과 역방향이 둘이 아닌 생성의 삶으로 나타난다.

이제 우리는 고조선의 역사상은 시간성이 주제이며, 생성의 방법으로,

순역합일의 방향에서, 창조와 진화가 둘이 아닌 생성적 삶인 홍익인간의 삶을 제시함을 알 수 있다. 따라서 고조선의 역사상은 천도와 지도, 인도가 둘이 아닌 신문神文사상이고, 중도를 출발점으로 삼는 역사상易思想이며, 매 순간 생성하는 생성철학이고, 고정된 실체가 없는 변화철학이며, 시간성철학이고, 창조철학, 진화철학이라고 할 수 있다.

 신문철학, 시간성철학은 지금 여기의 삶으로 집약된다. 매 순간의 다양하고 새로운 생명 현상으로의 나툼이 지금 여기의 삶이자 우주이다. 그것을 단군신화에서는 현재적 존재인 인간의 관점에서 홍익인간으로 규정한다.

 홍익인간은 사건의 생성을 통한 시간의 다스림과 물건적 생명 현상으로의 나툼의 두 측면에서 이해할 수 있다. 환웅이 인간 세상에 내려와서 이화함은 역수의 다스림이다. 그것은 본성의 지혜를 활용하여 세계, 우주를 분화分化함이다.

 물건적 생명으로의 나툼은 언행으로 생명을 드러냄, 생명의 현상의 완성이다. 현상은 곡식과 잡곡, 선과 악을 비롯한 상대적 물건에 의하여 서로가 서로를 존재하게 하고, 서로가 서로를 새롭게 하며, 서로가 서로를 다양하게 하는 삶이다. 그것을 홍익인간이라고 한다. 따라서 홍익인간의 재세이화의 결과다. 그러면 불일不一의 현상을 나타내는 이것과 저것이 있는가?

 웅호의 변화에서 나타나듯이 용심에 의하여 현상의 언행을 비롯한 물건을 사건으로 주체화하여 마음으로 내면화하고, 마음은 본성이자 시간성으로 돌아간다. 그것이 회향回向이자 귀체歸體, 귀본歸本이다. 따라서 본래 불일不一의 실체적 물건은 없다. 그러면 인간은 어떤 존재인가?

실체적 관점에서 인간의 형이상적 측면인 본성과 형이하적 측면인 육신 그리고 마음이 있어서 삼자가 본체와 작용, 현상의 관계라고 할 수 있다. 따라서 본성과 마음, 육신은 하나이면서도 둘이고, 하나가 아니면서도 둘이 아니다. 그러면 사람은 실체적 존재인가?

사람은 매 순간 본성으로부터 시작하여 마음으로 작용하여 현상의 다양하고 새로운 언행을 통하여 항상 생명으로 나툰다. 이와 더불어 매 순간 나타나는 언행은 마음으로 돌아가서 시간성과 하나가 되어 사라진다. 따라서 매 순간의 다양한 언행으로 나타나는 생명 현상은 있다거나 없다고 할 수 없다. 다만 영원한 생성일 뿐이다. 그러면 패러다임의 관점에서는 신문사상, 홍익인간사상은 어떤 특징을 갖는가?

첫째로 고조선사상은 물건적 차원에서 실체적 존재의 변화를 나타내지 않는다. 형이하적 패러다임과 형이상적 패러다임은 주체와 객체를 나누고, 형이상과 형이하를 나누어서 각각을 대상으로 끊임없이 나누거나 합하는 분합을 한다. 그러나 고조선사상은 사건적 관점에서 매 순간 다양하고 새로운 생성을 논한다. 따라서 고조선 사상은 형이하적 패러다임도 아니고, 형이하적 패러다임도 아니다.

둘째는 현상의 물건을 중심으로 주체와 객체를 나누는 웅호의 세계도 있지만 형이하의 현상으로부터 천상의 환웅이 상징하는 시공을 초월한 경지도 있다. 따라서 고조선 사상은 형이하적 패러다임과 형이상적 패러다임을 포함한다.

셋째는 과학, 수학이 전제로 하는 형이하적 패러다임이 주체와 객체를 중심으로 평면적으로 분합하는 것과 달리 유가, 불가는 형이상과 형이하를 나누어서 형이하의 현상을 초월하여 형이상의 경지를 추구하는 상하적이고 입체적인 분합을 한다.

　형이하적 패러다임이 형이상적 경지가 없기 때문에 순역의 방향이 없는 것과 달리 형이상적 패러다임에 의하면 역방향에서 시작하여 순방향에 이르는 두 방향이 서로 구분되어 제시된다.

　그러나 고조선 사상은 순방향과 역방향을 동시에 제시함으로써 양자가 둘이 아닌 환인의 경지를 제시한다. 따라서 고조선 사상은 역순을 구분하여 둘로 나타내는 유가, 불가를 비롯한 다른 사상의 형이상적 패러다임과 다르고, 과학, 사회학과 현상을 대상으로 하는 학문이 전제하는 형이하적 패러다임과도 다르다.

　넷째는 과학, 넓은 의미의 사회학을 비롯한 현상학이 앎과 실천을 구분하여 학문을 앎, 이론에 한정시키는 것과 달리 유가, 불가와 같은 사상에서는 앎과 실천, 상구보리와 하화중생, 수기와 치인을 구분하면서도 양자의 합일을 추구한다. 이처럼 합일을 추구하는 까닭에 일어나는 현상은 앎과 실천이 삶 속에서 어떻게 합일하느냐의 문제가 발생하는 동시에 이론적 측면에서는 존재론과 인식론, 유와 무, 이연과 응연과 같은 다양한 개념, 주장, 이론 사이에 양립할 수 없는 모순이 일어난다.

　그러나 고조선 사상에서는 실천과 앎이 둘이 아닐 뿐만 아니라 존재론과 인식론이 둘이 아니고, 형이상과 형이하가 둘이 아니며, 모든 분별이 둘이 아니어서 모순이 없다. 따라서 회통과 통섭, 융복합이라는 개념도 필요가 없다. 이처럼 형이하적 패러다임과 형이상적 패러다임이 갖는 난제가 고조선 사상에서는 없다.

　다섯째는 영원한 현재, 영원한 생성, 홍익인간의 삶에서는 삶과 죽음, 형이상과 형이하, 과거와 미래, 삶과 신과 같은 분별이 없기 때문에 신과 인간의 관계를 하나로 보는가 아니면 둘로 보는가와 같은 형이하적 패러다임과 형이상적 패러다임의 양자가 일으키는 모순 관계가 없다. 그러면 고조선 사상을 한마디로 나타내면 무엇인가?

우리는 고조선 사상을 생성적 패러다임이라고 부를 수 있다. 생성적 패러다임은 매 순간 새롭게 생성하는 진화적 생성인 점에서는 진화적 패러다임이고, 매 순간 다양하게 생성하는 창조적 생성인 점에서는 창조적 패러다임이다.

생성적 패러다임은 대상화, 물건화를 통하여 형이상적 패러다임과 형이하적 패러다임으로 나타난다. 물건적 관점에서는 생성적 패러다임이 형이상적 패러다임과 형이하적 패러다임을 포함한다.

사건적 관점에서는 형이하적 패러다임에서 시작하여 형이상적 패러다임에 이르고, 평이상적 패러다임을 넘어서 생성적 패러다임에 이른다.

물건적 분합에 의한 패러다임은 현상으로부터 형이상의 경지에 이르는 수행론, 인식을 바탕으로 존재론에 이르고 다시 앎, 지혜를 실천하는 실천론으로 이어진다. 이로부터 물건적 분합의 방법에 의하여 전개되는 형이상적 패러다임, 형이하적 패러다임은 이단과 정통, 시是와 비非, 선과 악, 긍정과 부정, 유와 무, 앎과 실천과 같은 분별과 그것을 벗어난 합일, 통합이 문제가 된다. 그러면 분합에 의하여 제기되는 통합은 어떻게 해결되는가?

만약 통합을 위한 새로운 제3의 이론을 제시하면 다시 그것과 통합을 위한 새로운 이론이 제시되어야 한다. 이처럼 분합의 관점에서 이것과 저것을 대상으로 시비, 선악, 비추, 이단과 정통을 나누면 통합은 없다. 그러면 어떻게 해야 하나?

분합은 물건적 관점에서 제기된다. 그러므로 물건적 관점을 사건적 관점으로 바꾸어야 한다. 그리고 이와 더불어 형이하, 현상, 사물의 차원을 초월하여 근원의 차원, 형이상의 차원으로 넘어서야 한다. 그러면 오로지 차원의 변화만으로 해결되는가?

차원의 변화는 패러다임의 이동, 전환을 뜻한다. 현상적 패러다임, 형이하적 패러다임을 벗어나서 초월적 패러다임, 형이상적 패러다임에 이른다. 그렇다고 하여 형이상적 패러다임에 머물면 여전히 형이하의 현상과 거리가 있어서 통합의 문제를 해결할 수 없다.

한국 고대의 사상이자 한국사상의 원형인 고조선 사상, 전통 사상, 신문 사상을 고찰해야 하는 까닭이 여기에 있다. 형이상과 형이하를 넘어선 중中, 중도中道, 역도易道의 경계에서 이루어지는 생성적 패러다임은 한국사상의 특성이다.

생성적 패러다임에 의하면 시와 비, 선과 악, 미와 추, 신과 물건, 형이상과 형이하, 도와 기, 성과 명은 고정된 실체가 아니라 때와 장소에 따라서 다양하고 새롭고 생성될 뿐이다. 이처럼 때와 장소에 따라서 생성하면 될 뿐으로 시비, 선악, 미추에 의한 정통과 이단의 문제가 없어서 통합의 문제가 없다.

오늘날 우리 사회가 극단적인 양극화에 의하여 혼란스러운 까닭도 우리의 전통사상인 한국사상의 생성적 패러다임을 모르기 때문이다. 우리의 우리다움으로서의 생성적 패러다임을 모르기 때문에 한국인이면서도 한국인으로 살지 못한다. 그것이 오늘날 우리나라가 겪고 있는 사회적, 정치적, 경제적, 문화적, 교육적, 종교적 혼란이다. 그러면 생성적 패러다임에 의한 고조선의 경영은 어떻게 이루어지는가?

고조선이라는 국가사회를 세운 존재를 단군이다. 단군은 환웅과 웅녀가 결혼을 하여 낳은 자식이다. 단군은 환웅이 상징하는 신성과 웅녀가 상징하는 물성, 환웅이 상징하는 천도와 웅녀가 상징하는 지도가 둘이 아닌 인성, 인도를 상징한다. 따라서 단군과 단군이 세운 고조선은 인성人性, 인도人道, 본성을 나타낸다.

그러나 인성은 고정된 실체가 아니어서 매 순간 새롭고 다양하게 생성한다. 그러므로 실체적 관점에서 본성을 나타내어 신성과 둘이 아닐 뿐만 아니라 물성과 둘이 아니라고 말할 수 있지만 그것이 본성은 아니다. 그러면 고조선의 경영은 어떻게 이루어지는가?

고조선의 경영은 환웅이 이화하여 홍익인간의 현상으로 나투는 동시에 현상의 물건이 환웅으로 돌아가는 사건이 둘이 아닌 신문을 고조선이라는 국가사회의 관점에서 나타낸 사건이다.

고조선의 경영이라는 사건을 실체화하여 경영의 주체인 단군과 경영의 대상인 고조선을 설정하여 살펴보자. 고조선 경영의 주체는 단군인 동시에 왕검이다. 왕검은 사회적 지도자이며, 단군은 종교적 지도자이다. 종교적 지도자는 본성과 신성이 둘이 아닌 지혜를 활용할 수 있는 지도자이고, 사회적 지도자는 본성과 물성이 둘이 자비를 활용할 수 있는 지도자이다. 따라서 단군왕검은 신성과 물성이 둘이 아닌 본성을 자유롭게 활용하는 지혜와 자비에 의하여 고조선을 경영한다.

그것은 종교가 지향하는 형이상의 근본과 사회가 지향하는 형이하의 현상이 둘이 아님을 뜻한다. 이처럼 국가의 경영은 형이상의 본성과 형이하의 물성이 둘이 아닌 중도中道, 역도易道를 주체로 이루어져야 한다. 그러면 종교와 사회가 무엇인가?

종교는 사람, 사회, 인류, 우주의 본질을 나타내는 본체의 경지를 대상으로 하고, 사회는 현상의 사물을 대상으로 한다. 따라서 종교가 나타내는 본체와 사회가 나타내는 현상을 둘이 아니게 활용하는 것이 국가사회의 경영이다.

사회라는 개념에는 과학이 대상으로 하는 물건적 세계인 자연, 개인과 개인이 모인 가정, 국가, 인류의 사회, 문화, 예술, 학문, 경제, 법, 행정, 안보, 외교를 비롯하여 현상에서 나타나는 모든 사물이 포함된다.

이제 고조선사상에서 제시한 국가의 경영은 단군이 나타내는 종교적 차원, 형이상적 차원, 근본과 왕검이 나타내는 사회적 차원, 형이하적 차원, 지말이 둘이 아닌 역도易道의 영원한 생성임을 알 수 있다.

고조선의 경영이 영원한 생성임은 종교와 사회, 형이상과 형이하를 구분하여 둘로 나타낼 수 없음을 뜻한다. 오늘날의 우리 사회를 경영하는 정치는 경제, 교육, 종교와 분리되어 오로지 정치에 의하여 경제, 종교, 교육, 문화, 외교, 안보를 해결하려고 한다.

오늘날은 정치는 다양한 제도를 운용하는 시스템 중심의 정치이다. 정치제도를 중심으로 그것을 운용하는 제도운용의 한계는 제도를 운용하는 주체와 그의 이념에 따라서 시스템 자체가 끊임없이 변화한다는 점이다.

그러나 정치, 경제, 종교를 비롯한 모든 현상에는 주체인 인간이 있다. 온갖 정치제도를 운용하는 주체인 인간의 의식 수준에 따라서 정치가 천차만별로 나타난다.

고조선의 국가 경영은 제도와 주체의 어느 하나가 아니라 양자가 통합된 차원이다. 본성이라는 형이상적 경지와 형이하의 현상이 둘이 아닌 중도를 바탕으로 전개되는 국가의 경영은 주체를 바탕으로 한 생성이라는 점에 현상의 제도가 중심이 아니다.

오늘날 우리나라는 삼권이 분립되어 서로 견제와 균형을 통하여 조화를 이루는 제도이다. 그러나 그것은 오로지 현상의 측면에서 제시된 제도일 뿐으로 주체가 없다.

만약 행정부의 수반이나 입법부 그리고 사법부가 특수한 집단에 의하여 장악되거나 한 개인에 의하여 장악되면 언제나 독재로 변할 수 있다.

본성과 신성이 둘이 아닌 중도, 역도, 환인이 매 순간 환웅이 나타내는 신성에서 시작하여 단군이 나타내는 본성으로 작용하여 새로운 제도와 다양한 국민의 삶으로 나타나는 것이 국가의 경영이다. 그러면 국가의 경영을 형이상의 근원을 지향하는 종교적 측면에서 살펴보자.

형이하적 패러다임에 의하면 지금 여기의 나의 삶과 종교적 삶이 둘이다. 신앙의 대상인 신과 내가 다르고, 신이 존재하는 세계인 천국, 정토와 여기가 아닌 다른 공간이고, 견성하여 해탈하고, 구원을 받는 사건은 지금이 아닌 미래에 이루어진다.

우리는 지금 여기의 삶을 행복하게 보내기 위하여 종교를 갖는다. 만약 지금 아닌 미래, 여기가 아닌 다른 공간, 내가 아닌 다른 존재에 의하여 구원을 받고, 해탈을 한다면 지금 여기의 삶은 어떤 의미를 갖는가?

지금 여기의 삶은 단지 미래의 다른 곳의 새로운 삶을 위한 원인을 지어가는 과정이다. 오늘날의 사상, 종교, 철학은 지금 여기의 삶이 아닌 미래의 다른 곳의 다른 나를 찾을 뿐으로 지금 여기의 함께 하는 삶은 없다. 이처럼, 사상, 종교, 철학이 지금 여기의 삶에 대한 대답을 주지 못하면 버리고 떠나지 않을 수 없다. 그러면 어떤 종교의 어떤 교리 체계가 옳은가?

　동일한 하나의 종교에서 수많은 교파가 갈라지는 까닭은 새로운 교리 체계가 끊임없이 나타나기 때문이다. 이처럼 새로운 교리 체계가 끊임없이 나타나기 때문에 항상 형이하적 패러다임에 의한 종교의 세계는 이단과 정통의 문제가 제기된다.

　비슷하지만 참된 종교가 아닌 사이비似而非 종교는 이단이다. 그리고 진성眞成 종교가 정통이다. 그러나 이단과 정통을 구분하는 기준이 무엇인가는 항상 문제가 된다.

　동일한 이론 체계도 사람에 따라서 다양하고 새롭게 이해한다. 그러나 서로 다른 이론 체계의 종교를 논하는 사람의 본성, 성품은 둘이 아니다. 따라서 본성, 성품의 경지에서 다른 이론 체계의 종교가 다르지 않다. 이로부터 형이상적 패러다임에 의하여 종교를 이해할 필요가 있다. 그러면 형이상적 패러다임에 의하면 종교는 어떤가?

　형이상적 패러다임에 의한 삶은 형이하적 패러다임의 전환을 통하여 이루어진다. 이는 형이하적 패러다임에 의한 종교적 삶이 미래의 결과를 낳는 원인을 지어가는 것과 같다.

　형이하적 패러다임과 형이상적 패러다임에 의하면 객체로부터 주체로 전회하고, 형이하로부터 형이상으로 차원을 전환해야 깨달음을 얻고, 지혜를 얻고, 구원을 받는다. 그리고 앎, 지혜, 깨달음을 얻어야 비로소 다른 사람과 함께 하는 하화중생, 안인, 안백성이 가능하다.

　그러나 그리스도 계통의 종교는 천국에서 영생을 누릴 뿐으로 유학, 대승불교와 같이 출발점인 지금 여기로 돌아와서 지옥의 사람들과 함께 살면서 그들을 제도하는 일은 없다. 오로지 자신의 구원과 영생이 있을 뿐이다.

형이상의 본성의 경지에는 나와 남의 분별이 없고, 과거와 미래의 분별이 없으며, 죄인과 구세주, 부처와 중생의 분별이 있고, 윤회와 해탈, 죄와 구원의 분별이 없으며, 정토와 예토의 분별이 없고, 천국과 지옥의 구분이 없다. 따라서 여러 분파의 종교가 없을 뿐만 아니라 정통과 이단의 다툼이 없다.

형이상적 패러다임에 의하여 종교를 이해하면 동일한 본성을 다양하게 나타낸 서로 다른 이론 체계이자 종교이다. 따라서 어떤 이론 체계의 어떤 종교라도 둘이 아니다.

형이상적 패러다임에 의하여 기독교를 이해하면 신과 내가 둘이 아니고, 천국과 여기가 둘이 아니며, 구원을 받은 영생과 지금 여기의 삶이 둘이 아니다. 그러므로 지금 여기의 삶이 그대로 천국의 삶이고, 신과 함께 하는 삶이며, 구원을 통하여 영생의 삶이다.

형이상적 패러다임에 의하여 불교를 이해하면 지금 여기가 그대로 불국정토이고, 지금 여기의 내가 부처이며, 지금 여기의 삶이 부처의 삶이다. 그런데 뭔가 이상하다. 지금 여기 나의 삶이 행복하다면 굳이 종교를 논할 필요도 없고, 수행, 수도, 수기를 논할 까닭이 없다. 그러면 수행, 수도를 할 필요가 없는가?

만약 수행, 수도를 하지 않으면 형이하적 패러다임에 의하여 종교 생활을 하는 사람들과 다르지 않다. 그들이 그대로 부처의 삶, 구세주의 삶, 대인의 삶을 살고, 근심 걱정 두려움이 없는 편안한 삶, 언제나 행복한 자유로운 삶을 사는 것은 아니다. 이는 형이하적 패러다임과 형이상적 패러다임을 나누어보는 한계이다. 그러면 형이상적 경지와 형이하적 현상이 둘인가?

형이상과 형이하, 이상과 현실, 근본과 지말은 인간이 구분하여 개념으로 나타낸 것들이다. 둘로 나누어서 나타내기 이전은 그것을 논하는 나와 둘이 아니다. 그러므로 분별이 없는 형이상의 경지나 분별의 현상이 없을 뿐만 아니라 양자를 넘어선 분별 이전의 경지인 중, 중도라는 것도 없다.

이제 우리는 여러 사상, 철학, 종교와 고조선 사상의 차이를 알 수 있다. 다른 나라의 사상, 종교, 철학은 현상을 벗어나서 구원을 받고 천국에서 영생을 누리는 자신의 삶에 치중하거나 유학이나 불교처럼 수기하고, 깨달음을 얻은 후에 다시 지금 여기에서 안인하고, 하화중생의 삶을 산다.

그러나 깨닫고, 수기하며, 지혜를 얻고 구원을 얻는 일이 쉽지 않다. 평생을 오로지 수기하고, 수도하며, 깨달음을 얻고, 지혜를 얻으며, 구원을 얻기 위하여 살 뿐이다. 그러면 어떻게 해야 하는가?

생성적 패러다임에 의하여 지금 여기의 나와 둘이 아닌 경지와 하나가 아닌 차원을 넘어서 중도의 경지에서 매 순간 다양하고 새로운 생명 현상으로 드러내는 생성적 삶이 필요하다.

만약 형이하적 패러다임에 의하여 종교 생활을 하는 사람에게는 형이상적 패러다임에 의하여 지금 여기의 나의 삶이 그대로 모든 종교가 지향하는 삶임을 알려주고, 만약 형이상적 패러다임에 의하여 현상을 벗어나서 오로지 하나의 경지에서 노니는 사람에게는 형이하적 패러다임에 의하여 사는 사람들과 함께 살도록 한다.

고조선의 역사상, 신문神文사상에서는 지금 여기의 삶이 바로 대인, 성인, 구세주의 삶이라고 말한다. 매 순간의 지금 여기의 사고, 분별, 의지가 그대로 환웅이라는 신을 본체로 단군이라는 본성의 작용이며, 나의 언행이 모두 신, 본성의 나툼이다.

그런데 매 순간의 언행은 나타나는 순간 다시 마음의 사고, 분별, 의지로 돌아가고, 그것은 다시 본성으로 돌아가서 신이 된다. 이처럼 언행을 하면서도 마음에 의하여 온 우주가 둘이 아님을 파악하는 지혜가 나타나고, 신으로 돌아가서 매 순간의 언행을 통하여 서로가 서로를 살리는 홍익인간의 삶을 계속해야 할 자비를 느낀다.

매 순간의 지금 여기의 삶이 그대로 서로가 서로를 살리고, 서로가 서로를 진화시키며, 서로가 서로를 다양하게 하는 하화중생이고, 안인, 안백성인 동시에 상구보리이고, 수기이다. 그러므로 지금 여기의 삶이 그대로 홍익인간의 삶이다.

이제 버리고 떠나야 할 지금 여기의 나도 없고, 찾아서 얻고, 도달해야 할 이상적인 나도 없다. 매 순간의 삶이 그대로 우주적 삶, 진리와 하나 된 삶, 아름답고 진실한 삶이다.

가난과 부유함, 건강과 병, 고통과 즐거움, 슬픔과 기쁨은 끊임없이 변화하는 현상의 두 측면이다. 죽음이 없는 삶이 없으며, 죽음으로 인하여 삶이 계속되고, 삶은 죽음으로 이어진다.

아픔과 슬픔, 고통을 버리고 편안함, 기쁨, 즐거움을 찾을 수 없다. 매 순간 아픔, 슬픔, 고통과 편안함, 기쁨, 즐거움이 변화하면서 생성할 뿐이다.

지금 여기의 삶이 그대로 신문神文인 생성의 삶은 영원한 현재적 시간관에 의하여 제기되는 영원한 생성적 세계관에 의하여 이루어진다. 신문사상에서는 온 우주의 본질을 신이라고 말한다. 지금 여기의 나의 본성은 신이다. 비록 본질이 신일지라도 자신의 본래면목을 잊어버리고 물건처럼 살면 그를 소인, 중생, 죄인이라고 부른다.

　소인, 중생, 죄인은 삶의 방법에 따라서 나타난 삶의 결과인 현상을 가리킨다. 본성을 주체로 살면 부처이고, 대인이며, 그리스도이고, 성인이며, 진인, 신인이다. 그러나 그는 본래의 그일 뿐으로 어떤 수식어를 붙여도 여전히 자기 자신이다.

　이제 우리는 대인과 소인, 부처와 중생, 성인과 속인, 구제주와 죄인이 사람 자체에 있는 것이 아니라 삶의 방법에 있음을 알 수 있다. 사람은 누구나 온 우주와 그 본질이 같아서 이것과 저것으로 구분하여 나타낼 수 없음을 신이라고 말한다. 따라서 자신이 신임을 알고, 신의 삶을 살면 매 순간 창조하고 진화하는 생성적 삶을 산다.

　매 순간 때와 장소에 따라서 필요한 말을 하고, 필요한 행동을 할 뿐으로 그것이 끝나면 자신이 무엇을 했다는 마음이 없이 본래의 자리인 일신, 상제, 본성, 우주에 놓아 버린다. 따라서 무엇을 해도 함이 없어서 결과를 책임지는 카르마(業)가 되지 않아서 자유롭다.

　일신의 차원에서 보면 온 우주의 만물이 신이 아님이 없다. 그러므로 모든 존재가 신이라는 범신론으로 제기한다. 그리고 현상의 사물과 구분하여 사물과 다른 형태로 존재한다는 유신론을 제시하면서 유일신론과 다신론을 제기한다. 이와 달리 신을 작용을 중심으로 인간의 심성 내면에서 발견되는 내재론을 제시한다.

　그러나 신을 어떻게 나타내고, 어떻게 대하더라도 그것을 자신과 하나도 아니고 둘도 아니어서 오로지 때와 장소에 따라서 창조적이고 진화적으로 생성하는 생성적 패러다임에 의하여 살면 아무런 문제가 없다.

본체의 관점에서 보면 모든 존재가 신이 아님이 없기 때문에 이것은 신이고 저것은 신이 아니라고 할 수 없다. 현상은 비록 본체인 일신의 작용인 삼신에 의하여 나타나지만 현상의 만물이 신이 아니다. 그러므로 사물이나 사람이 신은 아니다.

그러나 작용의 측면에서 신은 묻는 사람의 차원에 따라서 다양하게 나타낼 수 있다. 묻는 상대방이 어느 차원에 얽매여 있는지를 파악하여 그것으로부터 벗어나 자유롭게 해 줄 뿐이다. 그러면 종교적 삶과 사회적 삶이 둘인가?

종교가 지향하는 이상세계와 국가사회가 지향하는 이상세계는 둘이 아니다. 종교가 지향하는 이상과 사회가 지향하는 이상을 제시하는 학문은 한국철학이다.

한국철학에서는 종교가 지향하는 이상세계와 국가가 지향하는 이상세계를 홍익인간으로 제시한다. 홍익인간은 이화에 의하여 생성되는 세계이다.

국가사회의 경영을 나타내는 정치, 경제, 교육, 사회, 국방, 외교를 비롯한 다양한 현상적 측면은 근원인 한국철학을 바탕으로 하지 않을 수 없다.

정치, 경제, 법은 현상일 뿐으로 근원이 아니다. 정치, 경제, 법을 운용하는 사람이 철학을 모르면 정치, 경제, 법을 운용하는 목적, 방향, 방법을 알 수 없다.

오늘날 우리 사회의 정치가 현상적 측면에서 보수와 진보를 구분하여 서로 대립할 뿐으로 근원을 모르기 때문에 소통과 화합이 이루어지지 않는다.

보수와 진보를 논하는 주체는 본성이다. 본성은 어떤 분별도 없다. 본성이 현상에서 홍익인간의 이상을 보존하는 보수적 정치와 이상을 실천하기 위하여 현상을 변화시키는 진보적 정치로 나타날 뿐으로 양자는 둘이 아니다.

교육의 목표는 종교가 제시하는 이상적 인격체를 길러내는 일이다. 그것은 자신의 본래면목이자 우주의 본질인 중도, 역도를 자각自覺하여 자신으로 살아가는 삶의 방법을 체득體得하도록 안내하는 일이 교육임을 뜻한다. 따라서 교육과 종교가 다르지 않다.

정치의 목표는 모든 사람이 행복한 삶을 사는 아름다운 세상을 구현俱現하는 일이다. 그것은 고조선 사상에서 제시하는 홍익인간의 삶이다.

홍익인간의 삶은 종교가 추구하는 이상 세계에서 이상적 인격체로 사는 아름다운 삶이자 교육이 목표로 하는 이상적인 삶이다. 따라서 종교와 정치, 교육이 둘이 아니다. 그러면 종교와 경제가 다른가?

경제는 단순한 인간의 행위가 아니라 온 우주가 함께 하는 재화의 경영이다. 재화를 생산하고, 소비하는 재화의 경영은 자연과 인간이 모두 이롭게 이루어져야 한다.

자연의 본질인 신성과 인간의 본성이 둘이 아닌 중도, 역도가 매 순간 다양하고 새로운 재화의 운용으로 나타나는 생성적 경영이 온 우주와 함께하는 국가 경영의 방법인 재화 경영이다.

그러면 국가 경영의 한 측면인 국방과 외교는 어떻게 해야 하는가?

국방은 단순하게 우리나라를 다른 나라의 침략으로부터 지키는 것을 넘고, 다른 나라들이 서로 침략하지 못하도록 예방하는 소극적인 측면을 넘어서 나라들이 서로 다른 나라를 자신의 나라처럼 존중하도록 안내하는 일이다.

외교는 오로지 다른 나라로부터 자기 나라의 이익을 취하는 관계가 아니다. 다른 나라로 인하여 우리나라가 존재하고, 우리나라로 인하여 다른 나라가 존재한다. 그러므로 서로가 서로를 존중하여 함께 살아가는 길이 외교이다.

국방과 외교가 서로를 존재하게 하고, 서로를 이롭게 하는 국방, 외교가 되기 위해서는 외교와 국방을 담당하는 사람들은 물론 국민 각자가 본성을 주체로 하는 생성적 삶, 생성적 패러다임에 의한 창조적 삶을 살아야 한다. 창조적 삶이자 진화적 삶을 사는 사람은 자신의 나라를 사랑하듯이 남의 나라도 사랑하여 존중할 수 있을 뿐만 아니라 서로가 공생하고, 공존하는 국방과 외교가 가능하다.

다음에는 생성적 패러다임을 통하여 시간과 공간이 무엇인지 살펴보자. 우리가 사는 세계는 시간과 공간이 합일된 시공이다. 천지, 세계, 우주는 모두 시간과 공간을 함께 나타내는 개념들이다. 그러나 근대과학자들이나 오늘날의 사람들은 시간과 공간을 나누어서 이해한다.

우리는 간지도수干支度數인 계묘癸卯, 갑진甲辰, 을사乙巳를 도구로 시간을 구분하고, 구분한 시간에 가치를 부여한다. 사람들은 자신들이 부여한 닭, 용, 뱀을 통하여 새벽을 깨우고, 하늘을 날며, 뱀이 허물을 벗듯이 변화를 하는 해라고 의미를 부여한다. 그러면 좋은 시간이 있고, 나쁜 시간이 있는가?

시간을 초월한 시간성, 과거와 미래, 현재를 구분할 수 없는 시간성이 지금 여기의 나를 통하여 과거와 미래로 분절되어 나타나고, 그것이 다시 물건화하여 좋은 시간과 나쁜 시간이라는 물리적 시간으로 나타난다. 따라서 시간을 논하는 나를 떠나서 물리적 시간은 존재하지 않는다.

상하와 좌우로 구분되는 공간적 세계 역시 실재하지 않는다. 시간성을 대상화하여 나타내는 공간성이 지금 여기의 나를 통하여 분절되어 상하와 좌우의 상하, 사방이라는 공간으로 나타난다. 그리고 공간을 대상으로 가치를 부여하여 길지吉地인 명당明堂과 흉지凶地와 같은 현상이 전개된다.

이제 우리는 시간을 중심으로 사주팔자를 세워서 미래의 길흉을 점치는 명리학과 공간을 중심으로 길지吉地와 흉지凶地를 가리는 풍수지리학, 천체를 관찰하는 천문학이라는 술術은 시간성, 공간성을 떠나서 존재할 수 없음을 알 수 있다. 시간성이 천도이며, 공간성이 지도이다. 따라서 본체인 도를 떠나서 본체가 나타난 현상을 대상으로 하는 천문, 명리, 풍수지리가 존재할 수 없다. 본체인 형이상의 도를 추구하는 학문이 동양철학이며, 동양철학의 도를 근원으로 나타나는 현상의 천문, 명리, 풍수지리를 살피는 일들이 나타난다. 그러면 시공은 없는가?

형이하적 패러다임에 의한 유물론적 세계관에서 시간의 근원인 시간성, 천도와 공간의 근원인 공간성, 지도가 배제된 시간과 공간을 제시한다. 이처럼 근원이 없는 지말, 현상인 시공, 사물, 인간은 없다. 따라서 형이하적 패러다임에 의한 시공, 사물, 인간의 차원을 벗어나야 한다.

형이하적 패러다임에 의한 현상을 초월할 때 형이상적 경지에 이른다. 형이상적 패러다임을 통하여 공간의 근원이자 물리적 시간의 근원인 공간성에 이른다.

그러나 공간성은 공간과 상대적인 개념이다. 그러므로 공간성과 공간이 둘이 아닌 경지를 중中, 중도中道라고 말한다. 이때 중도 역시 하나의 틀이 될 수 있다. 따라서 중도라는 실체적 경지가 아닌 활발발活潑潑한 세계, 삶 자체를 나타내지 않을 수 없다.

공간성, 중도를 벗어나서 시간성에 이르면 중도는 매 순간 다양한 현상으로 나타나고, 다양한 현상이 다시 중도로 돌아가서 중도가 새로운 현상으로 나타나서 중도마저도 항상 새로워지고 다양해진다. 그것을 역도라고 말한다.

역도의 차원은 생성적 패러다임에 의하여 열린다. 생성적 패러다임에 의한 경지를 체용상으로 구분하여 나타내면 다음과 같다. 우리는 변화하는 현상을 대상화하여 시공, 사물이라고 말한다. 그러나 현상은 본체의 드러남이기 때문에 본체의 작용에 따라서 현상의 변화가 달라진다. 본체를 중심으로 시공의 현상을 살펴보면 시간성이 인간을 매개로 하여 사건으로 드러나고, 사건은 현상의 생사, 시비, 상벌로 나타난다.

환웅이 인간의 세상에 내려와서 360의 세계를 다스림은 시간성이 인간을 매개로 하여 시간상의 사건으로 드러남을 뜻한다. 그것이 바로 재세이화在世理化이다. 그리고 사건을 대상화하여 나와 남, 나와 세계와 같은 웅호가 나타내는 물건의 세계가 전개된다.

환웅이 매 순간 현상에서 나타나는 존재론적 측면에서 보면 시공은 매 순간 다양하게 나타나기 때문에 실체로서의 물건이 있다고 할 수 없지만 나타나는 현상이 없지는 않아서 있다. 그러면 웅호가 사람이 되고, 환웅이 되는 사건이 나타내는 인식론, 수행론적의 측면에서 시공, 사물은 있는가?

현상의 주체와 객체, 천지인의 삼재를 상징하는 웅호는 사람이 되고자 원했고, 사람이 되어 환웅과 결혼을 하여 하나가 된다. 이것은 매 순간

제2부 고조선문명과 생성적 패러다임　**243**

나타나는 사물이 고정되지 않아서 나타나는 동시에 변해서 사건이 되고, 시간성이 되어 변화하기 이전으로 돌아감을 뜻한다. 따라서 웅호는 있다고 할 수 없지만 없지는 않다. 그러면 이것을 어떻게 이해할 것인가?

신의 본질인 시간성을 나타내는 환웅이 인간의 세계로 내려오고, 현상의 물건을 상징하는 웅호가 사람이 되어 환웅과 결혼을 함은 시간성의 시간화와 물건화, 그리고 물건의 사건화, 시간성화가 모두 인간을 매개로 하여 이루어짐을 뜻한다.

시간성의 본체와 물건의 현상은 인간의 본성을 매개로 한 작용에 의하여 현상에서 새롭고 다양하게 나타난다. 이처럼 현상의 새롭고 다양한 변화는 없지는 않지만 본체의 관점에서는 있다고 할 수 없어서 있음과 없음을 넘어서면서도 벗어나지 않는다. 그것이 한국사상에서 제시하는 생성적 패러다임에 의한 본체와 작용, 현상을 바탕으로 시공의 현상에 대한 이해이다.

다음에는 한국사상의 생성적 패러다임이 제시하는 우리의 삶에 대하여 살펴보자. 우리의 삶은 환인이라는 개념이 상징하는 하나님인 일신一神으로부터 시작된다. 일신, 하나님의 본질인 시간성은 스스로 변하여 시간으로 화한다.

인간의 삶에서 환인이 나타내는 시간성은 환웅이 나타나는 시의성이 되어 사건으로 화하고, 다시 공간성이 되어 물건으로 나타난다. 이처럼 환인이 현상의 웅호로 나타남은 인간의 작용에 의하여 이루어진다.

인간의 삶은 매 순간 때와 장소에 따라서 사물을 다양하게 드러나는 창조로 시작된다. 매 순간 우리가 어떤 마음에 의하여 어떤 말과 행동을 하느냐에 따라서 지금 여기의 나로 드러나고, 나와 대상으로서의 시공과 사물 그리고 인간이 나타난다.

　매 순간 마음을 쓰고, 몸을 운전함이 모두 작용이다. 용심은 운신을 통하여 현상에서 물건적 변화, 생성으로 나타난다. 이처럼 우리의 매 순간의 운신에 의하여 시공, 사물이 나타난다. 그것은 아무런 것도 없는 절대무絕對無의 상황에서 사물을 창조함이 아니라 카오스, 혼돈으로부터 질서를 만드는 작용이다.

　그러나 질서, 코스모스는 카오스, 혼돈과 상대적인 질서이고, 상대적인 코스모스이다. 매 순간 다양하게 나타나는 현상은 동시에 사건으로 변하고, 시간성화하여 본래의 자리로 돌아간다. 물건의 사건화, 사건의 시간성화는 용심의 문제이다.

　물건이 현상에서 나타났다가 사라짐은 단순한 소멸이 아니라 새로워지는 과정이다. 그것은 현상의 사물이 항상 진화함을 뜻한다. 우리는 현상의 물건을 보면서 마음이 현상의 변화에 따라가지 않고, 이면의 근원을 찾아서 변화가 없는 부동不動의 하나, 일신, 환웅으로 돌아간다.

　분별이 없는 카오스, 혼돈, 무로 돌아가지 않으면 다시 새로운 분별에 의하여 다양한 질서, 코스모스로 나타낼 수 없다. 카오스, 혼돈은 단순한 카오스, 혼돈이 아니라 새로운 질서, 새로운 코스모스로 나타나기 위한 카오스이고, 혼돈이다. 따라서 카오스, 혼돈으로 돌아감은 새워지는 진화이다.

　우리가 삶의 과정에서 어떤 생각을 하고, 어떤 말과 행동을 하더라도 그것은 시간성, 신의 작용에 의하여 나타나는 결과이다. 그러므로 인간이 스스로 육신을 중심으로 나타나는 현상을 이해하여, 자신의 사고라고 여기고, 자신의 말과 자신의 행동이라고 여기면 그것이 그대로 다음의 사고와 언행을 구속한다.

　미래가 나타난 과거이고, 미래는 현재가 나타난 결과이기 때문에 과거와 미래가 둘이 아니다. 인간의 사고는 사건적이고, 시간적이다. 동시에 수많은 생각이 일어나는 것이 아니라 선후의 순서에 의하여 일어나는 사건이 사고, 생각이다. 따라서 매 순간 일어나는 사고를 고정시키지 않으면 일신의 작용에 의하여 일어나는 모든 사고는 자신을 구속하는 업이 되지 않는다.

　언행은 언제나 공간적이고, 물건적이다. 여기서 이루어지는 언행은 저기에서는 이루어질 수 없다. 만약 현상만을 보면 지금 여기의 나에 의하여 언행이 이루어진다고 착각을 한다. 그러나 나타난 언행은 반드시 사라지고 새로운 언행이 나타난다.

　나타나는 언행이 끊임없이 다양해짐은 우리가 어떤 마음으로 언행을 하느냐가 중요함을 뜻한다. 창조적 측면에서 우리의 삶은 매 순간 어떤 언행으로 자신을 드러내는가에 따라서 달라진다. 매 순간 어떤 언행을 하느냐에 따라서 매 순간의 지금 여기의 다양한 내가 나타난다. 이것이 생성적 패러다임에 의한 삶의 창조적 측면이다.

　나타난 언행이 새로워짐은 이미 나타난 언행이 사라지기 때문이다. 이때 중요한 것은 지금 여기의 나를 통하여 드러난 언행과 나의 언행을 통하여 나타나는 현상의 변화는 어떤 마음으로 새롭게 하는가에 따라서 달라진다. 매 순간 드러내는 나의 언행과 나의 언행에 의하여 나타나는 현상은 그것을 어떤 마음으로 대하느냐에 따라서 새로워진다. 이것이 생성적 패러다임에 의한 삶의 진화적 측면이다. 그러면 생성적 패러다임은 어떻게 표현되는가?

생성적 패러다임은 물건이 아니기 때문에 실체적 대상으로 나타낼 수 없다. 따라서 생성적 패러다임을 나타내기 위해서는 분합에 의하여 실체화하여 나타내지 않을 수 없다.

생성적 패러다임은 개념으로 나타내면 환인이고, 시간성이다. 시간성을 중심으로 생성적 패러다임을 나타내기 위해서는 시간을 나타나는 도구인 수를 사용하지 않을 수 없다.

수는 시간을 계산하는 단위이다. 일 년의 기수를 구성하는 연월일시를 역수라고 부르는 것도 시간의 단위로 기능하는 수를 가리킨다. 비록 시간성이 형이상적 경지이지만 형이하적 차원인 시간을 나타내는 단위를 통하여 상징적으로 나타낼 수밖에 없다.

형이상의 시간성을 상징하는 수는 셈을 하는 수와 다른 이수이다. 생성적 패러다임을 나타내는 이수는 천간天干과 지지地支에 의하여 구성된 간지도수, 하도와 낙서를 구성하는 천지의 수와 같이 구성 체계에 따라서 달리 부르기도 하고, 수지상수와 같이 손가락이라는 추연의 수단에 따라서 부르기도 한다.

손가락이나 하도와 낙서, 간지도수를 막론하고 수를 운용하는 추연의 주체는 인간의 손이나 사고가 아니라 현재성이다. 현재성은 분별할 수 없으나 모든 분별의 가능성을 안고 있는 미래성과 이것과 저것의 분별로 드러나는 과거성이 둘이 아닌 경계이다.

현재성을 바탕으로 미래성과 과거성이 나타난다. 이를 삼극으로 나타내면 미래성은 무극이며, 과거성은 태극이다. 이 태극과 무극이 둘이 아니면서 하나도 아님을 나타내는 개념이 현재성이자 황극이다.

환인, 환웅, 왕검이 하늘에서 땅으로 내려오고, 삼신이 성명정이 됨은 집일함삼의 미래성의 현재화를 나타낸다. 그리고 웅호가 사람이 되어 환웅과 결혼을 하거나 단군이 하늘에 제사를 지내고, 하늘의 뜻에 따라서 땅을 다스리고, 성통공완은 회삼귀일의 과거성의 미래화이다.

과거성의 미래화는 시간의 시간성화이고, 미래성의 과거화는 시간성의 시간화이다. 미래성이 지금 여기의 나를 인연으로 하여 시간화하고, 물건화하여 생명 현상으로 나타나고, 과거성이 지금 여기의 나를 인연으로 하여 사건화하고, 시간성화한다.

상제, 일신과 환인, 환웅, 단군의 삼원적 구조는 단군신화에서 환인과 환웅, 단군, 웅호의 일삼一三의 구조로 나타난다. 그것은 생성적 패러다임이 때와 장소에 따라서 항상 새롭고 다양하게 생성됨을 그대로 나타낸다. 그러면 생성적 패러다임에 의한 홍익인간은 무엇인가?

널리 인간을 이롭게 함은 바로 일신인 환인의 뜻이자 상제의 뜻이다. 홍익인간은 우주가 생성하는 목적이자 변화하는 방향이라고 할 수 있다. 이때 인간은 현재적 관점에서 나타낸 개념일 뿐으로 인간중심이나 인간이기주의가 아니다.

홍익인간은 인간의 세상을 이롭게 변화시키는 재세이화在世理化를 현상에서 나타낸 개념이다. 재세이화는 환웅이 인간의 세상에 내려와서 한 일이다. 환웅이 인간의 세상에 내려온 목적은 홍익인간이다. 그리고 목적을 이루기 위하여 인간의 세상에 내려와서 한 작업이 재세이화이다. 그러면 재세이화는 무엇인가?

그것은 바로 시간성의 시간화이다. 그것을 단군신화에서는 시간을 다스리는 일로 나타내고 있다. 시간을 다스림은 지혜를 활용하여 무엇을 해야 할 때인지를 파악하여 필요한 일을 함을 뜻한다. 이때 필요한 일은 시초와 종말의 시종의 사건으로 나타난다.

시종의 사건을 대상화하여 나타내면 옳음과 그름, 선과 악, 삶과 죽음과 분별의 현상이 전개된다. 만남과 헤어짐이라는 사건이 이 사람과 저 사람이라는 서로 다른 사람으로 나타나고, 사람과 물건, 사람과 사건, 사람과 자연을 비롯한 수많은 인연으로 나타난다.

제세이화의 결과가 홍익인간이다. 홍익인간은 나와 남, 우리가 서로가 서로를 먹이고, 서로가 서로를 살리며, 서로가 서로를 새롭게 하고, 서로가 서로를 다양하게 하는 진화와 창조의 연속이며, 생성의 연속이다.

홍익인간은 사람과 사람의 관계를 넘어서 사람과 사회, 사람과 사물, 사람과 천지, 사람과 우주를 막론하고 본성을 주체로 둘이 아니게 대하는 생명 현상이다. 모든 현상은 근원인 일심으로서의 상제의 작용에 의하여 이루어진다. 그러므로 현상의 어떤 것을 막론하고 평등하다.

현상의 물건은 새롭고 다양함을 통하여 본체의 둘이 아닌 경계를 나타낸다. 그러나 현상의 물건은 물건일 뿐으로 본체가 아니다. 따라서 일신一神과 삼신三神은 본체와 작용, 현상의 삼원적 구조에 의하여 생성적 관점에서 이해해야 한다.

삼신은 체용상의 구조를 통하여 일신을 나타낸다. 따라서 일삼과 삼신은 둘이 아니다. 그러나 삼신이 그대로 일신은 아니다. 그것은 삼심과 일신이 둘이 아니면서도 하나가 아님을 뜻한다. 이는 현상의 물건이 본체가 나타났기 때문에 본체와 둘이 아니지만 그렇다고 하여 현상의 물건이 그대로 현상이 아님을 뜻한다.

일신의 측면에서 보면 삼신이 둘이 아니지만 삼신의 측면에서 보면 일신과 삼신은 하나가 아니다. 이를 통하여 삼신의 작용이 중요함을 알 수 있다. 단군신화에서 환웅이 인간의 세계에 내려와서 세상을 이화理化하여 홍익인간 하는 일은 작용의 측면이다.

재세이화의 작용에 의한 홍익인간의 결과는 현상의 웅호에 의하여 환웅과 결혼하여 하나가 되는 작용과 함께 이루어진다. 그것을 삼일신고에서는 성통공완性通功完이라고 했다. 이는 웅호에서 시작하여 환웅에서 끝나는 인식론, 수행론적 측면을 시작으로 실천의 측면인 재세이화를 나타낸 것이다. 그러면 웅호로부터 시작하여 환웅에 이르는 인식론, 수행론적 측면을 바탕으로 존재론적 측면에서는 경우와 환웅에서 시작하여 웅호에 이르고 다시 환웅으로 돌아가는 홍익인간은 어떻게 다른가?

환인과 환웅, 단군왕검을 일관하는 대통섭사상은 시간성을 바탕으로 전개되는 생성적 패러다임이다. 대통섭의 일삼과 삼일은 존재론적 측면과 인식론, 수행론적 측면이다.

한국사상의 특성인 생성적 패러다임에 의하면 일삼의 존재론을 바탕으로 전개되는 삼일의 인식론, 수행론이 둘이 아니어서 진망, 염정의 문제가 없다. 왜냐하면 시간성의 시간화를 바탕으로 전개되는 시간의 시간성화는 본체와 현상이 그대로 둘이 아니기 때문이다.

그러나 시간성을 객관화, 대상화하여 물건적 관점에서 나타내면 비로소 이원적인 구조에 의한 분합이 이루어진다. 그것은 시간성을 바탕으로 전개되는 생성의 세계를 대상화하여 물건적 관점에서 나타내면 형이상의 도와 형이하의 기, 성과 명의 분합의 경계가 전개됨을 뜻한다.

다음에는 생성적 패러다임을 객관화하여 물건적 관점에서 분합을 중심으로 살펴보자. 그것은 생성적 패러다임을 창조적 패러다임과 진화적 패러다임의 두 측면에서 대상화하여 형이상적 패러다임과 형이하적 패

러다임으로 구분하여 살펴보는 작업이다.[131]

 시간성을 바탕으로 전개되는 신문사상을 객관화하여 공간성을 중심으로 고찰하는 목적은 일신의 통합적 특성을 밝히는 동시에 생성적 패러다임의 통섭적 특성을 밝히고자 함이다. 이러한 시간성의 공간적 접근, 물건적 접근을 통하여 지금 여기의 나를 중심으로 우주, 세계를 이해할 수 있다.

 우리가 환인을 영원한 현재로 나타내는 까닭도 물리적 시간의 관점에서 시간성을 나타내고자 함이다. 영원한 현재를 객관화, 대상화하여 나타내면 물건적 관점에서 천도와 지도, 인도로 드러난다.

 생성적 패러다임을 객관화, 대상화하여 물건적 관점에서 나타내면 천문과 지문, 인문의 삼원을 중심으로 전개되는 신문사상이다. 신문사상은 지금 여기의 나를 중심으로 나타내면 매 순간 새롭고 다양한 인문사상이다.

 인문사상은 환웅에 의하여 나타내는 천문사상과 웅호에 의하여 나타내는 지문사상의 통합, 회통과 통섭이다. 천문사상의 측면에서 환인사상은 통섭, 융합이고, 지문사상의 측면에서 환인사상은 회통, 합일이다. 이러한 천도와 지도, 인도를 삼자의 관계를 중심으로 나타낸 것이 체용상이다.

 주역, 유가, 노장에서는 체용의 개념은 나타나지만 체용상은 불교의 전적에서 나타나기 시작한다. 그럼에도 불구하고 주역, 유가, 노장, 중국불교에서는 체와 상을 하나로 하여 체상과 용으로 사용하거나 작용과

---

131 이현중, 『제3의 패러다임과 인류의 미래』, 지식과감성, 2025, 492-512.

현상을 하나로 하여 체용의 이원적인 구조를 사용한다.

그들은 근본과 지말, 근원과 현상의 이분법적 구조에 의하여 모든 이론을 제기한다. 이와 달리 본체와 작용, 현상의 삼원적 구조가 그대로 드러나는 것은 한국사상이다. 그러면 이원적 구조와 삼원적 구조의 차이는 무엇인가?

이원적 구조에 의하여 제기되는 모든 주장은 언제나 다른 주장과 양립할 수 없는 모순 관계를 형성한다. 아리스토텔레스의 논리학의 전제가 되는 동일률에 의하면 A와 ~A가 같지 않다. 그것은 서로 다른 주장이 같을 수 없음을 뜻한다.

유有와 무無를 예로 들어보자. 논리학에 의하면 유와 무는 같지 않다. 그러므로 유이거나 무일 뿐으로 유와 무의 사이에 다른 관계가 없다. 그것은 유와 무가 모순 관계이기 때문에 모두 옳거나 모두 그를 수 없음을 뜻한다.

그러나 중관학에서는 유, 무를 논할 뿐만 아니라 유이면서 무(有而無)를 논하고, 유도 아니면서 무도 아님(非有而非無)을 논한다. 이는 결국 형이상의 근원에 대하여 어떤 이름이나 주장, 이론, 사상이 모두 그르다는 주장[132]에 이른다. 그러면 어떤 이름이나 주장, 이론, 사상도 성립할 수 없는가?

만약 어떤 이름이나 주장, 이론, 사상도 제시할 수 없다면 그는 살아

---

[132] 「섭대승론석」 12권(ABC, K0590 v16, p. 1225b19-c05), "無戲論無分別 謂諸菩薩 諸菩薩不分別一切法 乃至不分別無上菩提 何以故 諸法無言說故 於無言說中強立言說 故名戲論 言說有四種 卽是四謗 若說有卽增益謗 若說無卽損減謗 若說亦有亦無卽相違謗 若說非有非無卽戲論謗 菩薩得無分別智 不可以言說顯示故 稱無戲論無分別 何以故 出過世間智故 又非世間智所知故".

있는 사람이 아니다. 사람의 삶은 언제나 다양한 도구를 활용하여 소통하는 과정의 연속이다. 따라서 언어를 사용하여 이름, 주장, 이론, 사상을 제시함과 그렇지 않음의 문제가 아니다.

　말을 해야 할 때 말을 하고, 주장을 해야 할 때 주장을 하며, 이론을 제기해야 할 때 제기하고, 사상을 밝혀야 할 때 밝히며, 말을 하지 말아야 할 때 말을 하지 않고, 주장, 이론, 사상을 드러내지 말아야 할 때 드러내지 않음이 삶이다.[133] 그러면 그것이 무엇을 의미하는가?

　본체는 언제 어디서나 항상 현상으로 드러난다. 그러므로 본체가 그대로 현상으로 드러난다고 할 수 있다. 그러나 현상이 그대로 본체는 아니다. 왜냐하면 비록 본체는 때와 장소에 상관이 없이 항상하지만 현상은 때와 장소에 따라서 다양하게 드러나기 때문이다. 이처럼 본체와 현상은 둘이 아니면서도 하나가 아니다. 그러면 본체와 현상의 관계는 어떻게 이루어지는가?

　본체와 현상이 둘이 아니면서도 하나가 아님은 바로 단군이 나타내는 작용에 의하여 이루어진다. 환웅이 인간의 세상에 내려와서 360의 시간을 주재한다. 그것은 병과 건강, 선과 악, 상과 벌, 삶과 죽음과 같은 삶의 과정에서 사건을 주재함이다. 그것을 다시 대상화하여 나타내면 곰과 호랑이의 둘 가운데서 하나를 선택함으로 나타난다.

　환웅이라는 하나의 본체에 의하여 이루어지는 작용에 따라서 현상은 서로 다르다. 곰과 호랑이 가운데서 곰은 사람이 되고, 호랑이는 사람이 되지 못하였다.

133　「논어」 위령공, "子曰 可與言而不與言失人 不可與言而與之言失言 知者不失人 亦不失言".

그러나 현상의 측면에서 곰과 호랑이를 이해하면 사람이 되고, 환웅과 하나가 되어 본래의 자리로 돌아가는 죽음, 회향은 곰과 호랑이 자신의 선택에 달려 있다.

비록 마음으로 곰과 호랑이가 모두 인간이 되고자 하는 뜻을 가졌을지라도 뜻을 이룰 수 있는 행위를 하지 않으면 사람이 되지 못한다. 마음의 뜻을 세우고, 몸으로 뜻을 실천한 곰은 사람이 되었고, 마음의 뜻을 세웠으나 몸으로 실천하지 못한 호랑이는 사람이 되지 못하였다.

사람이 되지 못하면 환웅과 결혼하여 하나가 될 수 없고, 환웅과 하나가 되지 못하면 단군이라는 새로운 자신을 낳지 못한다. 그러면 사람은 또 다른 자신인 단군을 낳기 위하여 다시 말하면 지금 여기의 자신을 새로운 자신으로 변화시키고 발전시키기 위하여 마음으로 뜻을 세우고, 몸으로 실천해야 하는가?

만약 환웅이 인간 세상에 내려와서 웅호로 나타나는 사건이 없다면 웅호가 다시 사람이 되어 환웅과 하나가 되는 사건은 성립할 수 없다. 그러므로 물건적 존재인 웅호가 뜻을 세우고 실천하는 과정을 통하여 환웅으로 돌아감은 웅호를 전제로 하지 않고는 이루어지지 않는다. 우리는 여기서 단군신화의 구조가 환웅과 웅호 그리고 단군임을 주목할 필요가 있다.

그것은 체용상의 구조에 의하면 본체와 작용 그리고 현상을 차례로 논하지 않고, 본체를 논하고 이어서 현상을 논한 후에 비로소 작용을 논하는 구조이다. 이때 본체는 현상을 통하여 나타내고, 현상은 본체를 통하여 나타낸다. 그리고 양자가 둘이 아님을 작용을 통하여 나타낸다. 그러면 그것이 무엇을 의미하는가?

본체와 작용 현상이 지금 여기의 나와 따로 있는 것이 아니라 지금 여기의 나를 세 측면에서 나타낸 것이다. 당연히 환웅과 단군, 웅호 역시 지금 여기의 나의 세 측면을 나타낸다. 그러므로 환인은 바로 지금 여기의 나를 나타낸다. 이처럼 본체와 작용, 현상이 둘이 아닌 생성을 나타내는 패러다임이 생성적 패러다임이다.

시간성의 차원에서 지금 여기의 나는 환웅이라는 본체, 본성, 자성이 매 순간 단군이라는 마음의 작용에 의하여 웅호라는 현상의 다양하고 새로운 생명 현상으로 나타난다. 그러므로 매 순간 안에서 일어나는 사고를 비롯한 마음의 작용과 몸을 통하여 나타나는 다양한 언행은 바로 온 우주가 매 순간 나를 통하여 드러남이다. 그러면 개체적 관점에서는 무엇인가?

환웅으로부터 웅호에 이르는 생성은 주객이 둘이 아닌 본성, 자성의 차원에서 주객을 구분하는 현상으로의 변화이다. 그것은 주객을 넘어선 경계에서 주체로 그리고 다시 객체로 대상화하는 과정이다.

그러나 공간성을 바탕으로 웅호로부터 환웅에 이르는 과정은 웅호로부터 사람과 하나가 되고, 다시 환웅과 하나가 되는 과정이다. 그것은 객체에서 출발하여 주체의 내면으로 향하고, 다시 주객이 둘이 아닌 경지에 도달하는 과정이다.

주객이 둘이 아닌 역도가 본체가 되어 현상으로 나투는 객체화, 대상화를 바탕으로 주체화, 내면화하는 홍익인간의 삶은 중국사상에서 제시하는 현상에서 출발하여 주체화, 내면화를 바탕으로 객관화, 대상화하는 삶의 방법과 어떻게 다른가?

우리가 현상을 중심으로 살펴보면 이상과 현실, 근본과 지말이 항상 어긋난다. 그것은 현상이 의義보다는 불의不義가 많고, 선善보다는 악惡이 많기 때문에 본체를 인정할 수 없음을 뜻한다. 만약 본체가 그대로 드러난 것이 현상이라면 본체와 현상이 다를 수 없다. 그럼에도 불구하고 현상을 보면 근원인 본체의 특성을 인정할 수 없다.

유학儒學에서는 천하에 옳지 않은 부모는 없다[134]고 말한다. 그러나 현실의 부모는 자식을 살해하기도 한다. 불교에서는 중생이 본래 부처라고 말한다. 그러면 왜 무명無明이 있고, 수행을 하여 부처가 되어야 하는가?[135] 기독교에서는 하느님이 전지全知하고, 전능全能하며, 전선全善하다고 말한다. 그렇다면 하느님이 창조한 현실은 왜 선인善人보다는 악인惡人이 더 많은가?

이상과 현실, 도道와 기器, 성性과 명命, 이理와 사事, 성性과 상相, 공空과 색色, 존재와 현상, 유有와 무無와 같이 세계를 둘로 나누어서 본체와 현상을 근본根本과 지말支末이라는 가치상의 우열로 나타내면 양자를 하나로 이해하거나 둘로 이해하거나를 막론하고 현상을 설명하고, 의미를 찾을 수 없다.

만약 본래 부처라면 수행을 할 필요가 없으며, 수행을 해야 한다면 중생일 뿐으로 부처라고 할 수 없다. 도, 성품, 공을 중심으로 만법을 이해하면 수행을 하고, 수기를 하며, 선을 행하고 악을 제거할 필요가 없다.

그러나 현상을 중심으로 세계를 이해하면 끝없이 수행하고, 선을 행하

---

134 『맹자집주孟子集註』, 이루장구상離婁章句上, "瞽瞍厎豫而天下之爲父子者定 昔羅仲素語此云 只爲天下無不是厎父母".

135 『大方廣圓覺修多羅了義經』(大正藏, 17, 1, 0915b10), "若諸衆生本來成佛 何故復有一切無明 若諸無明衆生本有 何因緣故如來復說本來成佛 十方異生本成佛道後起無明 一切如來何時復生一切煩惱".

며, 악을 제거할 뿐으로 대인이 되고, 성인이 되며, 성불成佛하는 일은 꿈도 꿀 수 없다. 만약 세계, 만법을 본체와 현상의 둘로 나누어서 이해할 뿐으로 양자를 논하는 나를 떠나서 논하면 양자는 그저 본체와 현상일 뿐이다. 따라서 나로서는 어찌할 수 없는 상황에 놓이게 된다. 그러면 어떻게 해야 하나?

나는 본체도 아니고, 현상도 아니어서 대인도 아니고, 소인도 아니며, 성도 아니고, 명도 아니고, 성性도 아니고, 상相도 아니다. 단지 내가 성과 명을 논하고, 본체와 작용을 논할 뿐이다. 그러면 본체와 현상은 무엇인가?

본체와 현상은 그것을 논하는 인간을 떠나서 이루어질 수 없다. 본체와 현상의 중심에 양자의 관계를 나타내는 인간이 있다. 본체와 현상을 구분하여 하나로 여기거나 둘로 여기는 일이 모두 인간에 의하여 이루어진다.

환인이 나를 떠나서 성립될 수 없듯이 본체와 작용 그리고 현상 역시 나를 떠나서 성립될 수 없다. 천도天道와 지도地道, 천당과 지옥, 대인과 소인, 성인과 속인은 지금 여기 나의 다양한 표현이다.

단군은 시간성의 측면에서는 현재성을 나타내며, 공간성의 측면에서 인간성을 상징한다. 나의 본래면목을 나타내는 단군은 지도의 관점에서는 공간성이고, 인도의 관점에서는 본성이며, 천도의 관점에서는 현재성이다. 이처럼 단군은 관점에서 따라서 그 의미가 다르다.

우리가 자신을 형이하적 패러다임에 의하여 살펴보면 육신이라는 유물론적 측면이 나타나고, 형이상적 패러다임에 의하면 본성이라는 형이상적 측면이 나타난다.

그런데 형이상적 본성을 자각하더라도 시간성과 둘이 아님을 자각해야 하며, 시간성을 천명天命으로 자각해야 한다. 천명을 인간의 측면에서 나타내면 바른 삶을 나타내는 정명正命이다.

홍익인간은 정명의 실천이다. 이처럼 홍익인간은 생성적 패러다임에 의하여 전개된다. 그러면 어떻게 하나?

시간성의 현재성을 중심으로 체용상을 이해하면 생장성의 과정이다. 단군이 상징하는 현재성 가운데는 체體에서 상相을 향하는 작용과 상相에서 체體를 향하는 작용이 포함된다. 본체인 환웅에서 현상인 웅호를 향하는 작용이 유위有爲이고, 현상인 웅호로부터 본체인 환웅을 향하는 작용이 무위無爲이다. 따라서 단군의 삶은 유위이면서 무위이다. 그러면 공간성을 중심으로 시간성 중심의 역사상은 어떻게 이해할 수 있는가?

환인을 물건화하여 이해하면 웅호로부터 환웅에 이르는 수기, 수도로부터 시작하여 환웅이 웅호로 드러나는 도제천하, 하화중생으로 끝을 맺는다.

형이하적 경지를 벗어나 형이상의 경지에 이름은 일차적으로는 답을 찾아서 현상의 문제를 해결하지 않고, 문제를 해소하는 방법이다. 그것은 나 밖에서 현상의 문제를 발견하고 그 답을 찾는 방법을 벗어나는 것은 주체인 나 안으로 들어와서 주체와 객체로 나누기 이전의 본성에 이르는 방법이다.

형이하적 패러다임과 형이상적 패러다임을 구분하여 이해하면 형이상적 패러다임의 문제 해소는 무위無爲이고, 형이하적 패러다임의 문제해결은 유위有爲이다.

그것은 인문과 자연을 구분하여 서로 다른 학문 방법에 의하여 인문학과 과학을 구분하여 이해하는 방법이다. 중국사상에서는 심성의 내면과 외면을 구분하여 내도內道와 외도外道로 나타낸다. 유학이나 불교를 막론하고 내도를 강조하는 까닭은 학문의 방법이 다르지 않음을 뜻한다. 그러면 외도는 무엇인가?

외도는 물건의 근거인 공간성의 측면에서 대상의 사물을 연구하는 방법이다. 자연, 우주, 세계, 만물을 나와 별개의 독립된 실체로 여기는 것은 모든 문제를 나와 둘로 여기는 태도이다. 그것은 바로 나를 떠나서 세계를 논하고, 도를 논하며, 성품을 논하고, 우주를 논하며, 세계를 논함을 뜻한다.

우리는 객관적인 것이 합리적이고, 합리적인 것이 진리라는 생각을 한다. 그것은 나를 떠나서 독립된 별개의 자연, 우주가 있다는 과학의 실체적 세계관을 바탕으로 전개되는 사고를 나타낸다.

나를 떠나서 밖으로 달려 나가는 외도外道와 달리 나와 일체화시켜서 내 안에서 자연, 세계, 우주, 성품, 도를 찾아가는 주체 내적 성찰이 내도內道이다. 주역, 논어에서는 마음을 중심으로 세계를 기己와 인人의 내외로 구분하여 내적內的 성찰省察을 강조한다.

맹자는 학문의 방법을 마음에서 구하는 내적 성찰과 마음 밖에서 구하는 외적 구함을 구분하여 논하고 있다. 후대에 불교가 중국에 수입되면서 불교를 내도內道로 그리고 유학을 외도外道로 구분하여 양자를 정통과 이단을 구분하는 기준으로 제시하기도 하였다. 이는 송대의 성리학자들이 불교의 이론을 수용하여 유학을 새롭게 하면서도 오히려 불교를 이단으로 규정하는 현상처럼 시비是非가 실체가 아님을 보여주는 사건이다.

나를 출발점으로 삼아서 내 안의 나를 발견하고, 내 안의 나를 통하여 나 아닌 나를 확인하는 방법이 내적 성찰인 내도內道이다. 나를 출발점으로 삼아서 내적 성찰을 할 때 비로소 본체와 작용, 현상이 어떤 관계인지를 파악할 수 있다. 그러면 본체와 현상을 어떻게 이해할 것인가?

진화와 창조의 연속인 생성의 경계는 나의 삶을 살아가는 용심用心과 운신運身을 통하여 이해할 수 있다. 생성적 패러다임은 형이상적 패러다임에서 한 걸음 더 나가서 공간성을 시간성으로 변화할 때 나타난다.

웅호가 환웅과 하나가 되어 돌아감은 물건적 경지에서 형이하적 패려다임을 형이상적 패러다임으로 전환함이다. 그러나 환웅이 다시 인간 세계로 내려오는 방향의 전환은 환인의 경지에서 이루어진다.

형이상적 패러다임에서 생성적 패러다임으로의 전환은 단순한 형이상의 경지에서 형이하를 향하는 방향 전환이 아니라 물건적 공간성에서 사건적 시간성으로의 전환이다.

삶은 매 순간 환웅에서 시작하여 웅호에서 드러나는 이화理化가 나타내는 운신運身이고, 웅호에서 시작하여 환웅에서 드러나는 결혼結婚이 나타내는 용심用心이 둘이 아닌 생성이다.

현상의 측면에서 보면 곰과 호랑이가 나타내는 사물은 모두 사람이 되고, 환웅이 되는 과정을 겪는다. 그것은 매 순간 나타나는 입자적 존재, 물건적 존재가 사건화하고, 다시 시간성화하여 소멸하듯이 나타나도 나타남이 없음을 뜻한다.

웅호가 환웅으로 돌아가는 시간의 시간성화의 측면에서 나의 용심은 매 순간 나타나는 물건이 온 우주가 함께 현상現相한 모습일 뿐만 아니라 매 순간의 모습은 여러 조건이 모여서 형성된 일시적인 사건으로 사건을 형성하는 조건이 변하면 사라진다. 따라서 개체적 존재, 실체적 존재와 존재 사이에 일어나는 사건, 천지나 세계 그리고 성품, 도는 없다. 그러면 무아, 무위, 무념, 무주를 말하는가?

환웅에서 시작하여 단군에 의하여 역수의 다스림이 현상으로 나타나는 시간성의 시간화는 매 순간 나타나는 사건이 연속을 뜻한다. 그것은 곡식의 주관, 생명의 주관, 병의 주관을 비롯한 사건들이 매 순간 다양하게 드러남을 뜻한다.

그러나 사건의 연속일 뿐이어서 나와 남, 세계, 사물이라는 분별하여 나타낼 수 있는 대상으로서의 실체가 없다. 단지 나를 통하여 사건화한 시간성을 다시 객체화, 객관화하여 나타내면 물건의 경계가 전개된다.

그것은 환웅에서 시작하여 단군에서 드러나는 사건으로 나타낼 뿐으로 옹호를 나타내지 않음을 통하여 양자를 구분하여 달리 나타내는 부분에서 확인할 수 있다. 이처럼 우리는 매 순간 시공에서 생명 현상을 드러낸다.

서로가 서로를 먹이고, 서로가 서로를 살리며, 서로가 서로를 발전하고, 서로를 새롭게 하며, 서로가 서로를 가르치는 함께하는 삶, 서로가 서로의 본체가 되고, 서로가 서로의 현상이 되는 작용은 언행을 통하여 드러난다.

서로가 서로의 몸이 되어 서로를 먹이고, 서로를 살리며, 서로를 가르치고, 서로를 발전시키며, 서로를 새롭게 하는 운신運身은 서로의 몸이 둘이 아니며, 서로의 마음도 둘이 아니며, 나와 남, 나와 세계, 나와 사물, 나와 성품, 나와 도가 둘이 아니게 마음을 쓰는 용심用心을 바탕으로 전개된다.

그것은 무아도 자아도 아니며, 중도도 아닌 본체로서의 공체共體에 의하여 이루어지는 무심無心도 아니고 유심有心도 아닌 용심으로서의 공심共心

에 의한 작용이며, 서로가 서로를 먹이고, 서로가 서로는 살리는 공생共生, 서로가 서로를 존재하게 하는 공존共存, 서로가 서로를 끊임없이 진화하고 발전하게 하는 공영共榮으로 드러나는 삶이다. 그러면 지금 여기의 나에 있어서 그것이 무엇인가?

매 순간 지금 여기의 나의 다양한 사고와 언행으로 나타나는 본성, 자성, 본체는 나타나는 동시에 응호가 사람으로 변하고, 다시 사람이 환응과 하나가 되어 본래의 자리로 돌아간다. 그러므로 매 순간 나타난 물건은 본성, 자성으로 돌아감으로써 비로소 새로워진다.

새롭지만 새롭지 않아서 변화가 없는 본성, 자성이 다시 마음과 몸으로 나타난 것이 바로 다양한 단군이다. 만약 우리가 물건적 차원에서 벗어나서 사람의 차원에 이르고, 사람의 차원을 벗어나서 본성이라는 형이상의 경지에 이르는 과정을 수행, 수기, 수도라고 한다면 그것은 유위적인 사건이다.

단지 본래의 자리로 돌아가는 회향回向, 귀체歸體, 귀본歸本이라는 점에서 그것은 무위無爲이다. 수행의 과정인 놓아버림이나 쉼은 바로 본래 그러함을 나타낸다. 그것은 수행, 수도, 수기가 있음을 나타내지 않는다.

단지 매 순간 나타나는 언행이 나타남이 없음을 드러내기 위함이다. 시간성의 측면에서 환응이라는 본체가 매 순간 마음과 육신을 통하여 다양하고 사고와 언행으로 나타나지만 공간성의 측면에서 나타난 언행은 변하여 마음으로 돌아가고, 다시 마음이 변하여 본성, 자성으로 돌아간다. 따라서 매 순간 마음과 언행은 나타나지만 나타남이 없다. 그러면 마음과 육신이 있는가?

본성에 의하여 매 순간 나타나는 사고와 언행이 없지는 않지만 나타나는 순간 다시 본래의 자리로 돌아가기 때문에 있다고 할 수 없다. 마음의 측면에서 보면 고정된 언행이 없고, 언행을 하는 주체인 육신이 없기 때문에 자아가 없다.

그리고 마음의 측면에서 자아가 조건에 의하여 끊임없이 변화하기 때문에 있다고 할 수 없어서 무아라고 하지만 마음은 다시 본성으로 돌아가기 때문에 무아라는 것도 없고, 자아라는 것도 없다. 그러면 본성이 있는가?

본성은 하나의 고정된 상태로 머물지 않고 매 순간 다양한 사고와 언행으로 나타나기 때문에 실체적인 본성은 없다. 그러나 마음과 언행으로 드러남의 측면에서는 본성이 없다고 할 수 없다. 따라서 있음과 없음, 있지 않음과 없지 않음의 어느 측면으로도 드러낼 수 없다. 그러면 체용상의 측면에서는 어떤가?

비록 본체가 작용에 의하여 매 순간 다양한 현상으로 나타나지만 나타난 현상은 다시 작용을 거쳐서 본체로 돌아가기 때문에 나타난 어떤 현상도 있다고 할 수 없다. 그렇다고 하여 본체가 고정되게 있지 않아서 본체도 역시 있다거나 없다고 할 수 없다. 그러면 체용상은 무엇인가?

중도中道, 역도, 변화의 도, 화화옹은 매 순간 분별하고, 인지하고, 의지하며, 가고 머물고, 말하고 침묵하며, 앉거나 서는 언행으로 나툰다. 따라서 끊임없이 변화하는 생성의 연속을 물건화하여 체용상으로 나타낼 뿐이다.

다음에는 한국이라는 국가사회가 무엇인지 살펴보자. 가정과 국가, 인류를 막론하고 사회는 개체와 둘이 아니다. 그러므로 개체와 객체의 평등과 개체의 자유는 본래 둘이 아니다. 개체적 자유가 그대로 사회적 평등이며, 사회적 평등이 그대로 개체적 자유이다.

자유는 개인과 사회를 막론하고, 스스로 완전하여 다른 존재를 필요로 하지 않음을 나타낸다. 그러므로 종교적 관점에서 나와 다른 신앙의 대상으로서의 신이 필요하지 않으며, 정치의 관점에서 나와 다른 존재근거로서의 통치자를 필요로 하지 않는다. 그러면 종교와 정치가 필요 없는가?

사회를 경영하는 정치적 지도자와 종교를 이끄는 종교적 지도는 단지 역할이 다를 뿐으로 양자가 모두 사회의 구성원일 뿐이다. 국가사회를 중심으로 살펴보면 한 사람이 정치를 하고, 교육을 하며, 농사를 지을 수 없다. 각자 자신의 역할에 따라서 각자의 일을 하여 사회가 경영된다.

국가나 가정, 인류를 막론하고 사회를 구성하는 구성원들 각자의 가치와 사회의 가치는 동등할 뿐만 아니라 구성 각자의 가치 역시 평등하다. 사회의 구성원이 어떤 역할을 하거나 나이와 성별, 교육정도, 재산의 정도와 상관이 없이 가치상으로 평등하다. 그러면 생성적 패러다임에 의한 삶은 무엇인가?

매 순간에 이루어지는 삶은 단군이라는 개념이 나타내는 현재성, 본성이 중심이 되어 이루어지는 용심用心과 운신運身이다. 마음을 쓰는 용심은 환웅이 상징하는 시간성, 신도가 본체가 되어 이루어지는 작용이고, 몸을 운전하는 운신은 용심의 작용이 나타나는 결과인 현상을 물건적 관점에서 나타낸 개념이다.

용심의 문제가 중심이 된 불교적 관점에서 보면 부처라는 본체가 있음을 믿고 보살로 작용하는 삶이다. 본체로서의 부처의 작용을 나타내는 개념이 보살이다. 그리고 보살이 나타내는 다양한 용심과 운신에 의한 생명 현상을 나타내는 개념이 중생이다. 따라서 부처라는 본체와 보살이라는 작용 그리고 중생이라는 현상은 둘이 아니다. 그러면 본체가 아닌 작용의 측면에서 인간은 어떻게 살아야 하는가?

작용의 측면에서 보면 인간의 삶은 본체를 중심으로 삶을 살아가는 자연적이고, 무위적인 삶, 대인의 삶, 성인의 삶, 부처의 삶과 현상을 중심으로 살아가는 인위적이고, 유위적인 삶, 소인의 삶, 속인의 삶, 중생의 삶으로 나타낼 수 있다.

사람들은 현상의 측면에서 육신을 자신으로 여기고, 나와 남을 둘로 생각하여 남과 경쟁하여 이기는 것을 삶의 방법이라고 여긴다. 그러나 그동안의 인류 역사를 통하여 드러나듯이 육신을 중심으로 이루어지는 소인의 삶, 현상 중심의 삶은 언제나 고통을 낳을 뿐이다. 그러면 어떻게 살아야 하는가?

유학이나 불교를 비롯하여 기독교와 같은 다양한 종교, 사상, 철학에서는 대인, 성인, 깨달은 사람의 삶, 세상을 구하고자 하는 거룩한 삶을 논한다. 대인의 삶, 성인의 삶이 아름다우나 여전히 소인과 상대적인 대인, 속인과 상대적인 성인이다.

일상의 사람들이 자신에 대한 내적 성찰이 없이 본체와 현상이 둘이 아님에도 불구하고 오로지 현상을 중심으로 삶을 살거나 수기, 수도를 하는 사람들이 오로지 본체를 중심으로 삶을 사는 것은 모두 한편에 치우친 편견의 산물이다. 소사와 대사, 소승과 대승을 구분하여 일승一乘을 논하더라도 일승마저도 넘어서야 한다. 그러면 그러한 삶이 무엇인가?

소인과 대인, 속인과 성인의 분별을 넘어선 일승, 중도에도 얽매임이 없는 삶은 양자를 넘어선 별개의 삶이 아니다. 본래 환인이기에 환인으로서의 삶이 그대로 자유자재한 삶이다.

하나와 둘, 분별과 무분별을 넘어서지만 그렇다고 하여 중도에도 머물지 않는 삶 그것은 지금 여기 자기의 삶이다. 지금 여기 나의 삶을 나타내는 지금은 영원한 현재이고, 여기는 형이상과 형이하가 둘이 아닌 중도이고, 나는 무아와 유아가 둘이 아니며, 삶은 끊임없는 생성이다.

지금 여기의 나는 무아가 아니어서 매 순간 다양한 자아로 드러난다. 그러나 자아는 항상 변화하는 무아이다. 그리고 무아와 자아와 둘이 아니어서 참나, 중도라고 말하나 무아와 자아를 떠난 중도, 참나는 없다. 자아와 무아, 중도가 둘이 아니기에 나를 찾거나 나를 나타내거나 둘이 아니다. 그러면 어떻게 살 것인가?

지금 여기의 삶이 바로 생성적 패러다임에 의한 홍익인간의 삶이다. 홍익인간의 삶을 수기, 수도와 제도, 실천으로 나누어서 둘로 나타낼 때 비로소 앎과 행, 지혜와 자비라는 문제가 나타난다.

밖의 대상으로 지금 여기의 나로 주체화, 내면화하고, 나를 다시 밖의 대상으로 객관화, 대상화는 생성은 마음에 의하여 이루어진다.

마음으로의 내면화, 주체화에 의하여 대상이 나와 둘이 아님을 확인하는 합일合一이 이루어지고, 주객을 구분할 수 없는 불이不二의 경지를 대상화, 물건화하여 분생分生하여 새로운 물건을 드러낸다.

삶은 매 순간의 마음에 의하여 성품, 자성, 본체가 현상으로 드러남이다. 매 순간 새롭고 다양한 삶으로 드러나는 나는 고정되지 않아서 본체인 하느님, 신神, 상제上帝, 물리物理가 스스로 드러나는 자연自然도 아니며, 다양하고 새로운 현상이 상호작용하는 인과에 의한 인연도 아니다.

삶은 본체의 측면에서는 본래 그러함인 자연이지만 현상의 측면에서는 인연을 벗어나지 않는다. 이처럼 삶은 자연과 인연을 초월하면서도 자연과 인연을 벗어나지 않는다.

　물건적 관점에서는 현상에서 본체를 향하는 유위적有爲的 수행과 본체에서 현상을 향하는 무위적無爲的 제도濟度, 실천이 둘이다. 그러나 중도, 화화옹의 다양한 나툼이자 새로운 나툼인 생성적 삶은 매 순간의 언행이 유위有爲이나 나타나는 동시에 사라지고 다시 새로워져서 다양하게 나타나기 때문에 무위無爲이다.

　시간성, 역도, 화화옹의 차원에서는 자연과 인연, 유위와 무위, 성과 속, 대인과 소인, 구세주와 죄인, 부처와 중생의 분별이 없고, 천국과 지옥, 해탈과 윤회, 정토와 예토의 구분이 없다.

　한국사상의 생성적 패러다임에 의한 삶은 고정된 삶이 없다. 다만 때로는 중생을 이롭게 하는 보살의 삶을 살고, 때로는 만나는 사람마다 사랑으로 용서하여 구원을 받아서 영생의 삶을 누리도록 하는 구세주의 삶을 살며, 때로는 성인이 밝힌 정명正命을 실천하여 천하를 도로 제도하는 군자의 삶을 산다.

　영원한 현재적 시간관, 영원한 생성적 세계관에 의한 생성적 삶이 바로 지금 여기의 삶이고, 홍익인간의 삶이며, 보살의 삶이고, 군자의 삶이다.

　지금 여기 나의 삶을 한 측면이 종교이고, 학문이며, 수도, 수행이고, 실천이며, 인문학이고, 과학이다. 여기가 천국이고, 정토이며, 하늘이다. 지금이 바로 구원을 받은 때이고, 해탈한 때이며, 성불한 때이고, 올바로 사는 정명의 때이다.

　내가 바로 신이고, 부처이며, 대인이고, 성인이며, 구세주이고, 보살이자 군자이다. 그러므로 지금 여기의 나의 삶이 부처의 삶, 대인의 삶, 성인의 삶, 구세주의 삶이다.

물건적 관점에서 체용상을 구분하여 도, 성품, 이理로 나타내고, 본체라고 말한다. 본체의 평등성을 나타내어 무위, 무상, 무념, 무주, 무분별을 논한다. 그리고 기器, 사事, 명命을 현상을 나타내는 개념으로 사용한다. 이와 더불어 본체가 나타난 현상의 측면에서 사사무애事事無碍를 말한다.

현상의 천지인을 따라서 도를 천도와 지도, 인도로 나눈다. 이를 체용상의 구분과 대응하여 이해하면 천도는 본체에 그리고 지도는 현상에 대응한다. 그리고 인도는 작용에 대응한다.

본체를 중심으로 천도天道를 스스로 그러한 경계인 자연自然으로 나타내고, 무위無爲로 나타내는 사상이 도가道家이며, 현상을 중심으로 인과因果의 그물을 말하는 학문이 과학이고, 천도天道에 근거하여 현상의 평천하를 말하는 유학儒學은 인도人道, 작용이 중심이다.

그러나 본체와 작용 그리고 현상이 둘이 아니듯이 천도에 근거한 인도를 말하고, 인도로 드러나는 천도를 말하며, 천도에 근거한 지도地道를 말하고, 지도로 드러나는 천도를 말할 때 비로소 체용상體用相이 둘이 아닌 환인의 차원에서 논의가 이루어질 수 있다.

나의 마음에 의하여 본체와 현상을 구분하여 나타내기도 하고, 둘로 나타내기도 한다. 그것이 우리의 삶이 본래 어떤 것에도 걸림이 없어서 자유롭고, 어떤 것에도 둘이 아니어서 평등함을 뜻한다. 자유와 평등은 개체와 사회의 조화가 아니라 본래 나의 삶이 그러함을 나타낸다.

자아와 무아를 벗어난 참나, 진아, 중도가 나를 떠나서 따로 있지 않고 나의 본체를 진아, 참나, 중도라고 말하며, 유위와 무위, 자연과 인연을 넘어선 중용이라는 작용이 나와 따로 있지 않아서 나의 마음에 따라서 다양한 작용이 현상으로 드러남을 중용이라고 말한다.

나의 마음을 중심으로 현상으로부터 본체를 향하며 말할 때 언제나 중심이 있음을 나타내어 중도라는 본체가 바탕이 된 집중이라고 말하고, 본체로부터 현상을 향하여 이루어지는 작용을 말하여 중도가 정도로 드러나는 중용이라고 말한다.

그러나 본체와 작용, 현상을 형이상과 형이하의 본말을 중심으로 논하면 일방적이지만 시간성의 차원에서 보면 형이하로부터 시작하여 형이상에서 끝나는 변화 역시 체용상의 구조에 의하여 나타낼 수 있어서 양자가 둘이 아니다. 따라서 집중과 중용을 공간성의 차원에서 이해하는 것으로는 부족하며, 시간성의 차원에서 이해할 때 비로소 그 전모가 드러난다.

시간성의 측면에서는 단군은 환웅이 인간의 세계를 이화하는 시간성의 시간화와 웅호가 환웅과 하나가 되는 시간의 시간성화가 둘이 아니면서도 하나가 아님을 나타낸다.

그것은 환웅의 미래성과 웅호의 과거성이 단군이 나타내는 현재성에서 하나가 될 뿐만 아니라 현재성을 통하여 미래성과 과거성이 둘이 됨을 뜻한다. 따라서 시간성의 측면에서 단군은 영원한 현재를 나타낸다.

공간성의 측면에서 단군은 시간성과 공간성, 천성과 지성이 하나가 되고 둘이 되는 인간성이 매 순간 다양하고 새롭게 드러나는 인문을 뜻한다. 인문은 인간, 나라, 학문, 예술, 종교, 정치, 사회, 교육을 비롯하여 인간의 삶을 구성하는 모든 내용을 나타낸다. 그러면 어떻게 살 것인가?

매 순간 환웅이 변하여 웅호로 화하듯이 일상의 삶을 살지만 웅호가 환웅으로 돌아가듯이 살아도 살아감이 없다. 지금 여기의 삶을 떠나서 무위無爲의 삶을 찾지 않고, 지금 여기의 삶이 그대로 무위임을 알고 산다.

무, 형이상, 본체에서 시작하여 유, 형이하, 현상에 드러나는 매 순간의 사건, 물건의 측면에서 세계는 고정되지 않고 매 순간 다양하게 드러나는 창조이자 확장이다. 그러나 나타난 물건, 유, 현상은 다시 사건으로 그리고 시간성이라는 형이상의 세계로 돌아가는 측면에서 세계는 매 순간 새로워지는 진화이자 소멸이다. 그러면 사회적 측면에서는 어떤가?

조선이 상징하는 사회는 육신과 육신이 모여서 가정이 되고, 가정과 가정이 모여서 국가가 형성되듯이 부분에 의하여 전체가 구성되는 것도 아니며, 그렇다고 하여 국가를 분석하여 가정이 나타나고, 다시 가정을 분석하여 구성원인 가족이 나타나고, 가족을 분석하여 남과 여와 같은 개체적 사람이 나타나는 것이 아니다.

국가사회와 구성 요소인 국민이 부분과 전체의 관계가 아니라 부분과 전체는 서로가 서로를 존재하게 하는 동시에 서로가 서로를 새롭게 하고, 서로가 서로를 다양하게 단다. 그러므로 부분은 전체의 구성원이기도 하지만 부분이 그대로 전체이기 때문에 부분과 전체가 둘이 아니다. 부분과 전체가 둘이 아니기 때문에 전체가 부분으로 나타난다. 그러면 오늘날 우리 사회의 분열과 대립을 벗어나 소통과 화합을 이루는 방법은 무엇인가?

오늘날 우리 사회가 안고 있는 분열과 대립은 우리 자신의 정체성을 파악하고 자신으로 살지 못하기 때문이다. 오늘날 우리 국민은 형이하적 패러다임에 의하여 삶을 산다.

형이하적 패러다임은 이분법적인 사고와 소유와 배제의 삶으로 나타난다. 우리 국민의 의식을 높이기 위해서는 우리나라의 교육제도, 교육내용, 교육방법에 대하여 혁명적인 변화가 있어야 한다. 우리나라는 우리 자신이 어떤 존재인가를 찾아서 자신으로 살아가는 교육을 가르치기보다는 남이 뱉어놓은 지식을 마구잡이로 포식하여 지식의 노예가 되는 교육을 한다.

우리 사회가 우리 자신의 정체성을 회복하고 한국인으로 살기 위해서는 종교의 혁명 역시 필요하다. 우리나라의 사람들은 전통적으로 종교적인 심성이 강하다. 우리 사회가 수많은 종교가 함께 있으면서도 다른 나라와 같이 종교전쟁을 겪지 않는 까닭은 우리의 전통적인 고조선 사상의 영향 때문이다. 비록 지금은 종교를 떠나는 추세이나 기성의 종교단체를 떠날 뿐으로 자신의 정체성에 대한 강한 의문을 여전히 갖고 있다. 그러면 어떻게 해야 하는가?

삶도 종교도 정치도 정치인이나 종교인이 대신 살 수 없고, 내 삶을 남이 대신 살아줄 수 없다. 삶, 종교, 정치도 내가 주체가 되어 살아야 한다. 그것은 형이하적 패러다임에서 벗어나야 함을 뜻한다.

형이하적 패러다임을 벗어나 형이상적 패러다임에 이른다. 그러나 형이상적 패러다임에 의하여 삶을 살아도 여전히 종교, 정치, 교육, 경제의 그 어떤 문제도 해결하지 못한다.

우리는 생성적 패러다임에 의하여 자신이 삶의 주체가 되고, 종교, 정치, 교육, 경제의 주체가 되어 홍익인간의 삶, 자유롭고 평등한 삶을 살아야 한다.

홍익인간은 개인과 사회라는 현상의 두 측면이 둘이 아님을 나타낸다. 서로가 서로를 이롭게 하고, 사회는 개인을 이롭게 하며, 개인은 사회를 이롭게 하여 모두 둘이 아닌 삶이 홍익인간의 삶이 국가 경영의 목표이다.

종교와 교육, 문화는 국가 경영의 여러 측면이다. 국민이 생성적 패러다임에 의하여 살고, 국가를 생성적 패러다임에 의하여 경영하면 지금 여기의 삶이 그대로 종교가 추구하는 이상세계이자 이상적인 삶이다.

한 사회를 이끌어가는 세대를 이어갈 다음 세대를 양성하는 교육은 개인들로 하여금 자신이 어떤 존재인가를 파악하고, 자신으로 살아가는 길을 찾아주는 과정이다. 교육의 과정을 통하여 국민은 온 우주가 둘이 아닌 끊임없이 새롭고 다양한 하나임의 경지가 바로 정토이자 천국이라는 이상이자 사회가 도달해야 할 목표임을 안다.

문화는 하나임이 끊임없이 새롭고 다양하게 전개되는 정신적, 물질적 산물이다. 문화는 사회의 구성원들이 갖는 사고방식, 행동양식, 생활양식을 형성하고, 세대 간에 전승되며, 사회의 정체성을 유지하는 데 중요한 역할을 한다. 문화를 통하여 한 사회가 목표로 하는 이상을 공유하고 그 이상을 새롭게 발전시키면서 계승한다.

경제는 하나의 사회를 경영하는 수단이다. 재화와 용역을 생산하여 분배라고 소비하는 경제활동을 통하여 사회를 경영하는 정치가 이루어지고, 교육과 문화 역시 이루어진다. 그러므로 한 사회를 이끌어가는 정치는 물질적 측면에서 경제적인 안정을 통하여 물리적 생명을 보장하는 일이 최우선의 과제이다.

오늘날 경제는 과학과 기술과 함께 발전한다. 우리가 선진국의 반열에서 경제적인 안정을 유지하기 위해서는 지속적으로 과학기술을 발전시켜야 한다.

이제 우리 사회에 남은 과제는 물리적 생명을 보장하는 경제적인 안정을 바탕으로 이루어지는 정신적인 생명을 기르는 일이다. 오늘날 우리 사회는 교육, 종교, 문화, 예술을 통하여 정신적으로 성숙한 국민, 성숙한 사회를 생성하는 일이 필요하다.

그러나 우리는 아직도 형이하적 패러다임을 벗어나지 못하고, 개인의 자유와 사회적 평등을 둘로 보고 양자 가운데 택일擇一을 논하는 유물론적 차원에 머물러 있다.

우리는 고조선 사상의 내용인 생성적 삶을 살아야 한다. 형이상의 본성, 신성과 형이하의 사물이 둘이 아닌 역도, 환화웅, 환인을 바탕으로 매 순간 다양하고 새로운 사건과 물건으로 나투는 생성적 삶이 바로 홍익인간의 삶이다.

홍익인간은 환웅을 통하여 나타내는 시간성의 시간화와 웅호를 통하여 나타내는 시간의 시간성화가 둘이 아닌 삶이다. 그것을 물건화하여 나타내면 천도와 지도가 둘이 아닌 인도를 실천하는 삶이다.

시간성의 객체화, 대상화는 현재성을 중심으로 미래성과 과거성을 나누고, 인간성을 중심으로 천성天性과 지성地性을 구분함이다. 이를 통하여 형이상과 형이하, 도와 기, 성性과 명命, 순과 역, 체와 용의 관계가 형성된다.

그리고 형이상과 형이하, 도와 기, 성과 명을 근본과 지말의 관계로 규정하여 역逆방향에서 지말支末인 현상, 작용, 명命, 기器, 사물을 벗어나서 근본을 찾는 수기修己, 수행修行을 강조한다.

유불도儒佛道 사상에서 은 무념無念, 무위無爲, 무상無想, 무심無心, 무주無住를 비롯하여 불不, 공空과 같은 부정어를 사용하는 까닭은 역逆방향에서 형이상의 본성, 자성, 성품이라는 본체를 찾아가는 수기, 수행, 수련修練, 상구보리上求菩提, 깨달음을 강조하기 위함이다.

그러나 고조선 사상에서는 시간성의 시간화를 언급하고, 그 후에 시간의 시간성화를 나타내어 시간성의 시간화가 그대로 시간의 시간성화함을 밝힌다. 그것은 중국사상에서 언급된 현상의 유위有爲, 자아自我에서 출발하여 무아無我, 무위無爲, 무상無相, 무념, 무주에 이르고, 무위無爲를 바탕으로 유위有爲를 행하는 것과는 반대의 방향이다.

그러나 고조선 사상에서는 순順에서 시작하여 역逆에서 끝나는 것이 아니라 순과 역이 시종과 종시로 연결되어 일체적이면서 선후가 없는 동시적 생성이다.

그것은 일상의 삶, 현상이 그대로 본체의 작용임을 나타낸다. 지금 여기의 내가 바로 자아이면서 무아이며, 지금 여기의 삶이 그대로 유위이면서 무위이고, 여기가 법계法界이면서 삼계이고, 일상의 용심用心이 그대로 무심이고, 일상의 용심이 그대로 무주이다.

환인의 경지는 그대로 조선의 경지이다. 조선은 형이상의 경계도 아니고, 형이하의 경계도 아니지만 그렇다고 하여 중도中道라는 경계도 아니다. 왜냐하면 매 순간 새롭게 진화하여 매 순간 다양하게 창조되는 생성의 연속이기 때문이다.

나의 세계가 그대로 신도神道이며, 나의 삶이 그대로 자유자재自由自在한 삶이고, 지금 여기의 내가 바로 부처이며, 구세주救世主이고, 지금 여기의 내가 신神이며, 지금 여기의 내가 그대로 상제上帝이다.

나는 매 순간 새로워지고, 매 순간 다양하게 드러나는 나 아닌 나이다. 그러나 고정된 내가 아니기 때문에 세계와 둘이 아니고, 삶과 둘이 아닌 나여서 있거나 없음, 중도라는 개념으로 나타낼 수 없다. 이처럼 나와 남, 세계, 삶이 둘이 아니기 때문에 개체적 존재로서의 신, 상제, 구세주, 부처는 없다. 그러면 어떻게 살아야 하는가?

지금 여기라는 고정된 실체도 없고, 나라는 고정된 실체도 없으며, 고정된 삶도 없고, 고정된 세계도 없다. 그것은 영원한 현재라는 개념이 나타내듯이 매 순간 하나의 나타나는 동시에 소멸이 되면서 변화가 연속됨을 뜻한다.

하나의 사건이 완성이 되어야 비로소 새로운 사건을 시작할 수 있고, 하나의 사건이 끝나야 새로운 사건을 다시 시작할 수 있다. 따라서 소멸은 사라짐이 아니라 새로운 나타남을 위한 완성이며, 완성은 새로운 시작으로 나타난다.

우리의 삶은 매 순간이 태어남과 죽음의 연속이다. 매 순간의 죽음은 다시 태어나는 부활이다. 그러므로 죽음은 새로운 창조를 위한 진화이며, 진화는 다양하게 삶으로 드러나는 태어남으로서의 창조이다.

윤회는 생명이 연속됨을 나타내는 개념이며, 해탈은 실재하지 않음을 나타내는 개념이다. 윤회와 해탈이 둘이 아니며, 무명과 지혜가 둘이 아니다. 이처럼 대립하는 개념들은 모순 관계로 나타난다. 그러면 어떻게 살아야 하는가?

개념과 주장, 사상 사이의 모순은 형이하와 형이상을 막론하고 물건적 패러다임에 의하여 나타난다. 형이하적 패러다임의 수학, 과학 형이상적 패러다임의 주역, 불교, 유학, 바라문교, 힌두교, 그리스도교를 비롯한 사상, 종교의 교리 체계 사이에는 모순이 발생한다. 그러면 고조선사상은 무엇인가?

지금 여기의 나를 중심으로 고조선사상을 나타내면 다음과 같다. 단군은 매 순간의 내가 그대로 대상화, 객관화와 주체화, 내면화의 두 측면이 있음을 나타낸다. 시간의 시간성화를 통하여 천지와 천지의 도가 둘이 아니고, 천지의 도와 내가 둘이 아니며, 천지와 내가 둘이 아니고, 표층의 자아와 심층의 무아가 둘이 아님을 나타낸다.

그리고 시간성의 시간화를 통하여 매 순간 무아가 다양한 자아로 드러나고, 인간과 세계가 둘이 아닌 경계가 매 순간 인간과 사물로 다양하게 드러남을 나타낸다. 그러면 환웅, 웅호, 단군을 통하여 나타내는 환인을 대상화, 객관화하면 어떻게 이해할 수 있는가?

시간성을 객관화, 대상화하면 시의성 곧 공간성이 되고, 그것을 다시 객관화, 대상화하면 공간이 전개된다. 환인을 객관화하여 나타내면 환웅은 시간성이 되고, 단군은 인간성이 되며, 웅호는 공간성이 된다. 따라서 환인은 시간성과 공간성, 인간성이 둘이 아닌 경계를 나타낸다. 그러면 공간성을 중심으로 환인을 나타내면 어떻게 표현되는가?

공간성을 중심으로 형이상과 형이하를 구분하여 환인을 이해하면 환웅은 천도를 나타내며, 단군은 인도를 나타내고, 웅호는 지도를 나타낸다. 따라서 환인은 삼재의 도가 둘이 아닌 신도를 나타낸다. 그러면 환인桓因은 그리스도교의 삼위일체설三位一體說과 관련하여 이해할 수 있는가?

환인과 환웅, 단군, 웅호의 일신一神과 삼신三神의 관계는 그리스도교의 삼위인 성부聖父와 성자聖子, 성신聖神과 연관시켜서 이해하기도 하고, 불교의 삼신설三身說과 연관시켜서 이해되기도 한다.

고조선의 환인사상, 신문사상은 시간성을 중심으로 생성적 세계관을 바탕으로 전개되기 때문에 형이하의 사물은 물론 형이상의 본성, 자성을 넘어선다. 따라서 신문사상은 삼위일체설三位一體說과 삼신설三身說을 포괄한다.

우리는 고조선사상을 공간성을 중심으로 주역의 사상과 관련하여 이해할 수도 있고, 그리스도교, 불교와도 관련하여 이해할 수 있다. 그러나 그리스도교, 불교, 유교를 비롯한 다른 종교, 사상은 물론 과학, 수학을 비롯한 현상을 대상으로 하는 학문이나 사회를 대상으로 하는 사회학을 통하여 한국사상, 한국철학을 접근하면 그 전모가 드러나지 않는다. 그러면 다른 학문, 다른 사상과 한국철학, 한국사상을 비교하여 연구하지 말자는 것인가?

우리는 한국철학의 다양한 연구를 원한다. 어떤 주장이나 사상을 막론하고 나타난 현상일 뿐으로 본체는 하나의 본성이다. 만약 현상에 얽매여 하나의 주장, 사상만이 옳다고 하거나, 본체에 얽매여 모든 주장, 사상이 옳다고 하고, 작용의 측면에서 모든 주장, 사상이 옳기도 하고 그르기도 하거나, 옳음도 없고 그름도 없다는 것은 역시 말장난이다.

우리는 필요에 의하여 다양한 측면에서 한국철학, 한국사상을 활용하기를 원한다. 그리고 인류와 공유하여 인류를 이롭게 하는 홍익인간의 삶을 살기를 원한다.

만약 어떤 사람이 오로지 그리스도교만이 진리임을 증명하기 위하여 성경을 주석하여 불교와 유학의 모든 내용이 성경 속에 이미 들어 있다고 주장하면 본체를 들어서 모든 주장이 둘이 아님을 통하여 기독교에서 벗어나게 해 주어야 한다.

불교나 노장, 유학을 비롯하여 어떤 종교나 사상을 바탕으로 자신의 주장을 제시하더라도 좋다. 그러나 주장은 주장일 뿐으로 고정된 실체가 아니므로 그것에 얽매이지 않아야 한다. 그러면 고조선사상의 이상적 인격체인 단군은 무엇인가?

하늘이 하는 일을 대신하는 인간이[136] 단군이며, 도를 실천하는 사람[137]이 단군이고, 희로애락喜怒哀樂을 절도에 맞게 쓰는 중화中和를 이루어 천지가 자리를 잡고, 만물이 길러지도록 하는 사람[138]이 단군이다. 그러면 한국역학에서는 단군을 어떻게 나타내는가?

천지에 일월이 없으면 빈껍데기와 같고, 일월에 인간이 없으면 텅 빈 그림자와 같다."[139]라고 말할 때의 사람은 "말을 해야 할 때 말을 하지 않으면 사람을 잃고, 말을 하지 말아야 할 때 말을 하면 말을 잃는다. (그러므로) 사람도 잃지 않고, 말도 잃지 않는 지혜로운 사람"[140]인 단군이다.

천지는 일부一夫의 말을 하고, 일부一夫는 천지의 말을 말하여 [141] 영원한 현재적 관점에서 끊임없이 새롭게 진화하고, 다양하게 창조하는 생성의 연속으로 나타날 뿐으로 실체적 천지와 인간이 둘이 아닌 경지가 단군이다. 그러면 영원한 현재적 관점에서 진화와 창조의 연속인 생성의 경계는 무엇인가?

생성적 패러다임을 바탕으로 형이상적 패러다임, 초월적 패러다임이 전개된다. 그것은 학문적 측면에서는 한국역학인 고조선사상을 바탕으로 중국역학인 주역이 형성되고, 주역에 의하여 유불도 삼가 철학이 형

---

136 「서경」 고요모皐陶謨. "天工人其代之".
137 「주역」 계사상繫辭上 8, "苟非其人, 道不虛行".
138 「중용」 경일장. "喜怒哀樂之未發謂之中 發而皆中節謂之和 中也者天下之大本也 和也者天下之達道也 致中和 天地位焉 萬物育焉".
139 김항, 앞의 책, 제팔장第八張, "天地는 匪日月이면 空殼이오 日月은 匪至人이면 虛影이니라".
140 「논어」 위령공衛靈公. "子曰 可與言而不與言失人 不可與言而與之言失言 知者不失人 亦不失言".
141 김항, 앞의 책, 제구장第九張, "嗚呼라 天地无言이시면 一夫何言이리오 天地有言하시니 一夫敢言하노라. 天地는 言一夫言하고 一夫는 言天地言이니라".

성됨을 뜻한다.

유불도儒佛道를 비롯한 여러 사상으로 나타나는 형이상적 패러다임을 다시 객관화, 대상화하여 나타내면 현상적 패러다임에 의하여 전개되는 과학, 수학의 세계가 나타난다. 이처럼 순방향에서 생성을 중심으로 인류의 사상사를 이해하면 매 시대에 나타나는 모든 주장, 이론, 사상, 종교는 모두 생성적 패러다임에 의하여 이루어진다.

그러나 현상적 삶은 현상적 패러다임으로 시작하여 초월적 패러다임을 거쳐서 생성적 패러다임에 이른다. 그 과정은 학문, 수기, 수행, 수도를 비롯한 개념을 통하여 다양한 단계의 변화로 나타낸다. 이러한 두 방향의 변화가 둘이 아님을 알고, 둘이 아닌 삶이 생성적 패러다임에 의한 삶이다.

생성적 패러다임으로부터 출발하여 초월적 패러다임을 거쳐서 현상적 패러다임으로의 패러다임의 변화는 환웅에서 출발하여 단군을 거쳐서 웅호에 이르는 변화이다. 이는 본체에서 현상을 향하여 세계와 삶, 인간을 나타낸다.

그러나 웅호에서 시작하여 단군을 거쳐서 환웅에 이르는 변화는 현상적 패러다임에서 시작하여 초월적 패러다임을 거쳐서 생성적 패러다임에 이르는 변화이다. 그것은 현상을 바탕으로 본체, 근원을 향하는 방향에서 세계와 인간, 삶을 나타낸다.

흔님, 하나님, 환인은 세 가지 패러다임의 변화로 나타난다. 우리는 세 가지의 패러다임 변화를 시간성과 공간성, 사물로 나타내기도 하고, 하나의 시간성이라는 개념으로 나타내기도 한다.

환웅과 단군, 웅호를 물건적 관점에서 나타내면 천도인 시의성과 지도인 공간성, 그리고 인도인 인성人性이다. 환웅이 인간의 세계를 이화理化하는 측면에서 보면 환웅은 사건으로 변하여 공간상의 물건으로 화하여 나타나는 점에서 창조성創造性, 변화성變化性을 나타내고, 웅호가 다시 환웅으로 돌아가는 측면에서 보면 진화성進化性, 귀체성歸體性, 소멸성消滅性을 나타낸다.

환웅과 단군, 웅호를 시간성을 중심으로 나타내면 환웅의 창조성, 변화성은 미래성이고, 웅호의 진화성, 귀체성, 소멸성은 과거성이며, 단군은 현재성이다.

환웅에서 시작되어 단군을 거쳐서 웅호로 드러나는 변화는 환웅이 나타내는 일一과 이二, 분별과 무분별, 형이상과 형이하를 넘어선 경계에서 시작하여 단군이 나타내는 형이상, 무분별, 일체의 경계를 나타내는 사건으로 드러나고, 다시 웅호가 나타내는 분별, 물건, 이二, 형이하의 경계로 드러남이다.

그러나 웅호에서 시작하여 환웅에서 끝나는 변화는 웅호가 상징하는 물건이 사건을 거쳐서, 단군이 상징하는 본성으로 돌아가서 분별과 무분별, 형이상과 형이하, 일과 이를 넘어선 환웅의 경계와 합하여 하나가 되어 시간성으로 돌아간다.

환웅이라는 시의성이 변하여 단군이라는 본성으로 화하여 사건으로 나타나고, 웅호라는 물건으로 드러남은 매 순간에 이루어지는 끝없는 창조이며, 웅호라는 물건이 단군이라는 사건으로 돌아가서 합하여 환웅이라는 시의성과 하나가 됨은 매 순간 이루어지는 끊임없는 진화이다.

환웅이 변하여 시의성이 됨은 창조의 시작이며, 물건으로 나툼은 창조의 마무리이다. 그리고 웅호가 변하여 사건으로 돌아감은 귀체, 회향의 시작이며, 환웅과 하나가 됨은 회향의 마무리인 진화이다. 그러면 우리가 환인사상, 고조선사상을 고찰하는 의미는 무엇인가?

지금 우리가 함께하는 한국철학의 원형인 고조선사상, 고조선철학을 연구하는 사건의 의미를 생각해야 한다. 우리는 고정된 실체인 고조선사상, 한국철학을 탐구하고, 연구하는 것이 아니라 연구, 고찰 자체가 그대로 지금 여기의 한국인으로서의 우리의 삶이자 고조선사상, 한국철학의 나툼이다.

그것을 굳이 물건화하여 나타내면 지금 여기서 이루어지는 고조선사상, 한국철학의 고찰은 환인과 나의 수작酬酌인 동시에 나와 독자의 수작이다. 이러한 환인과 나, 나와 독자의 소통이 그대로 지금 여기의 삶이고, 환인과 나, 독자를 새롭게 하는 창조적 생성의 과정이다.

한국철학을 연구하는 학자들은 밝달사상, 신도사상, 한사상과 같이 여러 개념에 의하여 다양하게 이론 체계화하여 나타낸다. 우리의 삶에서 이루어지는 매 순간의 사고와 언행은 그대로 환인의 나타남이다. 따라서 지금 여기의 삶을 떠나서 환인, 우주, 신, 천국, 도는 없다.

매 순간 지금 여기에서 나타나는 사고와 언행이 나이고, 우리나라이며, 인류, 우주이다. 지금 여기의 나와 우리나라, 인류 사회, 우주와 둘이 아니며, 지금 여기의 삶과 우리나라의 삶, 인류의 삶, 우주의 생명 현상이 둘이 아니다.

지금 여기의 사고와 언행이 신, 도, 구세주, 부처의 사고이자 언행임을 믿고, 때와 장소에 따라서 다양하고 새롭게 사고하고, 언행을 행하는 운신運身이 삶이며, 매 순간의 사고와 언행이 신, 도, 부처, 본성, 자성으로 나타내는 우주, 천지와 둘이 아닌 경지의 나타남이기에 그 자리로 돌려보내는 귀체歸體, 귀본歸本, 회향廻向의 용심用心이 삶이다.

제3부

한국불교와
생성적 패러다임

    한국불교는 외래의 사상인 불교가 한국에 전래하여 한국의 전통사상인 홍익인간을 바탕으로 한국화한 결과이다. 그러므로 한국불교는 불교적 특성을 가지면서 동시에 인도와 다르고, 중국과 다른 한국적 특성을 갖는다.
    우리가 한국불교를 고찰하는 목적은 어떻게 사는 것이 한국적 삶인가를 찾기 위함이다. 불교는 마음을 중심으로 형성된 종교이다. 따라서 불교의 용심법을 통하여 오늘날 우리가 어떻게 마음을 쓰며 살 것인지를 파악할 수 있다.
    우리가 한국불교를 살펴보는 과정에서 인도불교, 중국불교와 다른 한국적 특성이 드러날 것이다. 이를 바탕으로 오늘날의 시대적 상황에 알맞은 현대불교의 방향을 찾는 성과도 기대할 수 있을 것이다.
    오늘날 한국불교는 탈종교적 흐름 속에 놓여 있다. 불교가 대중으로부터 외면을 당하는 것은 여러 원인이 있다. 그러나 근본적인 원인은 오늘날의 시대적 요구에 부응하는 한국적 수행 방법을 제시하지 못했기 때문이다. 그러면 오늘날 한국불교의 수행 방법은 무엇인가?

오늘날 한국불교는 말이 한국불교일 뿐으로 당송唐宋 시대에 나타난 중국의 조사선祖師禪, 간화선看話禪, 묵조선默照禪의 수행 방법을 벗어나지 못하고 있다.

오늘날 우리 사회에서 불교에 관심을 가지는 사람들이 조사선, 간화선과 멀어지는 까닭은 체계적이고 구체적인 수행 방법이 없을 뿐만 아니라 일상의 삶을 벗어나서 따로 수행의 시간을 확보해야 하고, 설사 평생을 투자해도 견성성불見性成佛하기가 어렵다고 느끼기 때문이다.

오늘날 불교에 관심을 갖는 사람들은 선불교보다는 초기불교의 위빠사나 수행에 관심을 갖는다. 그들은 선불교로 대표되는 대승불교는 불교가 아니라고 주장한다.

그들은 대승불교의 교설이 석가모니의 친설親說이 아님을 증거로 든다. 그러나 그들이 말하는 상좌부 계통의 팔리어 니까야 역시 석가모니의 친설親說이 아니라 석가모니의 사후 1,500년 후의 사람들이 기록한 서적이다.[142]

그들의 문제는 부처라는 실체가 있다는 사고이다. 석가모니만이 깨달은 붓다라는 주장은 무아 사상과 어긋날 뿐만 아니라 과거의 칠불七佛은 부처가 아니고, 앞으로도 붓다가 나올 수 없다는 주장이다. 그러면 상좌부 계통의 위빠사나 수행은 아무런 문제가 없는가?

오늘날 사람들은 행복한 삶, 편안한 삶을 원한다. 그들은 삶을 떠나서

---

142 방경일, 『초기불교와 선불교』, 운주사, 2010, 20-37.

종교나 사상, 학문, 예술, 문화에 얽매이고자 원하지 않는다. 따라서 수행이나 불교가 삶을 힘들게 하면 그러한 수행이나 종교는 대중으로부터 멀어질 수밖에 없다.

간화선이 현대사회의 시대적 요구를 따르지 못하듯이 초기불교의 위빠사나 역시 현대사회의 시대적 요구를 따른다고 할 수 없다. 위빠사나의 매 순간의 신身, 수受, 심心, 법法을 살펴보는 관법은 한계를 갖는다. 네 가지를 살펴보기만 하고 보는 그것이 무엇인지를 모르면 고통이 무엇이며, 왜 일어나는지 그리고 어떻게 제거하는지에 대한 근본적인 해결이 되지 않는다. 그러면 오늘날 한국불교가 처한 상황은 새로운 수행 방법의 제시로 해결되는가?

오늘날 한국불교가 처한 상황은 간화선의 수행 방법의 문제가 아니라 불교 자체의 본질과 작용, 기능을 현대적 관점에서 재정립해야 해결된다. 그것은 불교라는 종교가 오늘날 우리 사회에 필요한 종교인지 필요하다면 어떻게 필요한지의 문제이다.

오늘날 사람들의 불교에 관한 관심은 종교적 관심이 아니라 그들이 제시하는 용심법用心法에 대한 관심이다. 불교는 인간이 삶의 과정에서 어떻게 마음을 쓰고, 그것이 삶에 어떤 결과를 낳으며, 세계와 어떤 관계인가를 구체적이고, 체계적으로 밝히고 있다. 그러면 그것이 한국사상과 어떤 관계인가?

우리는 앞에서 한국사상이 시간성 중심의 신문사상임을 살펴보았다. 신문사상은 시간성을 물건화, 대상화하여 일삼一三의 구조에 의하여 존재론적인 측면을 나타내고, 삼일三一의 구조를 통하여 인식론적, 수행론적 측면을 나타낸다. 그러면 존재론과 인식론은 어떤 관계인가?

일삼과 삼일을 통합하고, 분생하는 생성은 본심, 진심에 의하여 이루어진다. 따라서 본심의 작용을 중심으로 존재론과 인식론, 수행론이 통합되고, 분화된다. 그러면 고조선사상을 바탕으로 한국불교가 어떻게 형성되는가?

한국불교와 인도불교, 중국불교를 막론하고 모두 용심법이 근본 주제라는 점에서는 같다. 인도불교, 중국불교에서는 현상으로부터 출발하여 현상의 근원인 불성, 자성을 찾는 역방향이 중심이 되어 용심법을 논한다.

그러나 한국사상에서는 환웅이 인간 세상에서 이화를 하여 널리 인간을 이롭게 하는 재세이화, 홍익인간의 존재론, 실천론을 논하고, 그것을 바탕으로 웅호가 사람이 되어 환웅과 결혼하는 인식론, 수행론을 논하는 순방향에서 용심법을 논한다.

한국불교는 중국불교, 인도불교와 다름에도 불구하고 불교학자들은 여전히 한국사상이라는 측면을 간과하고 오로지 불교만을 연구하고, 수행자들도 한국불교의 수행방법과 중국불교의 수행방법의 차이에 관심을 갖지 않는다.

지금부터 우리는 불교가 한국사상을 바탕으로 어떻게 한국화했는지를 살펴볼 것이다. 의상과 원효를 통해서 교종을 중심으로 불교가 어떻게 한국화했는지를 살펴보고, 이어서 지눌을 중심으로 선불교가 어떻게 한국화했는지를 살펴볼 것이다.

우리는 그 과정에서 세 사람이 어떻게 한국화했는지를 알 수 있을 것이다. 그것은 우리의 전통사상을 바탕으로 어떻게 외래 종교인 불교를 새롭게 창조했는지를 살펴보는 과정이다. 이를 통하여 우리 사상의 창조적 패러다임이 드러날 것이다.

1. 의상의 화엄철학과 생성적 패러다임

의상조사의 화엄사상을 보면 한국사상적 특성이 잘 드러난다. 그의 화엄사상을 잘 나타내고 있는 저작은 법성게法性偈이다. 우리는 지금부터 의상의 법성게를 통하여 한국사상이 어떻게 불교에 반영되었는지를 살펴보자. 법성게의 출발점은 성품이다. 그는 성품을 다음과 같이 밝힌다.[143]

> 법의 성품은 원융圓融하여 두 모습이 없으니, 모든 법은 움직이지 않아서 본래부터 고요하다. 이름도 없고, 모습도 없어 모든 것 끊어졌으니 증득證得해야 알 수 있을 뿐으로 다른 경지가 아니다.[144]

위의 내용을 보면 비록 세계의 근원을 법성이라는 개념을 통하여 나타내고 있지만 모습이 없을 뿐만 아니라 변화하지 않기 때문에 고요하여 이름을 지어서 나타낼 수 없으며, 오로지 스스로 체험을 통하여 파악할 수 있음을 알 수 있다. 따라서 실체적 관점에서 무엇이라고 말하거나 나타낼 수 없다. 그러면 이 부분을 정역과 관련하여 어떻게 이해할 수 있는가? 법성法性은 정역에서 화화옹, 반고, 상제, 상무상제와 같은 개념으로 나

143　의상의 법계도에 대한 주석은 제자들에 의하여 저작된 『법계도기총수록法界圖記叢髓錄』이 있다. 그러나 이 책에서는 필요에 따라서 『법계도기총수록法界圖記叢髓錄』을 사용하면서도 법계도의 문자를 중심으로 이해하고자 한다. 그것은 언어를 통하여 표현된 내용 자체가 중요한 것이 아니라 그것을 통하여 드러내고자 하는 지금 여기의 법성法性, 자성自性의 작용, 현현顯現이 중요하기 때문이다.

144　의상義湘, 『화엄일승법계도華嚴一乘法界圖』, "法性圓融無二相 諸法不動本來寂 無名無相絶一切 證智所知非餘境".

타낸 경계이다. 화화옹, 반고, 상제가 물건적 실체가 아니듯이 법성 역시 실체가 아니다. 그것은 법성, 화화옹이 지금 여기를 떠나서 별개의 시간이나 공간 그리고 나를 떠난 별개의 존재를 가리키는 개념이 아님을 뜻한다. 그러면 모습도 없고, 변화도 없는 성품은 그저 텅 빈 허무일 뿐인가?

만약 법성이 오로지 모습이 없고 고요하여 변화가 없다면 그것은 텅 빈 허공과 같은 일종의 실체일 수밖에 없다. 그렇기 때문에 의상은 법성이 무상, 부동, 무명에 머물지 않음을 밝힌다.

> 참성품은 깊고 깊으며, 미묘하고 지극해서 자기 성품을 지키지 않고, 인연을 따라서 나툰다. 하나 가운데 일체가 있고, 일체 가운데 하나가 있으니, 하나가 곧 일체이고 일체가 곧 하나이다.[145]

진성, 법성은 어떤 언어를 비롯한 도구로 나타낼 수 없는 경지이다. 그러나 성품은 무상無相, 무명無名, 부동의 경지에 머물지 않고 매 순간 인연을 따라서 현상으로 나타난다. 그것은 법성, 진성眞性이 항상 시공에서 자신을 드러냄을 뜻한다.

다음 부분에서 부분과 전체, 하나와 일체가 둘이 아님을 나타내고 있다. 그것은 무명, 무상의 경계와 이름을 지어서 나타낼 수 있는 현상의 세계, 형이상과 형이하, 이理와 사事, 성품과 물리적 생명, 도道와 기器가 둘이 아님을 뜻한다. 그러면 이 부분은 한국사상의 특성인 생성적 패러다임에 의하여 어떻게 이해할 수 있는가?

---

145 의상義湘, 앞의 책, "眞性甚深極微妙 不守自性隨緣成 一中一切多中一 一卽一切多卽一".

첫 부분은 바로 화화옹化化翁을 두 관점에서 나타낸 도역倒逆의 생성을 나타낸다. 성품이 자성의 경지에 머물지 않고 인연에 따라서 자신을 드러냄은 도생역성倒生逆成을 가리킨다. 그것은 화엄경의 여래출현품, 성기性起품에서 밝히고 있는 여래의 출현, 성품의 작용이다.

두 번째 부분에서는 생성의 결과를 현상적 측면에서 나타내고 있다. 하나와 일체가 서로 나누어지면서도 둘이 아님을 통하여 물건적 관점에서 분합적分合的 방법에 의하여 법성, 성품을 나타낸다. 그러면 증득하기 위한 수행이 필요한가?

만약 한 법이라도 닦을 것이 있다면 그것은 불법이라고 할 수 없다. 왜냐하면 부동不動, 무명無名, 무상無相의 성품이 자성을 지키지 않고, 인연에 따라서(倒生) 나타나기(逆成) 때문이다. 이는 매 순간 성리性理의 작용이 사고와 언행으로 새롭고 다양하게 나타남을 뜻한다. 그러면 도생역성은 자연自然인가? 인연에 의하여 이루어지는 연기緣起인가?

성품이 자성에 머물지 않고 인연에 따라서 현상으로 나타남은 이理와 사事, 공空과 색色을 구분하는 분합적 방법에 의하여 이해하면 자연과 인연의 문제가 발생한다. 작용을 성품의 차원에서 보면 자연이지만 색色의 차원에서 보면 인연에 의하여 일어나는 연기이다.

그러나 사건적 관점에서 도생역성을 통하여 이해하면 성품에서 시작하여 색色에서 끝나는 시종始終의 사건이다. 그러므로 매 순간의 사건은 자연도 아니고 인연도 아니어서 자연과 인연을 넘어서지만 그렇다고 하여 자연과 인연을 벗어나지도 않는다.

자연과 인연의 관계를 통하여 드러나는 모순 관계는 공과 색, 형이상과 형이하, 본체와 현상을 나누는 물건적 분합에 의하여 발생한다. 물건적 분합을 사건적 생성으로 변화시키는 것이 현상적 패러다임에서 시작하여 초월적 패러다임을 거쳐서 생성적 패러다임에 이르는 과정이다. 법성계의 다음 부분에서는 여래출현, 성기性起를 생성의 관점에서 밝힌다.

> 하나의 작은 티끌 속에 시방세계가 포함되니 일체 모든 티끌 하나하나가 모두 그러하네. 셀 수 없는 오랜 시간이 한 생각의 찰나이고, 한 생각의 찰나가 셀 수 없는 오랜 시간이지만 구세, 십세 무량한 시간이 걸림이 없이 상응하여 혼란스럽게 섞이지 않아서 따로따로 이루어지네.[146]

앞부분에서는 상하와 팔방을 합한 시방의 공간을 논하고, 뒷부분에서는 순간과 영원의 시간을 논하고 있다. 이 부분을 통하여 시공이 성품의 작용에 의하여 나타나는 현상임을 알 수 있다. 그것은 도생역성이 시공의 전개로 드러남을 뜻한다.

물건적 관점에서 보면 세계는 분합을 통하여 부분과 전체로 나눌 수 있다. 이때 잘게 나누어진 부분을 미진微塵이라고 말한다. 부분의 측면에서 보면 미진이 모여서 공간이 형성되기 때문에 부분인 미진의 합이 전체인 공간이라고 할 수 있다.

그러나 앞에서 이미 밝힌 것과 같이 부분이 전체이고, 전체가 부분이다. 하나의 미진 안에 온 우주가 들어 있고, 모든 미진 안에 온 우주가 들어 있다. 이처럼 부분이 전체를 이루어서 전체가 부분을 포함하지만 부분 속에 전체가 들어 있어서 모든 부분이 그대로 전체를 포함한다. 그러

---

146 의상義湘, 앞의 책, "一微塵中含十方 一切塵中亦如是 無量遠劫卽一念 一念卽是無量劫 九世十世互相卽 仍不雜亂隔別成".

면 시간적 측면에서는 어떤가?

한 생각이 일어나는 찰나의 순간이 영원한 시간이고, 영원한 시간이 찰나의 순간이다. 영원이 순간이고, 순간이 영원이기 때문에 과거와 현재, 미래의 3세를 나누고, 과거와 미래, 현재를 다시 각각의 3세를 나누어서 9세를 논할 뿐만 아니라 일 년 365일을 각刻에 따라서 나타내면 3만 6천5백의 생각들이 일어나고, 몸도 역시 3만 6천5백의 몸이 있게 된다. 그러면 성품에 의하여 시간과 공간이 전개됨이 무엇을 의미하는가?

성품이 인연에 따라서 나툼은 바로 부처에 의하여 중생이 제도濟度되어 제각각의 이로움을 얻음을 뜻한다. 법성게에서는 성품을 부처라는 인격체로 나타내어 나툼을 다음과 같이 밝힌다.

> 부처의 해인삼매海印三昧 속에서 부사의不思議한 무궁한 법을 마음대로 나투니 중생 위한 보배비가 온 허공에 가득하여 중생들의 근기에 따라 모두 이익 얻네.[147]

위의 내용을 실체적 관점에서 보면 부처, 해인삼매, 불가사의한 법, 나툼, 법의 비, 중생, 이익을 서로 다른 물건으로 이해할 수 있다. 그러나 부처와 중생 그리고 그것을 논하는 지금 여기의 나와 둘이 아니라 온 우주와 둘이 아닌 성품이 지금 여기의 나의 생명 현상으로 나타남이 바로 온갖 생명 현상으로서의 중생임을 뜻한다. 이처럼 부처라는 본체가 중생이라는 현상으로 드러나는 작용이 바로 보살이다.

성품에 의하여 이루어지는 작용을 인격적 관점에서 나타낸 개념인 보

---

147 의상義湘, 앞의 책, "能仁海印三昧中 繁出如意不思議 雨寶益生滿虛空 衆生隨器得利益".

살菩薩은 본체인 부처와 현상인 중생과 둘이 아니다. 법성계에서는 그것을 "이치와 현상이 아득하여 분별할 수 없으니 모든 부처와 보현보살 그리고 성인들의 경계이다."[148]라고 하였다.

그러나 비록 본체인 부처가 현상의 중생으로 드러나기 때문에 둘이 아니지만 부처가 그대로 중생은 아니어서 하나가 아니다. 본체와 현상이 하나가 아닌 관점에서 중생으로부터 부처를 향하는 수행을 논한다.

수행은 부처가 되기 위한 것이 아니라 부처로서의 작용의 완성을 뜻한다. 그것은 처음 시작한 본체이자 부처로 돌아가는 귀체歸體, 귀본歸本이다. 그것을 불교에서는 회향廻向이라고 한다. 회향은 생성의 관점에서는 역생도성逆生倒成이다.

역생도성은 도생역성의 다른 측면이다. 도생역성의 측면에서 보면 중생이라는 온갖 생명 현상은 본체인 부처의 작용이지만 결과는 본체와 달라서 하나가 아니다.

그러나 역생도성의 측면에서 보면 온갖 생명 현상인 중생이 그대로 본체인 부처이기 때문에 중생의 관점에서 부처를 나타내어서 회향이라고 말한다.

수행은 부처라는 결과를 낳는 원인으로서의 인위적인 행위가 아니라 부처라는 본체의 작용을 완성하는 결과로서의 행위를 가리킨다. 법성게에서는 수행을 다음과 같이 말한다.

---

148 의상義湘, 앞의 책, "理事冥然無分別 十佛普賢大人境".

그러므로 수행자가 본래 자리로 돌아갈 때 망상妄想을 쉬지 않고는 얻을 수 가 결코 없네.[149]

만약 역방향에서 부처가 되기 위하여 깨달음을 얻고자 하는 인위적인 행위를 수행이라고 생각하면 깨달음과 닦음, 본래성불과 증오성불이 하나가 될 수 없는 모순 관계를 낳는다. 그렇기 때문에 선사들은 역설에서 벗어나기 위하여 사구四句를 벗어나라고 말한다.

있음, 없음, 있으면서도 없음, 있는 것도 아니면서 없는 것도 아님이라는 사구를 벗어나지 못하는 주장, 이론, 사상은 양립할 수 없는 모순 관계를 나타내는 역설逆說이다. 역설은 물건적 차원에서 이루어지는 분합적 사고에 의하여 나타난다.

물건적 차원에서 이루어지는 분합적 사고를 법성게에서는 망상妄想이라고 말한다. 그릇된 사고의 방법을 가리키는 망상은 현상적 패러다임, 초월적 패러다임에 의하여 일어나는 분합적 사고를 가리킨다.

만약 오로지 회향廻向을 중심으로 용심법을 논하면 한마디의 말에 즉각 깨닫는 언하대오言下大悟, 돈오돈수頓悟頓修와 깨달은 후에 닦는 돈오점수頓悟漸修를 구분한다. 그리고 주역에서 제시하는 궁리窮理, 진성盡性, 지명至命의 세 단계로부터 시작하여 십신十信, 십주十住, 십행十行, 십회향十廻向, 십지十地, 등각等覺, 묘각妙覺의 52단계를 논하게 된다.

그러나 삶은 사건의 연속이어서 이것과 저것으로 구분할 수 없다. 그럼에도 불구하고 삶을 학문과 실천, 수행과 제도의 둘로 구분하여 상구보리와 하화중생으로 나타내는 순간 깨달음을 얻지 못하면 중생을 제도

---

149 의상義湘, 앞의 책, "是故行者還本際 叵息妄想必不得".

하는 삶을 살 수 없게 된다.

　부처와 중생을 구분하는 순간 무명과 지혜, 윤회와 해탈, 고苦와 락樂은 결코 하나가 될 수 없다. 그렇다고 하여 양자를 넘어선 중中, 중도中道를 말해도 여전히 양자를 벗어날 수 없다. 분별심에 의하여 일어나는 망상을 버려서 회향이 이루어진다면, 회향이 사라지면 다시 망상이 일어나서 중생으로 돌아갈 것이다. 그러면 어떻게 할 것인가?

　역생도성은 바로 도생역성이다. 망상이 지혜이며, 번뇌가 보리이고, 일어나는 마음은 모두 지혜의 작용이다. 그것은 부처의 작용이 중생임을 뜻한다. 따라서 현상을 중심으로 하나가 아님을 통하여 작용과 본체를 둘로 보지 말아야 한다.

　용심의 측면에서는 처음 마음을 내는 순간이 바로 부처라는 본체에 의하여 이루어지는 보살의 작용이다. 그러므로 매 순간 보살의 작용이 현상에서는 생사와 열반이라는 중생으로 나타난다.

> 처음 발심한 순간 바른 깨침을 이루며, 생사와 열반 경지가 항상 서로 함께 한다.[150]

　생사와 열반은 하나의 본체인 부처의 작용에서 나타나는 서로 다른 현상이다. 따라서 현상의 측면에서 보면 생사와 열반은 결코 하나가 될 수 없다. 마찬가지로 용심用心과 정각正覺은 작용과 현상이라는 측면에서 하나가 될 수 없다.

　도생역성과 역생도성의 생성적 패러다임을 통하여 위의 내용을 이해

150　의상義湘, 앞의 책, "發心時便正覺 生死涅槃常共和".

하면 도생역성의 관점에서 마음을 일으키는 모든 순간이 그대로 바른 깨달음이 드러나는 순간이다. 그것은 자성, 본성이 마음을 일으키는 순간에 지혜로 작용함을 뜻한다. 따라서 마음을 일으키는 순간이 그대로 정각이 작용하는 순간이다. 생사와 열반은 어떤 관계인가?

동일한 하나의 차원에서 생사와 열반을 이해하면 양자는 모순 관계를 형성한다. 고통으로 느껴지는 생사와 그것을 벗어나서 생사의 고통이 없는 열반은 동시에 성립할 수 없다. 그럼에도 불구하고 서로 조화를 이룬다고 말한다. 그렇다면 이러한 주장은 성립할 수 없는 역설逆說이고 독단獨斷이다. 그러면 양자를 어떻게 이해할 것인가?

생사는 현상의 차원에서 언급되는 개념이며, 열반은 본체의 차원에서 언급되는 개념이다. 그러므로 양자가 가리키는 내용은 동일한 차원이 아니라 서로 다른 차원이다. 따라서 서로 조화를 이룬다는 언급은 모순 관계가 아니다.

본체의 차원에서 보면 세계는 현상의 다양함을 벗어난 불이不二의 경계이다. 그러나 현상은 언제나 이것과 저것으로 나누어질 수밖에 없는 불일不一의 경지이다. 이러한 불이와 불일의 본체와 현상은 작용에 의하여 드러나고 감추어진다.

작용을 중심으로 체용을 이해하면 바로 도역의 생성에 의한 생성의 경계가 열린다. 작용의 관점에서 보면 매 순간 본체가 현상으로 드러나기 때문에 양자가 하나이지만 현상이 그대로 본체가 아니기 때문에 양자가 둘이다.

매 순간 새로운 사건으로 나타나는 동시에 사라지는 생멸生滅은 시초와 종말의 측면에서 보면 사건의 시작과 완성이다. 그렇기 때문에 생멸을 생성이라고 말한다. 이러한 변화의 연속이 바로 세계이자 삶이고, 생명 현상으로서의 중생이며, 생멸이 없는 부처이다.

매 순간에 마음을 쓰고, 마음의 작용에 의하여 나타나는 생사와 열반이 다시 사라짐은 본체의 측면에서 나타내면 본체인 부처로 돌아감이다. 이러한 회향回向을 법성게에서는 자신이 살던 집으로 돌아가는 귀가歸家라고 말한다.

귀가歸家는 본체에서 시작하여 현상으로 드러나는 도생역성의 작용이 현상에서 본체로 돌아가는 역생도성에 의하여 완성됨을 뜻한다. 이때 수행하는 사람이 돌아가는 집은 본래의 출발했던 진성眞性, 자성自性이다.

그런데 성품에 참과 거짓, 오염과 깨끗함이 없음에도 불구하고 진성이라고 말하듯이 오고 감이 없고, 생성이 없음에도 불구하고 이미 성품을 논하고, 수행을 통한 바른 깨달음인 정각正覺을 논했기 때문에 중도中道라고 말한다. 그러므로 귀가는 바로 중도에 앉음이다.

중도中道는 도생역성과 역생도성을 거쳐서 양자로 드러나기 이전을 나타내는 개념이다. 수행과 제도, 깨달음과 깨닫지 못함, 생사와 열반, 본체와 현상, 부처와 중생으로 구분하여 나타내기 이전이 바로 중도中道이다.

유무有無가 둘이 아닌 중도의 차원에서는 유는 무가 아닌 유이지만 무와 상대적인 유가 아니고, 무는 유가 아닌 무이지만 유와 상대적인 무가 아니다. 그러므로 집으로 돌아감, 중도의 자리에 앉음은 돌아감이지만 돌아감이 없고, 자리에 앉지만 앉음이 없다.

법성게에서는 중도를 진여眞如라고 말한다. 움직여도 움직임이 없는 참된 여여如如함이 바로 진여眞如이다. 그러므로 집으로 돌아감은 바로 진여의 중도中道에 앉음이다. 이처럼 본래의 부처에 앉음이기 때문에 역생도성에 의하여 귀가함이 이미 완성된 과거적 일이어서 움직임이 없는 부처라고 하였다.

> 고향에 돌아갈 때 분수에 따라 양식을 얻으니, 신령스러운 다라니의 한량없는 보배로 온 법계를 장엄하여, 보배 궁전 이루어서 진여의 실상 중도에 오롯하게 앉으니, 옛날부터 변함없는 부처라고 이름을 지어 말하네.[151]

법성, 진성은 저마다의 본래면목이지만 매 순간 사고와 언행으로 다양하고 새롭게 드러난다. 그러므로 본래면목을 부처라고 말하고, 성품이라고 말하며, 마음을 통하여 이루어지는 작용을 보살이라고 말하고, 새롭고 다양하게 드러나는 언행을 중생이라고 말한다.

그러나 수행을 통하여 성품을 보고 깨달음을 얻어서 부처가 되는 것이 아니다. 다만 매 순간 작용하는 본체를 부처로 이름을 지어서 말하고, 작용을 문수, 보현, 금강장과 같은 다양한 보살로 나타내며, 현상을 둘로 나누어서 생사와 열반, 사상四相을 비롯한 수많은 개념을 통하여 나타낼 뿐이다.

언어를 통하여 분석하여 다양한 주장, 이론, 사상으로 나타내는 동시에 그것을 다시 합하여 이해함으로써 나타내어도 나타냄에 얽매임이 없다. 그것을 얽매임이 없이 나타낸다고 말한다. 법성게의 시작에서 마지막 부분에 이르는 과정 동안 매 순간 다양한 개념을 통하여 여러 주장이 제시된다.

---

151 의상義湘, 『화엄일승법계도華嚴一乘法界圖』, "歸家隨分得資糧 以陀羅尼無盡寶 莊嚴法界實寶殿 窮坐實際中道床 舊來不動名爲佛".

그러나 마지막 부분에서는 모든 주장을 처음 시작한 진성, 부처로 돌려줌으로써 저자인 의상은 어떤 주장도 하지 않았음을 보여준다. 마찬가지로 처음 부분에서 자성이 인연에 의하여 일어남을 통하여 여래의 출현을 말했지만 마지막 부분에서 자성으로 돌아가서 출현이 없는 부동의 경계로 끝을 맺는다.

우리가 법계도를 통하여 만나는 의상의 화엄사상은 일종의 지식이다. 언어에 의하여 제시된 법계도는 의상과 내가 둘이 아닌 진성眞性이 의상의 몸을 통하여 드러난 결과물이다. 그러면 의상이 있고, 법계도가 있는가?

만약 오늘날 우리가 그의 법성게를 보지 않는다면 적어도 지금 여기의 나에게는 의상과 법계도는 없다. 그러나 내가 보지 않아도 남이 보기 때문에 법계도가 없다고 할 수 없다. 이제 우리는 의상이 법계도를 통하여 나타낸 뜻을 파악할 수 있다.

의상, 법계도와 나는 개체적으로 존재하는 실체가 아니라 의상, 법계도와 나의 연기에 의하여 일어나는 법계도를 읽고 그 내용을 파악함이라는 사건이다. 그리고 그 사건은 순간마다 다양한 형태로 나타났다가 사라진다.

매 순간에 일어나는 사건은 일어나도 일어남이 없다. 이처럼 유위有爲를 논할 때 비로소 상대적인 무위를 논할 뿐으로 무위無爲를 바탕으로 유위有爲가 이루어질 수 없다. 설사 무위를 논하더라도 논함 자체는 무위가 아닌 유위이다. 그러면 어떻게 해야 하나?

의상이 진성眞性, 수행, 중생, 부처를 말하면서 그것이 모두 자성自性이 인연을 따라서 나타나는 현상임을 말함은 도생역성을 드러냄이고, 마지막으로 그것을 모두 부정하여 부동不動이라고 말함은 역생도성을 드러냄이다. 따라서 의상의 법성게는 도생역성을 바탕으로 역생도성이 이루어짐을 나타낸다.

그의 법성게는 인도불교, 중국불교에서 나타나듯이 역방향에서 수도, 수행을 통하여 상구보리를 추구하고, 순방향에서 제도를 통하여 하화중생을 추구하는 것과 달리 순방향에서 자성의 작용을 말하고, 그것을 바탕으로 역방향에서 상구보리를 논한다.

의상은 현상적 패러다임을 벗어나서 형이상적 패러다임을 바탕으로 법성게를 논한다. 그는 자성, 부처에 머물지 않고 매 순간의 발심을 통하여 지혜를 드러나는 정각正覺을 논하고, 중생의 제도를 논한다.

그러나 의상은 한국사상의 핵심인 생성적 패러다임에 의하여 자성, 불성, 부처에 머물지 않고 한 걸음 더 나아가서 자유자재한 삶을 제시한다. 이를 통하여 의상이 부처와 중생, 생사와 열반, 성품과 현상을 구분하여 나타내는 중국화엄을 수용하였지만 자신의 화엄사상으로 주체화하여 나타내었음을 알 수 있다. 그는 한국사상의 전통을 바탕으로 중국화엄을 주체적으로 수용하여 한국화엄, 의상화엄으로 제시하였다.

2. 원효의 금강삼매경론과
   생성적 패러다임

원효는 후대의 학자들에 의하여 다양한 불교의 이론들을 회통적 관점에서 통섭通涉한 회통의 달인, 통섭의 달인으로 평가를 받는다. 그러나 삶의 두 측면인 수행, 학문과 실천, 제도는 둘이 아니다. 오늘날 우리는 그의 삶이 다양한 불교의 이론을 통섭하는 출세간적 측면과 요석공주와 사이에서 설총을 낳는 세간적인 측면이 둘이 아닌 중도적 삶이었음을 주목할 필요가 있다.

그의 중도적 삶은 우연히 이루어진 것이 아니라 중관과 유식을 비롯하여 다양한 불교사상을 회통하여 통섭시킨 사상이 삶으로 나타난 결과이다. 따라서 그의 삶을 단순하게 학문적 관점에서 조명하는 것은 한계를 갖지 않을 수 없다.

오늘날의 학자들은 원효의 삶을 학문적 관점에서 화쟁사상, 통섭철학[152]이라고 말한다. 그들은 원효의 화쟁사상을 통하여 불교의 다양한 이론의 회통을 넘어서 인문학과 과학을 회통시키고, 언어와 사유를 지혜롭게 활용[153]하는 학문적 측면을 넘어서 양극화가 극심한 현대사회에서 자유자재한 삶의 길[154]을 기대한다. 그러면 그의 학문과 실천이 둘이 아닌 삶의 방법은 무엇인가?

---

152 박태원, 「원효와 차이통섭의 철학」, 『철학논총』 제104집, 새한철학회, 2021, 392.
153 박태원, 『원효의 화쟁철학』, 세창출판사, 2020, 109–155.
154 정영근, 「원효의 사상과 실천의 통일적 이해」, 『원효』, 고영섭 편저, 예문서원, 2011, 381–482.

그는 대승기신론, 금강삼매경의 이론체계를 빌려서 자신의 화쟁사상, 통섭철학을 전개한다. 그의 화쟁사상, 통섭철학은 일심一心으로부터 시작된다. 일심은 세간과 출세간을 아우르고, 과거와 미래를 아우르며, 근본과 지말을 아우르는 지금 여기의 중생심이다.

중생심은 불생불멸不生不滅, 본각本覺, 청정淸淨의 출세간적 측면과 생멸生滅, 시각始覺, 오염染汚의 세간적 측면이 있다. 이를 대승기신론에서는 진여문眞如門과 생멸문生滅門으로 구분하여 나타낸다.

진여문과 생멸문이 둘이 아닌 일심의 대승적 특성은 체용상體用相의 삼대三大에 의하여 나타낸다. 이는 중국사상이 보여 주는 전형적인 물건적 표현이다. 그러면 일심, 이문, 삼대를 통하여 나타내고자 하는 내용은 무엇인가?

선종禪宗과 교종敎宗을 막론하고 중국불교는 현상을 출발점으로 삼아서 공空, 삼매三昧, 각覺에 이르는 역逆방향이 중심이다. 대승기신론과 금강삼매경에서는 그 내용을 생멸에서 출발하여 진여에 이르는 수행의 방법인 지관止觀을 중심으로 나타내고 있다.

일심이 세간과 출세간을 아우름에도 불구하고 생멸로부터 진여를 향하는 방향에서 수행만을 강조할 때 깨달음과 실천이 괴리되는 문제가 나타난다.

그것은 오늘날의 한국불교가 현상을 환상으로 여기고 삶에서 벗어나고자 할 뿐으로 현실의 삶에 적극적으로 뛰어들지 못하는 한계를 갖고 있음을 뜻한다.[155]

---

[155] 이찬훈, 「불교의 깨달음과 그 구현」, 『동아시아불교문화』 제27호, 동아시아불교문화학회, 2016, 283-316.

그동안 학자들은 원효의 저서들을 분석하여 일심, 화쟁, 통섭을 비롯한 중요 개념을 추출하고 그것을 중심으로 그의 사상을 체계화하고자 하였다. 그럼에도 불구하고 그의 불교를 종합적으로 나타낼 수 있는 철학체계가 밝혀지지 않았다.[156] 그러면 원효불교의 학문과 실천, 수도와 제도, 세간과 출세간을 아우를 수 있는 통섭적 체계는 어떻게 구성되는가?

중국불교는 인도불교가 물건적 관점에서 형이상의 도道와 형이하의 기器를 구분하여 순順과 역逆의 두 방향에서 양자의 관계를 밝히는 주역의 사유구조를 바탕으로 중국화한 결과이다. 따라서 주역적 사유구조가 그대로 나타난다. 중국불교에서는 도道와 기器를 이理와 사事, 성性과 상相으로 구분하여 역逆방향에서 근본을 찾아가는 수행이 중심이다.

대승기신론 역시 주역에서 밝히고 있는 물건적 사유체계를 그대로 반영하고 있는 전형적인 전적이다. 그렇기 때문에 일심을 이문과 삼대를 통하여 논하면서도 삼대를 체상과 용의 이원적 구조가 중심이다.

대승기신론이 본체와 작용, 현상을 논하면서도 본체와 현상을 하나로 하여 오로지 체와 용의 이분법적인 관점에서 논하는 까닭은 본체가 그대로 드러난 현상의 측면이 중심이 아니라 환화와 같은 실재하지 않는 현상으로부터 벗어나서 본체에 이르는 수행을 강조하기 위함이다. 저자가 수행을 권할 목적으로 기신론을 지었음[157]은 이를 단적으로 보여준다.

원효는 금강삼매경론을 통하여 견상귀본遣相歸本과 종본기행從本起行, 쌍

---

156 고영섭, 『원효』, 예문서원, 2011, 41-43.
157 『대승기신론』 1권(ABC, K0616 v17, p. 614b03-b04), "八者 爲示利益勸修行故 有如是 等因緣 所以造論".

현귀기雙顯歸起[158]를 제시하고 그것을 바탕으로 금강삼매경을 분석하여 금강삼매경과 다르고, 대승기신론과 다른 자신의 불교철학을 제시한다.

그는 성性과 상相을 구분하여 상相으로부터 출발하여 근본인 성性에 이르는 견상귀본遣相歸本과 성으로부터 상을 향하는 종본기행從本起行 그리고 양자가 둘이 아님을 나타내는 쌍현귀기雙顯歸起를 통하여 상구보리와 하화중생, 진과 속, 이理와 사事, 성性과 상相이 둘이 아니면서도(不二), 하나가 아닌(不一) 중도中道의 경계를 일미一味로 나타낸다. 그러면 그것이 중국불교와 어떤 차이가 있는가?

우리가 원효불교의 중국불교와 다른 특성은 두 측면에서 살펴보아야 한다. 첫째는 원효가 중국불교의 특성인 물건적 관점에서 불교를 이해하는가 아니면 한국적 특성인 사건적 관점에서 불교를 이해하는가를 살펴보아야 한다.

둘째는 그가 앞에서 제시한 세 주장을 바탕으로 자신의 불교를 제시할 때 삼자의 관계가 무엇인가이다. 금강삼매경에서는 견상귀본을 출발점으로 종본기행을 거쳐서 쌍현귀기에 이르는 과정을 통하여 세 주장에 제시된다.

지금부터는 견상귀본, 종본기행, 쌍현귀기를 중심으로 원효의 통섭불교를 살펴보고자 한다. 불교는 형이상적 패러다임에 의하여 불성, 자성의 자각을 추구하는 역逆방향에서 이론이 전개된다. 이에 따라서 먼저 역방향에서 출발하여 순방향에서 끝나는 사유체계, 논리구조를 통하여 원효의 불교를 고찰하고, 이어서 순역이 둘이 아닌 통합적 관점에서 원효

---

158 「금강삼매경론」 1권(ABC, K1501 v45, p.65a04-a05), "又前二品遣相歸本 中間二品從本起行 後二品者 雙顯歸起 以此二三攝大乘盡".

의 불교를 고찰할 것이다.

먼저 수도, 상구보리의 관점에서 이미 제기된 다양한 주장, 이론의 회통을 통하여 상구보리와 하화중생이 둘이 아님을 살펴보고, 이어서 제도, 하화중생의 관점에서 무애한 법문을 통하여 세간과 출세간이 둘이 아닌 자유자재한 삶으로 나타나는 생성적 패러다임에 대하여 살펴볼 것이다.

가. 견상귀본遣相歸本과 종본기행從本起行에 의한 지관止觀과 교화敎化의 통섭

용수는 언어의 길이 끊어지고, 마음의 작용이 사라진 필경공畢竟空을 말한다. 그러나 필경공도 하나의 개념일 뿐으로 실체가 아니다. 그렇기 때문에 유도 아니고, 무도 아니며, 유무도 아니고, 유도 아니고 무도 아니며, 있지 않는 것도 아니고 없지 않은 것도 아닌 것도 또한 아니라고 말한다.[159]

그러나 이 말은 사고의 내용을 담은 언어이다. 그리고 필경공이나 중도, 열반은 오온五蘊, 단상斷常, 윤회, 무명과 상대적인 개념일 뿐으로 실체를 가리키지 않는다. 이처럼 그는 사고를 하고, 언어를 통하여 사유의 내용을 나타내면서도 언어와 사유를 벗어난 경계를 말한다.

---

[159] 『大智度論』卷第五十四, 釋天主品 第二十七, 龍樹, "須菩提所說般若波羅蜜 畢竟空義 無有定相 不可取 不可傳譯得悟 不得言有 不得言無 不得言有無 不得言非有非無 非非有非非無亦無 一切心行處滅 言語道斷故".

중국불교의 선사들은 불립문자를 말하고, 이심전심을 말한다. 그리고 그들은 불교는 무아사상이기 때문에 어떤 실체적 존재도 용납하지 않는다. 그러면서도 그들은 많은 말을 효과적으로 사용하는 언어의 장인들이며, 개념들을 잘 분석하고 종합하여 체계적으로 논하는 회통의 대가들이다. 그들은 왜 그러는 것일까?

불교에서 유무, 단상을 벗어난 중도를 말하고, 고락을 벗어난 중도, 윤회와 해탈을 넘어선 중도, 자아와 무아를 넘어선 진아眞我를 말하는 것은 불교가 본체론이나 현상론이 아닌 인식론임을 뜻한다.

인식은 본체인 불성, 주체나 현상인 중생, 사물이 중심이 아니라 본체, 존재를 논하고 현상, 사물을 논하는 인간을 중심으로 중도를 나타내는 개념이다. 유식무경唯識無境이나 일체유심조一切唯心造를 통하여 불교를 유심론으로 언급하는 것은 불교가 본체론이나 현상론이 아닌 작용론임을 보여준다.

불교는 사물이나 언어, 사고, 자연을 비롯한 현상에 관한 접근이나 성품, 도, 신과 같은 본체에 중심이 있는 것이 아니라 작용이 중심이기 때문에 용심用心이 주제일 수밖에 없다. 원효는 일상의 마음인 중생심이 대승심이라는 주제로 담론을 제기한 대승기신론을 주목한다.

그는 일심을 전제로 하여 이문을 논하고 삼대를 논하는 사유구조를 통하여 현상으로부터 본체를 향하는 방향 곧 생멸문에서 진여문을 향하는 방향과 본체로부터 현상을 향하는 방향 곧 진여문으로부터 생멸문을 향하는 두 방향에서 일심을 논한다.

진여문과 생멸을 향하는 두 방향은 순과 역의 두 방향이다. 원효는 다양한 불교의 이론들을 화쟁하고, 출세간과 세간이 둘이 아닌 경계에서 살아가는 삶은 순과 역의 두 방향을 함께 고려하는 사유체계를 통하여 논한다.

후대의 사람들은 원효사상의 특성을 화쟁으로 규정한다. 화쟁은 다양한 쟁론들을 조화시킴을 뜻한다. 그러나 화쟁을 단순하게 다양한 주장이나 이론체계에만 적용한다면 그의 사상의 전모를 파악할 수 없다.

세간과 출세간을 넘나드는 그의 삶은 성聖과 속俗을 넘어선 무애자재無礙自在한 삶이다. 따라서 그의 사상을 화쟁이나 통섭으로 파악하기 위해서는 그의 사상의 전모를 가리키는 개념으로 이해해야 한다.

화쟁은 다양한 주장들을 회통시킬 수 있는 사유체계, 언어의 자유로운 사용, 세간과 출세간이 둘이 아닌 불이不二의 삶의 측면에서 이해할 수 있다. 이때 삶의 방법, 언어의 사용은 모두 사유체계와 관련되어 있다.

삶에 대한 다양한 주장은 언어의 사용 따라서 다양하게 드러난 결과이며, 언어의 사용은 다양한 사유를 통하여 드러난다. 따라서 다양한 주장을 회통하고, 논쟁을 화쟁和諍시키기 위해서는 사유체계를 살펴보지 않을 수 없다.

불교에 관한 다양한 주장의 회통은 모순관계를 형성하는 두 주장으로부터 일어난다. 모순 관계를 이루는 두 주장은 양립이 불가능하다. 그렇기 때문에 사람들은 두 주장 가운데 하나의 주장을 선택하여 수용하고 나머지 주장을 배척한다. 그러면 모순 관계를 형성하는 주장들을 어떻게 회통하는가?

모순矛盾 고사에서 나타나듯이 모순 관계는 주장과 주장 사이에서 나타날 뿐으로 실재의 창과 방패의 관계는 아니다. 마찬가지로 모순관계를 형성하는 두 주장의 회통은 주장이라는 대상에서 이루어지는 것이 아니라 주장을 제기하는 주체인 사람의 마음에서 이루어진다.

> 어떤 사람들의 말이 오로지 어느 한 측면만을 고집하면 그 말들은 의미를 잃는다. 만약 어느 한 측면에 집착함이 없으면 두 말이 모두 의미를 갖는다.[160]

원효는 이것과 저것을 나누는 분별심分別心, 중생심衆生心에 의하여 제기된 실체적 주장은 그것이 무엇이라도 의미가 없고 오로지 어느 한 측면에 집착이 없는 진여심眞如心, 여래심如來心에 의하여 제기된 주장이라야 어떤 주장이라 모두 의미를 갖는다고 말한다.

회통은 주장 자체를 대상으로 현상적 패러다임에 의하여 역설逆說을 벗어나고자 했던 수학자, 철학자들의 방법과 다르다. 원효는 주장 자체가 아닌 주장을 제기하는 주체인 인간의 내면에서 회통의 문제를 해결하고자 한다.

그가 마음을 중심으로 화쟁和諍을 이해함은 현상이나 본체가 아닌 작용의 측면에서 역설을 벗어나는 회통, 화쟁을 논하고 삶을 살아감을 뜻한다. 왜냐하면 본체의 측면에서는 다양한 주장이 있을 수 없으며, 현상의 측면에서는 하나의 주장이 있을 수 없기 때문이다. 따라서 모순관계를 이루는 주장의 회통, 화쟁은 작용의 문제이다. 그러면 중생심과 여래심이 둘인가?

원효는 중생심衆生心, 여래심如來心이 둘이 아닌 일심一心을 통하여 화쟁을 논한다. 그가 일심을 통하여 논하는 화쟁이 무엇인지는 불지佛地의 만

---

160 『열반종요涅槃宗要』(ABC, H0009 v1, p. 533a01-a02), "或有說者 定取一邊 二說皆失 若非實執 二義俱得".

덕萬德을 나타내는 다음과 같은 말을 통하여 확인할 수 있다.

> 불지의 만덕을 나타내는 두 문이 있다. 상相을 버리고 일심으로 돌아오는 문에서 보면 모든 공덕의 모양은 동일한 법계이므로 비록 제1의의 몸을 말하지만 색상色相의 차별된 경계가 없다. 그러나 성性을 따라서 온갖 공덕을 이루는 문에서 보면 색상과 심법心法의 공덕을 갖추지 아니함이 없기 때문에 한량없는 상호 장엄을 말한다. 비록 두 문이 있지만 서로 다른 상이 없다. 그러므로 여러 주장들이 모두 장애가 되지 않아서 이와 같은 무애법문을 드러낸다.[161]

불지佛地는 지금 여기 나의 본체를 나타내는 개념이다. 그러므로 불지의 만덕萬德은 모든 사람들의 본유한 자성, 불성의 경지境地를 나타낸다. 이때 불지에 대한 다양한 주장들은 둘로 구분할 수 있다.

불지의 만덕을 나타내는 여러 주장들은 상相을 떠나서 성性에 이르는 방향에서 제기되거나 성性에서 출발하여 온갖 상相으로 드러나는 방향에서 제기된다. 상을 버리고 일심으로 돌아가는 문은 이문에서 일심을 향하는 문이며, 성을 따라서 온갖 공덕을 이루는 문은 일심에서 이문을 향하는 문이다.

상相을 떠나서 일심으로 돌아가는 문에서 보면 성性은 언어와 사고를 넘어선다. 그러나 성을 따라서 온갖 공덕을 이루는 문에서 보면 언어와

---

161 『열반종요涅槃宗要』(ABC, H0009 v1, p. 533a02-a08), "佛地萬德 略有二門 若就捨相歸一心門 一切德相 同法界故 說唯是第一義身 無有色相差別境界 若依從性成萬德門 色心功德 無所不備 故說無量相好莊嚴 雖有二門 而無異相 是故諸說皆無障礙 爲顯如是無礙法門".

사고가 모두 진성眞性의 작용이다. 그럼에도 불구하고 각각의 주장을 대상으로 내용의 시비是非를 가리고자 하면 다른 방향에서 제기되는 주장의 내용이 서로 다르기 때문에 두 방향에서 제기되는 주장이 양립할 수 없다. 그러면 어떻게 두 주장을 화쟁하는가?

　종성만덕문從性成萬德門과 사상귀일심문捨相歸一心門을 평면적으로 이해하면 동일한 차원의 반대 관계로 드러나기 때문에 양자가 모두 옳을 수 없다. 그러나 입체적 관점에서 양자를 서로 다른 경계에서 이해하면 양자가 모두 옳다.

　사상귀일심문이 상을 벗어나서 성의 차원에서 일심을 나타내는 것과 달리 종성만덕문은 성을 벗어나서 상의 차원에서 일심을 나타낸다. 따라서 내용이 서로 다르지만 각각 일심을 다른 관점에서 나타내기 때문에 양자가 모두 옳다.

　원효는 비록 두 문을 중심으로 서로 다른 주장이 제기되었지만 두 문이 다른 상相이 없어서 서로 장애가 되지 않는다고 말한다. 따라서 두 주장이 모두 무애법문無礙法門이다. 그러면 무애법문은 무엇인가?

　그가 제시하는 무애법문은 주장을 대상화하여 이해하지 않고 지금 여기의 일심으로 주체화, 일체화하여 불이不二의 경계에서 주장을 이해함을 뜻한다. 이처럼 불이不二의 경계에서 어느 주장을 막론하고 모순관계가 없음을 통하여 문제를 해소하는 것이 화쟁이다.

　그런데 다양한 주장들의 모순관계를 해소하는 화쟁은 중생을 이롭게 하는 교화의 방편이다. 그리고 불이不二의 경계에서 이루어지는 다양한 이론의 화쟁은 수행의 문제이다. 따라서 화쟁을 논의하기 위해서는 수행과 교화의 두 측면을 함께 살펴보지 않을 수 없다.

일심으로 돌아가는 문은 사상捨相을 조건으로 이루어지는 수행이며, 만덕萬德을 이루는 문은 성품에 의하여 이루어지는 교화이다. 따라서 무애법문은 사상귀일심捨相歸一心과 종성성만덕從性成萬德이 둘이 아니면서 하나가 아님을 나타낸다. 그러면 원효는 둘이 아니면서 하나가 아님을 어떻게 나타내는가?

원효는 대승기신론에서 제시한 삼대를 중심으로 본체에서 현상을 향하는 종본기행從本起行과 현상에서 본체를 향하는 견상귀본遣相歸本 그리고 양자가 둘이 아님을 나타내는 쌍현귀기雙顯歸起를 통하여 불이不二의 차원과 불일不一의 차원이 둘이 아님을 나타낸다.

견상귀본과 종본기행, 쌍현귀기는 원효의 통섭불교를 구성하는 세 요소이다. 원효의 철학체계를 구성하는 세 요소는 그가 금강삼매경의 의미를 밝히고 있는 부분에서도 드러난다.

> 깨뜨리지 못할 것이 없으므로 '금강삼매金剛三昧'라고 이름하고, 세우지 못할 것이 없으므로 대승을 망라한 '섭대승경攝大乘經'이라고 이름하며, 모든 취지가 이 두 가지 의미를 벗어나지 않기 때문에 한량없는 뜻을 지닌 '무량의종無量義宗'이라고 이름을 지어 부른다.[162]

원효는 긍정의 측면에서 모든 것을 포섭하는 대승의 경을 말하고, 부정의 측면에서 모든 것을 부정하여 아무것도 세우지 못하는 금강과 같은 삼매를 밝히는 경을 말하며, 긍정과 부정을 넘어선 대긍정의 측면에

---

162 『금강삼매경론』 1권(ABC, K1501 v45, p. 60a14–a17), "無所不破 故名金剛三昧 無所不立 故名攝大乘經 一切義宗無出是二 是故亦名無量義宗 且擧一目以題其首 故言金剛三昧經也".

서 양자가 둘이 아닌 무량無量의 의미로 나타나는 근본을 논한다.

원효가 금강삼매경을 이해하는 세 관점은 그의 통섭적인 철학체계를 구성하는 세 요소이다. 이 세 요소는 금강삼매경을 분석하는 사유체계인 동시에 그 내용을 구성하는 세 요소이고, 세간과 출세간, 상구보리와 하화중생을 일관하는 삶을 나타내는 요소이다.

그는 금강삼매경의 정설분正說分을 관행觀行을 나타내는 앞의 육품六品과 각 품에 대한 의심을 통틀어서 밝히는 총지품總持品의 두 부분으로 구분한다. 따라서 정설분의 내용은 앞부분의 육품을 통하여 파악할 수 있다. 원효는 육품을 주체와 객체, 안과 밖, 진성眞性과 여래장如來藏으로 구분하여 다음과 같이 나타낸다.

> 육품의 첫째는 무상법품無相法品으로 무상관無相觀을 밝히고, 둘째는 무생행품無生行品으로 무생행을 나타내며, 셋째는 본각리품本覺利品으로 본각에 의하여 사물을 이롭게 함을 나타내고, 넷째는 입실제품入實際品으로 허虛에서 실實로 들어감이며, 다섯째는 진성공품眞性空品으로 모든 행이 참된 성품인 공空에서 나왔음을 밝히고, 여섯째는 여래장품如來藏品으로 여래장으로 들어가는 무량한 문門을 드러낸다. 이와 같이 관행이 육문六門에 의하여 모두 포괄된다.[163]

육품은 주객의 측면에서는 무상관과 무상행의 관행이고, 내외의 측면에서는 본각의 이로움에 의하여 중생을 교화함과 중생으로 하여금 실제

---

163 『금강삼매경론』 1권(ABC, K1501 v45, p. 64b05-b09), "別顯之中卽爲六分 一無相法品 明無相觀 二無生行品 顯無生行 三本覺利品 依本利物 四入實際品 從虛入實 五眞性空品 辨一切行出眞性空 六如來藏品 顯無量門入如來藏 如是六門 觀行周盡".

에 들어가도록 함이고, 출입의 측면에서 나타내면 모두 진성인 공空에서 나와서 여래장으로 들어가는 다양한 문이다. 원효는 일심을 중심으로 육품을 이문과 연관시켜서 이해하기도 한다.

> 한편 이 여섯 품에는 또 다른 뜻이 있다. 첫째의 무상법품無相法品은 관의 대상이 되는 법(所觀法)을 나타낸다. 그 법은 이른바 일심一心인 여래장의 체體이다. 둘째의 무생행품無生行品은 관하는 주체의 행(能觀行)을 밝힌다. 그것은 이른바 6행行이라고 하는 무분별관無分別觀이다. 셋째의 본각리품本覺利品은 일심一心 가운데 생멸문生滅門을 나타내며, 넷째의 입실제품入實際品은 일심 가운데 진여문眞如門을 나타낸다. 다섯째의 진성공품眞性空品은 진제眞諦와 속제俗諦를 한꺼번에 떠나지만 두 가지를 파괴하지 않음이며, 여섯째 여래장품如來藏品은 여러 가지 문을 거두어 모두 일미一味임을 보인다.[164]

원효는 무상법품에서 모든 상을 깨뜨리는 무상관觀과 관찰하는 대상인 법法을 구분하여 법法이 일심인 여래장의 체體임을 보이고, 무생행품은 무분별관의 육행六行이며, 본각리품은 일심의 생멸문이고, 입실제품은 일심의 진여문이며, 진성공품은 진속을 넘어서지만 벗어나지 않음이며, 여래장품은 일미를 나타낸다고 하였다. 육품을 그대로 각각의 의미를 논한 원효는 육품을 두 품씩 연결하여 세 부분으로 구분하여 이해한다.

---

164 『금강삼매경론』 1권(ABC, K1501 v45, p. 64b20–65a02), "又此六品亦有異意 謂初品示所觀之法 法謂一心如來藏體 第二品明能觀之行 行謂六行無分別觀 第三本覺利品 顯一心中之生滅門 第四入實際品 顯一心中之眞如門 第五眞性空品 雙遣眞俗不壞二諦 第六如來藏品 遍收諸門同示一味 以此二重六門攝大乘義周盡".

이 6품品은 세 문문門으로 합할 수 있다. 앞의 무상법품無相法品과 무생행품無生行品은 관행觀行의 시작과 끝을 포섭하고, 다음의 본각리품本覺利品과 입실제품入實際品은 교화教化의 근본과 지말을 밝히며, 진성공품眞性空品과 여래장품如來藏品은 원인을 포섭해서 결과를 이룸을 보인다.[165]

무상법품과 무생행품은 관행의 시종이며, 본각리품과 입실제품은 교화의 본말이다. 관행과 교화는 내외의 관계로 둘이 아니다. 그것은 양자가 모두 진성의 공함을 원인으로 하여 나타나는 결과인 여래장으로 돌아감을 뜻한다. 앞의 육품을 진성과 여래장을 중심으로 이해하면 육품을 셋으로 합할 수 있을 뿐만 아니라 둘로 합할 수 있다.

형상과 생함이 모두 없어지는 것은 본각本覺의 이로움이요, 실제와 참된 공은 여래장이다. 또는 이렇게 볼 수도 있다. 앞의 문은 허망한 것을 버려서 바른 인因을 드러내고, 뒤의 문은 참됨을 드러내어 과果를 이룬다. 이와 같이 두 가지로 요약할 수 있는 두 문으로 역시 대승을 두루 포섭한다.[166]

원효는 육품을 각각 이해하면서도 관행으로 일관한다고 하고, 두 품씩 셋으로 나누어 설명하면서도 대승을 모두 나타낸다고 하였을 뿐만 아니라 모두 일미라고 하였다. 이처럼 그는 상구보리의 관행과 하화중생의 교화를 구분하고, 다시 양자를 시종, 본말로 구분하여 여섯으로 이해하

---

165 『금강삼매경론』 1권(ABC, K1501 v45, p. 65a02-a04), "又此六品合爲三門 前二品攝觀行始終 次二品者教化本末 其後二門攝因成果".
166 『금강삼매경론』 1권(ABC, K1501 v45, p. 65a05-a08), "又此六品只是二門 相生都泯 是本覺利 實際眞空 是如來藏 又前門者遣妄顯因 其後門者顯眞成果 如是二二之門 亦攝大乘周盡".

며, 시종, 본말을 하나로 하여 셋으로 이해하고, 진성과 여래장, 원인과 결과의 둘로 나타내고, 일미, 일심으로 이해하기도 한다.

육품을 여섯, 셋, 둘, 하나와 같은 다양한 관점에서 이해함은 그가 육품을 하나마저도 고정되지 않는 불이不二의 차원에서 이해함을 뜻한다. 그는 "형상과 일어남은 자성自性이 없고, 본각이라고 하지만 본래가 없고, 실제實際도 실체가 아니며, 참된 성품 또한 공하니 어찌 여래장의 성품이 따로 있다고 하겠는가?"[167]라고 하여 이 점을 밝히고 있다.

그러나 원효는 육품을 불이의 경계에서 이해할 뿐만 아니라 불일不一의 경계에서 이해한다. 그것은 그가 견상귀본遣相歸本을 통하여 불이不二의 경계를 논하고, 종본기행從本起行을 통하여 불일不一의 경계를 논하면서도 쌍현귀기雙顯歸起를 통하여 불이不二와 불일不一이 둘이 아님을 논함을 통하여 확인할 수 있다.

> 앞의 두 품은 상相을 버리고 본래의 자리로 돌아감이며(遣相歸本), 중간의 두 품은 본래의 자리로부터 행위를 일으킴(從本起行)이고, 나중의 두 품은 돌아감과 일으킴을 모두 나타낸다(雙顯歸起).[168]

견상귀본과 종본기행, 쌍현귀기는 근본과 지말의 구조를 바탕으로 전개된다. 근본과 지말을 나타내는 상하의 구조를 중심으로 위의 내용을 이해하면 근본에서 지말을 향하는 사건과 지말에서 근본을 향하는 사건

---

167 『금강삼매경론』 1권(ABC, K1501 v45, p. 65a08-a10), "又此六品唯是一味 所以然者 相生無性 本覺無本 實際離際 眞性亦空 何由得有 如來藏性".
168 『금강삼매경론』 1권(ABC, K1501 v45, p. 65a04-a05), "又前二品遣相歸本 中間二品從本起行 後二品者 雙顯歸起 以此二三攝大乘盡".

을 구분하여 나타낸 후에 마지막으로 양자의 관계를 나타내고 있다.

견상귀본은 지말인 상에서 출발하여 근본을 향하는 사건이다. 이를 원효는 귀본歸本으로 규정한다. 돌아감(歸)은 직선의 끝이 아니라 원의 출발점으로 다시 돌아감이다. 따라서 귀본은 견상과 귀본의 시종이 둘이 아님을 뜻한다.

견상귀본은 상相을 벗어나서 근본으로 돌아감을 뜻한다. 그것은 어떤 개념이나 개념들에 의하여 형성된 주장, 주장과 주장이 결합하여 형성된 이론체계를 만나더라도 그것에 얽매지 않고, 개념, 주장, 이론으로 드러나기 이전을 파악함을 뜻한다.

> 이제 그 흐름을 돌이켜서 근원으로 돌아가게 하려면 먼저 모든 상相을 깨뜨려 없애야 한다. 그러므로 처음에 무상법無相法을 관찰해야 함을 밝혔다. 비록 모든 상相을 없애더라도 관찰하는 마음이 남아 있으면 관찰하는 마음이 일어나서 본각本覺에 부합하지 못하므로 일어나는 마음을 없애야 한다. 그러므로 두 번째 무생행無生行을 나타내었다.[169]

그는 견상귀본을 한마디로 나타내어 흐름을 돌이켜서 근원으로 돌아감으로 나타낸다. 그것은 지말인 현상을 향하는 마음을 돌이켜서 근본으로 향함을 뜻한다. 그러면 근본과 지말은 무엇인가?

근본은 본각本覺이며, 지말은 현상의 사물이다. 견상귀본의 견상은 현상을 만나서 현상에 얽매임이 없음을 나타내고, 귀본은 본각으로 돌아감

---

[169] 『금강삼매경론』 1권(ABC, K1501 v45, p. 64b10-b13), "今欲反流歸源 先須破遣諸相 所以初明觀無相法 雖遣諸相 若存觀心 觀心猶生不會本覺 故泯生心 所以第二顯無生行".

을 뜻한다. 무상법품은 경境의 측면에서 현상에 대한 관찰을 통하여 이것과 저것이라는 고정된 실체가 없음을 나타낸다.

무생행품은 지智의 측면에서 일어나는 마음이 있지도 않고, 없지도 않아서 일어나도 일어남이 없음을 나타낸다. 따라서 견상귀본의 견상遣相은 경境과 지智의 둘이 모두 사라지는 쌍민雙泯을 나타낸다.

주체인 지知와 객체인 경境의 어느 것에도 얽매임이 없으면(遣相) 곧 진성真性이 드러난다. 그것이 근본에 돌아가는 귀본歸本이다. 상相을 보는 동시에 상相으로 드러나기 이전을 보는 견상귀본은 바로 여래를 봄[170]이다.

여래를 봄은 보는 주체와 대상인 여래가 둘이 아니라 지와 경이 사라짐으로써 본각이 드러남이다. 이처럼 부처라는 명상名相이 나타내는 자신의 본래면목을 확인함이 견상귀본이다. 견상귀본은 자신을 이롭게 하는 수행이다. 스스로를 이롭게 하는 수행은 반드시 남을 이롭게 하기 때문에 교화教化를 논한다.

> 행위가 일어남이 없어서 본각에 부합하면 이것에 의하여 중생을 교화하여 본각의 이익을 얻게 하므로 세 번째 본각리本覺利의 문을 밝혔다. 만약 본각에 의하여 중생을 이롭게 하면 중생이 곧 허상으로부터 실제實際에 들어갈 수 있으므로 네 번째 실제에 들어감을 밝혔다.[171]

본각리품과 입실제품은 종본기행을 나타낸다. 종본기행은 근본으로부

---

170 『금강반야바라밀경』 1권(ABC, K0013 v5, p. 979b19-b20), "凡所有相 皆是虛妄 若見諸相非相 則見如來".
171 『금강삼매경론』 1권(ABC, K1501 v45, p. 64b13-b15), "行既無生方會本覺 依此化物 令得本利故第三明本覺利門 若依本覺以利衆生 衆生即能從虛入實 所以第四明入實際".

터 지말을 향하는 사건이다. 그는 "일체의 유정은 시작이 없는 이래부터 무명의 장야長夜에 빠져 망상의 대몽을 꾼다. 이에 보살은 일미관행을 닦아서 무생법인을 터득하였다. 그때 보살은 중생이 본래 적정하여 그대로 본각인 줄을 통달하고서 일미의 침상에 누워 본각의 이익으로 중생을 제도하였다. 본 품에서는 이러한 도리를 드러내므로 본각리품이라고 한다."[172]라고 하였다. 그러면 입실제품은 무엇인가?

"실제는 허환虛幻을 떠나 있음을 지칭한 것으로 구경究竟의 뜻이다. 허환을 떠나 있는 구경이기 때문에 실제라 한다. 교학에 의거하여 이치를 닦아서 이입理入하고, 행입行入하기 때문에 입入이라 말한다. 그러나 실제는 경계가 없음(無際)을 실제의 경계로 삼고, 이입理入과 행입行入은 깨달음에 들어감이 없음(無入)으로 깨달음에 들어가기 때문에 입실제품이라고 하였다."[173]

견상귀본은 안으로의 수행이며, 종본기행은 밖으로의 교화이다. 그것은 양자가 일심을 두 문을 중심으로 내외로 구분하여 나타내었을 뿐으로 둘이 아님을 뜻한다. 원효는 진성공품과 여래장품을 통하여 양자가 둘이 아님을 다음과 같이 논한다.

> 안으로의 수행은 곧 모양이 없고 일어남이 없으며, 밖으로의 교화는 곧 본각의 이익으로 실제에 들어가게 하니 이러한 두 가지 이익으로 만 가지 행위를

---

172 『금강삼매경론』 1권(ABC, K1501 v45, p. 64b13-b15), "一切有情 無始已來 入無明長夜 作妄想大夢 菩薩修觀獲無生時 通達衆生本來寂靜 直是本覺 臥一如床 以是本利 利益衆生 此品顯是道理 故名本覺利品".

173 『금강삼매경론』 1권(ABC, K1501 v45, p. 64b13-b15), "言實際者 離虛之稱 究竟之義 離幻究竟 故名實際 依敎修行 理入行入 故名爲入 然實際 以無際爲際 二入是無入之入 故名入實際品".

구비하지만 똑같이 참된 자성으로부터 나와서 모두 진성의 공을 따른다. 그러므로 다섯 번째 진성공을 밝혔다. 이 진성에 의하여 만 가지 행이 곧 갖추어져서 여래장 일미의 근원으로 들어가니 이에 여섯 번째 여래장을 나타내었다.[174]

진성공품은 수행과 교화가 모두 진성의 공함에 의하여 이루어지는 종본기행을 나타내며, 진성에 의한 이루어지는 만행이 모두 여래장으로 돌아감을 나타내는 여래장품은 견상귀본을 나타낸다. 그러면 양자는 어떤 관계인가?

원효는 진성공품과 여래장품을 쌍현귀기로 규정하였다. 이때 쌍현귀기의 귀歸는 견상귀본을 나타내고, 귀起는 종본기행을 나타낸다. 따라서 쌍현귀기는 견상귀본과 종본기행을 쌍으로 나타냄을 뜻한다. 그러면 쌍현귀기는 무엇인가?

쌍현귀기는 견상귀본과 종본기행을 둘로 나타냄이다. 그것은 양자가 하나가 아님을 뜻한다. 하나가 아님은 둘과는 다르다. 하나가 아님은 둘이 아님을 바탕으로 할 때 성립된다. 따라서 쌍현귀기는 불이不二를 바탕으로 한 불일不一을 나타낸다. 그러면 견상귀본과 종본기행, 쌍현귀기는 무엇인가?

견상귀본은 다양한 사물로 드러나는 불일不一의 차원에서 출발하여 하나의 근본으로 돌아감을 뜻한다. 따라서 견상귀본은 불이不二의 차원을 나타낸다. 이와 달리 종본기행은 불이不二의 차원에서 출발하여 불일不一

---

174 『금강삼매경론』 1권(ABC, K1501 v45, p. 64b15-b18), "內行卽無相無生 外化卽本利入實 如是二利以具萬行 同出眞性皆順眞空 是故第五明眞性空 依此眞性萬行斯備 入如來藏一味之源 所以第六顯如來藏".

의 차원에 이름이다. 따라서 종본기행은 불일不一의 차원을 나타낸다. 그러면 그것이 어떤 의미를 갖는가?

우리는 원효가 금강삼매경의 육품을 견상귀본, 종본귀행, 쌍현귀기를 어떤 관계, 어떤 순서로 이해하는지를 살펴볼 필요가 있다. 원효는 금강삼매경의 육품을 앞의 세 품과 뒤의 세 품의 둘로 나누어서 양자가 둘이 아니라고 말하면서도 양자를 인과因果 관계로 나타낸다. 그리고 육품을 견상귀본에서 시작하여 종본기행을 거쳐서 쌍현귀기에 이르는 과정으로 나타낸다.

견상귀본에서 시작하여 종본기행을 거쳐서 쌍현귀기에 이르는 인과의 과정은 수행이 이루어진 후에 비로소 교화가 이루어지고, 교화가 이루어진 후에 비로소 양자가 둘이 아닌 대승의 보살도가 전개됨을 뜻한다.

그런데 금강삼매경의 경우와 같이 견상귀본과 종본기행을 구분하여 이해하면 견상귀본이 나타내는 수행이 먼저 이루어져야 비로소 종본기행이 나타내는 교화가 가능하다. 그러나 수행이 없는 실천은 불가능하고, 실천이 없는 수행의 의미가 없기 때문에 양자가 둘이 아님을 논하지 않을 수 없다.[175] 그러면 원효는 어떤 관점을 취하는가?

원효는 경전의 대의를 서술하면서 일심이라는 근원을 시작으로 금강삼매경을 금강삼매, 섭대승경, 무량의종의 세 측면으로 나타내면서 일체의 뜻과 종지가 금강삼매와 섭대승경을 벗어나지 않기 때문에 무량의종

---

175 견상귀본의 수행과 종본기행의 교화 그리고 양자를 함께 나타내는 쌍현귀기는 세간에서 출세간으로 그리고 다시 출세간에서 세간으로 향하는 양자가 둘이 아니어서 어느 일면에도 머물지 않음을 뜻한다. 원효의 출세간에서 세간을 향하는 교화에 대하여는 고승학, 「원효의 세간관 고찰」, 『선문화연구』 제20집, 101-131을 참고하기 바란다.

이라고 함[176]을 밝힌다. 이를 통하여 원효의 관점이 무량의종임을 알 수 있다.

원효가 무량의종을 바탕으로 섭대승경과 금강삼매를 이해함은 그가 쌍현귀기를 바탕으로 종본기행과 견상귀본을 논함을 뜻한다. 원효가 쌍현귀기를 바탕으로 종본기행과 견상귀본을 이해함이 어떤 의미를 갖는지는 삼대三大를 중심으로 살펴보면 알 수 있다.

종본기행은 근본인 본체를 바탕으로 지말인 현상을 향하여 이루어지는 작용이며, 견상귀본은 지말인 현상으로부터 출발하여 근본인 본체로 돌아감을 뜻한다. 따라서 양자는 서로 다른 방향에서 이루어지는 작용이라고 할 수 있다. 그러면 원효는 체용상을 어떻게 이해하는가?

대승기신론에서는 비록 본체와 작용, 현상을 구분하여 체용상體用相으로 나타내지만 본체와 현상을 하나로 묶어서 체상體相과 용용의 체용적體用的 구조를 중심으로 이해한다. 이와 달리 원효는 체용상의 본체와 현상을 본말의 관계를 통하여 분명하게 구분하여 이해한다.

> 상相과 용用은 두 가지 뜻이 함유되어 있다. 첫째는 여래장 중에 한량없는 성공덕性功德의 상을 잘 나타내는 것으로 이것이 바로 상대相大의 뜻이며, 또 여래장의 불가사의한 업용業用을 나타내는 것으로 이것이 바로 용대用大의 뜻이다. 둘째는 진여가 일으킨 염상染相을 상이라 이름하고 진여가 일으킨 정용淨用을 용이라 이르는 것으로 아래 글에서 "진여정법에는 실로 염染이 없지만 다만 무명으로 훈습하기 때문에 곧 염상染相이 있으며, 무명염법에는

---

176 『금강삼매경론』 1권(ABC, K1501 v45, p. 65a05-a08), "又此六品只是二門 相生都泯 是本覺利 實際眞空 是如來藏 又前門者遣妄顯因 其後門者顯眞成果 如是二二之門 亦攝大乘周盡".

실로 정업淨業이 없으나 다만 진여로 훈습하기 때문에 정용淨用이 있는 것이다."라고 한 것과 같다.[177]

원효는 성과 상을 근본과 지말의 관계로 설정하고, 양자를 중심으로 근본인 본체로부터 지말인 현상을 향하는 방향에서 종본기행을 논하고, 지말인 현상으로부터 근본인 본체를 향하는 견상귀본을 논하듯이 두 방향에서 상과 용을 논한다.

첫 번째로 그는 지말에서 근본을 향하는 방향에서 상相과 용用을 논한다. 그는 여래장의 성공덕의 상相이 상대相大이며, 여래장의 불가사의한 업용業用을 용대用大라고 말한다.

두 번째로 그는 근본에서 지말을 향하는 방향에서 상相과 용用을 이해한다. 그는 진여가 일으킨 염상染相을 상相이라고 말하고, 진여가 일으킨 정용淨用을 용用이라고 말한다. 그러면 그는 상相과 용用을 통하여 무엇을 논하는가?

원효는 여래장을 중심으로 상과 용을 이해한다. 그것은 그가 대승기신론이 견상귀본의 수행이 중심이 되어 상相과 용用을 나타내고 있다고 이해하였음을 보여 준다. 그러면 원효는 체용상을 어떻게 이해하는가?

원효는 견상귀본과 종본기행을 나타내면서도 쌍현귀기를 제시하였다. 체용상의 관점에서 보면 쌍현귀기는 본체에서 현상을 향하는 작용인 종본기행과 현상에서 본체를 향하는 작용인 견상귀본이 둘이 아님을 뜻한다.

---

177 『대승기신론소기회본』 大乘起信論疏記會本卷一(ABC, H0020 v1, p. 740b09-b17), "言相用者含有二義 一者能示如來藏中無量性功德相 卽是相大義 又示如來藏不思議業用 卽是用大義也 二者眞如所作深相名相 眞如所起淨用名用 如下文言眞如淨法實無於染 但以無明而熏習故則有染相 無明染法本無淨業 但以眞如而熏習故則有淨用也".

그것은 첫째로 종본기행과 견상귀본을 막론하고 본체인 진성과 현상이 하나가 되어 매 순간의 작용으로 드러남을 뜻한다. 두 번째로 종본기행의 교화도 작용이며, 견상귀본의 수행도 작용으로 이 두 작용이 하나임을 뜻한다. 그러면 이것이 나타내는 의미는 무엇인가?

쌍현귀기는 종본기행과 견상귀본이 둘이 아니면서 동시에 하나가 아님을 뜻한다. 그것은 원효가 매 순간의 삶이 제도중생의 교화인 동시에 상구보리의 수행임을 뜻한다. 따라서 삶을 두 측면에서 나타낸 수행과 교화는 삶을 떠나서 찾을 수 없다. 그러면 일상에서 만나는 다양한 주장을 어떻게 회통하는가?

우리가 어떤 주장을 만나더라도 말과 글을 벗어나서 근원인 자성自性으로 돌이켜서(견상귀본) 어떤 말이나 주장, 이론이 모두 성품으로부터 일어났음을 알고(종본기행), 말과 글, 주장, 이론을 둘이 아니게 대한다(쌍현귀기).

나. 쌍현귀기雙顯歸起와 무애자재한 삶

우리는 앞에서 원효가 쌍현귀기를 통하여 종본기행과 견상귀본이 둘이 아님을 밝혀서 성性과 상相, 이理와 사事의 두 문이 서로 다른 차원이기 때문에 양자를 바탕으로 제기되는 모든 주장을 통섭적通涉的 관점에서 무애법문으로 이해하였음을 살펴보았다.

삶의 측면에서 쌍현귀기는 상구보리의 수행과 하화중생의 교화가 선지후행先知後行이나 지행합일知行合一과 같이 둘이나 하나가 아니라 둘이 아니면서 동시에 하나도 아님을 나타낸다. 그것은 매 순간의 삶이 그대로 교화이면서 동시에 수행임을 뜻한다.

그런데 우리가 앞에서 살펴보았듯이 이미 제기된 다양한 주장을 이해하고, 삶의 두 측면이 어떤 관계인지를 밝히는 관점에서 벗어나서 다음에는 이어서 다양한 주장을 제시하고, 삶을 사는 측면에서 그가 제시한 쌍현귀기를 이해하지 않을 수 없다.

원효는 쌍현귀기를 일심의 개합開合을 통하여 다양하게 드러나는 무애법문으로 나타내고, 무애자재無礙自在한 삶으로 나타낸다. 개합의 개開는 개념을 세워서 대상화함, 실체화함이고, 합合은 여러 주장이 나타내는 상相을 깨뜨려서 주체화함, 일체화함이다.

언어로 표현할 수 없는 중도, 일심이 개념을 세워서(立) 여는 과정(開)을 통하여 다양한 주장으로 나타내지만 동시에 명상名相으로 표현된 다양한 주장들에 대한 상을 깨뜨려서(破) 하나가 되는 과정(合)을 통하여 언어와 명상에 걸리지 않고 벗어난다. 그러면 개합이 둘인가?

일심을 세워서 이문을 열어 둘로 나타내지만 서로 융합하며(不一而融二), 이문을 파하여 일심으로 합하여 나타내지만 하나가 아니다(融二而不一). 세움이 그대로 깨뜨림으로 돌아가고, 깨뜨림은 다시 세움으로 드러나서 입파立破가 둘이 아니다.

입파가 둘이 아니기 때문에 세워도 세움이 없고, 깨뜨려도 깨드림이 없다. 이처럼 입파, 개합은 하나도 아니면서 둘도 아니다(不一不二). 그는 입파와 개합을 통하여 드러나는 이치에 대하여 다음과 같이 말한다.

가히 이치가 아닌 지극한 이치이며, 그러함이 아닌 위대한 그러함이라고 할 만하다. 이것이 이 경에서 밝히고자 하는 큰 뜻이다. 그러함이 아닌 위대한 그러함이기 때문에 경의 말이 묘하게도 진리에 들어맞고, 이치가 아닌 지극한 이치이므로 경의 취지가 시공을 벗어난다.[178]

세움이 없지만 세우지 않음이 없음은 사유와 언어를 도구로 하여 세워서 열지만 세움에 얽매이지 않음을 뜻하며, 깨뜨림이 없지만 깨뜨리지 않음이 없음은 세워진 언어, 만법에 얽매임이 없을 뿐만 아니라 얽매임이 없음에도 머물지 않음을 뜻한다.

사유와 언어를 통하여 세워도 세움이 없기 때문에 어떤 개념을 통하여 나타내는 분별사유의 결과라도 실체화, 대상화가 아니다. 그리고 언어를 떠나고, 사유를 떠남도 깨뜨려도 깨뜨림이 없는 깨뜨림이기 때문에 허무에 떨어지는 무화無化가 아니다. 그러므로 공空에 이르지만 공空에 집착하여 머무는 낙공落空이 아니다. 그러면 일심의 개합이 어떻게 이루어지는가?

일심의 개합은 시간과 공간을 범주로 이루어진다. 시간의 측면에서는 일심을 시종始終으로 구분하여 인과因果로 나타낸다. 그리고 공간의 측면에서는 일심을 주체와 객체로 구분하여 경境과 지智로 나타낸다.

원효는 쌍현귀기의 관점에서 개합을 통하여 『금강삼매경』을 비롯하여 여러 경전들의 종요를 밝힌다. 일심을 열어서 경지境智와 인과의 관행觀行을 논하고, 관행에 관한 수많은 언설들을 合하여 일심의 종지로 밝힌다.

---

178 『금강삼매경론』 1권(ABC, K1501 v45, p. 60a10–a16), "爾乃無破而無不破 無立而無不立 可謂無理之至理 不然之大然矣 是謂斯經之大意也 良由不然之大然 故能說之語妙契環中 無理之至理 故所詮之宗超出方外 無所不破 故名金剛三昧 無所不立 故名攝大乘經 一切義宗無出是二 是故亦名無量義宗".

> 관행行의 관觀은 횡적인 논리로 경境과 지智에 공통되는 것이고, 행行은 종적인 논리로 인과因果에 걸쳐 있다. 과果는 오법五法이 원만함을 말하고, 인因은 이른바 6행行이 다 갖추어짐을 말한다. 지智는 본각과 시각을 말하고, 경境은 진眞과 속俗이 다 사라짐을 말한다. 진과 속이 모두 사라진다고 해서 아주 없어지는 것은 아니며, 본각과 시각이 있다 해서 생겨남이 있는 것은 아니다.[179]

종적인 인과는 일심을 시종으로 분석한 결과이다. 그리고 횡적인 경지는 일심을 주객으로 분석한 결과이다. 따라서 시각과 본각과 둘이 아닌 구경각에 이르면 경의 진속이 함께 사라지지만 그렇다고 하여 각覺이 생한 것도 아니고, 진속이 사라진 것도 아니다. 그는 경境과 지智, 인因과 과果가 둘이 아님을 다음과 같이 논한다.

> 이와 같은 인과는 경과 지를 떠나 있는 것이 아니며, 경과 지도 둘이 아니어서 오직 일미一味일 뿐이다. 그러므로 일미의 관행을 이 경의 종지로 삼는다.[180]

원효는 이미 세워 놓은 여러 개념들을 통하여 둘이 아님을 드러내는 종합의 관점에서 관행이 일미임을 밝힌 후에 하나로부터 둘로, 다시 셋으로 그리고 열에 이르기까지 다양한 개념을 세워서 나타내어도 각각이

---

179 『금강삼매경론金剛三昧經論』卷上(ABC, H0017 v1, p. 604c09-c10), "言觀行者 觀是橫論 通於境智 行是竪望 亘其因果 果謂五法圓滿 因謂六行備足 智卽本始兩覺 境卽眞俗雙泯 雙泯而不滅 兩覺而無生 無生之行 冥會無相.".
180 『금강삼매경론金剛三昧經論』卷上(ABC, H0017 v1, p. 604c17-c19), "如是因果不離境智 境智無二 唯是一味 如是一味觀行以爲此經宗也".

하나의 진상眞相임을 밝히는 분석의 관점에 대하여 다음과 같이 논한다.

이를 다시 열 가지 문으로 나누어 설명할 수 있다. 종취로 삼는 것을 일문一門에서부터 하나씩 늘려 10문門까지 설명한다. 일문은 무엇인가? 일심 가운데 일념一念이 움직여 일실一實에 순응하여, 일행一行을 닦고, 일승一乘에 들어가 일도一道에 머무르며, 일각一覺에 의하여 일미一味를 깨닫는다.[181]

일문과 이문, 삼문, 사문, 오문을 거쳐서 십문에 이르기까지 열 가지의 문은 둘이 아니다. 일문에 아홉의 문이 모두 포함되며, 다시 하나의 문에 아홉 가지의 문이 있어서 두 문이 하나도 아니면서 둘도 아니다. 이에 대하여 원효는 다음과 같이 말한다.

그러나 이 뒤에서 말하는 아홉 가지 문이 모두 한 가지 문에 포섭되며 한 가지 문에 아홉 가지가 있으니, 하나의 관觀을 벗어나지 않는다. 그러므로 펼쳐 보여도 하나인 문을 더 보태는 것이 아니요, 종합해 보아도 열 가지 문에서 줄어들지 않는다. 따라서 늘지도 않고 줄지도 않는 것이 이 경의 종요가 된다.[182]

개합을 통하여 드러나는 종지와 요체는 둘이 아니라 일미이며, 일각이고, 일도이다. 열 가지의 맛이 둘이 아니어서 일미이며, 불각과 시각, 본

---

181 『금강삼매경론金剛三昧經論』卷上(ABC, H0017 v1, p. 604c17-c19), "十門爲其宗者 謂從一門 增至十門 云何 一心中一念動 順一實 修一行 入一乘 住一道 用一覺 覺一味".
182 『금강삼매경론金剛三昧經論』卷上(ABC, H0017 v1, p. 605a19-a22), "然此後九門 皆入一門 一門有九 不出一觀 所以開不增一 合不減十 不增不減爲其宗要也".

각이 둘이 아니어서 일각이다. 따라서 금강삼매경이 보여 주는 성상性相 중심의 쌍현귀기와 원효의 개합에 의한 종요宗要는 성격이 다르다. 그러면 원효의 개합은 쌍현귀기와 어떻게 다른가?

대승기신론과 금강삼매경에 나타나는 사유체계, 논리구조에서 언급되는 성과 상, 이와 사는 본말本末, 염정染淨으로 나타내는 가치상의 우열이 있다. 그것은 상相을 벗어나서 성性에 이르고, 사事를 벗어나서 이理에 이르며, 염染을 벗어나서 정淨에 이르고자 하는 방향성이 있음을 뜻한다.

견상귀본과 종본기행을 나누어서 쌍현귀기를 제시할 때 양자가 가치상의 우열이 있고, 진가眞假의 차이가 있기 때문에 양자를 함께 나타내는 쌍현귀기가 되기 위해서는 견상귀본이 선행이 되어야 비로소 종본기행이 가능하게 된다. 따라서 쌍현귀기는 양자가 둘인 상태에서 양자를 모두 드러냄을 의미한다.

그런데 대승기신론과 금강삼매경을 막론하고 일심법을 세워서 여는 과정이 있었기 때문에 저작이 형성되었고, 저작을 통하여 독자들의 견상귀본이 가능하다. 따라서 견상귀본에서 시작하여 종본기행에 이르는 합合의 과정이 성립하기 위해서는 먼저 종본기행의 개開의 과정이 있어야 한다. 그러면 원효는 어떤 관점에서 개합을 논하는가?

원효가 입파를 통하여 개합을 논함은 종본기행과 견상귀본을 바탕으로 이루어지는 쌍현귀기를 제시함을 뜻한다. 그가 개합을 통하여 제시하는 종요는 일심을 성과 상, 이와 사, 유와 무, 진과 속으로 실체화하여 나타내지만 상相, 사事, 유有, 속俗은 염染이나 환화幻化가 아니라 진여가 드러난 생멸인 점에서 진상眞相이다. 따라서 그는 쌍현귀기의 관점에서 종본기행과 견상귀본이 둘이 아니게 이해함을 알 수 있다. 그러면 견상귀본,

종본기행, 쌍현귀기의 순서로 나타내는 금강삼매경과 원효의 종요는 어떻게 다른가?

그가 견상귀본과 종본기행을 나누어서 논하지만 쌍현귀기를 통하여 양자가 가치상의 우열이 있거나 순서, 차례가 있지 않음을 나타낸다. 비록 쌍현귀기를 논하지만 그것이 양자와 다른 제삼의 어떤 것임을 뜻하지 않는다.

개합을 통하여 견상귀본, 종본기행, 쌍현귀기를 이해하면 견상귀본에서 시작하여 종본기행을 거쳐서 쌍현귀기에 이르는 경우의 견상귀본은 그 의미가 다르다. 종본기행을 시작으로 논의되는 견상귀본의 상相은 깨뜨리고, 벗어나야 할 대상으로서의 환상幻相이 아니라 진상眞相이다. 따라서 종본기행과 견상귀본은 둘이 아니다. 그러면 그것이 무엇을 의미하는가?

대승기신론과 금강삼매경에서 제시하는 견상귀본에서 종본기행을 거치는 쌍현귀기는 수행을 통하여 증오성불證悟成佛함으로써 비로소 요익중생饒益衆生할 수 있다. 따라서 본래성불을 논할 수 없다.

그러나 종본기행을 시작으로 견상귀본을 논하고, 양자가 둘이 아닌 쌍현귀기를 논하면 본래성불을 바탕으로 증오성불을 논하는 것과 같다. 만약 본래성불이라면 증오성불을 말할 수 없다. 원각경에서는 증오성불과 본래성불의 관계에 대하여 다음과 같이 밝히고 있다.

> 만일 중생들이 본래부터 부처였다면 무슨 까닭으로 다시 온갖 무명無明이 있습니까? 만일 온갖 무명이 중생들에게 본래부터 있는 것이라면 무슨 까닭으로 여래는 또 본래부터 부처였다고 말합니까? 만일 시방의 다른 중생들이 본래 부처의 도를 이루었다가 나중에 무명을 일으켰다 한다면 일체의 여래

는 언제 다시 온갖 번뇌를 일으키겠습니까?¹⁸³

본래성불과 증오성불, 종본기행과 견상귀본의 양립이 불가능한 모순 관계는 생멸심, 분별심에 의하여 발생한다. 이 문제는 성불成佛을 시간의 측면에서 과거적 사건과 미래적 사건으로 분별하기 때문에 발생하며, 물건의 측면에서 성性과 상相을 구분하여 근본과 지말이라는 실체적 존재로 이해하기 때문에 발생한다.

> 일체 세계의 시작과 마침, 나고 없어짐, 앞과 뒤, 있고 없음, 모이고 흩어짐, 일어나고 멈춤이 잠깐 사이에도 계속되어, 돌고 돌아 오가는 것이니, 가지가지로 취했다 버렸다 함이 모두가 윤회輪廻이다. 아직 윤회를 벗어나지 못한 채 원각을 분별하려고 하는 것은 곧 그 원각의 성품마저 함께 굴러다닐 것이 되니, 설령 윤회를 면하려고 한들 그렇게 될 수가 없다.¹⁸⁴

성불이라는 사건을 실체화하여 과거적 사건이나 미래적 사건으로 나타내면 양자가 양립이 불가능한 관계가 된다. 성불이 과거적 사건이라면 이미 이루어졌기 때문에 지금과 상관이 없고, 장차 일어날 미래적 사건이라면 아직은 이루어지지 않기 때문에 지금과는 상관이 없다.

그런데 과거적 사건이나 미래적 사건은 지금 여기에서 이루어지는 분

---

183 「대방광원각수다라요의경大方廣圓覺修多羅了義經」(大正藏, 17, 1, 0915b10), "若諸衆生本來成佛 何故復有一切無明 若諸無明衆生本有 何因緣如來復說本來成佛 十方異生本成佛道 後起無明 一切如來何時復生一切煩惱".

184 「대방광원각수다라요의경大方廣圓覺修多羅了儀經」 1권(ABC, K0400 v13, p. 78c07-c11), "一切世界始終生滅 前後有無 聚散起止 念念相續 循環往復 種種取捨 皆是輪迴 未出輪迴 而辦圓覺 彼圓覺性即同流轉 若免輪迴 無有是處".

별에 의하여 형성된다. 그러므로 양자를 둘로 나누어서 이해하는 분별을 넘어서 원각의 차원에서 이해되어야 비로소 성과 상을 중심으로 제기되는 모든 주장들 사이에서 일어나는 모순 관계가 사라진다.

그것은 비록 원각이 나타난 현상이 성불이지만 현상이 그대로 본체는 아니기 때문에 현상의 경계에서 본체인 원각을 이해할 수 없음을 뜻한다. 따라서 현상인 양자를 통하여 원각을 보고자 하는 전도견顚倒見을 벗어나서 본체인 원각圓覺의 상태에서 양자를 이해하는 정견正見이 필요하다. 그러면 원각의 상태에서 이루어지는 일미一味는 무엇인가?

대승기신론에서는 중생의 경계를 나타내는 불각不覺과 소승을 나타내는 상사각相似覺, 보살을 나타내는 수분각隨分覺, 부처를 나타내는 구경각究竟覺을 구분한다.[185] 이때 상사각과 수분각은 수행을 나타내는 시각始覺이다. 따라서 원각圓覺을 불각과 시각, 구경각으로 구분하여 이해할 수 있다. 그러면 시각과 본각, 불각은 어떤 관계인가?

> 이른바 각의覺義라 함은 마음의 본체가 망념을 여읜 것을 말한다. 망념을 여읜 모습은 허공계虛空界와 동등하며, 두루 하지 않은 곳이 없어 법계 그대로인 한 모습인지라 이것이 곧 여래의 평등한 법신法身이니 이 법신에 의하여 본각本覺이라 한다.[186]

---

185 『대승기신론』1권(ABC, K0623 v17, p. 703c21-704a07), "如凡夫人覺知前念起惡故 能止後念令其不起 雖復名覺 卽是不覺故 如二乘觀智 初發意菩薩等 覺於念異 念無異相 以捨麤分別執著相故 名相似覺 如法身菩薩等 覺於念住 念無住相 以離分別麤念相故 名隨分覺 如菩薩地盡 滿足方便一念相應 覺心初起心無初相 以遠離微細念故得見心性 心卽常住 名究竟覺".
186 『대승기신론』(大正藏T 32 1 0576a24), "所言覺義者, 謂心體離念, 離念相者, 等虛空界無所不遍, 法界一相卽是如來平等法身, 依此法身說名本覺".

여래의 평등한 법신을 중심으로 각을 나타내어 본각이라고 말한다. 이는 여래라는 개념이 법신을 가리키고, 법신을 각을 통하여 나타내면 본각임을 뜻한다. 그러나 여래, 법신이 실체가 아니듯이 본각도 실체가 아니다.

> 시각을 상대하여 본각이라는 명칭을 세운다. 그러나 시각이 될 때가 곧 본각인지라 따로 다른 각覺을 세운 것은 아니다. 시각이란 것은 본각에 의하여 불각이 있고, 불각에 의하여 시각이 있음을 나타내는 개념이다.[187]

불각이 본각의 상대적인 개념으로 제시되었고, 시각도 본각에 의하여 상대적으로 제시된 개념이라면 삼자가 둘이 아니다. 그럼에도 불구하고 각覺을 시간에 따라서 구분하여 다양하게 나타낸 까닭은 견상귀본의 관점에서 수행을 권하기 위한 방편이다. 그렇기 때문에 『금강삼매경』에서도 본각과 시각이 둘이 아닌 일각一覺을 논하고 있다.

> 모든 여래께서는 항상 일각一覺으로 모든 식을 전변시켜 암마라에 들게 한다. 어째서 그런가? 일체 중생의 본각도 항상 일각으로 모든 중생을 깨닫게 하여 저 중생들로 하여금 모두 본각을 얻게 하기 때문이며, 그 정식情識이 공적하여 무생임을 깨닫게 하기 때문이다. 왜냐하면 그것의 결정된 본성은 본래 움직임이 없기 때문이다.[188]

---

187 『대승기신론』 1권(ABC, K0623 v17, p. 703c17-c20), "以待始覺 立爲本覺 然始覺時 卽是本覺 無別覺起立 始覺者 謂依本覺有不覺 依不覺說有始覺".
188 『금강삼매경』 1권(ABC, K0521 v14, p. 60b19-b23), "佛言 諸佛如來常以一覺而轉諸識 入庵摩羅 何以故 一切衆生本覺 常以一覺覺諸衆生 令彼衆生皆得本覺 覺諸情識空寂 無生 何以故 決定本性本無有動".

부처와 중생이 본각이기 때문에 일각일 뿐만 아니라 시각과 본각이 둘이 아니기 때문에 일각이다. 그러면 원효는 불각, 시각, 본각을 어떻게 이해하고 있는지 위의 경문에 대한 그의 주석을 살펴보자.

> 이 문장은 두 가지 각인 본각과 시각을 한꺼번에 나타낸다. "모든 중생의 본각"이라고 한 것은 본각 쪽이고, "정식情識이 공적하여 무생임을 깨닫게"라고 한 것은 시각 쪽으로 시각이 본각과 동일함을 나타낸 것이다.[189]

교화하는 부처, 보살과 중생이 동일한 본각이기 때문에 일각이며, 견상귀본의 "정식이 공적하여 무생임을 깨닫는" 시각이 그대로 본각과 동일하여 일각이다. 이처럼 본각이 시각이고, 시각이 불각인 일각이다. 그러면 본각과 시각은 무엇인가?

본각은 각을 과거적 관점에서 나타낸 개념으로 본래 깨달아 있음을 뜻한다. 그리고 시각은 각을 현재적 관점에서 나타낸 개념으로 비로소 깨달음을 뜻한다. 따라서 과거와 현재가 하나가 아니듯이 본래 깨달아 있음의 측면에서는 비로소 깨달음의 시각은 없으며, 비로소 깨달음의 측면에서는 본각은 없다. 따라서 둘은 양립할 수 없다.

본각이 있기 때문에 불각은 없으며, 불각이 없는 까닭에 시각은 없고, 시각이 없는 까닭에 본래 본각이 없다. 본각이 없음에 이를 수 있음은 본각이 있음으로 말미암아 연원이 있기 때문이며, 본각이 있음은 시각이 있기 때문이고, 시각이 있음은 불각이 있기 때문이며, 불각이 있음은 본

---

[189] 『금강삼매경론』 2권(ABC, K1501 v45, p. 88b20-89a17), "此文具顯本始二覺 謂一切衆生本覺等者 是本覺義 覺諸情識寂滅无生者 是始覺義 是顯始覺卽同本覺也".

각에 의지하기 때문이다.¹⁹⁰ 그러면 삼자는 어떤 관계인가?

본각과 시각 그리고 불각은 서로 의지하여 성립한다. 이를 통하여 모든 법은 없는 것도 아니고, 있는 것도 아니며, 있는 것도 아니면서 없는 것도 아님을 나타낸다.¹⁹¹ 그러면 원효가 개합을 통하여 나타내고자 하는 일각은 무엇인가?

그가 여러 경전들에 나타난 다양한 사상들을 일심의 개합에 의하여 나타낸 종요는 쌍현귀기를 바탕으로 한 종본기행과 견상귀본을 나타낸다. 이때 종본기행은 근본에서 일어나는 작용이다. 그것은 본각이 시각으로 드러남을 뜻한다.

그리고 견상귀본은 현상으로부터 근본으로 돌아가는 작용이다. 그것은 시각이 그대로 본각으로 돌아감을 뜻한다. 따라서 원효가 일심의 개합을 통하여 나타내는 쌍현귀기는 매 순간의 시각은 나타난 본각인 동시에 불각으로 돌아감으로서의 일각이다. 그러면 일각이 의미하는 것은 무엇인가?

견상귀본의 관점에서 삶을 나타내면 매 순간의 삶은 본각을 향하는 시각이다. 그렇기 때문에 삶을 시각을 중심으로 나타내어 상구보리, 수행이라고 말한다. 종본기행의 관점에서 삶을 나타내면 매 순간의 삶은 본각이 드러난 시각이다. 이처럼 매 순간의 본각이 나타난 시각을 중심으

---

190 『대승기신론소기회본大乘起信論疏記會本』卷二(ABC, H0020 v1, p. 749a24-b05), "當知由有本覺故本無不覺 無不覺故終無始覺 無始覺故本無本覺 至於無本覺者源由有本覺 有本覺者由有始覺 有始覺者由有不覺 有不覺者由依本覺".

191 『대승기신론소기회본大乘起信論疏記會本』卷二(ABC, H0020 v1, p. 749b05-b10), "本覺義者 對始覺義說 以始覺者卽同本覺 始覺義者 依本覺故而有不覺 依不覺故說有始覺 當知如是展轉相依 卽顯諸法非無而非有 非有而非無也".

로 삶을 나타내어서 하화중생, 제도라고 말한다.

그러나 원효가 금강삼매경론에서 종요를 통하여 제시한 일미, 일각은 본각이 매 순간 시각으로 나타나고, 나타난 시각은 다시 본각으로 돌아가서 불각이자 구경각이 됨을 뜻한다. 그것은 매 순간의 삶 자체가 그대로 종본기행이면서 동시에 견상귀본이기 때문에 오로지 하나의 시각일 뿐임을 뜻한다. 따라서 삶은 요익중생饒益衆生과 상구보리上求菩提가 둘이 아니어서 무애자재無礙自在하다. 그러면 원효가 제시하는 일각一覺에 의하면 부처와 보살, 중생은 어떤 관계인가?

본각의 부처와 불각의 중생이 둘이 아닌 일각이다. 이는 부처와 중생을 논하는 나와 부처, 중생이 둘이 아님을 뜻한다. 나의 출세간적 측면, 진여를 부처라고 말하고, 매 순간 다양한 언행으로 나타나는 생명의 현상을 중생이라고 말하며, 근본과 현상이 둘이 아닌 작용을 보살이라고 말한다. 그러므로 나는 부처도, 보살도, 중생도 아니어서 일심, 본각, 여래장이다. 그러면 삶에서 수행은 아무런 의미가 없는가?

본각의 현성顯成으로서의 시각이 바로 요익중생의 교화이며, 여래장 즉 본각으로 돌아가는 수성修成으로서의 시각은 수행修行이다. 따라서 지금 여기의 일심에 의하여 이루어지는 삶이 그대로 하화중생이면서 상구보리이다. 그렇기 때문에 삶이 그대로 수행이라고 하지 않을 수 없다. 수행의 측면에서 보면 본각과 시각이 모두 수행이다.

> 이 일각에는 본각과 시각의 뜻이 있다. 본각에는 드러냄으로써 이루어진다는 의미가 있으므로 진수眞修라는 설이 도리에 맞는 것이며, 시각에는 닦아

서 이룬다는 뜻이 있으므로 신수新修라는 말에도 도리가 있다.[192]

지금 여기의 삶은 매 순간 현상으로 드러나는 성품, 자성, 본각의 작용인 하화중생이며, 동시에 드러난 언행이 진성, 본각, 여래장으로 돌아가는 작용인 상구보리이다. 이처럼 양자가 둘이 아니기 때문에 쌍현귀기라고 말하고, 일미, 일심, 일도라고 말한다. 그러면 원효가 쌍현귀기의 사유체계를 통하여 나타내는 종요는 한국사상과 어떤 관계인가?

물건적 관점에서 쌍현귀기는 성으로부터 시작하여 상을 향하는 작용인 정용淨用과 상으로부터 출발하여 성을 향하는 작용인 업용을 함께 나타낸다. 이문의 측면에서 정용은 진여문으로부터 시작하여 생멸문을 향하는 작용이며, 업용은 생멸문으로부터 시작하여 진여문을 향하는 방향이다.

일각의 측면에서 업용은 불각으로부터 구경각을 향하는 시각이며, 정용은 본각, 구경각이 불각으로 나타난 시각이다. 이처럼 시각이 불각과 둘이 아니고, 본각, 구경각과 둘이 아닌 일각이다.

그런데 대승기신론을 비롯하여 중국불교의 전적은 상구보리와 하화중생, 수도와 제도, 시각과 구경각을 둘로 나누어서 상구보리가 이루어짐으로써 비로소 하화중생이 가능하며, 수도를 완성함으로써 비로소 제도가 가능하고, 시각을 통하여 본각이 합일하여 구경각이 이루어짐을 논한다.

중국불교가 대승불교를 표방하고, 상구보리와 하화중생이 둘이 아니라고 말하지만 여전히 상구보리와 하화중생을 구분하고, 상구보리를 논

---

192 『금강삼매경론』 1권(ABC, K1501 v45, p. 68a06-a08), "又此一覺有本始義 以有本覺顯成義故 眞修之說 亦有道理 以有始覺修成義故 新修之談 亦有道理".

한 후에 하화중생을 논한다. 그것은 선불교에서 선교일치를 주장하면서도 교종과 선종을 구분하여 돈頓과 점漸으로 나타내고, 본래성불과 증오성불을 논하면서도 견성성불을 주장하는 것과 같다. 그러면 쌍현귀기를 주장하는 원효는 선을 어떻게 이해하는가?

원효는 쌍현귀기를 통하여 하화중생을 논하고, 이어서 상구보리를 논하여 양자가 둘이 아님을 밝힌다. 그가 종본기행을 논하고 견상귀본을 논하면서 쌍현귀기를 논하여 양자가 둘이 아님을 밝힘이 바로 그것이다. 그러면 선禪의 관점에서 쌍현귀기는 무엇인가?

대승기신론에서는 생멸심을 놓아버리고 진여심으로 돌아가는 지止를 논하고, 진여심이 지혜로 드러나는 관觀을 논한다. 이때 지관은 둘이 아니지만 지가 이루어지지 않으면 관이 이루어지지 않는다. 지止는 선정禪定이고, 관觀은 지혜智慧이다. 따라서 양자는 둘이 아니면서도 구분되는 체용의 관계로 나타낸다. 이처럼 체용의 관계는 근본과 지말이라는 가치상의 우열이 있다.

그러나 원효가 쌍현귀기를 바탕으로 제시하는 종요는 관觀을 먼저 나타내고, 관觀의 완성으로서의 귀본의 측면에서 지止를 논한다. 이때의 지止는 선정禪定의 의미가 아니라 본래의 자로 돌아가는 회귀, 귀본, 회향의 의미이다.

종요를 통하여 나타내는 종본기행은 일상의 삶이 그대로 지혜의 작용임을 나타내며, 견상귀본은 지혜의 작용의 완성이 자비의 작용임을 나타낸다. 일상의 언행은 그대로 본성의 지혜의 작용이며, 일상의 언행이 끝남은 지혜의 작용의 완성인 동시에 자비의 작용의 시종이다.

견상귀본을 불교에서는 회향廻向이라고 말한다. 회향은 돌아감의 의미로 지혜의 작용의 이면에서 이루어지는 자비의 작용을 나타낸다. 자비의 작용은 지혜를 바탕으로 이루어지는 시종의 작용이다. 그러면 다른 사람에게 말과 글을 통하여 주장이나 이론을 제기할 때는 어떻게 해야 하는가?

모든 말과 글, 주장, 이론이 나와 남, 세계가 둘이 아닌 본성에서 일어남을 알고 또 다른 나인 남을 자신으로 대하는 마음으로 상대방이 필요한 말과 글, 주장, 이론을 제기하여 상대방을 이롭게 하지만(종본기행), 어떤 말과 글, 주장, 이론을 제기하고 행위를 하더라도 함이 없기에(견상귀본) 어떤 결과가 나타나더라도 무심하게 지켜볼 뿐이다. 그러면 원효불교는 한국전통사상과 어떤 관계인가?

그가 개합을 통하여 모든 경의 종요를 드러냄은 종본기행을 바탕으로 이루어지는 견상귀본이 둘이 아님을 나타내는 쌍현귀이다. 그는 종본기행의 관점에서 교화를 하지만 견상귀본의 관점에서 관행일 뿐으로 양자가 둘이 아니어서 일미, 일도, 일각임을 쌍현귀기로 나타내었다. 그러면 금강삼매경과 금강삼매경론의 차이는 무엇인가?

원효는 금강삼매경이 역逆방향에서 견상귀본, 종본기행, 쌍현귀기의 선후관계를 통하여 관행과 교화를 논한 것과 달리 쌍현귀기를 통하여 종본기행의 교화와 견상귀본의 관행이 둘이 아님을 밝힌다.

원효불교는 하화중생을 바탕으로 상구보리가 전개되는 구조를 통하여 양자가 둘이 아니면서도 하나가 아닌 관계로 나타난다. 그것은 세간과 출세간을 구분하여 세간에서 출세간으로 그리고 다시 출세간에서 세간으로의 구조로 드러나는 중국불교와 다른 특성이다.

원효가 제시한 쌍현귀기를 바탕으로 논의되는 종본기행과 견상귀본은 출세간이 세간으로 드러나는 동시에 세간이 출세간으로 돌아가서 양자가 둘이 아니면서도 하나가 아님을 나타낸다. 그러면 원효불교에서 각은 무엇인가?

각覺은 종본기행의 본각이 드러난 시각이며, 견상귀본의 불각이 시각을 거쳐서 본각에 이르는 과정이다. 쌍현귀기의 관점에서 보면 각은 매 순간 시각으로 나타나지만 본각과 불각이 둘이 아닌 일각의 현현이다. 그러면 쌍현귀기의 측면에서 지금 여기의 나는 무엇인가?

본체적 측면에서 지금 여기의 나는 부처이자 본각이고, 작용적 측면에서는 보살이자 시각이며, 현상적 측면에서는 불각이자 중생이다. 그리고 지금 여기의 마음은 본각이 드러난 시각의 측면에서 하화중생이며, 본각으로 돌아가는 시각의 측면에서 상구보리이다. 그러므로 매 순간의 삶이 그대로 하화중생이면서 상구보리이다. 그러면 원효불교의 한국적 특성은 무엇인가?

금강삼매경과 대승기신론이 물건적 관점에서 일심, 이문, 삼대를 논하는 것과 달리 원효는 사건적 관점에서 일심을 이해하고, 실상을 나타낸다. 원효불교는 물건적 관점에서 역방향을 중심으로 전개되는 인도불교, 중국불교와 다른 한국불교의 특성을 나타낸다.

원효가 한국 사람이고, 원효가 살았던 시대가 신라이기 때문에 그의 불교는 한국불교라고 할 수 있다. 그는 기존의 중관과 유식의 대승불교와 소승불교를 통합적 관점에서 자신의 안목에 의하여 새롭게 나타낸다.

그는 중관의 부정적 방법과 유식의 긍정적 방법이 하나가 된 대긍정의 방법에 의하여 이미 제시된 불교의 다양한 이론 체계를 이해한다. 이미 나타난 불교는 경과 논을 막론하고 언어에 의하여 구성된 이론 체계에 의하여 각각의 서로 다른 주장을 제기하는데 원효는 그것을 어떻게 이해하는가?

다양한 주장의 회통은 동일한 차원이 아닌 서로 다른 차원에서 이해할 때 이루어진다. 인도불교, 중국불교를 막론하고, 수행을 통하여 본래면목을 찾는 역逆방향에서 시작하여 상구보리를 바탕으로 화화중생하는 순방향의 실천, 제도를 추구한다. 이처럼 역방향에서 출발하여 순방향에서 하나가 되는 것이 인도불교, 중국불교를 관통하는 사유구조, 논리체계이다.

그러나 원효는 다양한 주장을 담은 이론체계를 바탕으로 통합을 추구하지 않고, 근원인 일심에서 출발할 뿐만 아니라 일심을 물건적 관점이 아닌 사건적 관점에서 이해한다.

원효는 영원한 현재의 시간관에 의하여 쌍현귀기를 주장한다. 쌍현귀기는 순방향의 종본기행의 하화중생과 역방향의 견상귀본의 상구보리가 둘이 아님을 나타낸다.

쌍현귀기는 지금 여기의 삶이 그대로 환응에서 시작하여 응호에서 완성되는 종본기행이자 응호에서 시작하여 환응에서 완성되는 견상귀본임을 나타낸다.

지금 여기의 나의 삶이 그대로 부처의 종본기행의 부처의 삶이고, 지금 여기의 나의 삶이 그대로 견상귀본의 중생의 삶이다. 그것은 본체의 부처가 현상의 여러 생명으로 나타나는 중생과 둘이 아님을 나타내는 보살의 새롭고 다양한 작용이 바로 지금 여기의 삶임을 뜻한다.

종본기행은 시간성의 시간화이며, 견상귀본은 시간의 시간성화로 이 양자가 하나일 뿐만 아니라 하나의 두 측면이 종본기행과 견상귀본임을 나타나는 개념이 바로 쌍현귀기이다. 그러면 환인은 무엇인가?

원효가 제시하는 일미, 일각, 일심, 일도는 환인이다. 이 환인으로서의 일도, 일미, 일각, 일심은 시간적 측면에서는 영원한 현재이다. 매 순간의 사건은 시간성의 현현顯現이며, 나타난 사건은 다시 시간성으로 돌아감으로써 완성된다. 이처럼 시간성의 시간화와 시간의 시간성화가 둘이 아님을 나타내는 불교적 표현이 원효의 쌍현귀기이다.

쌍현귀기는 영원한 현재이다. 영원한 현재의 창조적 측면을 나타내는 문장이 종본기행이다. 종본기행은 지금 여기의 매 순간의 삶이 그대로 생명 나눔인 공생共生이자 하화중생임을 나타낸다. 이와 달리 영원한 현재의 진화적 측면을 나타내는 문장이 견상귀본이다. 견상귀본은 지금 여기의 매 순간의 삶이 그대로 공생共生이면서도 동시에 회향回向임을 뜻한다.

원효가 제시한 쌍현귀기는 지금 여기의 삶이 그대로 하화중생인 동시에 상구보리이며, 하화중생과 상구보리가 둘이 아닌 삶은 매 순간 창조적인 삶이며, 매 순간 진화적인 삶이다. 따라서 한국사상의 생성적 패러다임이 원효에 의하여 쌍현귀기로 제시되었음을 알 수 있다.

3. 지눌의 돈오점수론頓悟漸修論과 생성적 패러다임

한국불교의 한국적 특성은 보조국사 지눌(1158-1210)의 돈오점수론頓悟漸修論에서도 나타난다. 돈오점수론은 『선문염송집禪門拈頌集』을 편집한 진각국사眞覺國師 혜심慧諶(1178-1234), 『선문염송집』의 설화를 붙인 혜심의 제자 각운覺雲 선사, 『직지심경直指心經』을 편집한 백운경한白雲景閑(1299-1374)으로 계승된다.

지눌의 삶은 수행과 제자들을 가르치는 일로 일관되어 있다. 그는 육조단경六祖壇經을 통하여 일차의 깨달음을 얻고, 이통현李通玄의 신화엄론新華嚴論을 통하여 이차의 깨달음을 얻었으며, 대혜어록大慧語錄을 통하여 마지막으로 깨달음을 얻었다.

그런데 지눌의 수행 과정을 보면 선불교에서 시작하여 선불교로 끝을 맺고 있다. 그 과정에서 화엄교학을 통하여 얻은 두 번째의 깨달음이 있었다. 그러면 우리는 그 과정을 어떻게 이해할 것인가?

오늘날 학자들은 지눌의 불교체계를 선교일원禪教一原, 정혜쌍수定慧雙修로 이해한다. 그것은 오늘날 학자들이 그의 불교를 지눌선知訥禪이라고 부르는 것에서 나타나듯이 그의 불교를 선불교의 관점에서 이해함을 뜻한다.

그것은 오늘날 한국불교의 중심이 조계종이기 때문에 조계종이 지향하는 간화선을 중심으로 그의 불교를 이해한 결과라고 할 수 있다.[193] 그러면 지눌의 불교 체계는 무엇인가?

오늘날의 학자들은 지눌의 불교 체계를 돈오점수론으로 이해한다. 이때 간화선과 돈오점수론의 관계가 중요한 문제로 대두된다. 이 문제는 지눌의 돈오점수론이 간화선과 어떤 관계인가와 그의 돈오점수론이 종밀의 돈오점수론과 어떻게 다른가를 포함한다.

간화선과 돈오점수론의 관계는 돈오점수론 안에서 간화선을 이해하느냐 아니면 간화선 안에서 돈오점수론을 이해하느냐의 문제이다. 학자들은 지눌불교를 바탕으로 한 간화선의 이해와 간화선 안에서 지눌불교의 이해 가운데서 돈오점수를 바탕으로 간화선을 이해한다.[194] 그러면 이러한 방법이 타당한가?

간화선과 돈오점수론의 관계는 단순하게 학문적으로 양자의 관계를 밝히는 문제가 아니라 중국불교의 전통인 간화선의 도통道統을 계승했는가의 문제이다.

만약 지눌의 돈오점수론이 간화선을 포괄하는 체계라면 그의 불교체계는 간화선의 전통을 계승하여 독자적으로 발전시켰다고 할 수 있다. 그러면 오늘날 우리는 지눌의 불교사상을 어떻게 이해할 것인가?

학자들은 지눌의 불교를 김군수金君綬가 지은 비문에서 제시한 성적등지문惺寂等持門, 원돈신해문圓頓信解門, 경절문徑截門의 삼문三門을 중심으로 이

---

193 이덕진, 「지눌 연구의 어제와 오늘」, 『지눌』, 예문서원, 2009, 55-58.
194 길희성, 「지눌 선사상의 구조」, 『지눌』, 예문서원, 2009, 107-165.

해[195]하는 동시에 그의 불교체계를 선교일원禪敎一源, 정혜쌍수定慧雙修로 이해한다.

만약 우리가 지눌의 불교체계를 삼문三門, 정혜쌍수, 선교일원을 중심으로 이해하면 그의 불교체계는 상반된 주장을 하는 역설의 연속이다. 오늘날 학자들이 이해하는 지눌의 불교체계는 어떤 문제를 안고 있는가?

첫째로 그는 선교일원禪敎一源을 주장하면서도 간화경절문에서 간화선이 교학불교보다 수승하다고 주장한다.[196] 선교일원이라는 주장과 간화선이 교종의 원교圓敎를 넘어선다는 주장은 양립할 수 없다. 따라서 그의 불교를 선교일원과 정혜쌍수로 규정하는 것은 역설逆說이다.

둘째로 그는 신회神會를 지해종사知解宗師로 규정하면서도 그의 주장을 따르는 종밀宗密의 돈오점수론을 수용했을 뿐만 아니라 간화선을 주장하면서도 스스로 말의 길이 끊어지고, 마음의 길마저 끊어진 선에 대하여 진심직설을 저작했다.

셋째로 그의 불교체계와 제자인 혜심의 불교체계가 서로 다르다. 혜심은 교종을 버리고 철저하게 선불교를 주장할 뿐만 아니라 오로지 간화선을 내세운다.[197] 따라서 그를 지눌의 제자라고 할 수 있는가의 의문이

---

195 인경은 「마음의 해석학」(『지눌』, 예문서원, 2009, 166-215)에서 보조선사상의 체계와 구조를 제시하였다. 그가 존재론, 인식론, 수행론의 구조를 통하여 지눌불교를 체계적이고 종합적으로 고찰한 점에서 이전의 연구 성과에 다르다고 하지 않을 수 없다. 그럼에도 불구하고 김군수의 삼문적 구조를 바탕으로 하였을 뿐만 아니라 여전히 간화선이라는 중국불교의 실체적 관점에서 머물러 있는 한계를 갖고 있다.
196 권기종, 「혜심의 선사상 연구」, 『지눌』, 예문서원, 2009, 350.
197 권기종, 「혜심의 선사상 연구」, 『지눌』, 예문서원, 2009, 355-364.

제기된다.[198]

넷째로 혜심이 편찬한 『선문염송집』에 설화를 추가한 각운覺雲의 『선문염송설화집』은 선교일원의 관점이 아니면 저작해서는 안 되는 저작이다. 따라서 각운의 태도는 혜심과 달리 지눌의 불교체계에 가깝다.

다섯째로 그의 불교체계를 김군수가 제시한 삼문三門을 중심으로 이해하면 오늘날의 많은 학자들이 지적한 것처럼 셋의 관계를 어떻게 이해할 것인가의 문제가 발생한다.

여섯째는 오늘날의 불교가 처한 시대적 상황과 관련이 있다. 오늘날 한국불교는 조계종에 의하여 주도되고 있다. 조계종의 수행 방법은 우리나라의 전통이 아닌 송宋나라의 대혜종고(1088-1163)에 의하여 제시된 수행 방법이다. 따라서 오늘날에 알맞은 수행 방법을 찾기 위해서는 한국불교의 출발점이라고 할 수 있는 지눌의 불교 체계를 다시 살펴볼 필요가 있다. 그러면 우리는 지눌의 불교를 어떻게 이해할 것인가?

지눌의 수행 과정과 저작들을 살펴보면 그가 선종과 교종을 둘로 보지 않았을 뿐만 오로지 간화선만을 중요하게 여기지 않았음을 알 수 있다. 그것은 어떤 사상이나 종교를 막론하고 어느 사람이나 집단에 의하여 수용되는 과정에서 일어나는 현상과 관련이 있다.

그의 저작을 보면 의상, 원효의 주장들이 인용되고 있다. 이를 보면 그가 단순하게 간화선을 그대로 수용하지 않았음을 알 수 있다. 그는 간화선을 자신의 삶 속에서 체화體化하여 한국적 간화선이자 지눌의 불교 체

---

198 지눌의 저작이라고 여겼던 『진심직설』이 다른 사람의 저작이라는 주장이 공식화될 뿐만 아니라 그의 사후에 혜심에 의하여 발간된 유고인 『간화결의론』, 『원돈성불론』 역시 지눌의 저작이 아닐 수 있다는 주장이 제기되는 까닭은 지눌의 불교체계를 어떻게 이해할 것인가의 문제와 관련된다.

계로 제시했다. 그러면 그의 불교를 어떻게 이해할 것인가?

오늘날 우리는 그의 저작들 전체를 삶의 과정과 연관시켜서 입체적이고, 종합적으로 이해해야 한다. 그것은 지눌불교를 파악하기 위해서 중국사상과 한국사상의 차이에 주목해야 함을 뜻한다.

우리가 지눌의 불교체계를 간화선이나 선불교라는 하나의 관점에서 이해함은 중국불교, 중국사상의 특성인 실체적 관점에서 이해함을 뜻한다.

우리가 지눌불교를 이해하기 위해서는 중국불교의 물건적 관점, 실체적 관점을 벗어나서 한국사상, 한국불교의 전통을 중심으로 이해해야 한다.

지눌의 돈오점수론에 대한 지금까지의 연구는 깨달음과 닦음의 오수悟修를 중심으로 진행되어 왔다. 만약 우리가 돈오점수론을 깨달음과 닦음을 중심으로 이해하면 견성성불見性成佛과 본래성불本來成佛의 두 주장이 형성하는 모순 관계에 의하여 나타나는 역설逆說을 해결할 수 없다.

본래성불과 견성성불을 동시에 주장하여 발생하는 모순은 성불이라는 사건과 부처를 실체적 관점, 물건적 관점에서 접근하는 중국불교의 문제이다.

금강경에서 부처에 대하여 "온갖 이름과 모양을 떠남을 이름을 지어 모든 부처라고 부른다."[199]라는 언급은 물건적 관점에서 전개되는 중국불교의 특성을 잘 보여준다. 그러면 오늘날 우리가 지눌의 불교를 어떤 방법에 의하여 연구할 것인가?

우리는 앞으로 한국사상의 시간성을 바탕으로 영원한 현재적 관점에서 전개되는 생성적 패러다임을 바탕으로 지눌의 불교를 살펴볼 것이다.

---

199 『금강반야바라밀경』 1권(ABC, K0014 v5, p. 987c09-c10), "離一切諸相 則名諸佛".

생성적 패러다임에 의하면 부처, 중생이라는 실체적 존재가 없기 때문에 성불이라는 실체적 사건도 없다. 그리고 교종과 선종, 선종 안의 남종과 북종, 여래선과 조사선과 같이 분합할 수 있는 실체적 존재 역시 없다.

부처와 중생, 성불은 끊임없이 생성되는 변화의 과정이며, 교종과 선종, 남종과 북종, 여래선과 조사선 역시 다양하고 새롭게 나타났다가 사라지는 변화일 뿐이다. 따라서 생성적 패러다임에 의하여 지눌불교를 이해하면 기존의 역설이 존재하지 않는다.

지눌이 겪었던 세 차례의 깨달음이나 삶의 과정에서 나타나는 저작에 담긴 주장들의 변화는 언어를 통하여 하나의 개념이나 주장, 사상으로 나타낼 수 있지만 그것이 지눌불교는 아니다. 오로지 시대에 따라서 그의 불교를 다양하고 새롭게 재해석하여 새로운 가치, 의미로 나타내야 한다.

그의 저작들에 나타나는 삼문의 구조와 더불어 주목할 점은 체용상體用相의 구조이다. 그의 저작을 보면 진심眞心을 출발점으로 삼아서 본체와 작용, 현상의 세 측면에서 법문을 전개한다. 그러면 그는 체용상을 어떻게 활용하는가?

지눌은 작용을 중심으로 본체에서 현상을 향하는 방향과 현상에서 본체를 향하는 두 방향에서 불교를 논한다. 지눌불교를 한마디로 나타내면 진심眞心을 바탕으로 전개되는 돈오점수론頓悟漸修論이다.

진심은 본체와 작용, 현상이 하나가 아님을 나타내며, 돈오점수는 도생역성과 역생도성의 두 방향에서 이루어지는 작용을 통하여 본체와 현상이 둘이 아님을 나타낸다.

그의 진심직설은 체용상의 세 요소를 모두 나타내는 저작이며, 수심결은 본체와 현상의 관점을 작용을 중심으로 나타낸 저작이다. 우리는 지금부터 그의 저작과 삶을 통하여 나타나는 불교를 체용상의 구조를 중심으로 살펴볼 것이다.

지눌은 우리가 나의 몸으로 알고 있는 육신은 흙, 물, 불, 바람이라는 네 가지의 요소가 찰나에 만나서 나타나는 하나의 사건일 뿐이며, 나의 마음이라고 여기는 것도 밖의 물건이 육신에 나타난 그림자와 같아서 실체가 아니어서 마음과 육신 이전의 내 안의 참 나인 진심이 있다고 말한다.

지눌이 육신과 마음을 벗어난 나와 남, 유와 무, 생과 사의 분별이 없는 내 안의 나 아닌 나를 진심으로 나타낸 것은 분별할 수 있는 대상이 없음에도 불구하고 분별하여 실체화하는 것이 모두 마음에 의하여 이루어짐을 나타내기 위함이다.

그것은 진심이 망심과 다른 실체적인 어떤 물건과 같은 것이 아님을 뜻한다. 진심은 일상의 마음인 평상심平常心을 가리키는 말이다. 평상심은 수많은 분별을 하지만 분별함이 없는 마음이다. 만약 망심의 특징인 분별이 없는 것이 진심이라면 진심은 망심과 마찬가지로 하나의 실체이다. 그러면 진심과 망심이 둘이 아님은 무엇을 뜻하는가?

평상심이 그대로 진심이라는 말은 평상의 마음이 때로는 망심으로 때로는 진심으로 나타나서 고정되지 않음을 뜻한다. 이처럼 진심이 고정된 실체가 아님을 드러내기 위하여 본체를 말하고, 작용을 말하며, 그것이 드러난 현상의 측면에서 삶에서 어떤 효과를 낳는지를 말하기도 한다.

지눌은 진심직설을 통하여 진심을 마치 하나의 물건처럼 대상화하여 본체로 나타내고, 작용으로 나타내며, 현상으로 나타낸다. 그가 진심을 실체적 관점에서 나타낸 것도 유의할 점이지만 체용상의 구조로 나타낸 것도 또한 유의할 부분이다. 그러면 그것이 대승기신론의 체용상과 어떤 차이가 있는가?

비록 대승기신론에서 체용상을 말하지만 체상을 하나로 묶어서 체상과 용을 말할 뿐으로 체용상의 각각을 세 요소로 이해하는 것은 한국불교의 의상과 원효, 지눌에서 분명하게 나타난다. 그것이 한국불교의 특성이자 한국사상의 특성이 한국불교에 반영된 결과이다.

지눌은 진심직설에서 체용상의 구조를 통하여 근원을 제시하였을 뿐만 아니라 수심결을 통하여 작용을 중심으로 본체와 현상이 둘이 아님을 밝히고 있다. 그러면 그가 수심결을 통하여 밝히는 수심은 무엇인가?

그는 진심을 작용을 중심으로 나타내어 수심修心이라고 말한다. 수심은 실체적인 마음이 있고, 그것을 닦는 주체가 있어서 마음을 닦는 사건을 나타내지 않는다. 바로 진심의 본체가 현상으로 드러나는 작용이 무엇인지를 나타내는 개념이 수심이다. 그러면 지눌은 수심을 어떻게 논하는가?

우리의 일상의 삶은 행복하다고 할 수 없다. 우리가 100년을 산다고 하여도 잠을 자는 시간과 먹고 마시고, 배설하는 시간을 빼고, 성장하여 성인이 되는 시간을 빼면 우리가 자신의 뜻에 따라서 산다고 할 수 있는 시간은 아마 많아야 20여 년에 불과할지도 모른다. 그러면 온전히 자신의 뜻과 마음으로 보내는 시간 가운데서 행복한 시간은 얼마나 될까?

우리의 삶은 언제나 남과 경쟁하여 살아남아야 한다는 생각 때문에 긴장 속에서 살고 있다. 죽을 때까지 놓을 수 없는 긴장은 스트레스가 되어 우리의 몸과 마음을 병들게 한다. 공자는 스트레스에 빠져 사는 삶이 얼마나 위험한지를 다음과 같이 말한다.

사람의 성품은 같지만 살아갈수록 삶의 양태가 점점 달라진다. 자신의 성품을 버리고 사는데도 불구하고 죽지 않고 살아있음은 요행이다.[200]

그는 사람들이 살고 싶다고 말하고, 살고자 하면서 오히려 죽을 짓을 하는 어리석은 사람들의 삶을 한마디로 나타내어 요행이라고 말한다. 공자는 우리를 향하여 올바로 사는 삶의 방법, 행복한 삶의 방법을 찾지 않고 그냥 죽음을 향하여 돌진한다고 꾸짖는다.

지눌은 사람들이 삼계三界를 윤회하는 고통스러운 삶은 마치 불난 집에 있는 것처럼 뜨거운데도 벗어나려고 생각하지 않고 그냥 참고 살면서 오랜 세월 동안 고통을 달게 받으려는 태도를 지적한다.[201]

불타는 집 속에서 느끼는 뜨거움처럼 고통스러운 삼계의 삶을 만들어 낸 것도 우리 자신이고, 스스로 벗어날 생각을 하지 않고, 반복하여 고통의 삶을 계속하는 것도 우리 자신이다. 따라서 우리의 삶이 고통스러움을 느끼고 그 고통의 원인을 파악해야 한다.

고통스러운 삶은 우리가 스스로 만들어낸 삶이기 때문에 오로지 우리 자신이 고통의 삶에서 벗어날 수 있다. 지눌은 고통의 삶에서 벗어나는 방법을 한마디로 나타내어 부처를 찾는 일로 제시한다.

부처는 지금 여기의 나와 다른 사람이 아니라 지금 여기의 나의 본래 면목을 가리킨다. 몸과 마음도 아니면서도 마음과 몸의 다양한 사고와 언행으로 나타나는 내 안의 나 아닌 나를 부처라고 말한다.

---

200 『논어』 양화陽貨, "子曰 性相近也 習相遠也", 옹야雍也, "子曰 人之生也直 罔之生也 幸而免".
201 『목우자수심결』 牧牛子修心訣(ABC, H0068 v4, p. 708b06-b10), "三界熱惱 猶如火宅 其忍淹留 甘受長苦 欲免輪廻 莫若求佛".

내 안의 나, 나 아닌 나는 일상의 사람들이 알고 있는 자아와 다른 나를 부르는 말일 뿐이다. 불교는 마음을 중심으로 세계를 이해하는 사상이다. 그러므로 내 안의 나 아닌 나를 자아와 다름을 나타내어 무아無我라고 말하고, 무아를 마음의 측면에서 나타내어 진심眞心이라고 말한다. 그러면 진심, 무아, 부처를 찾음은 무엇을 의미하는가?

내 안의 나 아닌 나인 진심, 부처를 찾아서 고통의 삶에서 벗어남은 고통의 삶이 내 안의 나를 주체로 살아가지 못하기 때문에 일어나는 현상임을 뜻한다. 그러면 내 안의 참 나, 진심인 부처를 어떻게 찾는가?

부처는 오로지 지금 여기의 나의 내면으로 향하여 마음 가운데서 찾아야 한다. 바로 찾고자 하는 마음을 통하여 부처를 찾을 수 있다. 그렇기 때문에 마음을 떠나서 밖의 사물에서 찾거나 경이나 다른 사람의 가르침에서 찾으면 찾을 수 없다.

> 만약 부처를 찾으려면 이 마음이 곧 부처이니, 마음을 어찌 멀리서 찾을 것인가. 바로 이 몸을 떠나 있는 것이 아니다. 이 몸은 항상하지 않아서 나기도 하고 죽기도 하지만 진심眞心은 허공과 같아서 끊어지지도 않고 변하지도 않는다. 그러므로 "육체는 죽으면 흩어져 불이나 바람으로 돌아가지만 한 물건은 언제나 신령하여 하늘과 땅을 덮는다."[202]

한 물건은 몸과 밖의 사물이 나타난 그림자와 같은 마음을 자신으로 여기는 그릇된 생각을 깨뜨리기 위하여 제시한 개념이다. 몸과 다르고

---

202 『목우자수심결』 牧牛子修心訣(ABC, H0068 v4, p. 708b06-b10), "若欲求佛 佛卽是心 心何遠覓 不離身中 色身是假 有生有滅 眞心如空 不斷不變故云百骸潰散 歸火歸風 一物長靈 蓋天蓋地".

마음과 다른 내 안의 나 아닌 나를 진심이라고 말하지만 진심이 지금 여기의 나의 마음과 다르지 않다. 그러면 진심을 어떻게 찾는가?

부처는 진심의 세 양상인 본체와 작용, 현상 가운데서 본체를 가리키는 개념이다. 그러므로 부처인 본체는 작용인 마음을 통하여 파악할 수 있다. 바로 부처를 찾는 마음이 부처의 작용임을 알면 그대로 진심의 본체가 부처임을 안다.

부처가 진심의 본체임을 나타내는 말이 바로 태어나고 죽는 물건이 갖는 현상과 달리 태어나고 죽음이 없다는 언급이다. 그러므로 부처가 되는 것이 아니라 중생의 삶이 그대로 본래 부처의 삶임을 파악함이 부처를 찾음이다. 그러면 왜 우리는 부처로 살지 못하고 중생으로 사는가?

우리가 지금 여기에서 부처를 찾지 못하고, 미래에서 부처를 찾고 여기가 아닌 극락이나 정토, 절과 같은 다른 곳에서 찾으며, 내가 아닌 나 밖에서 부처를 찾음은 모두 마음의 작용 때문이다.

지금 여기의 내가 바로 부처임에도 불구하고 부처가 있는 것도 모르기 때문에 부처의 삶을 살지 못하고 중생의 삶을 산다. 중생의 삶은 고통스러운 삶이다. 고통스러운 삶이 있어서 고통스러운 것이 아니라 스스로 삶을 고통으로 여기고 고통의 삶을 생산할 뿐이다.

부처와 중생은 실체가 아니라 매 순간 변화하는 현상을 고정하여 물건처럼 나타낸 개념이다. 우리는 부처와 중생이라는 개념에 끌려가지 말고, 두 개념을 생각하는 지금 여기의 나의 마음을 주목하고, 중생을 버리고 부처를 찾으려는 마음을 주목해야 한다. 지금 여기의 나의 마음을 떠나서 부처를 구하고, 마음을 떠나서 내 안의 나를 찾을 수 없다.

아! 요즈음 사람들이 미혹된 지가 오래되었구나. 자기의 진심이 참부처인 모르고, 자기의 성품이 참진리인 줄 모르며, 진리를 구하려고 멀리 성인들을 찾고, 부처를 찾으려고 하면서도 자기의 마음을 관觀하지 않는다.[203]

진심의 본체를 가리키는 부처는 실체가 아니기 때문에 불성, 자성이라고 말하기도 하고, 공적영지空寂靈知라고 말하기도 한다. 공적空寂은 본체의 관점에서 진심을 말하고, 영지靈知는 작용의 관점에서 진심을 나타낸다. 그러면 왜 공적한 영지가 작용함을 모두가 알지 못하는가?

미혹과 깨달음, 앎과 모름, 찾음과 찾지 않음, 관함과 관하지 않음은 마음을 작용의 관점에서 나타내는 개념들이다. 본체의 관점에서 불성, 자성이 있음에도 불구하고 현상의 측면에서 부처의 삶과 중생의 삶이 다른 까닭은 자신이 부처임을 알고 부처로 사는 삶과 자신이 부처임을 모르고 중생으로 사는 삶이 다르기 때문이다.

그가 마음을 살피라는 말은 매 순간에 나타나는 현상에 얽매이지 말고, 현상을 벗어나서 본체를 향하여 마음을 쓰라는 말이다. 매 순간 일어나는 마음에 의하여 나타나는 현상이 바로 본체에 의하여 이루어짐을 파악하라는 말이다.

만약 말을 타고 달리면서 말을 찾는 것과 같이 지금 여기의 마음을 떠나서 부처를 찾고자 하면 아무리 많은 방법을 사용해도 찾더라도 결코 부처가 될 수 없다. 부처를 찾고, 진심을 찾고자 하는 그 마음이 바로 부처이다. 그것은 마음이라는 작용의 본체가 바로 부처임을 뜻한다. 본체

---

203 『목우자수심결』牧牛子修心訣(ABC, H0068 v4, p. 708b10–b12), "嗟夫 今之人迷來久矣 不識自心是眞佛 不識自性是眞法 欲求法而遠推諸聖 欲求佛而不觀己心".

의 관점에서 보면 지금 여기의 내가 그대로 부처이며, 지금 여기의 나의 삶이 그대로 부처의 삶이다.

> 만약 마음 밖에 부처가 있고, 성품 밖에 진리가 있다고 말하고, 이런 견해를 고집하여 불도를 구하려는 사람은 티끌과 같은 겁을 지나도록 몸을 불사르고, 팔을 태우며, 뼈를 부수어 골수를 내고, 피를 내어 경전을 베끼며, 눕지 않고 오래 앉아 참선하고, 아침 한 끼만 먹으며 모든 대장경을 다 읽으며, 온갖 고행을 닦는다 해도 모래를 삶아 밥을 짓는 것과 같아서 다만 스스로 수고로움만 더할 뿐이다. 다만 자기의 마음을 알면 갠지스강의 모래알처럼 많은 법문과 한량없는 묘한 이치를 찾지 않아도 저절로 얻게 된다.[204]

부처는 유위적인 어떤 방법을 막론하고 수행에 의하여 만들어지지 않는다. 만약 수행이라는 원인에 의하여 성불이라는 결과가 나타난다면 수행을 멈추면 부처는 다시 중생으로 돌아갈 것이다. 부처가 됨, 부처를 이룸은 미래적 사건이 아니라 매 순간 항상 작용하고 있는 마음을 통하여 본체인 불성을 파악하는 일이다. 그리고 그것은 자신이 본래 부처임을 확인하는 일이다. 그러면 왜 자신이 부처임을 확인하는 일이 필요한가?

현상의 측면에서 사람들의 삶을 보면 어떤 사람은 부처의 삶을 살고, 어떤 사람들은 중생의 삶을 산다. 부처와 중생이 따로 있어서 부처의 삶을 살거나 중생의 삶을 사는 것이 아님에도 불구하고 사람들은 스스로

---

[204] 「목우자수심결」牧牛子修心訣(ABC, H0068 v4, p. 708b12-b18), "若言心外有佛 性外有法 堅執此情 欲求佛道者 縱經塵劫 燒身煉臂 敲骨出髓 刺血寫經 長坐不臥 一食卯齋乃至轉讀一大藏教 修種種苦行 如蒸沙作飯 只益自勞爾 但識自心 恒沙法門無量妙義 不求而得".

부처임을 모르고 살기 때문에 방편상 중생이라고 말하고, 중생의 삶을 말한다.

사람들은 불나방이 불 속에 뛰어들어 죽어가면서도 뜨거운 것도 모르고, 죽어가는 줄도 모르듯이 고통스럽게 살면서도 고통이 어디서 오는지 원인을 찾으려고 하지 않는다. 힘들어도 고통을 직시하고, 실상을 파악해야 본래 고통이 없음을 알고 더 이상 현상에 끌려다니지 않을 수 있다.

> 석가모니는 "널리 모든 중생을 관찰하니 다 여래의 지혜와 덕상德相을 갖추고 있다."라고 말했고, 원각경에서는 "여러 가지의 허망 된 생각들이 모두 여래의 원각묘심圓覺妙心에서 나온다."라고 했다. 따라서 이 마음을 떠나서 따로 이룰 수 있는 부처가 없다.[205]

부처는 현상의 사물이 아니라 시공을 초월한 본체이다. 따라서 사대가 결합되어 형성된 육신을 통하여 파악할 수 없다. 육신의 감각지각을 넘어서 마음에 이르러야 비로소 모든 이름과 형상을 벗어난 경지인 부처[206]에 이를 수 있다. 부처는 마음으로 드러나기 이전의 본체를 가리킨다. 그러면 진심의 본체인 불성이 부처인가?

본체인 불성이 부처이므로 불성을 가진 모든 중생들은 본래 부처이다. 본체와 작용, 현상은 모두 진심을 가리킨다. 체용상이 모두 진심을 세 측면으로 나누어서 나타낸 개념이기 때문에 세 측면이 둘이 아님을 나타

---

205 『목우자수심결』 牧牛子修心訣(ABC, H0068 v4, p. 708b18-b21), "故世尊云 普觀一切衆生 具有如來智 惠德相 又云一切衆生種種幻化 皆生如來圓覺妙心 是知離此心外 無佛可成".
206 『금강반야바라밀경』 1권(ABC, K0014 v5, p. 987c09-c10), "離一切諸相 則名諸佛".

내어 일심一心이라고 말한다. 따라서 진심을 통하여 부처가 무엇인지를 파악할 수 있다.

> 과거의 모든 여래도 오직 이 마음을 밝힌 사람이며, 현재의 모든 성현들도 역시 마음을 닦은 사람들이다. (그러므로) 미래의 수행할 사람도 마땅히 이러한 방법에 의지해야 한다. 바라노니 수도修道하는 모든 사람들은 결코 밖에서 찾지 말아야 한다. 마음의 성품은 물듦이 없어서 본래 스스로 원만하게 성취된 것이다. 단지 망령된 인연들을 떠나면 곧 여여如如한 부처이다.[207]

모든 중생들이 불성을 갖고 있다면 마땅히 모든 사람들은 불성을 보아야 한다. 그럼에도 불구하고 어떤 사람은 불성을 보고, 불성을 주체로 자유롭게 살면서도 그렇다는 생각이 없이 살고, 어떤 사람은 불성 곧 진심, 내 안의 나를 보지 못하고 산다.

그러나 물질에 마음을 뺏기고 따라가는 것도 본성의 작용이며, 본성을 보고, 본성을 주체로 사는 것도 본성의 작용이다. 우리는 항상 내 안의 나를 알고 있고, 느끼고 있고, 경험하고 있으며, 함께 하고 있음에도 불구하고 스스로 모른다고 생각하고, 모르기 때문에 없다고 여긴다. 그러면 모두가 본성의 작용인데 굳이 어렵게 수행을 하여 본성을 자각할 필요가 있는가?

본성을 자각하고, 본성을 주체로 사는 사람의 삶은 자유자재하여 자신도 이롭고, 남도 이로운 삶을 산다. 그러나 자신의 본성을 자각하지 못하

---

207 『목우자수심결』牧牛子修心訣(ABC, H0068 v4, p. 708b21-c02), "過去諸如來 只是明心底人 現在諸賢聖亦是修心底人 未來修學人 當依如是法第一張 願諸修道之人 切莫外求心性無染 本自圓成 但離妄緣 卽如如佛".

고 사는 사람은 아무리 자신을 이롭게 하고, 남도 이롭게 하고자 해도 그 방법을 알지 못하기 때문에 삶이 고통스럽다.

> 그대 몸에 있는데도 그대 스스로가 보지 못할 뿐이다. 그대가 하루 가운데서 배고픈 것을 알고, 목마른 것을 알며, 추운 것을 알고, 더운 것을 알며, 혹은 성내거나 혹은 기뻐하는 이것이 도대체 어떤 물건인가. 이 몸은 지, 수, 화, 풍의 네 가지 요소가 모여 이루어진 것이라서 그 바탕이 둔하여 감정이 없는데 어찌 보고, 듣고, 지각할 수 있겠는가. 능히 보고, 듣고, 지각할 수 있는 것은 반드시 그대의 불성이다. 임제 스님은 "이 몸뚱이는 법을 설하거나 법을 듣지도 못하며, 허공도 법을 설하거나 법을 듣지 못한다. 다만 그대 눈앞에 역역하게 홀로 밝으나 형상이 없는 그것이 법을 설하고 법을 들을 줄 안다."라고 했다. 여기서 말하는 '형상이 없는 그것'이란 바로 모든 부처님의 법인法印이며, 또한 그대의 본래 마음이다. 그러므로 불성이 지금 그대의 몸에 있는데 어째서 헛되이 밖에서 구하겠는가.[208]

우리는 자신이 부처이기 때문에 부처의 삶을 살아가고 있음에도 불구하고 부처를 찾고, 부처의 삶을 살기를 원하는 것은 부처를 자신과 다른 별개의 실체적인 존재로 이해하기 때문이다. 부처는 지금 여기의 나를 나타내며, 부처의 삶은 지금 여기의 나의 삶을 나타낸다.

부처, 진심, 불성, 자성은 모두 지금 여기의 나의 내면, 내 안의 나를 나

---

208 『목우자수심결』牧牛子修心訣(ABC, H0068 v4, p. 708b21-c02), "答在汝身中 汝自不見 汝於十二時中 知飢知渴 知寒知熱 或嗔或喜 竟是何物 且色身是地水火風四緣所集 其質頑而無情 豈能見聞覺知 能見聞覺知者 必是汝佛性 故臨際云 四大不解說法聽法 虛空不解說法聽法 只汝目前 歷歷孤明 勿形段者 始解說法聽法所謂勿形段者 是諸佛之法印 亦是汝本來心也 則佛性現在汝身 何假外求".

타내는 개념에 불과하다. 진심, 불성, 부처는 고정된 물건과 같은 것이 아니라 끊임없이 변화하여 다양하게 자신을 드러낸다. 그렇기 때문에 우리가 스스로 자신과 세계를 고정화하여 물건적 관점에서 보는 태도를 버려야 한다.

지눌은 우리가 바로 부처이고, 우리의 평상의 마음이 진심이며, 우리의 삶이 그대로 자유로운 삶임에도 불구하고, 지금 여기의 나를 떠나서 부처를 찾고, 지금 여기의 나의 삶을 떠나서 부처의 삶을 찾고 있음을 다음과 같이 밝히고 있다.

> 옛날에 이견왕이 바라제 존자에게 물었다. "무엇을 부처라고 합니까?" 존자가 대답했다. "견성見性하는 것이 부처입니다." 왕이 물었다. "스님은 견성했습니까?" 존자가 말했다. "나는 불성佛性을 보았습니다." 왕이 물었다. "그 불성은 어디에 있습니까." 존자가 말했다. "불성은 작용하는 가운데 있습니다." 왕이 물었다. "그것은 어떤 작용이기에 나는 지금 보지 못합니까." 존자가 말했다. "지금도 작용이 나타나고 있지만 왕께서 스스로 보지 못할 뿐입니다." 왕이 물었다. "나에게도 그것이 있다는 것입니까."[209]

위의 인용문을 보면 이견왕이 부처를 자기 자신과 별개의 실체로 이해하고 있음을 볼 수 있다. 그러나 바라제 존자는 성품을 보는 당체가 바로 부처라고 말한다. 그럼에도 불구하고 이견왕은 견성見性을 실체적 관점에서 일종의 사건으로 이해하고 바라제 존자에게 견성을 했느냐고 묻는다.

---

209 『목우자수심결』 牧牛子修心訣(ABC, H0068 v4, p. 708c16-709a14), "昔異見王 問婆羅提尊者曰 何者是佛 尊者曰見性是佛 王曰師見性否 尊者曰我見佛性 王曰性在何處 尊者曰性在作用 王曰是何作用 我今不見 尊者曰今現作用 王自不見 王曰於我有否".

그러자 바라제 존자는 부처는 사물을 초월한 본체이기 때문에 물건적 관점에서 부처를 찾으려는 이견왕에게 현상의 관점에서 보지 말고 본체의 관점에서 보라고 말한다. 그러면 본체는 어떻게 보는가?

본체는 시공을 초월하기 때문에 오로지 작용을 통해서 파악할 수 있다. 존자는 작용 가운데 성품이 있다고 말한다. 그런데 작용은 현상으로 드러난다. 그렇기 때문에 현상의 사물을 통하여 작용을 파악해야 한다. 그러므로 이견왕은 도대체 작용은 무엇이냐고 묻는다.

> 존자가 말했다. "만약 왕께서 활용하면 불성 아닌 것이 없지만 만약 왕께서 활용하지 않으면 본체 또한 보기 어렵습니다."[210]

존자는 작용을 말한다. 그것은 진심의 본체와 작용, 현상이 모두 지금 여기의 자신과 둘이 아님을 뜻한다. 만약 진심의 본체를 모든 중생이 갖추고 있다면 반드시 작용을 해야 한다. 그럼에도 불구하고 왜 작용을 해야 한다고 말하는가?

불성은 있다거나 없다고 할 수 없다. 작용의 측면에서 보면 설사 불성을 갖고 있어도 작용하지 않으면 없는 것과 같아서 있다고 할 수 없다. 그러므로 활용을 하면 현상의 모든 것이 불성이 아님이 없지만 활용을 하지 않으면 불성을 볼 수 없다고 말한다. 그러면 현상이 그대로 작용이고, 본체인가?

현상은 비록 본체가 나타난 것이지만 현상이 그대로 본체는 아니다.

---

210 『목우자수심결 牧牛子修心訣』(ABC, H0068 v4, p. 708c16-709a14), "尊者曰王若作用 無有不是 王若不用 體亦難見".

존자는 작용이 현상과 둘이 아님을 말하는 동시에 현상이 그대로 본체가 아님을 밝힌다. 만약 본체가 그대로 현상이라면 작용이 문제가 되지 않을 것이다.

> 왕이 물었다. "만약 작용할 때는 몇 곳에서 나타납니까." 존자가 말했다. "나타날 때는 여덟 군데로 나타납니다." 왕이 말했다. "그 나타나는 여덟 군데를 나를 위해 설명해 주십시오." 존자가 말했다. "태胎 안에 있으면 몸이라 하고, 세상에 나오면 사람이라 하며, 눈에 있으면 보는 놈이라 하고, 귀에 있으면 듣는 놈이라 하고, 코에 있으면 냄새를 맡고, 혀에 있을 땐 말을 하고, 손에 있으면 붙잡으며, 발에 있으면 달리는 것입니다. 두루 나타나면 온 세계를 다 감싸지만 거두어들이면 하나의 티끌 속에 있습니다. 아는 사람은 이것이 불성인 줄 알지만 모르는 자들은 정혼情魂이라고 부릅니다." 왕은 이 말을 듣고 마음이 바로 열리었다.[211]

위의 내용을 보면 일상의 삶이 그대로 불성의 작용임을 알 수 있다. 부처를 찾고자 하는 마음이 불성의 작용이며, 부처가 무엇인가를 묻는 것이 불성의 작용이고, 존자의 말을 듣는 것이 바로 불성의 작용이다.

생각하고 말하고 침묵하고, 가고 멈추는 모든 사고와 언행이 모두 불성의 작용이다. 따라서 자신의 근원, 본래면목을 찾는 견성은 본래의 자신을 아는 것일 뿐으로 지금 여기의 자신을 떠나서 다른 곳이나 다른 때

---

211 『목우자수심결』 牧牛子修心訣(ABC, H0068 v4, p. 708c16-709a14), "尊者曰王若作用 無有不是 王若不用 體亦難見 王曰若當用時 幾處出現 尊者曰出現時 當有其八 王曰 其八出現 當爲我說 尊者曰在胎曰身 處世曰人 在眼曰見 在耳曰聞 在鼻曰辨香 在舌談論 在手執捉 在足運奔 徧現 俱該沙界 收攝 在一微塵 識者知是佛性 不識者 喚作精魂 王聞 心卽開悟".

에서 다른 자신을 찾는 일이 아니다.

그러나 현상의 눈, 귀, 코, 혀가 그대로 불성은 아니다. 단지 눈을 통해서는 봄으로 나타나고, 귀를 통해서는 들음으로 나타나며, 코를 통해서는 냄새를 맡음으로 나타나고, 혀를 통해서는 맛을 봄으로 나타날 뿐이다.

> 지눌은 말한다. "어떤 스님이 귀종화상에게 물었다. '무엇이 부처입니까.' 귀종화상이 말했다. '내가 지금 그대에게 말하려 하나 그대가 믿지 않을까 두렵다.' 스님이 말했다. '화상의 지극한 말씀을 어찌 감히 믿지 않겠습니까.' 화상이 말했다. '그대가 바로 부처이니라.'[212]

귀종화상이 말하는 부처는 묻고 답하는 작용을 하는 진심의 본체, 근원이다. 우리는 진심의 본체를 자성, 본성, 불성이라고 말한다. 불성은 생명을 가진 모든 존재가 갖는 본유하고, 고유한 근원이다. 그러면 왜 어떤 사람은 보살의 삶을 살고, 어떤 사람은 중생의 삶을 사는가?

누구나 불성을 갖고 있음에도 불구하고 중생과 부처, 보살의 삶이 다른 까닭은 불성을 사용하면서도 사용하는 줄을 모르고, 알고 사용하면서도 사용함에 얽매임이 없기 때문이다. 사용하면서도 사용함에 얽매임이 없는 사람은 부처, 보살이고, 사용하면서도 사용함을 모르는 사람은 중생이다. 그러면 어떻게 살아야 하는가?

본체의 측면에서는 모든 중생은 불성이 있음에도 불구하고 현상의 관점에서 부처의 삶과 중생의 삶이 서로 다른 까닭은 작용에 있다. 그것은

---

212 『목우자수심결』 牧牛子修心訣(ABC, H0068 v4, p. 709a18-a19), "又僧問歸宗和尙 如何是佛 宗云我今向汝道 恐汝不信 僧云和尙誠言 焉敢不信 師云卽汝是".

작용이 있거나 없음을 가리키지 않는다. 만약 모든 중생이 본성이 있으면서 작용을 할 수도 있고, 작용하지 않을 수도 있다면 본성을 본체라고 말하고, 본체에 의하여 작용이 이루어진다고 말할 수 없다.

본래 불성, 자성, 본성은 항상 작용을 한다. 다만 작용을 어떻게 하느냐에 따라서 현상에서 보살의 삶, 부처의 삶과 중생의 삶이 서로 다르게 나타날 뿐이다. 이처럼 본체의 관점에서는 부처와 중생의 차별이 없지만 현상에서는 부처와 중생이 다르기 때문에 양립할 수 없는 문제가 발생한다.

중국불교에서는 중생본래성불을 말하고 인위적인 수행이 필요하지 않다고 말한다. 그러면서도 수행을 통하여 성품을 깨달아서 부처가 되는 견성성불을 주장한다. 이때 성품을 깨닫는 것이 아니라 성품의 작용을 통하여 본체, 근원인 불성을 파악한다고 말해도 여전히 견성이라는 사건이 필요하다고 하지 않을 수 없다.

그러나 본래성불이라는 관점에서 매 순간에 몸을 통하여 나타나는 언행은 그대로 불성의 작용이다. 우리는 매 순간 진심의 본체를 활용하여 삶을 살아간다. 밥을 먹고, 옷을 입고, 말을 하고, 들으면서 사는 모든 생명 현상이 그대로 매 순간 다양하게 불성을 활용함이 아님이 없다. 그렇다면 지눌은 왜 돈오를 말하는가?

우리는 돈오頓悟를 도생역성의 관점에서 이해할 필요가 있다. 그것은 앎의 측면에서 일어나는 모든 사고와 언행이 진심의 본체인 지혜의 작용임을 뜻한다. 매 순간 지금 여기에서 일어나는 지혜의 작용이 돈오이다.

돈오는 앎과 모름을 구분하여 모름의 상태에서 앎의 상태로 변화하는 사건이 아니라 앎과 모름을 넘어선 상태에서 앎으로 나타나는 사건을 가리킨다. 그렇기 때문에 돈오는 역逆방향에서 지知와 상대적인 부지不知의 상태에서 부지不知를 벗어나서 지知의 상태로 변화함을 가리키는 깨달음과 다르다.

지눌은 앎과 모름의 지부지知不知를 넘어선 상태가 바로 견성見性[213]이라고 말한다. 그러므로 견성이란 곧 본래의 성품이 매 순간 드러나는 현성現性이다. 이 현성을 지혜를 중심으로 나타낸 개념이 바로 돈오이다. 그러면 어떻게 해야 하는가?

만약 역방향에서 견성성불이라는 사건을 이해하면 견성성불의 상태를 유지하는 행위가 필요하다고 여긴다. 사람들은 그것을 깨달음을 얻은 후에 보호하여 유지하는 보림保任이라고 말한다. 그러나 견성성불이라는 사건이 없기 때문에 보림이라는 사건도 없다.

> 스님이 말했다. "어떻게 보림保任해야 합니까?" 화상이 말했다. "하나의 티끌이 눈에 들어가면 허공의 꽃이 어지러이 떨어지느니라." 그 스님은 이 말에 곧 깨달음이 있었다.[214]

지금 여기서 매 순간 작용하는 자심自心을 벗어나서 성품이 없음에도 불구하고 성품을 깨달았다고 여기고, 다시 깨달음의 상태를 소유하고자 하는 마음을 일으키는 순간 그것은 마치 눈을 찔러서 실재하지 않는 허공의 달을 보는 것과 같다. 따라서 보림이라는 인위적인 행위가 필요하

---

213 『목우자수심결』牧牛子修心訣(ABC, H0068 v4, p. 710a11-a13), "旣是自心 何更求會 若欲求會 便會不得 但知不會 是卽見性".
214 『목우자수심결』牧牛子修心訣(ABC, H0068 v4, p. 709a18-a19), "師云一翳在眼 空4)花亂墜 其僧言下有省".

지 않다. 그러면 돈오로 그치는 것인가?

지눌은 돈오와 점수漸修를 함께 제시한다. 그는 "도에 들어가는 문이 많지만 요약하여 말하면 돈오와 점수를 벗어나지 않는다."[215]고 말한다. 돈오는 얼음이 물임을 아는 것처럼 순간에 불성을 파악하는 일이나 점수는 비록 순간에 자신의 공적한 영지靈知를 알았을지라도 얼음을 녹여야 마음대로 사용할 수 있는 것처럼 오랜 세월 동안 쌓인 습기를 녹이는 과정이다. 그러면 물과 얼음이라는 실체가 있는가?

돈오와 점수를 구분하여 시간의 측면에서 돈頓과 점漸을 나누고, 인과의 관점에서 오悟와 수修를 나누는 것은 실체적 사고이다. 지눌은 "돈오와 점수의 이치는 수레의 두 바퀴와 같아서 하나라도 없으면 안 된다."[216]라고 했다. 이는 돈과 점, 오와 수가 연기적인 관계로 시간상으로 선후가 없는 동시적이며, 공간적으로 이것과 저것으로 구분할 수 없는 불이不二의 관계임을 뜻한다.

> 한 줄기 신령스러운 광명은 일찍이 어둡지 않아서 머무는 곳이 없으며, 과거와 미래, 현재를 떠나 법 그대로 천진하여 어떤 조작도 아니다. 본래로 청정하여 보고 듣고 말하며, 침묵하는 사이에 어디서나 훤하게 알아서 작용이 어둡지 않아서 조금도 모자람이 없으니 무엇을 더 보충하겠는가![217]

---

215 『목우자수심결』牧牛子修心訣(ABC, H0068 v4, p. 709b06-b07), "夫入道多門以要言之 不出頓悟漸修兩門".

216 『목우자수심결』牧牛子修心訣(ABC, H0068 v4, p. 711b16-b17), "頓悟漸修之義 如車二輪 闕一不可".

217 『법집별행록절요 병입사기』法集別行錄節要并入私記(ABC, H0074 v4, p. 757c07-c11), "一段靈光未曾昏昧 勿栖泊處 離去來今 法爾天眞 不因造作 本來淸淨 見聞語*默 隨處明了 不昧作用 更無欠少 何假添補".

지눌은 진심의 본체가 시공을 초월하면서도 시공을 벗어나지 않아서 항상 작용함을 밝힌다. 그러므로 수행을 통하여 본체를 파악하는 상구보리와 본체를 바탕으로 일상의 삶 속에서 작용, 활용하는 하화중생이 둘이 아님을 논하지 않을 수 없다. 그러면 그것이 돈오점수와 어떤 관계인가?

만약 돈과 점을 단순하게 순간과 오랜 시간으로 이해하면 그것은 물리적 시간을 실체로 인정하는 셈이다. 진심의 본체를 나타내는 불성은 시간과 공간, 사건과 물건을 넘어서고, 범성凡聖, 미오迷悟, 생사生死, 염정染淨, 시비是非, 선악善惡을 벗어난 경지이다. 그러면 지눌은 왜 돈오와 점수를 주장하는가?

지눌이 돈오와 점수를 논하는 까닭은 상구보리와 하화중생이 둘이 아닐 뿐만 아니라 상구보리와 하화중생이 지금 여기의 삶을 떠나서 별개의 사건이 아님을 나타내기 위함이다. 지금 여기에서 이루어지는 삶 그대로 매 순간 본체가 현상에서 드러남을 작용을 중심으로 돈오라고 말하고, 현상을 중심으로 점수라고 말한다.

> 깨닫기 전에 미혹한 마음에는 비록 뜻과 원력이 있어도 힘이 미약하여 원력을 성취하지 못하지만 깨달은 뒤에는 차별지로 중생의 고통을 보고 자비로운 원력의 마음을 내어 힘껏 보살도를 실천하면 깨달음과 실천이 점차 원만해지니 어찌 기쁘고 유쾌하지 않겠는가![218]

지눌은 오후의 점수漸修를 이타利他의 제도중생으로 규정한다. 그가 돈

---

218 『법집별행록절요 병입사기』法集別行錄節要并入私記(ABC, H0074 v4, p. 755c05-c09), "故知悟前惑地 雖有志願 心力昧略故 願不成立 悟解後 以差別智 觀衆生苦發悲願心 隨力隨分 行菩薩道 覺行漸圓 豈不慶快哉".

오점수를 표방한 까닭은 자리와 이타가 둘이 아니며, 상구보리와 하화중생이 둘이 아님을 강조하기 위함이다. 그는 당시의 사람들이 교종과 선종을 막론하고 오로지 자리自利에 치중할 뿐으로 제도중생을 소홀하게 여김을 탄식하였다. 그러면 그는 왜 선교일원을 주장했는가?

조사선을 주장하는 사람들은 조사의 가르침에 의하여 언하에 대오한다고 말한다. 그것은 문자의 형태로 존재하는 다른 사람의 가르침을 받거나 조사와 대면하여 견성하거나를 막론하고 견성은 성품의 작용이다. 그러므로 교종과 선종의 차이가 없다.

그리고 돈오와 점수을 막론하고 결국은 돈오돈수에 이를 뿐만 아니라 물리적 시간의 차원에서 논하여 점수돈오, 돈오점수, 돈오돈수를 구분하지만 일각의 차원에서 보면 시각은 본각의 드러남이기 때문에 본각과 시각이 둘이 아니고, 본각이 드러난 시각이기 때문에 시각이 없어서 불각이며, 불각과 본각이 둘이 아니어서 일각이다.

그럼에도 불구하고 당시의 사람들이 체와 용, 성과 상의 어느 일면에 치우쳐서 전체를 보지 못한다. 선사들은 마음의 불변과 수연, 성과 상, 체와 용을 모두 깨달아서 안락하고 부귀함이 모든 부처의 뜻임을 알지 못하고, 교를 배우는 사람들은 방편으로 설한 가르침에 빠져서 참마음과 망념을 다른 것이라고 집착하여 스스로 공부에서 물러난다.[219]

이제 지눌이 선교일원禪敎一源을 논하고, 돈오점수를 논하며, 정혜쌍수를 논한 까닭을 알 수 있다. 그는 오로지 지금 여기의 매 순간의 삶이 그

---

219 『법집별행록절요 병입사기』 法集別行錄節要并入私記(ABC, H0074 v4, p. 746b17-b24), "予見敎學者 滯於權敎所說 眞妄別執 自生退屈或口談事事無碍 不修觀行 不信有自心 悟入之秘訣 纔聞禪者 見性成佛 以謂不出頓敎離言之理 不知此中 圓悟本心 不變隨緣 性相體用 安樂富貴 同於諸佛之意 豈爲有智慧人也".

대로 하화중생이며, 상구보리임을 나타내기 위하여 선교일원, 돈오점수를 주장했다.

선과 교가 둘이 아니며, 돈오와 점수가 둘이 아니다. 경전의 말이나 선사들의 어록이 둘이 아니며, 경전을 통하여 깨닫고, 선사들의 어록을 통하여 깨닫는 것이 둘이 아니다. 견성성불을 강조하는 선禪이 본체를 향하는 역방향을 강조하는 것과 달리 이미 견성성불한 각자覺者가 하화중생하는 순방향을 강조하는 것이 교를 배우는 사람들이다.

만약 여래선이나 조사선, 간화선을 막론하고 여래, 조사, 조사의 화두가 없다면 성립하지 않는다. 그것은 여래, 조사의 가르침, 조사가 제시한 화두로 나타나는 하화중생의 결과가 없다면 그것을 바탕으로 견성성불이 성립할 수 없음을 뜻한다.

선교일원, 돈오점수, 정혜쌍수는 모두 상구보리와 하화중생, 부처와 중생, 성性과 상相, 불변과 수연이 둘이 아닌 작용의 관점에서 지눌이 제시한 불교체계이다. 따라서 지눌불교를 오로지 간화선이나 조사선, 선불교로 볼 필요는 없다. 그러면 지눌의 불교를 어떻게 이해할 것인가?

이제 우리는 선사들이 주장하는 상구보리 중심의 돈오점수가 아닌 선교일원, 하화중생과 상구보리가 둘이 아닌 관점에서 지눌의 돈오점수를 이해할 필요가 있다.

우리가 불교의 한국적 특성인 영원한 현재적 세계관을 바탕으로 돈오점수론을 이해하면 돈오는 매 순간 진심, 자성이 지혜로 작용함을 나타낸다. 그것은 우리의 일상의 삶이 그대로 서로가 서로를 존재하게 하는 하화중생임을 뜻한다.

그리고 점수는 도생역성으로 바탕으로 이루어지는 역생도성이다. 그것은 매 순간의 돈오로 이루어지는 하화중생의 삶이 현상으로 나타나는 동시에 자성, 진심으로 회향하는 상구보리임을 뜻한다.

돈오점수론의 새로운 이해는 시각과 본각, 불각의 관계를 통하여 파악할 수 있다. 돈오는 매 순간 본각의 드러남인 시각이다. 시각은 서로가 서로를 새롭게 하는 하화중생이다.

그런데 시각은 본각의 드러남이기 때문에 본각과 다른 시각이 없는 점에서 불각이다. 이처럼 시각으로 인하여 불각에 도달하는 회향을 점수漸修라고 말하고, 상구보리라고 말한다. 그러면 시각과 본각, 불각이 둘인가?

본각이 드러난 시각을 통하여 불각에서 벗어나지만 본각이 드러난 시각이기 때문에 불각이다. 따라서 돈오와 점수는 둘이 아니어서 일각一覺이다. 그러면 수행론의 측면에서는 돈오점수를 어떻게 이해할 것인가?

돈오점수를 물건적 관점에서 형이상과 형이하의 둘로 나누어서 역逆방향에서 이해하면 수행론이고, 순방향에서 이해하면 존재론이다.

그러나 생성적 관점에서 작용을 중심으로 이해하면 존재론, 인성론(심성론), 수행론이 따로 없이 오로지 하나의 생성론일 뿐이다.

수행론의 관점에서 돈오점수는 순방향의 자성문自性門과 역방향의 수상문隨相門으로 나누어서 이해할 수 있다. 지눌은 자성문自性門의 돈오점수에 대하여 다음과 같이 말한다.

> 오늘도 무심하여 자유롭고, 내일도 무심하여 자유로워서 온갖 반연을 따라도 아무런 장애가 없고, 악을 끊거나 선을 닦는다는 생각도 없다. 또한 순박하고 솔직하여 거짓이 없으며, 보고 들음에 무심하여 한 티끌도 상대하는 것이 없으니, 어찌 번뇌를 버리려는 노력이 필요하겠는가. 한 생각의 망령된

감정도 일어남이 없으니 굳이 반연을 잊으려 힘쓸 필요도 없다.[220]

위의 내용은 자성문의 돈오점수가 무심하게 평상심으로 일상의 삶을 살아가는 돈오를 중심으로 나타내고 있음을 알 수 있다. 일상의 삶이 그대로 불성의 작용에 의하여 이루어지기 때문에 개체적인 자아가 함이 없어서 무위이다. 그러므로 굳이 수행을 통하여 무위에 이르고, 무념에 이르며, 무상에 이를 필요가 없다. 그러면 수상문의 돈오점수는 무엇인가?

> 수상문隨相門에 의하여 선정과 지혜를 닦는 자는 깨치기 전의 점문漸門의 열등한 근기로 대상을 따라 다스리는 공력으로 인해 마음마다 의혹을 끊고 고요함을 취해서 수행하는 사람이다.[221]

수상문은 선정에 의하여 어지러운 생각을 다스리고, 지혜에 의하여 무기를 다스려서 움직이고 고요한 상이 사라지면 대상을 대하여도 생각이 근본으로 돌아가고 반연을 만나도 마음이 도에 합하여 걸림이 없다. 그러면 자성문과 수상문이 둘인가?

자성문의 관점에서 돈오는 매 순간에 일어나는 생각이 모두 불성의 작용이기 때문에 평상심이 그대로 무심이어서 닦을 것이 없다. 한 사람의 삶은 그가 어떤 생각이나 어떤 언행을 하더라도 그대로 서로가 서로를

---

220 『목우자수심결』牧牛子修心訣(ABC, H0068 v4, p. 712a15–a19), "今日騰騰任運 明日任運騰騰 隨順衆緣 無障無礙 於善於惡 不斷不修 質直無僞 視聽尋常 則絶一塵而作對何勞遣蕩之功 無一念而生情 不假忘緣之力".

221 『목우자수심결』牧牛子修心訣(ABC, H0068 v4, p. 712c14–c16), "修隨相門定慧者此是未悟前漸門劣機 用對治之功 心心斷或 取靜爲行者".

살리고, 서로가 서로를 새롭게 하며, 서로가 서로를 다양하게 하는 창조와 진화의 삶이다.

점수는 매 순간 지혜의 작용에 의하여 제도중생의 언행으로 나타나는 현상의 삶을 대하는 마음을 나타낸다. 비록 매 순간 무심하게 일상의 언행을 통하여 삶을 살지만 그것이 자성의 작용의 결과임을 알고, 어떤 언행과 사고에도 얽매임이 없이 자유로움이 점수漸修이다.

수상문의 관점에서 돈오점수는 돈오돈수頓悟頓修와 상대적인 의미로 이해할 수 있다. 어느 순간에 이루어진 해오解悟를 바탕으로 오랜 습기를 닦는 점수에 의하여 비로소 돈오돈수의 증오성불이 이루어진다는 입장이다. 그러면 양자는 어떤 관계인가?

수상문의 돈오점수는 회상귀성會相歸性의 관점에서 수행을 중심으로 돈오점수를 이해한 결과이다. 그러나 증오성불이 가능한 근거는 본래성불이다. 그것은 매 순간 성품의 작용이 있어야 비로소 회상귀성의 수행이 가능함을 뜻한다. 따라서 지눌이 주장하는 돈오점수는 자성문과 수상문을 함께 이해해야 한다.

자성문의 돈오점수는 본체에서 출발하여 현상에 이르는 도생역성의 관점에서 돈오점수를 논한 것이며, 수상문의 돈오점수는 현상에서 출발하여 본체에 이르는 역생도성의 관점에서 돈오점수를 논한 것이다. 따라서 두 측면을 둘이 아닌 진심을 중심으로 돈오점수를 살펴보아야 한다. 그러면 진심의 측면에서 돈오점수는 어떻게 이해할 것인가?

본체와 작용 현상의 체용상은 진심을 셋으로 나누어서 이해한 결과이기 때문에 본래 둘이 아니다. 그리고 진심은 지금 여기의 마음을 나타내는 개념이다. 따라서 지금 여기의 마음을 떠나서 돈오점수가 없다.

지금 여기의 마음은 실체가 아니어서 매 순간 작용하여 새롭게 나타나면서도 작용함이 없다. 지눌은 지금 여기의 마음을 한마디로 나타내어서 돈오점수라고 했다. 돈오는 진심의 지혜에 의하여 작용이며, 점수는 진심의 자비에 의한 작용이다.

> 그러므로 "성인의 지혜라고 해서 빛나는 것도 아니고 범부의 마음에 숨어 있다고 해서 어둡지 않다."라고 하였다. 이미 성인이라 해서 늘어나는 것도 아니고, 범부라고 해서 줄어드는 것이 아니니 부처나 조사들이 어찌 보통 사람과 다르겠는가.
> 그러나 보통 사람과 다른 것은 자기 마음을 잘 보호하는 것뿐이다. 그대가 만약 이 말을 믿어서 의심이 단박 사라지고 대장부의 뜻을 내어 참되고 바른 견해를 일으켜서 직접 그 맛을 보고 스스로 긍정하는 경지에 이른다면 이것이 바로 마음을 닦는 사람의 깨달은 자리이다.
> 여기에는 계급이나 차례가 없으므로 돈이라고 한다. 이것은 "믿음의 요인이 모든 부처의 과덕果德과 일치하여 조금의 차이도 없어야 비로소 믿음을 성취할 수 있다."라고 한 말과 같다.[222]

지눌의 돈오점수론은 삶을 떠난 인위적인 수행으로서의 점수漸修가 아니라 삶이 그대로 수행이면서 동시에 제도중생임을 나타낸다. 지눌의 돈오점수론은 매 순간의 사고와 언행이 모두 진심의 드러남을 돈오로 나타내고, 매 순간 나타난 사고와 언행이 그대로 진심으로 돌아가서 사

---

222 『목우자수심결』 牧牛子修心訣(ABC, H0068 v4, p. 711a04-a11), "故云在聖智而不輝 隱凡心而不昧 旣不增於聖 不少於凡 佛祖奚以異於人 而所以異於人者 能自護心念耳 汝若信得及 疑情頓息 出丈夫之志 發眞正見解 親嘗其味 自到自肯之地 則是爲修心人解悟處也 更無階級次第 故云頓也 如云於信因中 契諸佛果德 分毫不殊 方成信也".

고와 언행의 작용과 현상 그리고 본체가 둘이 아님을 점수로 나타낸 것이다. 그러면 지눌의 돈오점수에 나타난 한국사상적 특성은 무엇인가?

그의 돈오점수론은 생성적 패러다임에 의하여 영원한 현재를 바탕으로 전개된다. 그것은 돈오와 점수가 둘이 아닌 영원한 현재적 관점에서 매 순간의 다양한 사고와 언행에 의하여 서로가 서로를 살리고, 서로가 서로를 다양하게 하며, 서로가 서로를 새롭게 하는 창조적인 삶이 이루어지고, 진화적인 삶이 이루어짐을 나타낸다.

돈오는 불성, 자성의 작용에 의하여 일어나는 다양한 생명 현상을 나타낸다. 그것은 모든 사람의 매 순간의 다양한 언행이라는 현상으로 나타난다. 이와 달리 점수는 매 순간의 언행은 그대로 불성, 자성으로 돌아가서 언행이 나타나도 나타남이 없음을 뜻한다. 그러면 지눌의 돈오점수론이 어떻게 계승되었는가?

지눌의 다른 저서들과 그의 제자인 혜심, 혜심의 제자인 각운 그리고 백운경한을 통하여 확인할 수 있다. 혜심은 중국의 전등록에서 과거칠불로부터 시작하는 것과 달리 석가모니부터 시작하였을 뿐만 아니라 여러 경전들의 내용을 포함하여 선사들의 공안을 제시하고 있다.

이는 불법승이 둘이 아님을 나타내는 동시에 교종과 선종이 둘이 아님을 나타낸다. 그가 선문염송집을 편집한 배경에는 한국사상의 특성인 영원한 현재라는 변화의 시간관이 바탕에 깔려 있다.

혜심의 선문염송집에 나타나는 영원한 현재적 세계관은 제자인 각운의 공안에 대한 평가에서도 나타난다. 각운은 선문염송에 대한 설화를 제시하여 시비是非, 선악善惡, 미오迷悟, 범성凡聖을 벗어난 선禪의 공간의 경계를 다양한 관점에서 해설하는 창조적인 태도를 보인다. 각운의 염송설화집은 선사들이 그대로 작가作家임을 잘 보여준 자료라고 할 수 있다.

백운경한이 제작한 직지심경요체에는 기존의 간화선의 도통道統을 수용하면서도 사상의 측면에서는 간화선과 다른 무심선無心禪을 선보인다. 그는 과거칠불과 가섭, 달마로 이어지는 선불교의 도통을 제기하면서 황벽黃蘗을 중심으로 제기할 뿐으로 임제臨濟에 관한 공안을 소개하지 않는다.

백운선사가 제시한 무심선無心禪은 지눌에 의하여 제시된 돈오점수론頓悟漸修論의 연장선에서 이해할 수 있다. 그는 지눌의 돈오점수론을 선불교의 관점에서 무심선無心禪으로 제시했다.

세 사람의 불교가 변화하면서 발전하는 과정은 한국불교가 생성적 패러다임에 의하여 매 순간 새롭게 생성되는 불교, 하나의 이름으로 고정하여 나타낼 수 없는 변화의 연속적인 흐름으로 나타나는 불교임을 알 수 있다.[223] 그러면 지금까지 살펴본 한국불교의 한국적 특성은 무엇인가?

중국불교는 물건적 관점에서 전개되는 중국사상의 특성을 그대로 안고 있다. 중국불교에서는 소승과 대승을 구분하여 소승小乘이 부처와 중생, 윤회와 열반, 번뇌와 보리를 둘로 나누어서 하나를 버리고 다른 것을 취하여 열반에 안주하는 이고득락離苦得樂의 상구보리上求菩提에 빠졌다고 비판하고 하화중생下化衆生을 강조한다.

실체적 관점에서 무명, 번뇌, 윤회와 지혜, 깨달음, 해탈을 둘로 보고 무명, 번뇌, 윤회를 벗어나서 지혜, 깨달음, 해탈에 안주하고자 하는 태도를 소승으로 비판하고, 양자가 둘이 아님을 주장하는 대승 역시 하나

---

223 이 책에서는 지눌의 돈오점수론에 대한 기존의 실체적 이해와 다른 생성적 패러다임에 의한 이해를 간략하게 소개하는 데 그친다. 앞으로 지눌의 돈오점수론에 대한 구체적인 내용과 혜심, 각운, 경한으로 이어지는 돈오점수론의 발전에 대하여는 다른 지면을 통하여 제시하고자 한다.

의 소승이다.

대승을 주장하는 사람들은 소승과 대승을 분별하는 의식에서 벗어나지 못하였다. 진정한 대승은 소승과 대승을 넘어선 일승이 아니라 일승마저도 집착하지 않아야 한다.

그러나 중국불교의 꽃인 선불교에서 역逆방향에서 본체인 성품을 향하는 견성성불見性成佛을 강조한다. 수행, 수도는 성품이라는 본체를 찾아가는 사건이 아니라 중생이 본체가 되어 성품으로 드러나는 작용일 뿐이다.

만약 중생과 부처, 본성과 사상의 경계를 오로지 한 방향에서 체용으로 이해하면 끝없는 수행만이 있고, 자각만이 있을 뿐이며, 상구보리만이 있을 뿐으로 하화중생의 실천은 없다.

대승과 소승의 구분은 물건적 관점에서 형이상과 형이하를 구분하는 이원론적 사고가 갖는 전형적인 사례이다. 대승불교에서는 불신佛身을 법신法身과 보신報身, 화신化身을 통하여 이해한다. 그러면 삼신은 어떤 관계인가?

체용體用의 구조를 중심으로 삼신三身을 이해하면 법신은 본체이며, 보신, 화신은 작용이다. 화엄학에서는 석가모니를 중심으로 보신과 화신을 이해하여 비로자나불, 노사나불, 석가모니불이라고 말한다. 그러면 불신과 나는 어떤 관계인가?

만약 역방향에서 본체인 법신을 찾아가는 견성성불의 관점에서 삼신을 이해하면 색신色身을 버리고 법신을 찾은 후에 법신을 바탕으로 보신과 화신의 삼신三身을 이루어야 할 것이다. 따라서 불신은 장차 이루어야 할 목표가 된다.

그러나 법신이 본체가 되어 화신化身의 작용에 의하여 보신의 현상으로 드러나는 과정이 없다면 색신이라는 현상을 벗어나서 본체인 법신에 이르는 역방향의 수행을 논할 수 없다.

그리고 법신이 본래의 내가 아니라면 유위적有爲的인 수행을 통하여 법신에 이를 수 없다. 왜냐하면 법신은 유위적인 수행과 무관하기 때문이다. 그러므로 수행을 통하여 법신을 찾거나 깨달아서 법신과 의식이 하나가 될 수 없다. 그러면 이 문제는 어떻게 해결할 수 있는가?

물건적 관점에서 셋이면서도 하나인 삼신三身의 문제는 사건적 관점에서는 과거와 미래의 두 측면에서 언급할 수 있다. 그것은 순역의 두 방향에서 삼신을 나타내면 장차 이루어야 할 사건과 이미 이루어진 사건으로 나타낼 수 있음을 뜻한다.

이미 이루어진 이연已然, 기제旣濟와 장차 이루어야 할 응연應然, 미제未濟의 두 측면에서 삼신설三身說을 이해하면 성불成佛이라는 사건의 문제가 된다. 삼신설은 이연의 관점에서는 본래성불의 문제이며, 응연의 관점에서는 증오성불의 문제이다. 본래성불과 증오성불은 양자가 모두 옳을 수 없는 모순 관계이다.

그것은 양자를 동일한 차원에서 제기되는 반대의 주장으로 이해하면 해결할 수 없는 문제임을 뜻한다. 이는 성불을 논하는 주체인 나와 대상화, 객관화하여 둘로 나타내기 때문에 나타나는 현상이다. 그러면 한국불교에서는 그 문제를 어떻게 해결하는가?

한국불교의 한국적 특성을 중심으로 이 문제를 살펴보자. 한국사상을 한마디로 나타내면 시간성철학이다. 시간성은 본성에 의하여 시간화하는 동시에 시간은 다시 시간성으로 화한다. 이러한 두 측면의 변화를 통하여 영원한 현재적 시간관이 드러난다. 영원한 현재의 영원은 시간성을 나타내고, 현재는 시간을 나타낸다. 영원한 현재는 영원이라는 형이상적 경계와 현재가 나타내는 형이하의 현상이 둘이 아님을 나타낸다.

영원한 현재의 현재는 매 순간 다양하고 새롭게 나타남, 변화의 연속을 나타낸다. 이처럼 영원한 현재는 매 순간 새롭고 다양하게 나타나는 생성의 연속을 나타내는 영원한 생성적 세계관이다.

영원한 현재적 관점에서 불신佛身을 이해하면 삼신은 나의 세 측면을 나타낸다. 법신불인 비로자나불은 본성, 자성이며, 화신불인 노사나불은 작용인 마음이고, 보신불인 석가모니불은 육신이다. 그러면 중생은 본래성불인가 아니면 증오성불인가?

본래성불과 증오성불은 영원한 현재의 두 측면을 나타낸다. 본성을 중심으로 지금 여기의 나를 나타내면 본래성불이고, 육신을 중심으로 나를 나타내면 증오성불이다. 부처와 중생, 보살 역시 나를 나타내는 개념이다.

부처는 나의 본성을 가리키고, 중생은 나의 물리적 생명을 가리키며, 보살은 나의 마음을 가리킨다. 따라서 물리적 생명과 마음, 본성이 둘이 아니며, 부처와 보살, 중생도 둘이 아니다. 그러면 이것이 무엇을 의미하는가?

지금 여기의 나의 삶은 영원한 현재이다. 이는 매 순간 환응을 통하여 나타내는 시간성의 시간화와 응호를 통하여 나타내는 시간의 시간성화가 둘이 아닌 생성生成이 지금 여기 나의 삶임을 뜻한다.

시간성의 시간화의 측면에서 지금 여기 나의 삶은 본성이 매 순간 마음에 의하여 다양한 언행으로 드러나기 때문에 매 순간 부처의 작용이 언행으로 드러나는 본래성불이다.

그러나 시간의 시간성화의 측면에서 지금 여기 나의 삶은 매 순간 나타나는 언행이 시종의 사건으로 나타나는 마음으로 돌아가고, 마음은 다시 시간성으로 돌아감이다. 이처럼 매 순간 언행으로 나타난 중생은 보살로 돌아가고, 부처로 돌아가는 증오성불의 연속이다.

매 순간의 본래성불과 증오성불은 하나의 성불이라는 사건의 생성이다. 매 순간에 이루어지는 성불이라는 사건의 생성은 동시에 완성됨으로써 소멸되는 과정이자 새로워지는 생성이다. 따라서 성불은 본래성불과 증오성불이 둘이 아닌 하나의 생성일 뿐이다. 그러면 부처와 중생은 어떤 관계인가?

생성이라는 사건으로서의 성불은 매 순간 부처라는 본체가 보살이라는 작용에 의하여 중생이라는 생명으로 현상함을 나타내어 본래성불이라고 말한다. 그리고 나타난 생명의 현상은 다시 부처로 돌아가서 비로소 완성되는 동시에 새로운 성불을 위한 준비가 됨을 증오성불이라고 말한다.

본래성불의 측면에서는 성불이라는 사건이 부처의 삶인 중생으로 나타나기 때문에 없는 것은 아니지만 증오성불의 측면에서는 중생이 그대로 보살로 돌아가서 부처와 하나가 되기 때문에 있다고 할 수 없다. 그러면 성불이라는 사건이 있는가?

성불이라는 사건의 생성은 찰나에 나타났다가 사라지고 새로워져서 다시 다양하게 나타나는 사건의 연속이다. 그렇기 때문에 나타나도 나타남이 없고, 사라져도 사라짐이 없다. 따라서 환인이 나타내는 경계는 매 순간 창조이면서 동시에 진화이다. 그러면 성불이라는 사건과 나는 하나인가?

성불이라는 사건을 통하여 확인할 수 있듯이 생성을 객체화, 대상화하여 형이상의 도道와 형이하의 기器로 나타내고, 나를 형이상의 성性과 형이하의 명命으로 나타내기도 한다. 그것은 환인을 객체화, 대상화하여 환웅과 웅호로 나타내고, 환웅과 웅호를 다시 주체화, 내면화하여 단군으로 나타낼 수 있음을 뜻한다. 그러면 돈오점수와 생성적 패러다임은 어떤 관계인가?

돈오는 매 순간 나타나는 본래성불을 나타내고, 점수는 매 순간 나타나는 증오성불을 나타낸다. 이때 본래성불은 하화중생이고, 증오성불은 상구보리이다.

매 순간의 언행이 본성, 불성의 작용이며, 때와 장소에 따라서 다양하게 나타나는 지혜의 작용이다. 그것이 매 순간 나타나는 깨달음인 시각으로서의 돈오頓悟이다.

점수漸修는 매 순간 돈오가 나타난 언행이 마음으로 돌아가고, 마음은 다시 본성, 자성으로 돌아가서 새로운 시각을 위한 자비로 화함이다.

돈오는 매 순간의 언행이 본성을 본체로 하고, 마음을 작용으로 하여 이루어지는 연기적 사건이며, 점수는 매 순간의 나타나는 언행이 현상의 본체로 하고, 마음으로 작용으로 하여 이루어지는 연기적 사건이다.

돈오는 언행으로 드러나는 생성적 패러다임의 창조적 측면이며, 점수는 나타난 언행이 소멸하여 새로운 언행으로 나타나기 위한 준비를 하는 진화적 측면이다.

돈오를 통하여 현상의 화화중생이 이루어지고, 점수를 통하여 현상에 얽매이지 않고, 항상 부동의 근원과 떠나지 않는 선정禪定을 이룬다.

선정을 바탕으로 할 때 비로소 지혜가 작용하고, 지혜를 나타내는 언행이 변화하여 다시 본성, 자성의 공, 중의 경지로 회향할 때 비로소 새로운 지혜의 활용이 가능하다. 이처럼 공, 중의 경지로의 회향이 자비를 낳는다.

자비에 의하여 본성, 자성의 선정에 머물지 않고 지혜를 활용하여 모든 사람이 새로워지는 진화가 이루어지며, 모든 사람이 다양해지는 창조가 이루어진다.

지눌의 돈오점수론은 깨달음과 닦음이라는 수행, 상구보리에 얽매이지 않고, 하화중생과 상구보리, 선정과 지혜, 교종과 선종이 둘이 아닌 통합불교를 나타낸다. 그는 매 순간 이루어지는 하화중생을 돈오로 나타내고, 동시에 이루어지는 상구보리를 점수로 나타낸다.

보조지눌의 돈오점수론은 한국사상의 특성인 생성적 패러다임을 불교적으로 잘 나타낸다. 그의 불교는 실체적 물건을 넘어 매 순간 다양하고 새롭게 생성하는 변화의 흐름으로 나타난다.

그의 돈오점수론은 지금 여기의 내가 보살이고, 지금 여기의 여기가 정토이며, 지금 여기의 지금이 열반이고, 지금 여기 나의 삶이 자유자재한 삶임을 나타낸다. 지금까지 살펴본 내용을 도표화하여 나타내면 다음과 같다.

	하화중생	상구보리	지금 여기 삶
의상불교	불수자성수연성 不守自性隨緣成	초발심시변정각 初發心時便正覺	구래부동명위불 舊來不動名爲佛
원효불교	종본기행 從本起行	견상귀본 遣相歸本	쌍현귀기 雙顯歸起
지눌불교	돈오頓悟	점수漸修	세출자재 世出自在
깨달음	시각始覺	본각本覺(不覺)	일각一覺

도표5 한국불교와 지금 여기의 삶

한국사상의 고갱이인 생성적 패러다임은 때로는 유가儒家로 때로는 불가佛家로 때로는 도가道家로 나타나는 동시에 한국불교의 측면에서는 때로는 교종으로 때로는 선종으로 나타났다.

한국사상의 생성적 패러다임이 의상에 의하여 한국화엄으로 나타나고, 원효에 의하여 인도불교, 중국불교가 한국불교로 나타나며, 지눌에 의하여 중국선이 한국선으로 나타나는 동시에 한국불교가 지눌불교로 나타났다.

의상은 화엄철학을 통하여 이理와 사事, 근원과 현상이 둘이 아닌 한국화엄을 제시했고, 원효는 종본기행과 견상귀본이 둘이 아닌 쌍현귀기를 통하여 하화중생과 상구보리가 둘이 아닌 한국불교를 제시했으며, 지눌은 돈오점수론을 통하여 상구보리와 하화중생이 둘이 아닌 한국불교를 한국선韓國禪을 제시했다.

제4부

한국유학과 생성적 패러다임

　현상의 삶 속에서 우리 자신을 다양하게 드러내는 운신법을 중심으로 이론을 세워서 체계화한 사상은 유학儒學이다. 우리의 전통사상인 홍익인간사상에서는 세계 자체를 신神으로 규정한다. 신은 물건적 관점에서는 이것과 저것으로 구분하여 나타낼 수 없는 경지를 가리킨다.

　그러나 사건적 관점에서 신은 매 순간 새롭고, 매 순간 다양하게 나타나서 이것과 저것으로 고정하여 나타낼 수 없음을 뜻한다. 이처럼 매 순간 새롭고 다양한 현상으로 나타나는 신을 현대적 개념으로 나타내면 생성적 패러다임이다.

　홍익인간사상에서는 신의 경계를 본체와 작용으로 나누어서 수에 의하여 나타낸다. 본체는 일로 나타내고, 작용은 삼으로 나타내어 일삼一三, 삼일三一의 관계를 통하여 세계를 나타낸다. 일삼은 본체로부터 시작하여 현상에 이르는 방향에서 신을 나타내고, 삼일은 현상으로부터 시작하여 본체에 이르는 방향에서 신을 나타낸다.

본체에서 현상에 이르는 방향에서 세계를 나타내는 일삼은 집일함삼執一含三이고, 현상에서 본체를 향하는 방향에서 세계를 나타내는 삼일은 회삼귀일會三歸一이다. 이 둘을 현대적 관점에서 나타내면 집일함삼은 존재론이고, 회삼귀일은 수행론, 인식론이라고 할 수 있다.

일삼과 삼일이 둘이 아닌 회통적 관점, 통합적 관점에서 매 순간 새롭고 다양하게 변화하는 통섭적 삶을 운신법을 중심으로 나타내는 사상은 한국유학이다. 따라서 우리는 한국유학을 통하여 한국사상의 생성적 패러다임을 운신법을 중심으로 살펴볼 수 있다.

한국사상의 특성인 신문사상은 생성적 패러다임을 통하여 잘 드러난다. 생성적 패러다임은 매 순간 다양하게 생성하는 창조적 특성을 바탕으로 그것이 매 순간 새로워지는 진화적 특성을 갖는다.

현상적 측면에서 보면 한국유학과 한국불교, 한국선교는 하나가 아니어서 서로 다르다. 그러나 근원, 본체의 측면에서 보면 셋은 셋이 아니어서 하나이다.

세 사상은 시대적 상황에 따라서 삼국의 초기에는 한국선도가 중심이 되었고, 대진국과 신라, 고려, 조선의 시대에는 한국불교가 중심이 되었으며, 조선시대에는 한국유학이 치국의 이념이 되었다.

그러나 하나의 사상이 중심이 치국이념의 기능을 하더라도 여전히 다른 사상이 함께 작용하면서 우리의 역사정신, 시대정신인 다양한 사상으로 발전을 해왔다. 그러므로 어느 시대의 어떤 사상을 살펴보더라도 빙산의 일각처럼 겉으로 드러나지 않으면서 함께 기능해 온 다른 사상을 함께 살펴보지 않을 수 없다. 그러면 우리의 사상사에서 어느 시대의 유학을 중심으로 한국유학을 고찰할 것인가?

우리의 사상사에서 유학을 치국이념으로 역사가 전개된 시대는 조선이다. 우리는 조선의 유학을 바탕으로 한국유학이 어떤 특성을 갖는지를 살펴볼 것이다.

공자에 의하여 이론으로 체계화가 되고, 맹자에 의하여 계승된 선진유학은 한당漢唐의 훈고학訓詁學, 당송唐宋의 성리학性理學, 명대明代의 양명학陽明學, 청대淸代의 고증학考證學으로 발전했다.

성리학이 조선의 치국이념으로 기능했지만 이와 더불어 선진유학, 훈고학, 양명학, 고증학이 함께 발전했을 뿐만 아니라 불교와 노장, 도교, 서학도 함께 발전했다. 조선시대의 성리학자들은 성리학의 배타적인 학문적 특성 때문에 양명학이나 불교, 노장, 도교, 서학을 이단으로 배척했다. 그러면 학문의 이단과 정통이 있는가?

정통과 이단은 이론 체계, 사상의 문제일 뿐이다. 이단이 있기 때문에 정통이 있고, 정통이 있기 때문에 이단이 있다. 그러므로 이단이 없는 정통은 없고, 정통이 없는 이단이 없다. 따라서 정통이 이단을 성립하게 해주고, 이단이 정통을 성립하게 해준다.

그러나 정통은 이단이 없을 때 비로소 정통으로 존재하고, 이단은 정통이 없을 때 비로소 이단으로 존재한다. 그러므로 정통과 이단은 결코 함께 할 수 없다. 이처럼 정통과 이단은 둘 다 옳거나 둘 다 그를 수 없는 모순 관계이다. 그러면 오늘날 우리가 어떻게 이해할 것인가?

정통과 이단은 사상, 이론 체계, 종교의 문제이다. 그것은 지금 여기의 나의 삶 자체의 문제가 아니며, 세계의 문제도 아니다. 이단과 정통이 일으키는 모순도 실재의 문제가 아니라 인간의 사고와 주장의 문제이다.

오늘날 우리가 조선시대의 성리학을 살펴보는 까닭은 신문사상이 고려 말기에 수용된 성리학을 조선시대에 어떤 사상으로 새롭게 거듭나게 했는지를 살펴보고자 함이다.

우리는 영원한 현재를 바탕으로 전개되는 신문사상이 생성적 패러다임에 의하여 성리학을 어떻게 창조했는지를 파악하여 지금 여기의 우리 미래를 새롭게 창조하는 방향을 찾을 수 있다.

생성적 패러다임에 의한 성리학의 조선화는 성리학이 조선에 유입되는 초기에서 시작하여 퇴계와 율곡으로 대표되는 중기를 거치고, 조선 말기인 19세기에 이르러서 한국성리학이 완성된다.

먼저 성리학이 수용되어 발전할 수 있는 토대가 되었던 초기 조선의 한국유학을 살펴볼 것이다. 성리학이 한국화할 수 있는 토대는 한국사상과 선진유학이다. 조선의 초기에는 한국사상과 선진유학이 함께 발전했기 때문에 성리학이 수용되어 한국화할 수 있었다. 한국유학의 선진유학적先秦儒學的 특성은 세종의 훈민정음을 통하여 파악할 수 있다.

세종(1397-1450)은 한국사상의 특성과 선진유학, 성리학의 특성 그리고 중국 언어학적 특성을 참고로 하여 훈민정음을 창제했다. 우리는 세종이 훈민정음을 창제한 원리가 무엇인지를 고찰할 것이다. 그것을 통하여 한국사상인 대원일 사상이 훈민정음 창제에 어떻게 나타나는지가 드러날 것이다.

성리학을 한국화하여 한국적 특성을 제시한 학자는 퇴계와 율곡이다. 그들은 성리학을 집대성한 주희의 이론을 중심으로 각각의 이론을 제기했다.

퇴계와 율곡의 성리학적 이론 체계가 성립할 수 있는 근거인 성리학을 대상으로 학문방법을 연구한 사람은 한주寒州 이진상李震相(1818-1886)이다.

그는 성리학의 이론체계를 출발점으로 삼아서 이론체계를 재구성하는 형이하적 패러다임에 의한 분석이 아니라 성리학의 이론체계 자체에 대하여 비판적으로 접근했다.

한주가 성리학을 이론체계를 대상으로 연구하지 않고, 주체의 내면으로 주체화하여 연구했지만 도, 신의 경지에서 성리학을 연구하지 못했다.

한주의 성리학 중심의 학문연구와 달리 유학과 불교, 도교의 이론체계가 드러나는 근원인 도, 신의 차원에서 성리학을 연구한 사람은 일부(一夫) 김항金恒(1826-1898)이다.

일부는 한국사상의 신문사상을 바탕으로 일삼과 삼일을 모두 드러내어 성리학을 한국화했다. 그는 한국사상을 바탕으로 성리학을 한국화하여 한국역학의 이론체계로 제시하였다. 그의 역학적 이론 체계 안에는 한국성리학뿐만 아니라 성리학으로 발전한 선진유학이 제시되고 있다.

우리가 19세기 한국성리학을 고찰하는 목적은 안인安人, 안백성安百姓의 실천을 추구하는 유학을 통하여 생성적 패러다임에 의한 한국사상의 운신법, 실천 방법을 찾고자 함이다.

현실은 항상 변화하지만 19세기의 조선사회는 국내적으로는 세도정치에 의하여 상하의 질서가 무너지고, 경제적으로는 토지 소유의 불균형으로 백성들의 생활이 어려웠으며, 사회적으로 상하 계층 간의 불신이 깊어서 민란이 일어나고, 국외적으로는 서양의 열강들이 동양을 침략하는 서세동점이 더욱 거세지고 있었다.

사상적 측면에서는 조선의 치국이념인 성리학이 점차 그 기능을 상실하면서 학자들은 새로운 세계관, 새로운 이념, 새로운 종교에 대한 갈망이 깊어졌다.

그러나 19세기의 말기에 이르면 천주교의 포교 과정에서 제국주의적인 성격을 드러냄으로써 사회를 이끌어가는 유학자들은 개화와 쇄국의 두 길을 놓고 갈등을 일으키지 않을 수 없었다.[224]

오늘날 우리 사회가 겪는 좌우의 이념 갈등에서 시작하여 사회 전반에서 일어나는 사회적 분열과 갈등은 19세기의 격변기와 시대적 상황이 다르지 않다.

오늘날 우리 사회는 역사와 역사 정신의 두 측면에서 모두 독립하지 못하고 여전히 중국과 미국을 비롯하여 러시아, 일본은 물론 유럽의 영향을 받고 있다.

오늘날 우리가 전통적인 사상을 바탕으로 주체성, 정체성을 상실하지 않으면서도 세계 각국과 함께 서로 도움을 주는 선진국으로 살아남기 위해서는 경제, 정치, 안보, 교육을 비롯하여 사회 전반적으로 일대의 혁명이 일어나야 한다.

오늘날 우리나라의 사람들이 아직도 시대가 지난 좌우 이념의 덫에서 벗어나지 못하는 까닭은 우리 자신의 정체성, 주체성을 자각自覺하지 못하기 때문이다.

오늘날 우리나라는 다른 나라의 사람들이 부러워하는 역사와 사상을 갖고 있음에도 불구하고 오히려 남의 나라와 남의 사상에서 자신을 찾으려고 한다.

224　금장태,『동서교섭과근대한국사상』, 한국학술정보(주), 2005, 49-72.

남의 나라, 남의 역사를 부정하는 쇄국주의鎖國主義, 국수주의國粹主義는 그릇된 태도이지만 그와 반대로 자기 자신을 버리고 남을 좇는 사대주의事大主義 역시 그릇된 태도이다. 나의 나라가 소중함을 알아야 비로소 남의 나라도 소중함을 안다.

우리는 19세기의 유학자들이 시대적 상황에서 겪었던 고뇌苦惱와 그들이 제시했던 학문의 방법이자 삶의 방법을 살펴볼 필요가 있다.

한주寒州 이진상(李震相;1818-1886)은 성리학의 이론 체계를 심화시켜서 성리학적 질서를 회복하려고 시도한다. 그는 남당南唐이 주희의 언론을 대상으로 회통을 시도한 것과 달리 주희의 학문 방향과 학문 방법의 문제점을 보완하여 회통을 시도하였다.

한주는 주희가 제시한 합간合看과 이간離看을 바탕으로 수간竪看과 도간倒看, 횡간橫看의 학문 방향과 순추順推와 역추逆推의 학문 방법을 통하여 퇴계의 이기론을 바탕으로 율곡의 이기론을 회통적 관점에서 수용하여 리理 중심의 성리학을 제시하였다.[225]

그러나 성리학을 수용하면서도 최고운崔孤雲이 풍류도風流道로 언급했던 고조선 이래의 전통적인 사상을 바탕으로 서학을 수용한 사람은 일부一夫 김항(金恒; 1826-1898)이다.[226]

그는 리理를 찾아가는 성리학의 학문 방향을 전도시켜서 도道, 리理가

---

225 이형성, 『寒州 李震相의 哲學思想』, 심산, 2006, 15-28.
226 金恒은 『正易』에서 "道乃分三理自然이니 斯儒斯佛又斯仙을 誰識一夫眞蹈此오 无人則守오 有人傳오"라고 하여 儒佛道 三敎로부터 출발하여 三者를 회통하고자 하는 中國思想과 달리 道로부터 儒佛道 三敎를 구분하여 나타내는 관점에 서 있음을 밝히고 있다. 『정역』과 고조선사상과의 관계에 대하여는 이현중의 『고조선철학』, 문진, 2019, 137쪽에서 312쪽을 참고하기 바란다.

둘이 아닌 경지에서 유불도儒佛道 삼가三家를 드러내는 학문의 방향과 방법을 제시하였다.

한주는 조선 사회를 위협하는 서학에 대하여 외래사상인 성리학을 바탕으로 쇄국의 길을 택했고, 일부는 쇄국과 개화를 넘어 주체적 생성을 선택했다.

오늘날 우리는 과학기술이 주도하는 4차 산업혁명의 시대를 산다. 오늘날 인류는 인문학이 제시하는 정신문명과 과학기술이 제시하는 물질문명이 조화로운 삶이 절실하게 필요하다.

우리는 한국유학을 통하여 정신문명과 물질문명이 조화로운 홍익인간의 삶이 어떻게 구현될 수 있는지 단서端緒를 찾을 수 있을 것이다. 그러면 학문의 관점에서 두 사람의 학문방법은 어떤 차이가 있는가?

한주는 성리학의 전통을 따라서 태극太極을 중심으로 학문의 방향과 방법을 연구했지만 일부一夫는 도가道家에서 제시된 무극無極과 홍범구주洪範九疇에서 제시된 황극皇極을 수용하여 『주역』에서 밝힌 삼극의 도를 중심으로 유불도가 둘이 아님을 밝히고, 삼극이 둘이 아닌 화화옹化化翁의 경지를 역법曆法을 통하여 과학적 관점에서 제시했다.[227]

오늘날 우리 사회에서 유학은 구시대의 유물에 불과하다는 부정적인 평가와 21세기 인류의 미래가 오로지 유학에 있다는 긍정적인 평가를 동시에 받고 있다.

한국사상의 영원한 현재적 시간관에 의하면 과거와 미래는 현재와 다르지 않다. 과거와 미래를 막론하고 지금 여기의 나의 삶에서 하나가 된

---

227   이현중, 『정역철학』, 학고방, 2015, 15-73.

다. 마찬가지로 형이상의 근원과 형이하의 현상 역시 지금 여기의 나와 둘이 아니다.

형이상의 경지를 추구하는 정신문명과 형이하의 사물을 추구하는 물질문명은 지금 여기의 삶과 둘이 아니다. 우리는 세종과 한주, 일부의 삶과 학문을 통하여 21세기의 지금 여기의 삶을 어떻게 살아야 하는지 그 방향과 방법을 찾을 수 있다.

유학은 과거적 유물이나 미래의 희망이 아니다. 유학이 제시하는 지금 여기의 나의 삶을 살아가는 구체적인 방법인 운신법은 오늘날 우리가 홍익인간의 삶을 구현하는 도구로 활용할 수 있다.

지금부터는 우리는 홍익인간의 삶을 위하여 세종과 한주, 일부를 중심으로 한국전통의 신문사상이 생성적 패러다임에 의하여 어떻게 한국유학으로 생성되었는지 살펴보자.[228]

---

[228] 한국사상의 생성적 패러다임은 이현중의 『제3의 패러다임과 인류의 미래』를 참고하고, 세종의 한국유학적 특성은 이현중의 『한국사상과 인간의 삶』을 참조하며, 한주와 일부의 사상은 이형성의 『한주 이진상의 철학사상』(심산, 2006)과 이현중의 『정역철학』(학고방, 2015)를 참고하기 바란다.

1. 세종의 훈민정음과
   생성적 패러다임

우리는 조선 초기에 세종에 의하여 이루어진 훈민정음의 창제를 통하여 외래사상인 중국유학이 한국에 수용되어 어떻게 한국화했는지를 살펴볼 수 있다.

조선시대의 초기는 성리학이 치국이념이었지만 공맹유학을 바탕으로 훈고학, 성리학이 함께 기능하던 시기이다. 이 시대의 한국유학을 바탕으로 성리학이 발전하여 조선의 말기에 이르러서 한국성리학으로 장성한다. 그러면 조선 초기의 한국유학은 무엇인가?

한국유학은 한국사상을 바탕으로 중국유학이 한국화하여 나타난 성과이다. 한국유학은 중국유학과 같은 유학적 특성을 갖고 있지만 한국전통사상을 바탕으로 한국화한 점에서는 한국사상의 특성을 갖는다. 따라서 한국유학은 중국유학과 다르다. 그러면 한국유학의 특성은 무엇인가?

중국유학은 물건적 관점에서 인간을 매개로 하여 성명합일性命合一과 천인합일天人合一을 추구하는 학문이다. 성명합일을 바탕으로 한 천인합일의 이상을 추구하는 중국유학은 현상으로부터 출발하여 근원을 찾는 역逆방향에서 출발한다. 그것은 중국유학의 천인합일이 장차 이루어야 할 미래적 사건으로 이미 이루어진 과거적 사건이 아님을 뜻한다.

그러나 한국유학은 시간성時間性을 중심으로 순順방향에서 인간의 삶을 나타낸다. 한국유학은 중국유학이 추구하는 천인합일을 바탕으로 현상에서 천지인이 둘이 아니게 살아가는 삶을 제시한다.

중국유학이 천지와 인간이 나누어진 차원에서 출발하여 성명합일, 천인합일을 이루고자 하는 것과 달리 한국유학은 신, 성품의 차원에서 출발하여 천지인이 더불어 사는 삶을 제시한다.

한국유학과 중국유학은 출발점과 지향점이 서로 다를 뿐만 아니라 세계와 삶이 서로 다르다. 한국유학에 제시하는 인간의 삶은 한국사상의 특성인 성품, 신의 경지에서 출발하기 때문에 매 순간 시간성의 시간화로 나타나는 창조적 패러다임과 매 순간 시간이 시간성으로 화하는 진화적 패러다임이 하나인 생성적 패러다임을 바탕으로 전개된다. 그러면 한국사상의 특성인 생성적 패러다임이 훈민정음의 창제에서는 어떻게 나타나는가?

훈민정음의 창제가 갖는 의미, 가치는 형이하의 언어학적 측면과 형이상의 사상적 측면에서 찾을 수 있다. 다만 형이하의 현상은 형이상의 근원을 바탕으로 전개된다. 따라서 우리는 형이상적 차원에서 사상을 중심으로 훈민정음의 창제가 갖는 의미에 대하여 살펴볼 것이다.

훈민정음의 창제 과정은 생장성의 세 단계를 통하여 이해할 수 있다. 창제의 뜻을 세우는 첫 단계와 구체적인 방법을 개발하는 두 번째 단계 그리고 훈민정음을 창제하여 반포하는 세 번째 단계가 그것이다. 그러면 첫 번째 단계부터 살펴보자.

훈민정음이라는 새로운 문자의 제작은 뜻을 세우는 때부터 시작된다. 세종이 아무리 뛰어난 능력이 있을지라도 새로운 글자를 만들고자 하는 뜻이 없었으면 훈민정음은 창제되지 않았을 것이다. 그러면 그는 왜 새로운 글을 만들고자 했는가?

인간의 삶에서 말과 그것을 나타내는 글의 중요성은 아무리 강조해도 지나치지 않다. 우리는 언어를 통하여 다른 사람과 소통하고, 공감하면서 일상의 삶을 살아간다. 이때 언어는 사고의 세계와 유기적인 관계이다.

인간의 사고는 언어에 의해 이루어지며, 사고는 언어를 통하여 드러난다. 어느 나라, 어느 민족을 막론하고 자신의 고유한 사유 세계를 나타낼 수 있는 독특한 언어를 갖고 있다. 어느 민족, 어느 국가를 막론하고 자신의 패러다임, 세계관, 인간관, 가치관을 나타내는 언어를 사용한다.

만약 어떤 민족이 남의 글을 빌려서 자신들의 사유체계를 나타내려면 많은 어려움이 따르지 않을 수 없다. 그것은 마치 사각형의 물체를 삼각형의 그릇에 담는 것과 같아서 물체를 제대로 드러낼 수 없는 것과 같다.

세종은 당시의 사람들이 자신들의 생각을 나타낼 수 있는 고유한 문자가 없어서 소통이 불편함을 느끼고 그것을 해결하고자 했다.

당시의 사대부들은 한자를 사용하였기 때문에 자신들끼리는 소통의 불편이 없었다. 그러나 백성과 한자를 사용하는 사람들 사이에는 원활한 소통이 없었다.

세종은 조선의 모든 사람이 서로 소통할 수 있는 수단인 새로운 글, 우리의 사유체계를 그대로 담아서 소통할 수 있는 글을 창제하고자 뜻을 세웠다.

그러나 한자를 사용할 수 있는 사대부들은 문자가 그대로 권력이기 때문에 그것을 새로운 문자의 창제를 반대했다. 그가 신료들과 사대부들의 반대에도 불구하고 훈민정음을 창제한 까닭은 오로지 백성을 사랑하는 마음이 있었기 때문이다.

백성을 가르치는 바른 소리인 훈민정음訓民正音에는 백성들의 고통을 없애주고자 하는 마음이 담겨 있다. 그것은 다른 사람의 고통을 차마 참고 그대로 넘기지 못하는 불인인지심不忍人之心이다.

　세종의 백성들의 고통을 없애고자 하는 마음은 자신과 백성을 둘로 보지 않는 마음의 표현이다.

　세종의 마음은 훈민정음의 창제를 반대한 사람을 제외한 백성을 위한 마음이 아니라 그들마저도 포용하여 조선의 사람 모두를 향한 세종의 자비로운 마음이다.

　본성, 자성이 주체가 되어 이루어지는 백성들을 향한 마음 씀이 현상에서 훈민정음의 창제라는 사건으로 나타났다. 그러면 훈민정음의 창제가 오로지 세종 한 사람에 의하여 이루어진 사건인가?

　"훈민정음의 창제는 하늘이 세종대왕의 마음을 열고 그의 손을 빌려서 이루어졌다."[229] 훈민정음의 창제는 천도天道가 세종이라는 인간을 통하여 이루어지는 존재론적 사건이다. 그러면 그것이 훈민정음에서는 어떻게 나타내는가?

　훈민정음에서는 천도를 상징하는 초성初聲에서 시작하여 지도地道를 상징하는 종성終聲에서 끝나는 시종의 사건으로 나타낸다. 이때 모음은 시초를 나타내는 초성과 종말을 나타내는 종성을 연결한다. 이처럼 모음이 나타내는 인간에 의하여 하늘의 뜻이 매 순간 땅에서 이루어지는 현상[230]이 인간의 삶이다.

229　鄭麟趾,『訓民正音解例本』序文, "若其淵源精義之妙 則非臣等之所能發揮也. 恭惟我殿下天之聖 制度施爲超越百王. 正音之作 無所祖述 而成於自然. 豈以其至理之無所不在 而非人爲之私也. 夫東方有國 不爲不久 而開物成務之大智 蓋有待於今日也歟".

230　鄭麟趾,『訓民正音解例本』序文, "初聲有發動之義 天之事也 終聲有止定之義 地之事也 中聲承初之生 接終之成 人之事也".

"하늘이 하는 일은 인간에 의하여 이루어지기 때문에"[231] "진실로 인간이 아니면 도는 헛되이 행해지지 않는다."[232] 이처럼 훈민정음에는 천도에서 시작하여 지도로 드러나는 순順방향의 하늘의 작용이 인간을 통하여 이루어짐이 반영되어 나타난다. 그러면 세종은 단지 천天의 도구일 뿐인가?

훈민정음의 창제라는 천도적 사건, 존재론적 사건은 이미 있는 문자를 응용하거나 인간의 사고에 의해 없었던 새로운 문자를 구성한 것이 아니라 천지의 도가 인간을 통하여 나타나는 창조적 사건이다.[233] 이처럼 훈민정음의 창제는 지인至人의 삶을 그대로 보여준다.

지인은 넓은 의미의 대인大人을 가리킨다. 성인과 현인賢人이 덕에 상응하는 현실적인 지위를 확보하지 못하여 천하에 도를 실천하지 못하는 것과 달리 대인과 군자는 현실에서 덕을 실천하는 사람이다. 지인至人은 덕을 갖추고 삶에서 실천을 하는 내성외왕內聖外王의 대인을 가리킨다.

초성이 상징하는 천도에서 시작하여 종성이 상징하는 삶의 현장에서 나타나는 훈민정음 창제라는 사건은 종성이 상징하는 삶의 현상으로부터 초성이 상징하는 천도에서 끝나는 반대의 사건과 함께 이루어진다.

초성이 나타내는 천도와 종성이 나타내는 지도가 하나가 되는 합일, 통합은 인간을 나타내는 중성中聲에 의하여 이루어진다.[234] 초성에서 종

---

231 『상서尙書』 고요모皐陶謨, "天工人其代之".
232 『주역』 계사하繫辭下 제8장, "苟非其人, 道不虛行".
233 鄭麟趾, 『訓民正音解例本』 制字解, "指遠言近牖民易, 天授何曾智巧爲" 및 鄭麟趾 序文, "殿下天縱之聖 … 正音之作, 無所祖述, 而成於自然, 豈以其至理之無所不在, 而非人爲之私也".
234 鄭麟趾, 『訓民正音 解例本』, "盖字韻之要 在於中聲 初終合而成音 亦猶天地生成萬物 而其財成輔相 則必賴乎人也".

성을 향하는 방향이 존재론적 측면이라면 종성에서 시작하여 초성에서 끝나는 작용은 인식론적, 실천론적, 수행론적 측면이다. 그러면 이 두 측면은 어떤 관계인가?

훈민정음의 28자는 자음과 모음이다. 자음과 모음 각각은 소리를 나타내는 단위가 될 수 없다. 자음과 모음이 모여서 하나의 글자를 형성할 때 비로소 하나의 의미체가 된다.

그리고 글자와 글자가 모여서 문장을 만들고, 문장과 문장이 모여서 만들어지는 글이 삶 속에서 생명을 나누는 소통의 도구가 된다.

자음과 모음이 결합하여 형성된 글자를 바탕으로 자음과 모음을 살펴보면 자음과 모음의 가치, 의미가 드러난다. 그것은 하나의 글자에 담긴 사상을 통하여 모음과 자음을 살펴볼 때 자음과 모음의 가치가 드러남을 뜻한다.

자음이 모음을 중심으로 초성과 종성으로 결합하여 형성된 글자의 관점에서 보면 초성에서 종성을 향하는 방향과 종성에서 초성을 향하는 두 방향은 본래 둘이 아니다. 두 방향은 하나의 글자를 두 관점에서 분석할 결과이다. 그러면 초성과 종성이 나타내는 천지의 합일이 어떻게 이루어지는가?

초성과 종성의 결합에 의한 글자의 생성은 중성인 모음에 의한다. 초성이 천도를 나타내고, 종성이 지도를 나타내는 것과 달리 모음은 인도人道를 나타낸다. 따라서 초성에서 종성을 향하는 천도의 작용과 종성에서 초성을 향하는 지도의 작용이 하나임은 모음이 나타내는 인간에 의하여 밝혀진다.[235] 그러면 천도적 측면과 지도적 측면을 중심으로 훈민정음의 창제에 대하여 살펴보자.

초성에서 시작하여 종성에서 끝나는 천도의 작용이 세종을 통하여 훈민정음의 창제라는 현상으로 나타나는 존재론적 측면에서 보면 세종은 자신의 본성을 주체로 하여 지혜를 활용하는 언행에 의하여 훈민정음을 창제했다.

세종은 백성들이 자신의 의사를 표현하고 싶어도 그것을 드러낼 수단이 없어서 답답해하는 것을 안타깝게 여기고 백성들의 고통을 제거하기 위하여 훈민정음을 창제하였다. 따라서 세종이 훈민정음을 창제한 동기는 지극한 위민爲民 정신이다.

유학에서 제시하는 이상적 정치는 왕도정치이다. 왕도정치의 시작은 백성들의 물리적 생명을 보존하는 의식주의 해결이며, 왕도정치의 끝은 교육을 통한 도덕적 주체의 확립이다. 의식주의 해결은 인간이 삶을 살기 위하여 필요한 생리적 생활 조건을 충족시키는 일이다. 그러면 훈민정음의 창제만으로 백성들이 행복한가?

훈민정음의 구조적 측면에서 보면 종성에서 시작하여 초성에서 끝나는 인식론적, 수행론적 측면은 백성들이 행복한 왕도정치의 완성을 나타낸다. 왕도정치의 완성은 백성들로 하여금 본래성의 자각을 통해 도덕적 자아를 확립하여 인간의 본래 지평인 인격적 세계에서 자유롭게 살도록 함이다.

도덕성은 인간의 본래면목을 나타내는 개념이다. 인간의 행복한 삶은

235　鄭麟趾,『訓民正音解例本』制字解, "韻成要在中聲用 人能輔相天地宜 陽之爲用通於陰 至而伸則反而歸".

본래의 자기 자신으로 사는 삶이다. 인간의 본래면목은 스스로 존재하는 자유로운 존재이고, 어떤 존재와도 가치상의 우열이 없는 평등한 존재이다. 따라서 인간의 본래의 자기 자신으로 사는 것이 가장 이상적인 삶이다. 그러면 훈민정음이라는 문자의 창제는 백성들의 자유로운 삶에서 어떤 의미를 갖는가?

첫째는 자신이 어떤 존재인가를 파악하는 일은 문자를 매개로 하여 이루어지는 교육에서 시작된다. 교육은 언어를 매개로 하여 지식, 정보를 전달하는 일로부터 시작된다. 따라서 우리의 사상을 담을 수 있는 우리의 언어는 중요하지 않을 수 없다.

둘째는 지식, 정보는 우리 자신의 본래면목을 파악하는 도구로서의 지식, 정보이지만 우리의 본래면목을 시공에서 드러나는 도구이기도 하다. 따라서 자신으로 살아가는 삶 속에서 언어는 서로를 드러나는 수단인 점에서 중요하다.

세종은 자신이 창제한 글을 훈민정음訓民正音이라고 명명하여 백성들을 본성의 세계로 인도하고자 하는 그의 염원을 나타내고 있다. 사실 백성들의 생활에서 자신의 의사를 표현할 수 있는 글자가 없다는 것은 의식주에 의해 야기되는 곤궁보다도 더욱 심한 고통과 불편을 안겨 준다.

세종의 백성을 위하는 마음은 그가 백성들을 위해 펼친 수많은 치적을 통해서도 확인할 수 있다. 그는 장영실蔣英實, 이순지李純之, 이천李蕆, 정초鄭招, 정인지鄭麟趾를 비롯한 과학들을 통하여 백성들의 일상적인 생활 여건을 편리하게 만들고자 측우기, 해시계를 비롯한 도구들을 발명했다.

그러나 그가 아무리 백성을 사랑하는 마음을 갖고 있을지라도 지혜가 없었다면 훈민정음의 창제는 불가능하다. 세종은 뜻을 세우는 것에 그치지 않고 구체적인 방법을 찾았다. 그가 찾은 새로운 문자의 제작 방법은 무엇인가?

훈민정음의 창제를 위한 두 번째 단계는 구체적으로 글을 만드는 방법을 찾는 일이다. 세종이 백성들이 행복하게 사는 도구인 언어를 창제하는 방법은 종성에서 초성을 향하는 인식론적 측면, 수행론적 측면에서 찾을 수 있다.

존재론적 측면이 본래 그러함을 나타낸다면 수행론적, 인식론적 측면이 마땅히 그렇게 해야 할 당위론적 측면을 가진다. 세종은 백성들을 위하여 새로운 한글을 창제할 수 있는 지혜를 얻기 위하여 유학을 연구하였다.

그는 당시 중국에서 수입한 『성리대전性理大全』과 사서四書, 삼경三經 그리고 역사서를 연구하였을 뿐만 아니라 송대宋代 역학易學의 이론 체계를 바탕으로 중국의 음운학音韻學을 참고하였다.

삼경과 사서는 공자와 맹자의 근본 유학을 담고 있고, 『성리대전』과 송대의 역학易學 서적은 성리학의 이론 체계를 나타내는 전적典籍이다. 이와 더불어 중국음운학을 자료로 하여 새로운 언어를 창조할 수 있는 도구를 찾았다. 이처럼 세종의 훈민정음은 유학을 바탕으로 창제되었다.

그는 경연經筵에서 "나는 제자백가의 글은 원하지 않으며, 다만 사서四書, 오경五經, 『통감강목統監綱目』만을 돌려 가며 강독하기를 바란다."[236]라고 하였다. 이처럼 세종은 유학이 추구하는 도제천하道濟天下의 뜻이 있었다. 그의 뜻에 따라서 실제로 경연에서는 『주역周易』과 『성리대전』을 강

---

236 『世宗實錄』 五年 癸卯 九月 乙酉條. "上曰 予不欲觀諸子百家之序 唯四書五經綱目通鑑 循環講讀".

독했다. 그러면 그는 유학의 경서를 어떻게 공부했는가?

그는 "오늘날의 선비는 명색은 경학을 공부한다고 하면서도 참으로 이치를 궁구하고 마음을 바르게 쓰는 자를 보지 못했다."[237]라고 학문 방법을 비판했다. 그리고 그는 "구절을 따라 경서를 읽는 것은 학문에 아무 이익이 없으니, 반드시 마음의 공부가 있어야 유익하다."[238]라고 학문 방법을 제시했다.

세종은 유가의 경서와 역사서를 공부하라고 주문했을 뿐만 아니라 글이라는 객관적 대상을 분석하여 구절의 내용을 이해하는 데서 멈추지 말고 자신으로 주체화하여 심성 내면에서 자득自得하라고 했다. 그러면 그는 유학의 전적들 가운데 어떤 전적들을 중심으로 연구하였는가?

세종은 『주역』을 바탕으로 송대역학宋代易學의 이론 체계를 활용하였다. 그가 백성들을 위하여 창제한 훈민정음은 소통의 도구로서의 언어의 기능을 넘어서 천지와 만물의 이치인 삼재三才의 도道를 나타내는 표상 체계이다. 그러면 훈민정음의 창제 과정을 살펴보자.

훈민정음의 창제는 형이상적 측면과 형이하적 측면을 함께 파악해야 한다. 형이상의 측면에서는 한글의 창제 원리가 무엇인지를 밝히는 일이며, 형이하의 측면에서는 창제 원리에 의하여 구체적으로 어떻게 창제되었는지를 파악하는 일이다.

형이상과 형이하는 본체와 작용이라는 개념을 통하여 이해할 수 있다. 본체를 중심으로 한글 창제라는 사건을 이해하면 한글 창제에 담긴 사

237　『世宗實錄』 七年 乙巳 十一月 甲子條. "今之儒者, 名爲治經學, 而窮理正心之士, 未之聞也".
238　『世宗實錄』 卽位年 戊戌 十月 戊子條. "上曰, 然句讀經書, 無益於學, 必有心上功夫, 乃有益矣".

상을 밝힐 수 있으며, 작용을 중심으로 이해하면 구체적으로 어떻게 창제가 이루어졌는지를 파악할 수 있다.

성리학의 관점에서 본체는 리理이며, 작용은 기氣이다. 훈민정음은 작용의 측면에서 기氣를 나타내고 있지만 그 내용은 본체인 리理를 담고 있다. 훈민정음은 작용의 측면에서 음양과 오행에 의하여 기를 나타내고 있으며, 본체의 측면에서는 천지의 도를 담고 있다.[239]

> 천지의 변화는 본래 하나의 기氣로 음양과 오행은 서로 처음과 끝이 된다. 만물이 음양과 오행에 의하여 형체와 소리를 가지니 근본은 둘이 아니어서 리理와 수數가 통한다.[240]

리理는 천지의 도를 나타내며, 수數는 음양과 오행을 나타내는 수이다. 그리고 천지의 도에 의하여 이루어지는 천지의 변화는 일기一氣에 의하여 이루어지는 음양과 오행이다. 따라서 리理와 기氣의 본체와 작용은 둘이 아니다. 그러면 음양오행이 훈민정음의 창제와 어떤 관련이 있는가?

음양오행이 훈민정음의 창제에 어떻게 활용되었는지에 대하여 여러 의견이 있다. 이정호 교수는 역학易學의 원리에 근거하여 하도河圖·낙서洛書를 비롯하여 역학의 상징 체계를 바탕으로 훈민정음을 연구했다.[241]

그는 훈민정음의 창제원리인 상형이자방고전象形而字倣古篆을 자음과 모

---

239 鄭麟趾, 『訓民正音解例本』, "天地之道 一陰陽五行而已".
240 鄭麟趾, 『訓民正音解例本』, "天地之化本一氣 陰陽五行相始終 物於兩間有形聲 元本無二理數通".
241 이정호, 『훈민정음의 구조원리 그 역학적 연구』, 아세아문화사, 1990, 3-86.

음에 적용하여 훈민정음도로 제시하였다.²⁴² 그리고 훈민정음도가 정역 팔괘도를 포함할 뿐만 아니라 28수宿를 포함한다고 주장했다.

또한 그는 하도, 낙서와 훈민정음도를 비교하여 하도의 중심에 있는 오황극의 중심점이 화옹, 화무옹, 화화옹을 상징한다고 말한다. 이처럼 훈민정음을 도상화하여 하나의 도상으로 나타낸 훈민정음도에는 천지, 만물의 이치가 모두 들어 있다고 주장했다.²⁴³

그러나 이정호 교수가 하도河圖와 낙서洛書를 바탕으로 상형이자방고전 象形而字倣古篆에 의하여 한글이 창제되었음을 밝혔으나 자음의 ㄱ, ㄴ, ㅁ, ㅅ, ㅇ의 기본음과 중성음의 ·, ㅡ, ㅣ만을 밝혔을 뿐으로 28자 전체의 관계를 밝히지 못했다는 비판이 있다.²⁴⁴

오늘날의 학자들은 상형이자방고전象形而字倣古篆의 원칙 가운데서 상형 象形이 무엇을 의미하는지가 명확하지 않기 때문에 자방고전字倣古篆에 치중하여 훈민정음이 기존의 어떤 글자를 기원으로 모방했는지를 찾아서 몽고전자 기원설, 티베트문자 기원설, 산스크리트 문자 기원설, 각필구결자角筆口訣字 기원설²⁴⁵과 같은 다양한 주장을 제기한다. 그러면 우리는 상형이자방고전을 어떻게 이해할 것인가?

형이하의 차원에서 보면 우리가 훈민정음을 연구해야 할 주제는 (1) 훈민정음의 28자 각각의 자음과 모음을 제작하는 법칙, (2) 28자를 자

242　이정호, 『훈민정음의 구조원리 그 역학적 연구』, 아세아문화사, 1990, 113.
243　이정호, 『훈민정음의 구조원리 그 역학적 연구』, 아세아문화사, 1990, 87-107.
244　김양진, 「훈민정음 제자해 정음이십팔자각상기형이제지에 대하여」, 『한국어학』 제88권, 한국어학회, 2020, 148.
245　김양진, 「훈민정음 제자해 정음이십팔자각상기형이제지에 대하여」, 『한국어학』 제88권, 한국어학회, 2020, 163.

음과 모음을 결합하여 하나의 글자를 제작하는 법칙 그리고 (3) 글자를 활용하여 문장을 만들어서 하나의 의미를 갖는 법칙을 포함한다.

그러나 형이상적 차원에서 보면 자음과 모음의 제작 법칙으로부터 시작하여 자음과 모음을 결합하여 하나의 글자를 만들고, 글자와 글자를 결합하여 문장을 만들어서 활용하는 법칙을 관통하는 하나의 근본원리를 밝히는 문제이다. 그러면 양자는 어떤 관계인가?

현상의 측면에서 28개의 자음과 모음이 먼저 만들어지고, 자음과 모음을 결합하여 비로소 하나의 글자가 제작된다. 그러나 원리적 측면에서는 자음과 모음이 결합하여 형성된 하나의 글자를 대상으로 글자의 세 부분을 구성하는 요소인 자음과 모음이 문제가 된다.

훈민정음의 하나의 글자를 구성하는 요소는 셋이다. 현상의 세계를 구성하는 세 요소는 천天과 지地, 인간의 삼재三才이다. 이는 암각화와 옥기에서 나타나고, 단군신화에서 나타나는 현상을 구성하는 세 요소이다. 그러면 이 세 요소가 하나로 결합하는 법칙은 무엇인가?

훈민정음의 하나의 글자를 살펴보면 초성과 중성, 종성의 세 요소로 구성된다. 이처럼 겉으로 드러난 현상의 관점에서 보면 훈민정음의 구성요소와 한자의 구성요소 사이에 차이가 없는 것처럼 보인다.

그러나 비록 한자가 천지인의 삼재를 구성요소로 하지만 삼재가 천天과 지地 그리고 인人으로 구분되어 있다. 훈민정음은 한 글자에 천지인이 하나로 결합하여 있다. 이는 중국사상의 연원인 주역에서 잘 드러난다. 주역은 궁리窮理, 진성盡性, 지명至命의 과정을 통하여 삼재의 현상을 벗어나서 근원인 형이상의 도에 이르는 역逆방향이 중심으로 그 내용은 성명합일性命合一이다.

그러나 훈민정음은 환웅이 나타내는 천도가 현상에서 드러나는 순방향의 작용과 웅호가 나타내는 드러난 현상이 다시 천도로 돌아가는 지도의 역방향의 작용이 둘이 아닌 환인을 통하여 나타내는 신문사상神文思想에서 출발한다.

신문神文은 천지인의 삼재가 합일된 경계를 나타낸다. 신문은 형이상의 도와 형이하의 기가 나누어지지 않는 시간성의 경지이다. 따라서 훈민정음은 시간성을 바탕으로 전개되는 시간의 차원을 나타낸다. 그러면 시간성과 훈민정음의 제자와 어떤 관계인가?

한 글자를 구성하는 초성과 종성은 시간적 관점에서 시초와 종말을 나타낸다. 이때 시초를 나타내는 초성은 천도인 시간성이다. 그러므로 초성에서 종성을 향하는 방향에서 이루어지는 시종의 작용는 바로 시간성의 시간화이다. 그러면 왜 초성을 종성에서 다시 쓰는가?

초성이 종성보다 앞서는 것은 하늘이 땅보다 앞서는 자연의 이치를 나타낸다. 천天과 지地는 체용體用 관계이기 때문에 체體를 먼저 하고 용用을 뒤에 한다. 해례본解例本에서는 "그 움직여서 양陽인 것도 건乾이며, 고요하여 음陰인 것도 또한 건乾으로서, 건이 실하여 음과 양으로 나누어져 주관하고 다스리지 않는 것이 없기 때문에 초성을 다시 종성으로 사용한다."[246]라고 밝혔다.

초성과 종성의 관계는 현상적 측면에서 보면 태초太初의 일기一氣가 두루 흘러서 다함이 없으며, 사시의 운행이 돌고 돌아서 끝이 없음을 상징한다. 초성이 다시 종성으로 이어지고 종성이 다시 초성으로 이어지는 것

---

[246] 『訓民正音』解例本. "終聲之復用初聲者, 以其動而陽者乾也, 靜而陰者亦乾也, 乾實分陰陽, 而無不君宰也".

은 겨울에서 다시 봄이 시작되듯이, 순환하여 그침이 없는 천지의 작용을 상징한다.[247] 그러면 종성에서 초성으로 이어지는 작용은 무엇인가?

한 글자의 세 요소는 고정되어 있다. 초성과 종성에 모두 자음이다. 그럼에도 불구하고 자음의 위치에 따라서 초성과 종성의 시종을 나누어서 나타냄은 바로 시간성의 차원에서 하나의 글자를 이해함을 그대로 보여 준다.

시초와 종말이 성립하기 위해서는 시종을 넘어선 종시를 바탕으로 한다. 그것은 형이상의 시간성과 형이하의 시간이 둘이 아님을 뜻한다. 시간성의 시간화를 나타내는 초성에서 종성으로의 변화는 시간의 시간성화를 나타내는 종성에서 초성으로서의 변화와 함께 이루어진다.

초성과 종성이 각각 천도와 지도를 상징한다. 그러나 초성과 종성을 모두 자음을 사용하여 초성에서 종성으로의 변화와 종성에서 초성으로의 변화가 둘이 아님을 나타낸다. 다시 말하면 초성에서 종성을 향하는 천도의 작용과 종성에서 초성을 향하는 지도의 작용이 둘이 아님을 나타내기 위하여 초성과 종성을 자음으로 나타내었다. 그러면 이것이 한국사상과 어떤 관계인가?

우리는 여기서 주역과 훈민정음의 사유 구조가 서로 바뀌어 있음을 확인할 수 있다. 주역을 구성하는 64괘의 각 괘도 역시 시초를 나타내는 초효와 종말을 나타내는 상효로 구성된다. 이는 주역이 종시의 시간성을 바탕으로 이루어지는 시종의 변화를 물건적 관점에서 형이상과 형이하의 상하적 구조에 의하여 형이하의 현상으로부터 형이상의 근원인 도를

---

247 『訓民正音』解例本. "一元之氣, 周流不窮, 四時之運, 循環無窮, 初聲之復爲終, 終聲之復爲初, 亦此義也".

찾아가는 과정이 중심임을 뜻한다.

그러나 훈민정음에서는 시초를 나타내는 초성이 천도의 작용을 나타내고, 종말을 나타내는 종성이 지도를 나타낸다. 그리고 초성과 종성은 인간을 상징하는 모음에 의하여 하나로 결합한다. 따라서 주역의 인간과 훈민정음의 인간은 서로 다르다.

훈민정음의 인간은 초성에서 종성으로의 변화를 통하여 나타내는 천도의 작용인 시간성의 시간화와 초성에서 초성으로의 변화를 통하여 나타내는 지도의 작용인 시간의 시간성화가 둘이 아닌 영원한 현재적 삶을 산다.

시간성의 시간화는 삶 속에서 이치로 다스리는 재세이화이며, 그것이 현상에서 서로가 서로를 존재하게 하고, 서로가 서로를 새롭게 하며, 서로가 서로를 다양하게 하는 홍익인간의 삶이다. 따라서 시간의 시간성화를 통하여 드러나는 삶의 정신은 홍익인간의 정신이다. 그러면 언어학적인 측면에서 훈민정음의 제자원리를 살펴보자.

훈민정음의 자음과 모음을 결합하여 하나의 글자를 만드는 원리는 홍익인간의 정신이다. 홍익인간의 정신은 초성에서 종성으로의 변화를 통하여 나타내는 시간성의 시간화와 종성에서 초성으로의 변화를 통하여 나타내는 시간의 시간성화로 표현된다. 그러면 자음과 자음을 결합하는 모음의 측면에서 두 변화는 무엇인가?

초성에서 종성으로의 변화를 통하여 나타내는 시간성의 시간화는 창조적 변화이며, 종성에서 초성으로의 변화를 통하여 나타내는 시간의 시간성화는 진화적 변화이다. 이를 제자의 원리로 나타낸 것이 상형이자방고전이다.

상형은 구체적인 사물의 형상을 본뜸으로 이해하면 발성기관을 대상으로 그것을 본뜨는 것이라고 이해할 수 있고, 자음과 모음을 나누어서 자음은 발성기관을 대상으로 본뜨고, 모음은 천지인의 삼재를 본뜬 것으로 이해할 수 있다.

그러나 상형은 천도의 내용인 시간성을 상징하는 형상이다. 그러므로 무형적 존재인 시간성을 형상화하여 나타냄이 상형이다. 따라서 구체적인 사물의 형상을 본뜬 것이 아니라 형상이 없는 시간성을 사물로 형상화하는 형상의 창조라고 할 수 있다.

시간성의 시간화인 창조적 변화는 주체와 객체를 구분하고, 다시 주체를 대상으로 지혜에 의하여 다양하게 나누며, 객체 역시 지혜에 의하여 다양하게 나누는 분화分化이다. 이처럼 주체인 인간과 객체인 천지, 사물을 분석하여 새로운 세계를 드러내는 것이 상형이다.

상형은 본성의 지혜를 활용하기 때문에 일상의 사람들이 의식에 의하여 분석하는 분별 작용과 다르다. 본성의 작용에 의한 지혜의 활동은 자비를 바탕으로 이루어진다. 그것은 본성의 자비가 지혜의 활용으로 나타남을 뜻한다. 자비에 의한 지혜의 활용은 홍익인간의 삶을 이루지만 자비가 없는 욕망의 충족을 위한 분별은 자신과 세상을 고통에 빠뜨린다. 그러면 자방고전은 무엇인가?

상형이 본성을 주체로 하여 이루어지는 창조적인 작업이라면 자방이 고전은 본성을 주체로 이루어지는 진화적인 작업이다. 그것은 기존의 글자, 천지와 사물, 인간의 형상을 그대로 모방하는 것이 아니라 기존의 글자, 천지와 사물의 형상, 인간의 형상을 자료로 활용하여 그것과 다른 새로운 형상을 제시함을 뜻한다. 그러면 홍익인간의 정신이 나타난 상형이

자방고전이 어떻게 이루어지는가?

훈민정음은 천지인의 삼재적 구조를 통하여 생장성의 생성적 구조를 나타낸다. 하나의 글자를 이루는 초성과 중성, 종성은 각각 시간성이 매 순간 변하여 시간으로 화하는 작용을 나타낸다. 그 이면에는 종성에서 시작하여 중성을 거쳐서 초성에 이르는 생장성의 변화가 포함된다. 이처럼 초성과 종성을 결합하는 모음에 의하여 인간의 삶, 인간의 세계가 표현된다.[248]

훈민정음의 창제법칙인 상형이자방고전象形而字倣古篆은 상형이라는 원칙을 바탕으로 이루어지는 자방고전이 구체적인 방법이다. 자방고전의 고전古篆을 하나의 특별한 서체가 아니라 이미 나타난 모든 형상으로 이해하면 발성기관이나 천지인의 형상을 막론하고 모두 자방고전이다. 그러면 발성기관을 중심으로 자음과 모음이 제자되는 측면에서 살펴보자.

모음은 발음기관인 '혀 윗면을 포함한 공간'의 형상을 본뜻 것이며, 자음은 '입의 안과 밖을 포함해서 허하고, 실한 흩어지고 뭉치는 무겁고 가벼운 발음들이 구체적으로 실현되는 조음점'의 형상을 본뜬 것이다.

모음이 만들어진 '혀 윗면을 포함한 공간'이 하늘이며, 자음이 만들어진 '입의 안과 밖을 포함해서 허하고, 실한 흩어지고 뭉치는 무겁고 가벼운 발음들이 구체적으로 실현되는 조음점'은 땅이다.[249] 그러면 상형의 구체적인 방법을 나타내는 자방고전은 무엇인가?

상형이 나타내는 무형의 신, 성품을 현상의 측면에서 형상으로 나타내

---

248 정인지鄭麟趾,「訓民正音 解例本」. "初聲有發動之義 天之事也 終聲有止定之義 地之事也 中聲承初之生 接終之成 人之事也".
249 김양진,「훈민정음 제자해 정음이십팔자각상기형이제지에 대하여」,『한국어학』제88권, 한국어학회, 2020, 166.

는 창조적 작업이라면 자방고전은 상형을 바탕으로 현상의 측면에서 이미 형상으로 나타난 신, 성품을 업그레이드하는 진화적 작업이다. 그러면 진화적 작업인 자방고전은 어떻게 이루어지는가?

이미 형상화되어 나타난 문자는 한자이다. 그리고 한자의 제자원리를 물건적 관점에서 삼재의 함일을 추구하는 천인합일이다. 이러한 삼재의 천인함일은 음양오행원리에 의하여 이루어진다. 음양원리는 만물의 근원인 천지의 도의 작용원리이다.[250] 천지의 도가 음양의 작용으로 나타나고, 음양작용은 오행작용으로 나타난다. 따라서 음양오행원리는 천지와 만물의 운행원리, 작용원리이다.[251]

십익에서는 역도易道를 삼재三才의 도道로 규정하고, 괘卦가 육효六爻인 까닭이 삼재의 음양작용을 표상하려는 것[252]이라고 하여 삼재의 도가 바로 역도임을 밝히고 있다. 역도가 삼재의 음양작용원리를 내용으로 하는 삼재의 도이며, 삼재의 음양오행원리를 바탕으로 훈민정음이 창제되었다는 것은 바꾸어 말하면 훈민정음이 역리易理의 표상 체계임을 의미한다.

역도의 측면에서 보면 훈민정음의 창제는 세종의 사고에 의해 구성된 것이 아니라 천지天地의 도道의 내용인 음양오행원리 자체의 자기 전개라고 말할 수 있다. 천지의 본성이 인간의 본성을 통하여 훈민정음의 창제라는 현상으로 나타났다. 따라서 매 순간에 이루어지는 인간의 삶이 본성의 나툼임을 알 수 있다.

음양오행의 원리는 만물의 생성과 인간의 생장은 물론 천지, 자연의

---

250 「訓民正音」解例本, "天地之道 一陰陽五行而已".
251 「訓民正音」解例本, "天地之化本一氣 陰陽五行相始終".
252 「周易」, 계사하繫辭下 10, "易之爲書, 廣大悉備, 有天道焉, 有人道焉, 有地道焉. 兼三才而兩之, 故六. 六者非他也, 三才之道也".

운행원리이기 때문에 천지에 존재하는 만물 가운데 그 어느 것도 음양오행을 벗어나서 존재할 수 없다. 따라서 인간의 목소리도 역시 음양오행 원리를 벗어날 수 없다.[253]

또한 목소리에 의해 이루어진 말을 나타내는 글도 역시 음양오행원리를 벗어나지 않는다. 즉 천지자연의 소리가 있으면 반드시 그것을 나타내는 천지, 자연의 글자가 있게 마련이며, 소리에 따라 글자를 만들어서 만물의 뜻을 통하게 할 수 있다.[254]

그러면 초성과 종성으로 쓰이는 자음의 구성에 대해 살펴보자. 초성은 아牙, 설舌, 순脣, 치齒, 후喉의 발음기관의 모양을 본떠서 제작하였다. 초성은 모두 17자로 목木, 화火, 토土, 금金, 수水의 오행에 의해 어금니(牙), 혀(舌), 입술(脣), 치아(齒), 목구멍(喉)의 다섯 기관을 중심으로 그 모양을 본뜬 것이다.

목구멍은 깊숙하고 물기가 있어서 수水에 해당하는데, 그 소리가 텅 비고 걸림이 없는 것이 물속이 환하고 잘 흐르는 것과 같다. 어금니는 얽히고 길어서 목木에 해당하는데, 어금니에서 나는 소리는 목구멍에서 나는 소리와 비슷하지만 그 실實함이 나무가 물에서 나지만 물에 없는 형상을 갖고 있는 것과 같다.

혀는 날카롭고 움직이는 것으로 화火에 해당하는데, 혀에서 나는 소리가 구르며 나는 것이 마치 불이 타오르면서 너울거리는 것과 같다. 치아는 단단하여 음식을 씹으니 금金에 해당하는데, 치아에서 나는 소리가 부

---

253 『訓民正音』解例本, "凡有生類 在天地之間者 捨陰陽而何之 故人之聲音 皆有陰陽之理…夫人之有聲本於五行".
254 『訓民正音』解例本 序文, "有天地自然之聲 則必有天地自然之文 所以古人因聲制字 以通萬物之情 以載三才之道 而後世不能易也".

스러지면서 정체되는 것은 쇠가 잘게 부서져서 쇳덩이가 되는 것과 같다. 입술은 모나고 다물어져 토土에 해당하는데, 그 소리가 머금고 넓은 것은 마치 흙이 만물을 머금어서 넓고 큰 것과 같다.

오행 가운데 물은 만물을 낳는 근원이고, 불은 만물을 완성하는 작용이기 때문에 수와 화가 중요하듯이, 목구멍은 소리를 내는 문이며 혀는 소리를 가르는 고동으로 목구멍소리와 혓소리가 가장 근본이 된다. 그러면 구체적으로 목구멍, 혀, 치아, 입술, 어금니의 모양을 본떠서 어떻게 초성을 제작했는지 살펴보자.

아음牙音인 ㄱ은 혀의 뿌리가 목구멍을 닫는 형상을 본뜬 것이고, 설음舌音인 ㄴ은 혀가 윗잇몸에 닿는 형상을 본뜬 것이다. 순음脣音인 ㅁ은 입의 형상을 본뜬 것이고, 치음齒音인 ㅅ은 치아의 형상을 본뜬 것이며, 후음喉音인 ㅇ은 목구멍의 형상을 본뜬 것이다.

ㅋ은 ㄱ에 비해 소리가 조금 거세므로 획을 더한 것이다. ㄴ에서 ㄷ, ㄷ에서 ㅌ, ㅁ에서 ㅂ, ㅂ에서 ㅍ, ㅅ에서 ㅈ, ㅈ에서 ㅊ, ㅇ에서 ㆆ, ㆆ에서 ㅎ도 그 소리에 의해 획을 더한 것이다. 그러나 ㆁ은 다르다. 왜냐하면 ㆁ은 ㅇ에서 유래했지만 발음 부위는 목구멍을 떠나서 어금니이기 때문이다.

반설음 ㄹ과 반치음 ㅿ도 또한 혀와 치아의 형상을 본떴으나 그 체용이 다르며 획을 더한 것은 아니다. 이 가운데 ㄱ, ㄷ, ㅂ, ㅈ, ㅅ, ㆆ은 완전히 맑은 소리(全淸)이고 ㅋ, ㅍ, ㅌ, ㅊ, ㅎ은 비교적 맑은 소리(次淸)이며, ㄲ, ㄸ, ㅃ, ㅉ, ㅆ, ㆅ은 완전히 흐린소리(全濁)이고 ㆁ, ㄴ, ㅁ, ㅇ, ㄹ, ㅿ은 맑지도 흐리지도 않은 소리(不淸不濁)이다.

이 23자의 자음을 오음五音으로 구분하면 다음과 같다. 즉 ㄱ, ㅋ, ㄲ,

ㅇ은 아음이고 ㄷ, ㅌ, ㄸ, ㄴ은 설음이다. 그리고 ㅂ, ㅍ, ㅃ, ㅁ은 순음이며 ㅈ, ㅊ, ㅉ, ㅅ, ㅆ은 치음이고 ㅇ, ᅌ, ㅎ, ㆆ, ㅎㅎ은 후음이다. 또한 ㄹ은 반설음이고 ㅿ은 반치음이다. 그러면 모음은 어떻게 제작되었는가?

중성中聲은 천지인삼재와 그 관계를 중심으로 형상화하여 구성하였다. 중성은 모두 11자로 그 기본은 ㆍ, ㅡ, ㅣ 이다. ㆍ는 둥근 하늘을 본뜬 것으로 혀가 오그라들고 소리가 깊어서 하늘이 자子에서 열리는 것을 의미한다. ㅡ는 평평한 땅을 본뜬 것으로 혀가 조금 오그라들고 소리가 깊지도 얕지도 않아서 땅이 축丑에서 펴지는 것을 의미한다. ㅣ는 사람이 서 있는 모습을 본뜬 것으로 혀가 오그라지지 않고 소리가 얕아서 사람이 인寅에서 태어난 것을 상징한다. 이 세 글자를 기본으로 하여 그 관계를 중심으로 나머지 8자가 이루어진다. 이것은 천지인삼재의 음양작용, 즉 합벽闔闢작용을 상징한다.

ㅗ는 천일생수天一生水의 자리이며, ㅏ는 천삼생목天三生木의 자리이다. ㅜ는 지이생화地二生火의 자리이고, ㅓ는 지사생금地四生金의 자리이다. ㅛ는 천칠성화天七成火의 수이고, ㅑ는 천구성금天九成金의 수이다. ㅠ는 지륙성수地六成水의 수이고, ㅕ는 지팔성목地八成木의 수이다. 수水와 화火는 기氣를 떠나지 않으면서 음과 양이 사귀어 하나가 되는 처음이므로 합闔하고, 목木과 금金은 음과 양이 고정한 질質이어서 벽闢한다.

ㆍ는 천오생토天五生土의 자리를 나타내며, ㅡ는 지십성토地十成土의 수를 나타낸다. 오직 ㅣ는 그 자리와 수가 없는데, 사람은 무극无極의 진리와 음양오행의 정기精氣가 신묘하게 엉겨서 생긴 존재이므로 일정한 자리와 수에 의해 논할 수 없기 때문이다.

ㅗ, ㅜ는 ㆍ와 ㅡ가 합해진 것으로 하늘과 땅이 처음으로 사귀는 뜻을

취한 것이다. ㅏ, ㅓ는 ㅣ와 •가 합해진 것으로 하늘과 땅의 작용이 사물에 피어나되 사람을 기다려서 이루어진 것을 상징한다.

ㅛ, ㅠ, ㅑ, ㅕ는 각각 ㅗ, ㅜ, ㅏ, ㅓ와 같은데, ㅣ에서 일어난다는 뜻을 취한 것이다. ㅗ, ㅏ, ㅜ, ㅓ가 그 •를 하나로 하는 것은 처음 일어난 뜻을 취한 것이고, ㅛ, ㅑ, ㅠ, ㅕ가 •를 둘로 하는 것은 두 번째 일어난 뜻을 취한 것이다.

ㅗ, ㅏ, ㅛ, ㅑ의 •가 위와 밖에 있는 것은 하늘에서 나서 양陽이 되었기 때문이고 ㅜ, ㅓ, ㅠ, ㅕ의 •가 아래와 안에 있는 것은 땅에서 나서 음陰이 되었기 때문이다. •가 여덟 소리에 모두 들어 있는 것은 양이 음을 거느려 만물에 두루 흐르는 것을 나타낸다. 그리고 ㅛ, ㅑ, ㅠ, ㅕ가 전부 사람을 겸비하고 있는 것은 사람이 만물의 영장으로 능히 하늘과 땅의 일에 참여하기 때문이다. 그러면 초성과 종성은 어떤 관계인가?

초성은 음양이 나누어져 오행의 기氣가 갖추어지는 하늘의 작용이며, 종성은 강유剛柔가 나타나서 음양의 질質이 이루어지는 땅의 공능을 나타낸다. 그리고 초성은 다시 종성으로 사용되는데, 그 까닭은 사시가 겨울에서 다시 봄으로 이어져 순환하듯이, 태초의 기운이 두루 흐르고 흘러서 다함이 없음을 나타낸다. 즉 만물이 땅에서 나서 다시 땅으로 돌아가는 이치를 그대로 나타낸 것이다.[255] 그러면 하나의 글자는 어떻게 형성되는가?

---

255 『訓民正音』解例本, "以初聲對中聲而言之 陰陽天道也 剛柔地道也 中聲者一深一淺一闔一闢 是則陰陽分而五行之氣具焉 天之用也 初聲者 或虛或實或颺或滯或重若輕 是則剛柔著而五行之質成焉 地之功也 中聲以深淺闔闢唱之於前 初聲以五音淸濁和之於後 而爲初亦爲終 亦可見萬物初生於地 復歸於地也".

초성과 중성, 종성의 세 소리가 합하여 글자를 이룬다.[256] 초성과 중성 그리고 종성이 하나의 글자를 이루는 것은 동정이 서로 뿌리박고 음과 양이 서로 사귀어 변화하는 것을 상징한다. 움직이는 것은 하늘이며, 고요한 것은 땅이고, 양자를 겸한 것은 사람이다. 오행은 하늘에서는 신神의 운행이며, 땅에서는 질質의 완성이고, 사람에서는 인仁, 의義, 예禮, 지智, 신信의 운행이다.[257] 그러면 초성과 중성이 어떻게 결합되는가?

초성과 종성을 결합하여 음을 형성하는 것은 중성이다. 중성은 초성과 종성의 가운데서 양자를 하나로 합合하여 하나의 글자를 형성한다.[258] 이처럼 중성은 양자를 하나로 합闔하고 다시 둘로 나누는 합벽闔闢작용을 한다.[259]

합벽작용은 천지의 작용을 나타낸다. 주역에서는 "문을 닫는 것과 같은 작용을 곤坤이라고 말하고, 문을 여는 것과 같은 작용을 건乾이라고 말하며, 한 번은 닫고 한 번은 여는 것을 변變이라고 말하고, 왕래往來가 다함이 없는 것을 통通이라고 한다.[260]"라고 하였다.

건곤은 천지의 도를 나타내는 괘이다. 따라서 합벽은 천지의 도의 작

---

256 『訓民正音』解例本, "初中終三聲 合而成字 初聲或在中聲之上 或在中聲之左 如君字ㄱ在ㅜ上 業字ㅇ在ㅓ左之類 中聲則圓者橫者在初聲之下, ㆍㅡㅗㅛㅜㅠ是也 縱者在初聲之右 ㅣㅏㅑㅓㅕ是也 如呑字ㆍ在ㅌ下, 卽字ㅡ在ㅈ下, 侵字ㅣ在ㅊ右之類 終聲在初中之下 如君字ㄴ在구下, 業字ㅂ在어下之類".
257 『訓民正音』解例本, "以初中終合成之字言之 亦有動靜互根陰陽交變之義焉 動者天也 靜者地也 兼互動靜者人也 盖五行在天則神之運也 在地則質之成也 在人則仁禮信義智神之運也".
258 『訓民正音』解例本, "中聲者 居字韻之中 合初終而成音".
259 『訓民正音』解例本, "中聲者 一深一淺一闔一闢 是則陰陽分而五行之氣具焉 天之用也".
260 『주역』 계사상繫辭上 11, "闔戶謂之坤 闢戶謂之乾 一闔一闢謂之變 往來不窮謂之通".

용을 상징한다. 이처럼 천지의 작용인 합벽을 음양과 오행으로 나타낸다. 그리고 합벽이 인간을 상징하는 중성에 의하여 이루어진다고 하였다.

그런데 초성과 중성의 관계를 보면 천의 작용을 중성에 의하여 표현된다. 그러나 초성과 종성이 합하여 형성된 글자의 측면에서 보면 움직임은 천天이고, 고요함은 지地이며, 움직임과 고요함을 겸하여 서로 바뀌는 것이 인人이다.[261] 이처럼 중성은 초성의 생生을 이어서 종성의 성成으로 이어 줄 뿐만 아니라 다시 종성의 생生을 이어서 초성의 성成을 이어 준다.[262]

초성은 하늘의 일을, 종성은 땅의 일을, 그리고 중성은 초성을 받아 종성을 이루는 사람의 일을 나타낸다. 그러나 초성과 종성이 중성을 매개로 하여 세 소리가 합하여 하나의 글자가 형성된다.

하나의 글자는 초성에서 시생하여 종성에서 종성하는 생성을 나타내는 동시에 종성에서 시생하여 초성에서 종성하는 생성을 나타낸다. 천에서 시작하여 지에 이르는 천의 작용과 지에서 시작하여 천에 이르는 지의 작용이 인간에서 하나가 되는 사건은 고조선사상에서 나타내고 있는 영원한 현재의 시간관을 바탕으로 전개되는 생성의 세계관을 나타낸다. 그러면 고조선사상과 훈민정음의 창제를 어떻게 이해할 수 있는가?

홍익인간을 실천하기 위하여 환웅이 인간의 세상을 구하려는 뜻을 세우는 일로 시작하여, 인간의 세계에 내려오는 두 번째 단계 그리고 인간

---

261 『訓民正音』解例本, "以初中終合成之字言之 亦有動静互根陰陽交變之義焉 動者天也 静者地也 兼互動静者人也".
262 『訓民正音』解例本, "以初聲對中聲而言之 陰陽天道也 剛柔地道也 中聲者一深一淺一闔一闢 是則陰陽分而五行之氣具焉 天之用也 初聲者 或虛或實或颷或滯或重若輕 是則剛柔著而五行之質成焉 地之功也 中聲以深淺闔闢唱之於前 初聲以五音清濁和之於後 而為初亦為終 亦可見萬物初生於地 復歸於地也".

의 세상에서 이화하는 마지막 단계가 훈민정음의 초성에서 시작하여 종성에서 끝나는 사건이다.

그런데 홍익인간의 실천의 측면에서 보면 웅호가 나타내는 현상을 중심으로 홍익인간의 성과를 나타내는 종성에서 시작하여 초성에서 끝나는 측면이 있다. 그것은 웅호가 사람이 되고, 다시 환웅과 하나가 되어 새로운 경지인 단군을 낳는 결과를 낳는다. 그러면 훈민정음의 창제의 측면에서는 종성에서 시작하여 초성에서 끝나는 작용은 무엇인가?

세종이 훈민정음을 창제한 목적은 홍익인간이다. 그 시작은 소통의 도구인 글을 만들어서 백성들이 모두 사용하는 단계이고, 두 번째는 백성들이 훈민정음을 매개로 하여 소통하는 세상을 만드는 것이며, 마지막으로는 인류가 공유하여 홍익인간을 이루는 일이다.

훈민정음의 창제와 반포 그리고 백성들이 훈민정음을 사용하여 소통하는 단계는 이미 이루어지고 있다. 나머지 하나의 문제는 인류가 공유하여 홍익인간의 세상을 만드는 일이다.

비록 지금 한글을 통하여 소통하는 나라가 늘어나지만 아직은 훈민정음을 통하여 인류가 소통하는 홍익인간은 완성되지 않았다. 그러면 세종이 의도했던 한글을 통한 홍익인간의 세상이 어떻게 이루어지는가?

조선 초기의 세종이 훈민정음의 창제를 통하여 꿈꾸었던 홍익인간은 고조선 이후 우리 민족이 꿈꾸어 왔던 역사 정신이다. 그것은 우리의 사상인 한국사상이 홍익인간을 목표로 다양하게 전개되었음을 뜻한다. 따라서 오늘날 인류가 홍익인간의 세상을 전개할 수 있는 도구는 한국사상이다.

인류사회를 한국사상에 의하여 홍익인간의 세상으로 변화시키는 일은 선민의식이나 민족이기주의가 아니다. 우리는 단지 한국사상의 생성적 패러다임을 통하여 인류가 형이하의 현상과 형이상의 이상을 넘어서 자유로운 삶을 살기를 바란다. 그러면 훈민정음의 창제와 생성적 패러다임은 어떤 관계인가?

훈민정음의 창제와 지금 여기의 우리가 훈민정음을 사용함은 영원한 현재적 관점에서 이루어지는 생성이다. 바로 한글의 창제와 글자와 글자가 결합하여 하나의 단어가 되고, 단어가 모여서 문장이 되며, 문장이 모여서 하나의 글이 되는 사건의 생성이 모두 영원한 현재이다.

그리고 훈민정음의 창제와 매 순간의 훈민정음의 사용은 그것을 도구로 하여 매 순간의 사건을 창조하고, 창조한 사건이 완성되면서 새로워지는 진화의 연속인 생성이다. 이처럼 변화는 매 순간 새로워지는 진화이며, 매 순간 다양해지는 창조이다. 그것이 훈민정음이 갖는 한국사상적 특성이다.

훈민정음의 창제를 물건적 관점에서 대상화하여 나타내면 한 글자 한 글자마다 하늘과 땅이 합일合—하여 만물을 생성生成하고 화육化育하는 작용의 중심에서 인간이 마름질함으로써 천지인天地人의 삼재三才가 합일合—하여 작용하는 세계를 나타낸다.[263] 그러면 세종이 원하는 세상은 무엇인가?

세종이 원했던 세상은 천자의 백성이 소통하여 하나로 살 수 있는 세상이다. 백성과 군주 그리고 관리가 하나가 되어 사는 세상을 만들기 위해서 세종은 온 나라의 사람들이 하나가 될 수 있는 소통의 도구인 문자

---

263 『訓民正音』解例本, "韻成要在中聲用 人能輔相天地宜".

를 만들었다.

온 나라의 사람들이 서로 소통하여 하나가 되는 세상은 바로 우리의 문화, 우리의 역사, 우리의 사상, 우리의 종교를 바탕으로 살아가는 우리의 세상이다. 따라서 훈민정음은 단순한 문자가 아니라 인류를 새롭게 창조하는 도구이다.

그러나 훈민정음이라는 도구는 그것을 사용하는 사람에 따라서 이기가 되기도 하고, 흉기가 되기도 한다. 당시의 한자를 사용하던 사람들은 언어가 권력임을 파악하고, 훈민정음의 제작을 반대했다.

> 우리 조선은 조종祖宗 이래 지성으로 사대하고 한결같이 중화中華의 제도를 준행하였는데, 이제 문장과 법도를 같이하는(同文同軌) 때를 당하여 언문을 창작하신 것은 보고 듣기에 놀라움이 있습니다… 어찌 대국을 섬기고 중화를 사모하는 데 부끄러움이 없겠습니까… 역대로 중국에서 모두 우리나라는 기자箕子의 유풍이 있다 하고, 문물과 예악을 중화에 견주어 말하기도 하는데, 이제 따로 언문을 만드는 것은 중국을 버리고 스스로 이적夷狄과 같아지려는 것이니… 어찌 문명의 큰 흠절이 아니겠습니까.[264]

집현전集賢殿의 부제학副提學인 최만리崔萬理는 한자에 의하여 형성된 중국문화로부터의 새로운 문화를 창조하는 시작이 한글의 창제로부터 시작됨을 알고 있었다. 그가 훈민정음의 창제를 반대한 까닭은 훈민정음

---

[264] 『世宗實錄』 世宗 26年 2月 20日, "我朝自祖宗以來 至誠事大 一遵華制 今當同文同軌之時 創作諺文 有駭觀聽 儻曰諺文皆本古字 非新字也 則字形雖倣古之篆文 用音合字 盡反於古 實無所據 若流中國 或有非議之者 豈不有愧於事大慕華…歷代中國 皆以我國 有箕子遺風 文物禮樂 比擬中華 今別作諺文 捨中國而自同於夷狄 是所謂棄蘇合之香 而取螗螂之丸也 豈非文明之大累哉".

으로 인하여 중국문화로부터 이탈하여 다른 새로운 문화를 창달暢達함을 염려하였기 때문이다. 그러면 훈민정음의 창제 이전에는 한국문화가 없었는가?

훈민정음의 창제 이전에도 한국사상에 바탕을 둔 한국문화는 존재하였다. 다만 한국사상, 한국문화를 표현하는 도구가 우리의 소리를 다 담을 수 없는 한자였다가 비로소 우리의 소리를 담을 수 있는 훈민정음이 창제되었음을 뜻한다.

한글 창제가 갖는 실용적인 측면은 그동안 표의문자인 한자를 사용하면서 조선의 사람들이 생활과 괴리되는 불편이 사라졌다는 점이다. 백성들이 일상의 삶에서 서로 소통을 원활하게 할 수 없었을 뿐만 아니라 심지어는 생명과 직결되는 송사에 있어서도 자신의 의견을 제대로 개진할 수 없었다.

> 이로써 글을 해석하면 그 뜻을 알 수 있고, 송사를 청단하면 그 실정을 알아낼 수 있다. 자운字韻은 청탁淸濁을 능히 분별할 수 있고, 악가樂歌는 율려律呂가 능히 화합할 수 있어서 사용하여 구비하지 않은 것이 없으며, 어디를 가더라도 통하지 않는 곳이 없어서, 비록 바람 소리와 학 울음, 닭 울음소리나 개 짖는 소리까지도 모두 표현해 쓸 수 있게 되었다.[265]

한글은 누구나 쉽고 빠르고 배울 수 있을 뿐만 아니라 생활의 모든 방면에서 표현하지 못하는 것이 없어서 백성들의 삶의 질을 높였다. 이는 또한 한자를 사용하는 일부의 계층들이 독점했던 권력을 함께 나누어

---

265 『世宗實錄』世宗 28年 9月 29.

갖는 평등이 이루어지는 길이었다. 그러므로 당시 한자를 사용했던 사람들이 반대하지 않을 수 없었다.

> 이조판서 허조가 아뢰기를, "신은 폐단이 일어나지 않을까 두렵습니다. 간악한 백성(奸民)이 진실로 율문을 알게 되면, 죄의 크고 작은 것을 헤아려서 두려워하고 꺼리는 바가 없이 법을 제 마음대로 농간하는 무리가 이로부터 일어날 것입니다."[266]

한자를 사용한다고 하여 모두 법을 농간하는 것은 아니다. 만약 그렇다면 당시의 한자를 사용하는 모든 관리와 사대부들이 법을 농간하였다고 할 수 있다. 최만리와 허조를 막론하고 한글의 창제를 반대했던 사람들의 마음은 백성과 관리가 하나의 언어를 사용하는 평등한 세상을 반대했다고 할 수 있다. 그러면 세종은 단순하게 백성들로 하여금 송사에서 억울함이 없도록 하려고 하였는가?

공자는 자신도 송사를 남과 같이 해결할 수 있지만 자신이 원하는 것은 송사 자체가 없는 세상을 원한다고 하였다. 세종이 삼경과 사서를 바탕으로 유학을 연구하였기 때문에 공자의 뜻을 구현하는 세상을 만들고자 하였음을 알 수 있다.

세종이 원하는 세상은 송사가 일어나기 전에 백성들이 서로 의사소통이 잘 이루어져 송사 자체가 일어나지 않는 세상이다. 그러면 세종이 훈민정음을 통하여 구현하고자 했던 세상은 단순하게 유학의 이상理想일 뿐인가?

---

266 『世宗實錄』 世宗 14年 11月 7.

훈민정음은 초성과 중성 그리고 초성의 세 요소가 중심이 되어 저작되었다. 이때 초성은 천문天文을 나타내고, 중성은 인문人文을 나타내며, 종성은 지문地文을 나타낸다. 따라서 하나의 글자에 담긴 사상은 천지인의 삼재가 하나가 된 세상을 나타낸다. 그러면 단순하게 삼재가 하나가 된 세상을 나타내고 있는가?

초성과 중성이 합하여 하나가 되는 것은 중성에 의하여 이루어진다. 따라서 훈민정음에서 나타내는 천지인의 삼재가 합일되는 세계는 인간을 통하여 이루어짐을 알 수 있다. 그러면 글자와 글자가 결합하여 하나의 문장이 되고, 문장과 문장이 결합하여 글이 되는 것은 어떤 의미를 담고 있는가?

초성을 다시 종성으로 쓰는 것은 천문이 인간을 매개로 하여 지문으로 드러남을 나타낸다. 그것은 훈민정음이 천문에서 시작하여 인간을 매개로 지문으로 드러나는 변화와 더불어 지문으로 드러난 변화가 다시 인간을 매개로 하여 천문으로 돌아가는 두 방향의 변화를 함께 나타냄을 뜻한다. 그러면 이것이 무엇을 의미하는가?

『주역』에서는 형이하의 기로부터 형이상의 도를 향하는 역방향과 도로부터 출발하여 기器에 이르는 순방향을 구분하여 역방향에서 구분하여 나타낸다. 그리고 천도는 위로부터 아래로 작용하고, 지도는 아래로부터 위로 작용한다고 하여 천도와 지도가 순방향과 역방향에서 작용함을 밝히고 있다. 그러면 『주역』은 무엇을 나타내는가?

『주역』에서는 궁리, 진성, 지명의 과정을 거쳐서 이루어지는 지천명을 논하고, 순방향에서는 천명을 실천하는 삶을 논하여 성명의 이치를 논하고 있다. 따라서 『주역』은 역으로부터 출발하여 순에 이르는 방향을 논하고 있다.

그러나 훈민정음에서는 초성을 그대로 종성으로 쓰는 것을 통하여 순順방향의 사건과 종성에서 초성으로 돌아가는 역逆방향의 사건을 하나로 나타내고 있다. 그것은 물건적 관점에서 도道와 기器를 구분하여 이해하는 중국사상과 달리 사건적 관점에서 순역을 하나의 생성生成을 나타내고 있음을 뜻한다.

초성에서 시작하여 종성에서 끝나는 사건이 그대로 종성에서 시작하여 초성에서 끝나는 사건이다. 바로 훈민정음에서는 천도가 아래로 작용하여 지도로 드러나고, 지도가 위로 작용하여 천도로 귀체歸體, 귀공歸空함을 하나의 글자에 담아서 나타내고 있다.

> 일원一元의 기운이 두루 흘러서 다함이 없으니 네 계절의 운행이 순환하여 끝이 없다. 그러므로 정貞이 가고 다시 원元이 오고, 겨울이 가고 다시 봄이 온다. 초성이 다시 종성이 되고, 종성이 다시 초성이 됨이 모두 이러한 뜻이다.[267]

초성에서 종성을 향하고, 다시 종성에서 초성으로 돌아오는 두 방향의 작용이 음양작용이며, 음양작용을 본체와 사상四象으로 나타낸 것이 오행작용이다. 이처럼 음양과 오행으로 나타내고, 본체와 작용으로 나타내며, 형이상의 도, 리와 형이하의 기, 기로 삼재의 세계를 나타내는 것이 중국사상의 특성이다.

---

267 『訓民正音』解例本, "一元之氣 周流不窮 四時之運 循環無端 故貞而復元 冬而復春 初聲之復爲終 終聲之復爲初 亦此義也".

그러나 고조선사상은 시간성의 시간화와 시간의 시간성화가 둘인 호 님, 환인사상이다. 이처럼 시간성의 시간화와 시간의 시간성화가 둘이 아닌 환인의 경계는 영원한 현재이다. 따라서 고조선사상은 영원한 현재를 바탕으로 전개된 생성의 세계를 나타낸다.

훈민정음이 저작되는 원리를 초성에서 종성을 향하는 방향과 종성에서 초성을 향하는 두 방향에서 살펴보면 초성에서 시작하여 종성에서 끝나는 사건은 환웅을 통하여 상징하는 시간성의 시간화이며, 종성에서 시작하여 초성에서 끝나는 사건은 웅호를 통하여 나타내는 시간의 시간성화이다. 따라서 호님사상, 환인사상이 한글로 나타났다고 할 수 있다. 그러면 영원한 현재의 내용인 생성은 어떻게 표현되는가?

훈민정음의 글자와 글자를 결합하여 단어를 만들고, 단어와 단어를 결합하여 문장을 만들며, 문장과 문장을 결합하여 글을 만들어서 서로 소통하는 것은 바로 영원한 현재의 내용인 생성이다. 오늘날 우리가 한글을 사용하여 사고하고 문자로 나타내는 삶이 그대로 생성이다. 따라서 한글은 고조선사상을 나타내고 있다.

훈민정음이 중국유학을 도구로 하여 창제되었지만 고조선사상을 나타내고 있기 때문에 한자와 다른 특성을 갖는다. 우선 형태상으로 보면 한자가 표의문자인 것과 달리 훈민정음은 표음문자이다. 그러면 글자의 제작원리, 형태의 측면에서 한자와 어떻게 다른가?

『설문해자說文解字』를 보면 한자의 제작원리를 삼재를 중심으로 나타내고 있다. 『주역』에서 밝히고 있는 바와 같이 세계를 시간과 공간의 측면에서 사건과 물건으로 나누어서 사건의 세계는 천天으로 그리고 물건의 세계는 지地로 나타내고 있다.

그리고 사건과 물건의 근거가 되는 형이상적 존재를 도로 규정하고 있다. 이를 통하여 천지인天地人의 삼재의 세계의 근거가 천도天道, 지도地道, 인도人道를 내용으로 하는 삼재의 도임을 나타내고 있다. 이처럼 세계를 천지와 그것을 인식하는 주체인 인간으로 구분하여 삼재를 별개로 나타내고 있는 것이 한자이다.

한자는 삼재 각각의 측면에서 물건의 세계를 나타내는 상형象形문자와 사건의 세계를 나타내는 지사指事문자로 구성되었다. 이 양자를 바탕으로 형성形聲문자와 회의會意문자가 구성된다.

그것은 천지의 세계, 사물의 세계를 나타내는 상형과 지사가 먼저 구성되고, 이어서 양자가 더하여진 형성과 회의를 통하여 사물을 구분하여 상형하고, 지사하는 주체인 인간의 세계를 나타낸 것임을 뜻한다. 그리고 앞의 네 가지의 문자를 구성하는 원리를 바탕으로 전주轉注와 가차假借라는 운용원리를 더하여 여섯 가지의 한자를 구성하고 운용하는 원리를 밝히고 있다.

그러나 훈민정음은 삼재가 하나가 되어 나타나고 있다. 초성과 종성은 각각 천天과 지地를 나타내고, 중성은 인간을 나타낸다. 초성을 그대로 종성으로 사용하는 것은 하늘의 뜻이 땅에서 드러나는 것으로 이것이 바로 순順방향을 나타낸다.

그리고 종성을 중성을 매개로 하여 초성과 하나로 연결하는 것은 역逆방향을 나타낸다. 이처럼 순역順逆이 합일合一됨으로써 천지인天地人이 합일合一된 세계를 상징적으로 나타내고 있는 것이 훈민정음의 각 글자 하나이다. 그러면 훈민정음 창제에 나타난 한국유학은 성리학과 어떤 차이가 있는가?

성리학의 학문 방법을 보면 거경궁리이다. 이때 궁리의 구체적인 방법으로 격물치지를 제시한다. 그런데 이러한 학문 방법은 공자가 제시한 학문 방법과 차이가 있다. 그러므로 후대의 학자들은 성리학이 공맹의 정통이 아니라는 비판을 한다. 그러면 공자의 학문 방법과 성리학의 학문 방법이 어떤 차이가 있는가?

공자는 나를 중심으로 삶 가운데서 만나는 사물을 주체화, 내면화하여 이해함으로써 성명합일을 이루고 그것을 바탕으로 비로소 내 안의 참나인 성품을 확충하는 안인, 안백성을 제시한다. 따라서 주체와 객체를 나누어서 객체를 중심으로 주체가 수동적으로 사물의 이치를 수집하여 저장하는 격물치지格物致知를 논하지 않는다. 그러면 훈민정음의 창제는 유학의 학문 방법을 수용하고 있는가?

훈민정음은 종성에서 초성을 향하는 방향을 통하여 수기修己의 문제를 포함하고 있고, 초성에서 종성을 향하는 방향을 통하여 안인, 안백성의 문제를 포함하고 있다. 훈민정음은 수기와 안인, 안백성을 하나로 나타내고 있다. 그러면 훈민정음에서는 수기와 안인, 안백성을 어떻게 나타내고 있는가?

수기와 치인이 하나로 제시되고 있을 뿐만 아니라 양자를 제시하는 방법은 역방향에서 수기를 나타내는 동시에 순방향에서 치인을 나타낸다. 이처럼 중국유학의 역방향에서 출발하여 순방향에 도달하고자 하는 방법과 차이가 있을 뿐만 아니라 양자가 본래 둘이 아님을 나타내고 있다. 따라서 훈민정음의 창제 원리에 반영되어 나타난 유학은 한국의 전통사상을 담은 유학이라는 점에서 한국유학이다. 그러면 한국사상사적 측면에서 훈민정음의 창제가 갖는 의미는 무엇인가?

고조선에서 시작된 한국사상이 삼국과 고려를 거쳐서 조선에 이르면서 외래사상인 중국의 유불도儒佛道 사상을 수용하여 한국화韓國化하는 과정을 거친다. 이 과정에서 도가道家, 도교道敎를 바탕으로 시작된 중국사상의 한국화가 고려시대에 이르러서 비로소 한국불교로 생장生長하였다.

조선에 이르면 한국불교로 생장한 한국사상이 한국유학韓國儒學으로 장성長成하였다. 한국사상의 장성은 조선의 말기末期에 이르러서 비로소 이루어진다. 한국사상의 장성이 이루어지는 조선 역시 생장성生長成의 세 마디로 구분하여 이해할 수 있다.

조선의 초기는 성리학을 바탕으로 한 한국유학의 한국화가 시작되는 출생기出生期라고 할 수 있고, 16세기는 성리학의 한국화의 생장기生長期라고 할 수 있으며, 19세기에서 20세기는 한국유학의 장성기長成期이면서 동시에 한국사상의 분가기分家期라고 할 수 있다.

한국사상의 장성기인 조선의 초기 사상을 살펴볼 수 있는 대표적인 자료가 훈민정음이다. 훈민정음은 고조선에서 고려를 거치고 조선에 들어오면서 중국사상의 특징인 삼재적 세계관, 물건적 세계관을 바탕으로 이루어진 역逆방향 중심, 수도修道 중심, 학문 중심의 인간관을 한국화할 수 있는 토대가 형성되었음을 나타낸다.

그것은 중국이 삼재를 구분하여 인도人道를 중심으로 성명性命원리가 중심이 되는 성리학性理學을 역방향에서 수양론修養論, 수기론修己論을 중심으로 체계화한 것과 달리 한글에서는 삼재가 하나가 되고, 순역順逆이 하나가 된 세계 곧 도道 자체의 관점에서 세계와 인간을 이해하였음을 뜻한다.

조선의 사상사는 삼재의 합일, 순역의 합일을 바탕으로 도에서 만물이 생성되고 다시 만물의 생성이 그대로 도로 수렴되는 생성의 측면, 고조선사상의 내용인 시간성의 시간화의 측면, 신도神道와 천도天道를 중심으로 중국유학을 한국화함으로써 한국유학을 완성하는 과정이었다. 그러면 인간관의 관점에서는 훈민정음의 창제가 갖는 의미는 무엇인가?

그것은 천지를 나타내는 초성과 종성이 인간을 나타내는 중성인 모음에 의하여 하나가 되고, 둘로 나누어짐을 통하여 확인할 수 있다. 천지가 하나가 되어 천지의 역할을 할 수 있는 것은 인간이 있기 때문이다. 인간을 통하여 천지가 하나가 되기도 하고, 둘이 되기도 한다. 따라서 인간이 인간다운 삶을 살아가지 않으면 천天이 천天이 될 수 없으며, 지地가 지地가 될 수 없다.

형이상적 차원에서 천天은 시간성을 나타내고, 지地는 공간성을 나타낸다. 그것을 각각 천도와 지도라고 말한다. 따라서 천도가 나타난 천天은 영원의 시간을 나타내고, 지도가 나타난 지地는 영원의 세계가 나타난 현상인 사물을 나타낸다. 이처럼 형이상의 도와 형이하의 기를 나누어서 양자의 관계가 둘이 아님을 나타내는 존재는 인간이다.

세종은 훈민정음의 창제를 통하여 유학사상이 삶에서 어떻게 작용할 수 있는지를 잘 보여주었다. 그는 훈민정음의 창제뿐만 아니라 측우기測雨器를 발명하고, 천문도天文圖를 제작하는 것과 같이 사상을 삶에서 구현하는 과학적 활동이 둘이 아님을 보여 주었다.

훈민정음을 처음 접했던 외국인들은 간단하면서도 독창적이고, 배우기 쉬우며, 과학적으로 발명된 문자라는 다양한 평가를 하였다.[268] 훈민

268 　서민정, 「20세기 초 전후, '훈민정음'의 재탄생과 한계」, 『한국민족문화』 제82호, 부산대학교 한국민족문화연구소, 2022, 37.

정음은 한글은 표음문자임에도 불구하고 문자 자체가 천지와 만물의 지극한 이치를 모두 드러내고 있는 독특한 특성을 갖는다.

자음과 모음의 구성원리는 물론 하나의 글자를 구성하는 원리, 나아가 글자의 운용원리가 모두 천天과 지地 그리고 인人의 삼재三才의 이치를 그대로 드러내고 있다. 훈민정음은 단순하게 언어를 드러내는 글자가 아니라 천도와 지도, 인도가 둘이 아니고, 종교와 과학, 인문이 둘이 아닌 신도神道의 경계를 나타낸다.

훈민정음의 창제가 갖는 또 하나의 의미는 고조선의 한국전통사상을 바탕으로 시작된 한국사상이 중국의 도교, 도가를 수입하고, 불교를 수입하여 한국화하는 과정을 거쳐서 조선에 이르면 성리학을 치국이념으로 하여 중국유학이 비로소 한국화하기 시작하였다. 이처럼 중국사상의 한국화가 조선에 이르러서 장성의 단계에 접어들면서 훈민정음의 창제라는 사건으로 나타났다.

훈민정음이 세종에 의하여 창제되었다는 것과 더불어 한국사상의 주제인 시간성을 통하여 중국유학의 주제인 천인합일을 나타낸 점에서 한국사상을 담고 있는 한국사상의 상징체계인 동시에 한국문화의 표본이라고 할 수 있다. 그러면 시간성을 어떻게 표현하였는가?

훈민정음은 한국고유사상을 바탕으로 유학의 경계를 문자를 통하여 나타냄으로써 한국사상의 구현과 활용이 어떻게 이루어질 수 있는지를 잘 보여 주는 사례이다. 그것은 훈민정음의 창제를 통하여 하나의 사상이 삶에서 어떤 역할을 할 수 있는지를 잘 보여 주고 있음을 뜻한다.

성리학자들도 유학에 근거하여 한자의 제자원리를 밝히고자 하였다. 북송의 소강절은 상수역학을 어음語音에 접목시켜서 세상의 말소리에 대한 관념체계를 제시하였다. 그는 말소리인 성聲과 글자음인 음音을 나누어서 각각 천성도天聲圖와 지음도地音圖로 나타내었다. 천성도天聲圖에서는 평상거입平上去入의 사성四聲을 천도天道의 사상四象에 상응하는 일월성신日月星辰으로 나누고, 이를 다시 흡벽翕闢으로 나누었다.

지음도地音圖에서는 글자음의 개발수폐開發收閉를 땅의 사상四象인 수화목석水火木石과 관련시켜서 청음清音과 탁음濁音으로 나누어서 나타내었다. 소강절은 「성음창화도聲音唱和圖」를 통하여 정성正聲 160성聲과 정음正音 192음音이 결합하여 30,720개의 보편적인 어음체계를 도출하였다. 그러나 한자는 본래 표의表意문자이기 때문에 음音을 나타낼 수 없는 문자이다. 따라서 소강절 이후에 제작된 모든 운도韻圖는 세간의 논란을 일으켰다.[269]

훈민정음은 한자와 같이 유학의 존재론적 근거인 역도를 나타나낸 상수역학을 근거로 제작되었다. 그러나 소강절의 「성음창화도」에서 나타나듯이 표의문자인 한자의 부족한 표음 기능을 완전하게 나타낼 수 있는 표음문자가 훈민정음이다. 그러면 훈민정음과 한자의 차이는 무엇인가?

한자는 물건적 관점에서 형상을 본떠서 제작된 문자이다. 중국사상, 중국문화는 물건적 관점에서 형이상과 형이하, 도道와 기器, 이理와 사事, 성性과 명命의 이분법적인 사유체계, 이론체계를 바탕으로 전개된다. 이처럼 뜻을 드러내기 위하여 형상 중심으로 형성된 문자이기 때문에 소리를 나타내기 어렵다.

그러나 훈민정음은 시간적 관점에서 사건을 통하여 시간성을 나타낸

---

[269] 심소희, 「象數易學 기반의 훈민정음에 구현된 말글체계」, 『민족문화』 제53집, 한국고전번역원, 2019, 233-264.

다. 시간성이 공간성으로 객관화하고, 사건, 시간이 물건, 공간으로 나타난다. 훈민정음은 표음문자이지만 한자와 같이 삼재의 도를 드러내는 동시에 한자가 드러낼 수 없는 시간성의 세계, 천도天道, 신도神道의 세계를 나타낸다. 이처럼 천지인의 도가 둘이 아닌 경계를 신문神文이라고 말한다.

 우리가 고조선사상을 통하여 확인했듯이 한국사상, 한국 역학이 바탕이 되어 중국 사상, 중국 역학이 형성된다. 따라서 우리는 앞으로 중국사상, 중국 문화로부터 우리의 사상, 우리의 문화가 형성되었다는 사대주의적이고 노예적인 삶의 태도를 바꾸어 한국사상, 한국역사, 한국문화를 바탕으로 외래문화, 외래사상, 외래역사를 주체적으로 수용하여 평등한 관계로 대해야 한다. 한국역사, 한국문화, 한국사상이 소중하기 때문에 한국역사, 한국문화, 한국사상과 둘이 아닌 모든 역사, 모든 사상, 모든 문화가 소중하다.

2. 이진상李震相의 학문방법론과 생성적 패러다임

　세종은 훈민정음이라는 언어는 물론 측우기, 해시계와 같은 기술을 통하여 홍익인간의 세상을 꿈꾸었다. 그와 달리 성리학자들은 성리학의 한국화를 통하여 홍익인간의 꿈을 꾸었다.

　학문과 실천을 두 축으로 하는 유학은 학문의 수기修己와 실천의 안인安人, 안백성安百姓을 둘로 보지 않는다. 성리학은 유학의 수기라는 소사小事를 바탕으로 안인安人, 안백성安百姓의 대사大事를 추구하는 전통을 벗어나지 않는다. 이처럼 자신의 본래면목을 찾아서, 자신으로 살고자 하는 삶의 방법은 유가와 불가, 도가를 막론하고, 중국사상의 특징이다.

　성리학은 실체적 관점에서 형이상의 도道와 형이하의 기器의 본질을 이理와 기氣로 규정하고, 이와 기를 바탕으로 존재론, 심성론, 수행론을 전개한다. 따라서 형이상의 근원과 형이하의 현상을 나타내는 도와 기, 이와 기를 어떻게 이해할 것인가는 중요한 문제이다.

　성리학을 이론 체계화한 주희는 이와 기의 관계를 다양한 관점에서 나타낸다. 그가 이와 기의 관계를 나타내는 대표적인 개념은 불상리不相離, 불상잡不相雜이다. 불상리는 이와 기가 둘이 아님을 나타내며, 불상잡은 이와 기가 하나가 아님을 나타낸다.

　19세기 이전의 한국의 유학자들이 성리학을 수용하여 한국화하는 데 치중한 것과 달리 19세기의 한국의 유학자들은 성리학을 한국성리학으로 발전시킨다.

성리학의 한국성리학화를 위한 첫걸음은 성리학의 이론체계에 대한 비판적 접근이다. 한주 이진상은 "불리불잡不離不雜의 네 글자는 곧 이기설의 제일의제이다."[270]라고 하여 성리학의 관건인 이기론에서 가장 중요한 주제가 이와 기의 관계임을 환기喚起시킨다.

> 불리불잡의 네 글자는 이기의 요령이다. 도는 기器를 떠나지 않으며, 기器는 쉽게 볼 수 있다. 그러므로 기器로 인하여 도를 밝힌다. 기器는 도와 섞이지 않아서 도가 근본이 된다. 그러므로 도가 앞서고 기器는 뒤다.[271]

형이상의 도와 형이하의 기의 관계를 나타내는 불리불잡은 존재론과 인식론, 수행론의 관점에서 이해할 수 있다. 인용문의 앞부분에서 한주는 불리不離를 인식론적 관점에서 설명한다. 그는 도와 기가 둘이 아니기 때문에 기를 통하여 도를 인식한다고 말한다.

뒷부분에서는 불잡不雜을 존재론적 관점에서 설명한다. 도와 기가 하나가 아니기 때문에 도가 선이고, 기는 후라고 말한다. 이는 도가 근본이고, 기가 지말임을 뜻한다. 그러면 이처럼 존재론과 인식론의 두 관점에서 이기의 관계가 서로 다른 까닭은 무엇인가?

이기의 관계를 나타내는 불리불잡은 모순 관계를 형성한다. 그러므로 불리불잡을 바탕으로 전개되는 이기론은 서로 상반되는 주장을 하는 역설이 될 수밖에 없다. 주희도 스스로 자신의 이론체계에서 발생하는 역

---

270 『寒州全書』四, "不離不雜四箇字 是理氣說之第一義諦".
271 『寒州集』十一, "不離不雜四字 是理氣之要領 道不離器而器爲易見 故因器而明道 器非雜道而道爲其本 故先道而後器".

설의 문제를 인식했다. 그는 역설을 벗어나기 위하여 불리불잡을 합간合
看과 이간離看을 비롯하여 다양한 관점에서 설명하였다.

존재론과 인식론은 인간이 세계와 인간의 관계를 나타내는 주장, 이론일 뿐으로 그것이 세계 자체는 아니다. 그것은 존재론과 인식론, 도와 기, 이와 기를 구분하여 불리불잡의 관계로 나타내는 주체가 인간임을 뜻한다. 그러므로 불리불잡을 그것을 논하는 주체인 인간을 중심으로 이해하면 관점의 문제일 뿐이다.

합간合看과 이간離看은 불리불잡이 인식의 문제임을 나타낸다. 한주는 불리불잡의 문제가 합간과 이간의 문제임을 다음과 같이 밝힌다.

> 도는 본래 음양과 섞이지 않기 때문에 이간해야 하고, 도는 본래 음양과 떨어지지 않기 때문에 합간해야 한다. (이간은 이와 기가) 서로 떨어져서 마침내 교섭이 없음을 말하는 것이 아니며, (합간은 이와 기를) 합하여 마침내 분별이 없음을 말하는 것이 아니다.[272]

형이상의 도와 형이하의 기를 실체적 관점에서 이해하면 양자의 관계를 나타낼 수 없다. 만약 양자가 둘이라면 서로 떨어지지 않는다고 말할 수 없고, 양자가 하나라면 섞이지 않는다고 말할 수 없다. 그것은 물건적 관점에서 이기를 나타내면 불이不二이면서도 동시에 불일不一이어서 양자의 관계가 모순일 수밖에 없음을 뜻한다. 그러면 합간과 이간은 무엇을 의미하는가?

---

272 『寒州全書』 四, "道本不雜乎陰陽 故可以離看 道固不離乎陰陽 故可以合看 非謂離之而遂無交涉 合之而遂無分別也".

도와 기, 이와 기가 불리불잡의 관계임은 바로 둘도 아니면서 동시에 하나도 아님을 뜻한다. 따라서 양자를 하나로 보는 합간과 둘로 보는 이간을 동시에 해야 한다. 그러면 합간과 이간은 아무런 문제가 없는가?

그러나 합간과 이간도 불리불잡과 같이 양립할 수 없는 개념이다. 한주는 이간을 통하여 이와 기를 둘로 나타내지만 이와 기가 교섭이 없는 것은 아니고, 합간을 통하여 이와 기를 하나로 보지만 분별이 없는 것은 아니라고 말한다. 그것은 그가 합간을 통하여 이와 기를 하나로 보고, 이간을 통하여 이와 기를 둘로 보면서도 동시에 하나로 보아도 하나에 얽매이지 않고, 둘로 보아도 둘이 얽매이지 않아야 한다고 말하는 것과 같다.

> 세상에서 리理를 말하는 사람들은 불리不離를 말하면 곧 불잡不雜을 잡아서 그것을 배척하고, 불잡不雜을 말하면 곧 불리不離를 잡아서 그것을 공격한다.[273]

한주가 말하는 세상 사람들의 태도는 그릇된 것이 아니라 올바른 태도이다. 불리와 불잡이 모순 관계이기 때문에 양자를 하나로 주장할 수 없다. 따라서 그들은 어느 한 측면을 통하여 다른 측면을 비판하는 방법을 사용하지 않을 수 없다. 그러면 이 문제를 어떻게 해결할 수 있는가?

우리는 이미 형이하의 현상을 바탕으로 이것과 저것을 구분하여 이해하는 수학, 과학의 분합적 학문방법과 형이상과 형이하, 근원과 현상, 도와 기를 구분하여 이해하는 유가, 불가, 도가를 비롯하여 우파니샤드와

---

[273] 『寒州全書』四, "世之言理者 纔說不相雜 便執不相離者而駁之 纔序不相離 便執不相雜者而攻之".

같은 종교, 사상의 이론체계가 갖는 역설의 문제를 살펴보았다.

역설의 문제를 해결하는 방법은 주체와 객체, 형이상과 형이하를 구분하는 인간 자신의 내면으로 들어가서 주체와 객체를 구분할 수 없는 성품, 자성自性의 차원에서 비로소 문제를 해결할 수 있다. 그러면 한주가 이 문제를 어떻게 해결하고자 하는지 살펴보자.

가. 순추와 역추의 학문 방법

사람들이 이와 기를 불리, 불잡으로 이해할 때 발생하는 역설의 문제는 이기理氣를 동일한 차원의 반대 개념으로 이해하기 때문이다. 한주는 이 문제를 해결하기 위하여 이理와 기를 형이상과 형이하의 두 차원을 중심으로 상하의 관계를 통하여 나타내고자 했다.

형이상과 형이하의 도와 기를 상하의 관계를 통하여 나타내고 있는 것은 『주역』이다. 『주역』의 뇌산소과괘의 괘사에서는 "날아가는 새가 남긴 울음소리가 있으니 위로 올라감은 마땅하지 않고 아래로 내려감이 마땅하니 크게 길하다."[274]라고 하였다. 이에 대하여 단사에서는 "날아가는 새가 남긴 울음소리가 있으니 위로 올라감이 마땅하지 않고, 아래로 내려감이 마땅하여 크게 길하다는 것은 위로 올라감은 역逆이고, 아래로 내려감이 순順이기 때문이다."[275]라고 하여 순역順逆을 논하고 있다.

한주는 순역의 개념을 중심으로 이기를 순추順推와 역추逆推의 방향을

---

274 『周易』雷山小過卦 卦辭, "飛鳥遺之音에 不宜上이오 宜下면 大吉하리라".
275 『周易』雷山小過卦 彖辭, "飛鳥遺之音不宜上宜下大吉은 上逆而下順也일새라".

통하여 이해할 것을 제시하였다. 역추는 기器로부터 시작하여 도를 밝히는 방법이며, 순추는 도로부터 기를 밝히는 방법이다. 그는 순추와 역추에 대하여 다음과 같이 밝히고 있다.

> 공자의 "역에는 태극이 있다."라는 말과 주렴계의 음양 권내에서 태극 본체를 도출하는 것은 기器로 인하여 도를 밝히는 것으로 사람의 인식을 쫓아서 역추하는 것이 이와 같다. 그러므로 주희도 불리不離의 실다움을 먼저 하였다. 공자의 "태극이 양의를 생한다."라는 말과 주렴계의 "태극이 음양을 생한다."라는 말은 도를 먼저하고 기를 뒤에 하는 것이다. 천도로 말미암아서 순추하는 것이 이와 같다. 그러므로 주희가 불잡不雜의 묘로 계승하였다.[276]

한주는 형이상의 도와 형이하의 기를 중심으로 순역의 두 방향을 통하여 리기의 관계를 이해하고자 한다. 그는 인식론적 측면에서는 현상의 기를 통하여 형이상을 파악하는 역추逆推를 제시하고, 존재론적 측면에서는 형이상의 도를 바탕으로 현상의 기를 논하는 천도 중심의 순추를 제시한다.

그는 불리不離를 중심으로 역추逆推를 논하고, 이어서 불잡不雜을 중심으로 순추를 논한다. 이는 그가 불리불잡을 존재론 중심으로 이해하거나 인식론 중심으로 이해한 것이 아니라 존재론과 인식론, 수행론의 두 측

---

276 『寒洲集』卷七, "不離不雜四字 是理氣之要領 道不離器而器爲易見 故因器而明道 器非雜道而道爲其本 故先道而後器 夫子之言易有太極 周子之於陰陽圈內 挑出太極本體者 是乃因器而明道也 從人見而逆推則如此 故朱子亦以不離之實先之 夫子之言太極生兩儀 周子之言太極生陰陽者 是乃先道而後器也 由天道而順推則如此 故朱子亦以不雜之妙繼之".

면에서 함께 이해하였음을 뜻한다.

> 사물의 관점에서 보는 것이 역추이며, 근본을 미루어서 (기를 통하여) 나타내는 것이 순추이다. 역추는 사람이 사물을 인식하는 시작이고, 순추는 천리의 근원이다. 물건에서 시작하여 위로 역추하기 때문에 실實에 의지하고, 리를 바탕으로 아래로 순추하기 때문에 참을 얻는다.[277]

그는 역추를 통하여 사물에서 시작하여 그 근원인 태극, 리를 밝힘으로써 실다움이 사라진 공리空理가 되지 않으며, 순추를 통하여 태극, 리를 통하여 음양을 논하기 때문에 참됨이 확보된다고 하였다.

사물로부터 시작하여 그 근원인 리에 이르는 역추와 리로부터 형이하의 사물에 이르는 순추는 학문의 측면에서 보면 학문의 방법과 학문의 결과라고 할 수 있다. 한주는 역추를 앎의 과정으로 그리고 순추를 앎의 결과로 규정하여 다음과 같이 밝히고 있다.

> 공부는 역추이며, 그 공효는 순추이다. 대개 공부는 먼저 알고자 함으로 구경에는 원하는 것이 있기 때문에 먼 곳으로부터 역추한다. 공효를 빨리 얻기 위하여 조장하거나 단계를 뛰어넘어 망령되게 구하는 것이 옳지 않기 때문에 가까운 곳에서부터 순추한다.[278]

---

277 『寒州全書』貳, "觀乎物者逆推也 推其本者順推也 逆推者人見之始 順推者天理之原 物上逆推則靠實 理下順推則得眞".
278 『寒州全書』四, "工夫則逆推 而功效則順推 蓋工夫則欲其先知 究竟有所向望 故自遠而逆推來 功效則不可欲速助長躐等忘求 故自近而順推去".

공부는 앎의 문제이다. 앎에는 마침내 도달해야 할 곳이 있기 때문에 역추한다. 그리고 공부의 결과는 조장하거나 단계를 뛰어넘어서 얻을 수 없어서 순추한다. 그것은 역추를 통하여 리에 도달해야 함을 나타내는 동시에 순추를 통하여 리로부터 기氣로 그리고 사물에 이르러야 함을 밝힌 것이다.

역추가 사물로부터 시작하기 때문에 형이하적 차원에서 멈추면 기器의 속성을 리의 본질로 오해하기 쉽다. 그것은 마치 육신이라는 물체가 갖는 속성인 본능을 형이상적인 본성으로 착각하는 것과 같다. 그러면 역추의 과정은 어떻게 이루어지는가?

역추는 모두 학문의 주체인 인간에 의하여 이루어진다. 이는 한주가 불리불잡이라는 존재론적 문제를 인식론적 문제로 이해하고, 다시 한 걸음 더 나아가서 인식론적 문제를 그것을 논하는 지금 여기의 나의 내면에서 일어나는 마음의 문제로 이해하였음을 뜻한다. 그는 마음을 통하여 역추가 이루어짐을 다음과 같이 밝힌다.

> 천하의 이理는 만물에 산재하지만 그 근본은 내 마음에 갖추어져 있다. 만약 사물의 이치를 널리 보고자 한다면 어찌 먼저 나의 마음을 살피지 않는가? 내 마음이 발현되는 곳에서 그 실마리를 궁구하면 정情으로 말미암아 성性에 이르고, 성性으로 말미암아 천명에 이르며, 천명으로 말미암아 천도天道에 이른다. 역추하여 사물이 없는 단계에 이르면 결단코 기가 있지 않을 때에도 리는 있다.[279]

---

279 『寒州集』卷六, "天下之理 散在萬物 而其本具吾一心 與其泛觀物理 盍先察之於吾心 遂於吾心發見之處 各究其端 由情而之性 由性而至天命 由天命而至於天道 逆推到無物之前 而斷之爲未有此氣 先有此理".

역추가 육신의 감성에서 출발하여 육신의 근본인 성품을 거쳐서 천명에 이르고, 천명을 거쳐서 천도에 이르는 과정이라면 순추는 천도, 천명, 성을 거쳐서 정에 이르는 과정이다.

순추는 학문적 측면에서는 학문의 성과를 여러 이치로 해부하여 그 의미를 밝히는 이해와 설명의 과정이라고 할 수 있다. 이를 통하여 앎의 내용인 지식, 정보를 다른 사람과 공유하고 확산하는 삶이 전개된다.

그러나 순추와 역추는 형이상과 형이하의 도와 기의 관점에서 논해진다. 그것은 순추와 역추가 그대로 인간의 삶의 문제임을 뜻한다. 삶의 측면에서 보면 역추는 학문, 수기의 문제이고, 순추는 실천, 안인의 문제이다.

순추와 역추를 인간과 세계의 관계를 중심으로 이해하면 역추는 개체적 인간으로부터 출발하여 세계의 근본에 이르는 인식론적 관점이고, 순추는 현상의 근원인 도로부터 현상을 드러내는 존재론적 관점이다.

나. 수간, 도간, 횡간의 학문방향

역추는 형이하의 사물로부터 시작하지만 사물의 속성을 밝히는 것이 아니라 근원인 형이상의 태극, 리를 찾는 방법이다. 따라서 비록 사물과 인간이 구분된 상태에서 인간의 인식을 시작으로 하지만 태극, 리에 이르면 사물의 리와 인간의 성품이 하나인 차원에서 비로소 역추가 완성된다.

그리고 순추는 형이상의 태극, 리로부터 시작하지만 그것이 본체가 되어 이루어지는 작용과 작용으로 결과로서의 사물을 밝히기 때문에 작용과 사물을 밝히는 측면에서는 태극, 리의 차원에 머물러서는 안 된다. 따라서 순추와 역추가 구체적으로 어떻게 다른지가 제시되어야 한다.

한주는 주희가 제시한 불리불잡, 이합간離合看의 문제를 순추와 역추라는 두 방향을 통하여 제시하였다. 그리고 두 방향에서 이루어지는 학문의 방법으로 수간竪看, 도간倒看, 횡간橫看의 삼간三看을 제시하였다.

> 생각건대 이기의 묘함은 서로 떠나지 않음과 서로 섞이지 않음으로 그 요체는 사람이 이간하고 합간하는 데 있다. 그러므로 본원상에 나가서 수간함이 있고, 유행처에 나가서 횡간함이 있으며, 형적상에 나아가서 도간함이 있다.[280]

그는 역추의 관점을 도간으로 나타내고, 순추의 관점을 수간으로 나타내며, 순추와 역추가 하나가 된 관점을 횡간으로 나타내었다. 태극, 리의 차원에서 형이하의 기를 향하는 관점을 수간으로 그리고 기에서 출발하여 리에 이르는 관점을 도간으로 구분한 후에 양자를 구분할 수 없는 세계를 횡간으로 구분한 것이다. 따라서 수간과 도간이 이간離看의 구체적인 내용이라면 횡간은 합간이라고 할 수 있다. 그러면 삼간은 무엇인가?

오늘날 우리가 한주의 삼간을 이해하기 위해서는 그가 왜 삼간이라는 개념을 제시했는지를 파악할 필요가 있다. 그는 삼간의 필요성을 다음과 같이 밝힌다.

---

280 『寒洲集』卷七, "竊念理氣之妙 不相離不相雜 要在人離合看 故有就本原上竪看者 有就流行處橫看者 有就形迹上倒看者".

궁리의 시초는 도간倒看을 해야 근거할 바가 있게 되고, 리를 분석하는 정밀성은 횡간橫看을 해야 유실遺失함이 없으며, 리를 밝히는 극치는 수간豎看을 해야 참다움을 얻는다.[281]

한주가 제시한 삼간은 성리학의 학문방법인 격물치지格物致知의 궁리窮理를 중심으로 제시된다. 그는 궁리를 현상으로부터 시작해야 선불교, 노장과 같은 허무한 공리空理가 아닌 실리實理가 드러나고, 수간을 해야 리의 참됨이 드러나며, 횡간을 해야 리의 정밀함이 드러난다고 하였다.

한주가 제시한 삼간이 필요한 까닭은 성리학과 선불교, 노장과 차별성을 부각浮刻시키기 위함이다. 그러나 이 문제는 이상과 현실, 이와 사, 형이상과 형이하의 관계를 어떻게 이해할 것인지의 문제이다.

성리학자들은 선불교에서 언하대오言下大悟의 조사선祖師禪을 주장하고, 돈오성불, 돈오돈수에 의한 견성성불을 주장하는 것과 차별을 두기 위하여 격물치지를 중심으로 점수漸修적인 수기를 주장한다. 비록 그들도 활연관통을 주장하지만 언하대오, 돈오성불을 부정한다.

그러나 성리학자들이 선불교를 배척하는 까닭은 바로 순방향에서 제기되는 현실에 대한 이해이다. 불교에서는 역방향에서 성불을 추구하기 때문에 현상을 환화幻化로 여기고, 현실에 대하여 염리심厭離心을 요구한다. 그러면 삼간을 통하여 이 문제를 어떻게 해결할 수 있는가?

공자가 주장하는 것처럼 역방향의 수기와 순방향의 안인, 안백성을 함께 논하면 현실과 근원, 형이하와 형이상의 어느 일면에 치우치지 않는다.

---

281 『寒洲集』卷七, "窮理之始 倒看而有所據 析理之精 橫看而無所遺 明理之極 豎看而得其眞".

한주는 도간을 통하여 근원을 바탕으로 현실을 향하는 방향에서 학문을 하고, 수간을 통하여 역방향에서 현실로부터 근원을 향하여 학문을 하며, 순역이 하나인 방향에서 횡간을 통하여 근원과 현실이 둘이 아님을 파악할 수 있다. 그러면 양추와 삼간은 어떤 관계인가?

순추와 역추는 이와 기, 도와 기, 형이상과 형이하의 두 관점에서 학문의 방향을 구분하여 나타낸다. 순추는 도, 이理로부터 출발하여 기器, 기氣를 향하는 방향에서 이루어지는 학문을 나타내며, 역추는 기, 기로부터 출발하여 도, 이에 이르는 방향에서 이루어지는 학문을 나타낸다. 그러면 삼간은 무엇인가?

순추와 역수의 양추를 하는 주체는 인간이다. 따라서 양추를 확대하여 순역과 그것을 논하는 인간의 세 요소를 함께 나타내야 한다. 순추와 역추가 그것을 논하는 인간과 대상화하여 나타낸 것과 달리 삼간은 순추와 역수를 그것을 논하는 주체인 인간을 중심으로 나타낸 개념이다. 그러면 한주의 양추, 삼간이 갖는 의미는 무엇인가?

조선성리학에서 한주가 제시한 삼간, 양추가 갖는 의미는 성리학을 비롯하여 중국유학, 중국불교, 중국도가와 같은 중국사상의 특성에서 찾을 수 있다. 중국사상은 이원론적인 사유구조, 논리구조에 의하여 학문과 실천, 삶을 논한다. 중국사상에서는 비록 체용을 논하더라도 용에 현상을 포함하거나 본체에 현상을 포함하여 본체와 작용, 현상의 삼원적 요소를 사용하지 않는다.

한국사상은 삼원적인 구조에 의하여 사유하고, 그것을 주장으로 나타낸다. 한주의 삼간, 양주가 갖는 의미는 이원적 구조의 성리학의 이론체계를 벗어나서 삼원적 구조에 의하여 성리학의 학문방법을 논한 점이다.

그러나 비록 한주가 성리학의 학문체계, 이론체계에 대하여 비판적 관점에서 접근했지만 성리학의 학문 안에서 이루어진 비판이기 때문에 한계를 갖는다. 그러면 그의 주장은 어떤 문제가 있는가?

한주가 주희를 비롯하여 성리학자들이 오로지 주희를 비롯하여 다른 사람이 제시한 주장, 이론체계를 대상으로 분합하는 학문의 방법을 비판하고, 학문의 주체인 인간 자신의 내면으로 들어와서 삼간三看과 양추兩推의 방법을 제시한 것은 의미가 있다.

그러나 한주는 삼간과 양추의 내용과 관계를 명확하지 제시하지 않았다. 그것은 그가 삼간과 양추를 오로지 학문을 중심으로 논하고 있을 뿐으로 실천과 관련하여 논하지 않음을 뜻한다. 이처럼 삼간, 양추를 오로지 학문의 방법으로만 제시한 것은 그가 자신이 제시한 학문의 방법을 사용하지 못하였음을 보여준다.

만약 그가 자신이 주장한 삼간, 양추를 이론체계를 대상으로 시비를 논하는 방법에 한정시키지 않고, 수기의 문제로 이해하고 그것을 넘어서 실천으로까지 확장했다면 그의 주장이 보다 체계적이고, 구체적이었을 것이다.

그는 퇴계와 율곡 그리고 남당의 주장들을 비판하고자 삼간과 양추를 제시하였다. 그것은 삼간과 양추가 다른 사람의 이론에 대하여 시비를 판단하고 자신의 주장이 타당함을 논증하는 방법으로 제시되었음을 뜻한다.

다른 사람의 주장을 대상으로 시비를 판단하는 문제는 논리적인 문제일 뿐으로 존재론적 주장이 아니다. 왜냐하면 불리불잡의 타당성은 그것이 단순하게 주희의 주장이라는 점에서 확보되지 않기 때문이다. 그의 주장의 전제가 되는 이기의 불리불잡이 논리적으로 타당할 뿐만 아니라 옳기 위해서는 양자가 자각의 범주이자 존재의 범주이어야 한다.

한주는 퇴율의 이기호발理氣互發, 기발이승일도氣發理乘一途를 비판하고, 이발일로理發一路를 주장한다. 이처럼 그의 주장에는 이일분수理一分殊가 전제되고 있다. 이일분수의 측면에서 보면 만약 역추에서 시작하여 순추에 이르면 리가 만물에 산재함을 알면 그 어떤 것도 이理의 드러남이 아님이 없다.

마음 역시 성품이 드러난 작용의 측면에서 보면 모두가 리理이다. 그가 제시한 마음이 이理라는 심즉리心卽理와 이가 주재자이고, 기가 돕는다는 이주기자理主氣資는 이일분수의 다른 표현이라고 할 수 있다.

그의 이발일로설에 의하면 어떤 주장을 막론하고 이발理發일 뿐이다. 그러므로 본래 근원에서 보면 일체이기 때문에 회통이 필요가 없을 뿐만 아니라 노장이나 불교는 물론 율곡의 기발이승일도설氣發理乘一途說 역시 리의 작용이기 때문에 시비를 논할 수 없다.

그러나 그는 "성현이 성현이 되고, 이단이 이단이 되는 까닭은 주리主理와 주기主氣 사이에 존재할 뿐이다."[282]라고 하여 주기론자들을 이단으로 철저하게 비판하고 있다. 그는 가깝게는 율곡에서 시작하여 노장, 불교, 도교를 비롯하여 자신의 주장 이외의 모든 주장을 철저하게 배척한다.

한주의 주장은 그대로 성리학 자체의 한계를 드러낸다. 그가 주리와 주기를 주장함은 리와 기를 모두 실체로 여기기 때문에 발생한다. 그것은 리와 기를 바탕으로 형성되는 세계, 만물이 존재한다는 실체적 사고

---

282 『寒洲集』卷十六, "從古聖賢之所以爲聖賢 異端之所以爲異端 特在乎主理主氣之間而已".

를 바탕으로 그의 이론이 전개됨을 뜻한다.

인간과 대상적으로 존재하는 태극, 리라는 형이상적 실체를 상정하고 그것을 근원으로 여기고, 리를 근거로 형이하의 만물이 형성됨을 주장하면 지말을 떠나서 근본과 하나가 되는 합일이 근본 문제가 된다.

성리학이 성즉리의 천인합일을 주장하면서도 존재론적 측면에서 이연의 천인합일과 당위론적 측면의 응연의 천인합일을 구분하여 역방향의 응연의 합일을 중심으로 학문을 논하기 때문에 한주가 삼간을 논하였지만 삼간을 자유자재하지 못하고, 순역의 양추를 논하였지만 순역에 자유롭지 못하였다.[283]

한주가 형이상의 리와 형이하의 기를 철저하게 구분하여 리가 근원이며, 리가 지말임을 강조한 까닭은 과학과 성리학의 특성이 다름을 분명하게 밝히고자 한 것이라고 할 수 있다. 우리는 그의 학문 방법론을 통하여 형이상의 리를 중심으로 인간의 성명性命을 대상으로 하는 인문학의 차원과 형이하의 기器를 대상으로 하는 과학의 차원이 서로 달라서 과학의 차원을 넘어서야 비로소 인문학의 세계에 도달할 수 있음을 알 수 있다.

그러나 형이상의 도, 이, 성품이 비록 현상의 근원이지만 근원에 머물면 현상과 어긋나기 때문에 현상에서 어떤 기능도 하지 못한다. 비록 한주가 형이하의 현상을 벗어나서 형이상의 근원을 바탕으로 학문해야 함을 밝혔으나 자신도 여전히 도, 성품을 자유자재로 활용하는 삶을 제시하지 못하였다.

---

283 儒佛道를 중심으로 한 인문학의 학문방향, 방법, 도구, 주체, 목적에 대하여는 이현중의 『儒佛道와 洞觀의 인문학』, 충남대학교 출판문화원, 2017, 115쪽에서 162쪽을 참고하기 바란다.

3. 김일부의 도학과
   생성적 패러다임

　한주가 순역의 양추의 학문 방향을 제시하는 동시에 그것을 학문의 주체인 인간의 관점에서 삼간三看으로 제시하여 순역의 문제가 인간의 문제임을 밝힌 점에서는 중국유학과 다른 관점이라고 할 수 있다.

　그러나 한주가 제시한 삼간과 양추 역시 주희의 성리학적 이론 체계와 그것을 수용하여 발전시킨 한국의 성리학자들이 제시한 이론 체계를 대상으로 그것을 비판하고 자신의 주장을 제시했을 했을 뿐으로 자신의 내면으로 주체화시켜서 수기로 발전시키지 못했다.

　한주가 제시한 이기론은 기존의 주장에 대한 또 하나의 다른 주장일 뿐이다. 그는 이기理氣에 의하여 전개되는 만물을 대상으로 하는 실체적 세계관을 바탕으로 학문을 논하고, 이기론을 전개하여 오로지 근원, 형이상, 도, 이만을 추구하는 역방향을 벗어나서 현상과 둘이 아닌 순추에 의한 수간의 경계, 수간과 도간이 둘이 아닌 횡간의 경계를 제시하지 못하였다.

　그러나 한주와 동일한 시대의 일부 김항은 당시의 성리학자와 다른 관점에서 학문과 삶, 세계를 논한다. 그는 신, 성품이라는 형이상의 근원으로부터 출발하여 매 순간 다양하게 드러나는 생성의 관점에서 인간과 세계를 둘이 아닌 것으로 이해한다.

　그는 한주가 논한 수간竪看을 바탕으로 한 횡간橫看의 관점에서 인간을 논하고 세계를 논한다. 그러나 일부는 한주가 다른 사람의 이론 체계를 대상으로 하는 실체적 관점에서 분합의 방법을 사용한 것과 달리 솔성率性을 중심으로 생성을 논한다.

일부가 자신의 경계를 나타낸 『정역』에서는 시간성과 시간의 관계를 통하여 변화의 세계를 나타낸다. 그는 생성적 패러다임에 의하여 시간성을 화화옹, 상제, 반고盤古[284]와 같은 다양한 개념으로 나타내면서 화화옹이 본성에 의하여 끊임없이 자신의 상태를 벗어나 변變하여 타자로 화化하는 생성을 통하여 세계를 논한다.

가. 시간성의 도역생성과 선후천

인류는 다양한 관점에서 학문을 분류한다. 물건적 관점에서 세계를 형이하의 현상과 형이상의 근원을 나누어서 이해하면 학문은 현상을 대상으로 하는 현상학現象學, 형이하학과 형이상의 근원을 대상으로 하는 본체학本體學, 형이상학으로 구분할 수 있다.

현상의 사물을 대상으로 하는 법학, 경제학, 정치학, 행정학과 같은 사회학이나 물리학, 화학, 생물학을 비롯한 과학은 형이하학이다.

유불도儒佛道의 삼가三家를 비롯하여 다양한 사상과 그리스도교를 비롯하여 여러 종교는 현상의 근원인 도, 신, 성을 대상으로 형이상의 근원을 추구하는 형이상학이다.

그러나 어떤 학문을 막론하고 이론 체계로 제시되기 때문에 실천의 측

---

[284] 『정역』에서는 반고를 변화의 근원으로 나타내어 化翁, 化化翁으로 그리고 변화하지만 변화함이 없음을 나타내기 위하여 化無翁, 化無上帝로 나타내기도 하였다.

면이 제거된 반쪽이라는 점에서 삶, 세계를 그대로 나타내지 못한다.

형이상과 형이하, 도와 기, 성과 명, 이와 사를 구분하여 나타내는 순간 이상과 현실, 근원과 현상이 나누어지기 때문에 양자를 하나로 합하여 나타내야 한다. 이처럼 물건적 관점에서 나누고 합하는 분합의 방법은 형이하학이나 형이상학을 막론하고 공통적인 학문방법이다. 그러면 형이하의 현상과 형이상의 근원은 어떤 관계인가?

형이상의 근원은 물건적 관계처럼 이것과 저것의 분별이 없다. 그것을 둘이 아닌 불이不二의 경계라고 말하고, 도道라고 말하며, 신神이라고 말고, 부동不動, 공空, 불변不變, 무언無言, 무념無念, 무상無相이라고 말한다.

그러나 현상은 항상 둘이다. 선과 악, 형이상과 형이하, 이와 기, 이와 사는 모두 현상이다. 그것은 아무리 형이상의 근원을 가리키는 불, 성, 도, 신이라는 개념일지라도 일단 개념으로 나타난 이상 하나의 상대적인 개념임을 뜻한다.

상대적 개념인 이와 기, 이와 사, 도와 기는 양자를 조건으로 형성되기 때문에 어느 한쪽이 없으면 다른 쪽도 성립되지 않는다. 긍정적인 측면에서 상대적인 두 개념은 서로가 서로를 존재하게 한다.

그러나 부정적인 측면에서 상대적 두 개념은 어느 일면이 사라져야 비로소 다른 한 측면이 존재한다. 이처럼 상대적인 개념들은 양자가 동시에 존재할 수 없는 모순 관계를 형성한다. 그러면 상대적인 개념이 갖는 긍정적인 측면과 부정적인 측면을 어떻게 이해할 것인가?

우리는 여기서 이와 기의 관계를 나타내는 성리학의 불리불잡과 이합간을 다시 생각해 볼 필요가 있다. 이와 기의 서로 떨어질 수 없으면서 동시에 서로 섞일 수 없는 관계는 바로 그것을 생각하고, 언어를 통하여 나타내는 인간의 문제이다. 이처럼 불리불잡을 인간의 문제로 주체화하면 이합간이 된다. 그러면 이합간은 무엇인가?

인간이 스스로 물건화, 실체화하여 나누고 합하는 분합적 사유를 하고, 그 결과를 언어로 나타낸다. 따라서 이합, 분합의 대상으로서의 세계 자체는 없다. 그것은 세계를 보고 세계를 논하는 지금 여기의 나와 무관한 세계가 없음을 뜻한다.

이제 우리는 주체와 객체, 나와 세계로 나누어 나타내기 이전의 주체와 객체, 나와 세계, 형이상과 형이하의 구분이 없는 경지를 출발점으로 삼아 논의를 시작할 수 있다. 그러면 형이상과 형이하, 주체와 객체, 나와 세상의 구분이 없는 실체적 경계가 있는가?

이미 주객, 형이상과 형이하의 구분이 없는 경계를 논하면서 실체적 경계를 말할 수 없다. 그러므로 주객, 형이상과 형이하의 구분이 없는 경계를 중도로 나타낸다. 그러나 중도가 실체적 존재가 아님을 나타내기 위하여 역도易道, 변화의 도라고 말한다. 그러면 역도, 변화의 도로 중도를 잘 나타내는가?

역도, 변화의 도 역시 하나의 개념이다. 개념은 언제나 그것이 가리키는 대상과 하나일 수 없다. 중도, 역도에 더하여 시간성을 말하고, 화화옹을 말함이 그러한 까닭이다. 시간성은 시간의 근원인 동시에 시간으로 변화하는 근원을 가리킨다. 시간성을 변화의 현상을 중심으로 나타내어 화화옹이라고 말한다.

일부는 시간성을 역사의 관점에서 반고盤古로 나타낸다. 반고는 세계를 시간성과 시간을 통하여 나타낸 개념이다. 반고의 글자적 의미는 "영원(古)을 머금고 있음(盤)", "영원의 받침대"이다. 영원을 머금고 있는 시간은 영원이 본성에 의하여 자화自化한 시간으로서의 현재이다. 이처럼 반고에 의하여 표현된 세계는 영원한 현재이다.

영원한 현재는 시간성과 시간이 둘이 아님을 나타내는 개념이다. 일부는 시간성과 시간이 둘이 아님을 화화옹化化翁, 화무옹化无翁으로 나타낸다. 화화옹은 시간성이 시간으로 변화하는 시간성의 시간화와 시간이 시간성으로 변화하는 시간의 시간성화를 함께 나타낸다.

화화옹을 시간의 관점에서 나타내는 영원한 현재는 물리적 시간으로서의 현재가 아니라 시간을 초월한 시간성이 나타난 현재라는 점에서 과거, 미래와 다를 뿐만 아니라 영원이라는 경계에 머무지 않기 때문에 영원과도 다르다.

일부가 정역이라는 저서에서 제시한 여러 도상圖像과 도표 그리고 수와 언어는 한마디로 나타내면 화화옹이라는 개념에 대한 풀이에 불과하다. 그러면 먼저 그가 화화옹을 천지인의 삼재를 통하여 어떻게 나타내고 있는지 살펴보자.

> 아, 반고가 화化하니 천황은 무위이고, 지황은 재덕載德하며, 인황이 흥작한다.[285]

시간성은 본성에 의하여 자신을 벗어나서 사건으로 자신을 드러낸다. 그것은 시간성이 탈자脫自하여 타자화他者化하는 변화이다. 이러한 변화는 세 단계의 과정으로 드러난다. 그것을 물건화하여 나타낸 개념이 천황과 지황, 인황이다.

285　金恒, 『正易』 第一張, "嗚呼라 盤古化하시니 天皇无爲시고 地皇載德하시고 人皇作이로다".

시간성은 천지인이라는 구분이 없다. 그러나 시간의 차원에서 시간의 근원인 시의성은 과거성과 미래성, 현재성으로 구분하여 나타낼 수 있다. 이를 물건적 관점에서 각각 실체화하여 천황과 지황, 인황으로 나타내었다.

물건적 관점에서 보면 삼자는 각각 본체와 현상 그리고 작용의 관계로 이해할 수 있다. 본체의 관점에서 화화옹을 나타내는 개념이 천황天皇이고, 현상의 관점에서 화화옹을 나타내는 개념이 지황地皇이며, 작용의 관점에서 화화옹을 나타내는 개념이 인황人皇이다.

본체는 작용으로 나타나고, 현상은 작용에 의하여 이루어진다. 그러므로 본체와 작용, 현상은 본래 둘이 아니다. 그러나 현상이 그대로 본체는 아니다. 왜냐하면 본체가 작용하여 다양한 현상으로 나타나기 때문이다. 본체와 현상의 관계는 작용을 통하여 나타낼 수 있다.

일부는 정역에서 금화정역도를 통하여 본체인 시간성, 화화옹, 화무옹, 반고를 나타내고, 삼역팔괘도를 통하여 현상을 나타내며, 하도와 낙서를 통하여 본체와 현상이 둘이 아님을 나타낸다. 그러면 하도와 낙서를 통하여 화화옹이 무엇인지 살펴보자.

> 용도龍圖는 미제의 상으로 도생역성하니 선천의 태극이며, 구서龜書는 기제의 수로 역생도성하니 후천의 무극이다. 오는 중위에 있으니 황극이다.[286]

---

286 金恒, 「正易」第一張, "圖書之理는 后天先天이오 天地之道는 旣濟未濟니라. 龍圖는 未濟之象而倒生逆成하니 先天太極이니라. 龜書는 旣濟之數而逆生倒成하니 后天无極이니라. 五居中位하니 皇極이니라. 易은 逆也니 極則反하나니라".

위의 내용을 보면 하도와 낙서, 기제와 미제, 그리고 무극, 태극, 황극, 선천과 후천을 종합적으로 언급한다. 용도는 하도河圖를 가리키고, 구서는 낙서洛書를 가리킨다. 먼저 기제와 미제를 중심으로 하도와 낙서에 대하여 살펴보자.

선천과 후천은 물리적 시간의 차원에서 언급된다. 그러나 과거, 현재, 미래의 삼세三世와 다르다. 선천과 후천은 물리적 시간의 근원인 시간성을 현상의 차원에서 나타낸다. 따라서 시간성이라는 근원이 없는 물리적 시간과 다르다.

시간성을 나타내는 개념들이 무극과 태극, 황극이다. 시간성은 실체가 아니기 때문에 물리적 시간과 같이 과거와 미래, 현재로 구분하여 나타낼 수 없다. 다만 방편으로 물리적 시간의 관점에서 시간성을 나누어서 과거의 근거로서의 시간성을 과거성으로 나타내고, 현재의 근거가 바로 시간성임을 현재성을 통하여 나타내며, 미래의 근거가 시간성임을 미래성이라는 개념을 통하여 나타낸다.

미래적 관점에서 시간성을 나타내어 무극이라고 말하고, 과거적 관점에서 시간성을 나타내어서 태극이라고 말하며, 현재적 관점에서 시간성을 나타내어서 황극이라고 말한다. 그러면 기제와 미제는 무엇인가?

기제는 시간성을 현상을 중심으로 나타낸 개념이다. 현상의 측면에서 보면 시간성이 이미 형이하의 물리적 시간으로 화한 사건이 기제이다. 이와 달리 미제는 시간성을 본체를 중심으로 나타낸 개념이다. 본체의 측면에서 보면 시간성은 매 순간 물리적 시간으로 화하지만 시간으로 화한 적이 없어서 미제라고 말한다.

기제가 시간성의 시간화를 나타내는 것과 달리 미제는 시간의 시간성화를 나타낸다. 수화기제와 화수미제는 선천과 후천을 물리적 사건을 통하여 나타내는 개념이다. 일부는 기제와 미제를 통하여 선천과 후천의 관계를 다음과 같이 밝힌다.

> 후천은 선천에서 정사政事하니 수화며, 선천은 후천에서 정사하니 화수이다.[287]

기제는 후천에서 선천을 향하는 작용을 나타내고, 미제는 후천에서 선천을 향하는 작용을 나타낸다. 이처럼 선천에서 후천을 향하는 작용과 후천에서 선천을 향하는 작용을 하도와 낙서에 서는 도생역성과 역생도성의 도역생성으로 나타낸다.

하도가 나타내는 미제未濟의 상象이라고 함은 하도가 아직은 현상화하지 않은 시간성을 상징적으로 나타내는 도상이며, 낙서가 기제의 수라는 것은 낙서가 이미 현상화한 시간의 관점에서 시간성을 계량화여 나타낸 도상임을 뜻한다.

그러나 하도와 낙서를 막론하고 모두 일에서 십까지의 수에 의하여 구성된다. 이처럼 기제를 분석하여 나타내거나 미제를 상징적으로 나타내거나를 막론하고 모두 수라는 도구에 의하여 표현된다.

미제의 상을 나타내는 하도와 기제의 수를 나타내는 낙서는 두 개의 도상이다. 이러한 두 개의 도상은 무극으로부터 시작하여 태극에 이르는 도생역성과 태극으로부터 무극에 이르는 역생도성을 나타낸다.

하도는 도생역성을 통하여 선천 태극을 드러내고, 낙서는 역생도성을

---

287 金恒, 『正易』第三張. "后天은 政於先天하니 水火니라. 先天은 政於后天하니 火水니라".

통하여 후천 무극을 드러낸다. 이는 하도가 무극이 중심이고, 낙서는 태극이 중심임을 나타낸다. 무극을 바탕으로 태극을 드러내는 것이 하도이며, 태극을 바탕으로 무극을 드러내는 것이 낙서이다. 그러면 중위에 있는 황극은 무엇을 나타내는가?

일부는 무극과 태극 그리고 황극의 관계를 수를 통하여 나타내고 있는데 그 내용은 다음과 같다.

> 말하자면 무극이니 십이다. 십은 곧 태극으로 일이다. 일이 십이 없으면 체가 없고, 십이 일이 없으면 용이 없으니 합하면 토이다. 그 가운데 존재하는 것이 오로 황극이다.[288]

인용문의 내용을 보면 수의 관계를 통하여 삼극의 특성과 관계를 밝히고 있다. 그는 무극과 태극을 각각 십과 일로 규정하고 양자가 체용의 관계임을 나타내고 있다. 일부는 체용을 합한 것은 토土로 규정하였는데 토에는 무토戊土와 기토己土가 있다. 일부는 무토를 무위戊位로 그리고 기토를 기위己位로 나타내어서 기위己位를 무극无極으로 그리고 무위를 황극皇極으로 나타낸다.

무위와 기위가 비록 오행 가운데서 토이지만 유위有位이다. 그것은 삼극의 도 역시 삼재의 도와 마찬가지로 현상의 관점에서 화화옹을 나타낸 개념임을 뜻한다. 본체와 작용, 현상이라는 개념 역시 현상적 관점, 물건적 관점에서 화화옹을 나타내는 개념이다. 그러면 삼극은 어떤 관계

---

288 金恒, 『正易』第一張, "擧便无極이시니 十이니라. 十便是太極이니 一이니라. 一이 无十이면 无體요 十이 无一이면 無用이니 합하면 土라 居中이 五니 皇極이니라".

인가?

그는 무극과 태극이 하나가 된 상태를 무극이면서 태극이라고 하여 수로는 십일十一이라고 하였다. 그리고 십일은 지덕地德이면서도 천도天道라고 하여 십일을 통하여 천지의 도덕을 나타냄을 밝히고 있다. 이는 무극이 태극으로 드러나는 것이 천지의 도덕원리[289]임을 뜻한다.

그리고 황극이면서 무극이라고 하여 수로는 오십五十이라고 하였다. 이때 오십은 각각 천도天度와 지수地數라고 하여 천지의 도수度數를 나타내는 것이 오십임을 밝히고 있다.[290] 이를 통하여 오를 통하여 드러나는 십의 경지가 도수로 드러나는 시간성임을 알 수 있다. 그리고 십오일의 십무극과 태극 그리고 황극이 일체임을 알 수 있다. 그러면 무극과 태극 그리고 황극이 하도와 낙서에서는 어떻게 나타나는가?

하도에는 오가 중심에 있고 그 밖을 십이 감싸고 있어 십과 오가 한자리에 있음을 나타내는 동시에 양자가 하나가 된 차원, 경지를 나타낸다. 그것은 하도의 십오가 무극과 황극을 나타내는 동시에 양자가 하나가 된 오십을 나타냄을 뜻한다.

그런데 앞의 인용문에서 하도가 선천의 태극을 향하고, 낙서가 후천의 무극을 향한다고 하여 양자가 각각 무극과 태극이 중심임을 나타내고 있다. 따라서 낙서가 태극이 중심이라는 것은 무극이면서 태극의 세계 곧 천지의 도덕원리를 나타내는 것이 낙서임을 뜻한다.

---

289 金恒,「正易」雷風正位 用政數, "己位는 四金一水八木七火之中이니 无極이니라. 无極而太極이니 十一이니라. 十一은 地德而天道니라. 天道라 圓하니 庚壬甲丙이니라".

290 金恒,「正易」雷風正位 用政數, "戊位는 二火三木六水九金之中이니 皇極이니라. 皇極而无極이니 五十이니라. 五十은 天度而地數니라. 地數라 方하니 丁乙癸辛이니라. 天度라 圓하니 九七五三이니라".

이제 하도와 낙서를 언급하면서 마지막으로 오가 중심에 있다는 의미가 바로 하도와 낙서의 중심이 황극임을 나타냄을 알 수 있다. 하도는 오가 십으로 가서 십과 하나가 된 상태 곧 십무극의 상태를 나타내고, 낙서는 오와 십이 하나가 됨으로써 십무극이 오황극으로 와서 오황극이 본체가 되어 일태극으로 드러남을 나타낸다.

그런데 일부는 도서와 괘효의 관계를 언급하면서 도서의 이치는 후천에서 선천으로 작용하고, 천지의 도는 기제에서 미제로 작용한다고 하였다.[291] 그것은 하도와 낙서가 표상하는 이치는 후천에서 선천으로 작용하는 도생역성의 관점이 중심이지만 괘효가 나타내는 천지의 도는 기제에서 미제를 향하는 역생도성의 관점이 중심임을 뜻한다. 그러면 도역의 생성과 인간은 어떤 관계인가?

『정역』에서 언급되고 있는 도역의 두 방향이 『주역』에서는 순역으로 언급되고 있다. 그리고 순역의 내용이 생성이 아닌 회통, 합일로 언급되고 있다. 합일이 물건적 관점에서 역방향이 중심인 것과 달리 도역의 생성은 순방향이 중심인 점에서 서로 차이가 있을 뿐만 아니라 순역이 합일된 차원에서 비로소 도생역성이 이루어진다.[292] 따라서 도서의 리를 바탕으로 할 때 비로소 천지의 도가 나타내는 역방향이 성립된다. 그러면 도서원리와 인간은 어떤 관계인가?

도서원리 안에서는 인간과 세계의 구분이 없을 뿐만 아니라 인간과 사물의 구분이 없다. 따라서 인간과 자연, 인간과 세계의 관계를 나타낼 수 없다. 우리가 도서원리가 표상하는 도역의 생성에 의하여 드러난 시간의

291　金恒, 「正易」 第一張, "圖書之理는 后天先天이오 天地之道는 旣濟未濟니라".
292　이현중, 「한국사상과 方達의 인문학」, 충남대학교출판문화원, 2018, 245-308.

세계를 다시 대상화, 물건화하여 천지의 도로 드러낼 때 비로소 천지와 인간의 관계를 논할 수 있다.

그것은 도서가 표상하는 도역의 생성원리를 객관화하여 순역의 합일로 나타냄으로써 비로소 물건적 세계로서의 천지인의 삼재의 세계가 전개됨을 뜻한다. 일부가 "반고의 변화에 의하여 천황의 무위와 지황의 재덕에 의하여 인황이 흥작한다."라고 함은 이를 나타낸다.

시간성이 중심인 도서원리를 공간성을 통하여 괘효원리로 물건화, 대상화하여 나타낼 때 비로소 천지와 대응하는 인간의 세계가 문제가 된다. 일부는 "천지에 일월이 없으면 빈껍데기와 같고, 일월에 지인至人이 없으면 헛된 그림자와 같다."[293]라고 하여 그 점을 밝히고 있다.

도역의 생성에 의하여 시간성이 시간으로 화하면서 시의성이 됨으로써 비로소 시의성 곧 공간성을 본성으로 하는 천지인의 세계가 드러난다. 그것은 미래성을 본성으로 하는 천성天性의 세계와 현재성을 본성으로 하는 인성人性의 세계 그리고 과거성을 본성으로 하는 지성地性의 세계가 전개됨을 뜻한다.

천성의 땅을 향하는 순작용과 지성의 하늘을 향하는 역작용이 하나가 되어 현재성을 본성으로 인간의 본성이 드러난다. 일부는 "이치는 본원에서 모이니 본원은 성이다. 건곤의 천지에 뇌풍雷風이 중이다."[294]고 하여 그 점을 밝힌다.

뇌풍은 팔괘 가운데서 진손괘를 나타낸다. 진손괘는 건곤의 부모를 통하여 생성되는 장남과 장녀를 나타낸다. 일부는 "괘의 진손은 수의 십오

---

293 金恒, 「正易」 第八張, "天地는 匪日月이면 空殼이오 日月은 匪至人이면 虛影이니라".
294 金恒, 「正易」 第七張, "理會本原은 原是性이오 乾坤天地에 雷風中이라".

로 오행의 종이고, 육종의 장이다."295라고 하여 오행과 육종의 종장이 진손임을 나타내고 있다. 따라서 진손은 천지의 중심인 성인을 나타내는 동시에 인간의 본성을 가리킨다. 그러면 도역생성과 인간의 본성은 어떤 관계인가?

일부는 뇌풍이 바른 위치에서 작용을 하면 비로소 중위정역中位正易이 이루어짐을 밝히고 있다. 중위는 본체의 위로 성인과 군자의 위이고, 정역은 홍익인간, 도제천하의 바른 작용이다. 따라서 중위정역은 본성에 의하여 황극과 무극이 하나가 되고, 무극과 태극이 하나가 되어 천지의 도수와 천지의 도덕이 이루어지는 솔성率性이다.

나. 선후천과 도학

도수에 의한 선천과 후천의 전개는 인간의 관점에서는 도덕의 세계를 바탕으로 전개되는 도학이다. 일부는 인간과 세계가 구분되지 않는 경계에서 삶의 두 측면인 실천과 학문을 논한다. 그것은 그가 천인이 합일되고, 천지가 합일된 차원에서 출발하여 도역의 생성을 논하고, 도역의 생성을 바탕으로 삶을 논함을 뜻한다.

그는 도역의 생성을 통하여 인간의 삶을 비롯하여 세계가 끊임없이 새롭게 생성됨을 나타낸다. 그것은 세계가 끊임없는 변화의 과정일 뿐으로 고정된 사람이나 자연의 구분이 없음을 뜻한다. 비록 현상의 변화가 끊

---

295 金恒, 「正易」第二十三張, "卦之震巽은 數之十五니 五行之宗이오 六宗之長이니 中位正易이니라".

임없이 일어나지만 그것이 시간성의 자기 현현顯現이라는 점에서는 변화하는 현상 자체도 고정되게 있다고 할 수 없다.

그러나 변화의 현상 자체가 고정되지 않는다고 하여 현상 자체가 없지는 않다. 그러므로 일부도 천지를 논하고, 사람을 논하며, 학문과 삶을 논한다. 그러면 일부는 학문을 어떻게 이해하고 있는가?

그는 선천과 후천을 나누어서 학문과 삶을 도와 학으로 나타내고 있는데 그 내용은 다음과 같다.

> 억음존양은 선천의 심법의 학이며, 조양율음은 후천의 성리의 도이다.[296]

위의 내용을 보면 후천과 선천을 나누어서 후천은 도道로 그리고 선천은 학學으로 규정하고 있다. 그리고 음양을 중심으로 음양이 서로 하나가 되어 조화를 이루어 작용하는 성리性理와 억음존양의 심법心法을 구분하여 논하고 있다. 그러면 먼저 심법의 학과 성리의 도가 무엇인지 살펴보자.

선천의 세계를 나타내는 학이라는 개념은 배우는 사람과 가르치는 사람을 구분하여 논하지 않을 수 없다. 그것은 배우는 사람과 배움의 내용이 하나가 되지 않은 상태를 나타내는 것이 학문임을 뜻한다.

학문이 배우는 사람과 배움의 내용을 전제로 할 때 양자가 하나가 되는 것이 학문의 목표라고 하지 않을 수 없다. 배움의 내용은 분별의 상태에서 무분별의 상태에 이름 곧 합일의 상태에 이르는 것이다.

일부는 학문을 심법으로 규정하고 그 내용을 "음을 억누르고 양을 받

---

296 金恒, 『正易』第八張, "抑陰尊陽은 先天心法之學이니라. 調陽律陰은 后天性理之道니라".

듦."이라고 하였다. 심법은 마음을 쓰는 방법으로서의 용심법을 가리킨다. 용심법의 구체적인 방법이 억음존양이다. 그러면 억음존양의 음양은 무엇인가?

일부는 태양과 태음을 중심으로 음양의 특성을 밝히고 있는데 그 내용은 다음과 같다.

> 태양은 항상하여 성품이 완전하고 이치가 곧으며, 태음은 소장하여 수가 차면 기가 빈다.[297]

위의 내용을 보면 태양, 양陽은 항상한 세계를 나타내며, 태음, 음陰은 소장의 변화하는 세계를 나타냄을 알 수 있다. 그리고 일부는 "가득 찬 상태에서 비워지는 것은 기氣로 선천이고, 소멸된 상태에서 자라는 것은 리理로 후천이다."[298]라고 하였다. 이를 통하여 음이 기, 현상, 육신을 나타내고, 양은 성품, 리를 나타냄을 알 수 있다. 그러면 억음존양은 무엇인가?

억음존양은 기의 세계인 현상의 세계를 실체로 여기는 마음을 버리고, 리의 세계를 주체로 함을 뜻한다. 감각기관에 의하여 지각하는 "분별을 주체로 살면 지혜롭지 못하여 혼란스럽고, 주객이 미분된 성품을 주체로 살면 본체를 얻어서 이롭다."[299] 따라서 선천의 학문은 마음이 현상의 사물에 끌려가지 않고 본래의 자리로 돌아감이다.

297　金恒, 『正易』 第八張, "太陽恒常은 性全理直이니라. 太陰消長은 數盈氣虛니라".
298　金恒, 『正易』 第八張, "盈虛는 氣也니 先天이니라. 消長은 理也니 后天이니라".
299　『周易』 重地坤卦 卦辭, "君子의 有攸往이니라. 先하면 迷하고 後하면 得主하야 利하니라".

심법과 성리는 두 관점에서 이해할 수 있다. 그 하나는 선천에서 후천을 향하는 방향이고, 나머지 하나는 후천에서 선천을 향하는 방향이다. 선천에서 후천을 향하는 방향에서 보면 억음존양의 심법을 통하여 현상이 모두 근원의 작용임을 알게 된다.

> 진실한 뜻과 바른 마음으로 종시에 게으름이 없으면 정녕코 우리 화화옹이 반드시 친히 가르침을 베풀어줄 것이다.[300]

한결같은 성의와 정심에 의한 용심법이 가져오는 화화옹의 가르침은 나와 둘인 화화옹이 나를 가르치는 것이 아니라 본성의 작용이 이루어질 것임을 뜻한다. 이처럼 선천의 심법은 역생도성의 관점에서 도달하는 천인합일의 경지, 성품, 신의 경지를 나타낸다. 그러면 후천의 성리의 도는 무엇인가?

선천의 심법의 학은 육신과 육신의 기능인 의식을 자신으로 여기고, 영허하는 기의 현상을 리로 여기지 않고, 리와 성품이 둘이 아닌 경지를 근원으로 여기는 용심법이다.

그러나 후천의 성리의 도는 성리가 그대로 마음과 육신을 통하여 드러남을 뜻한다. 안의 성품과 밖의 이理가 둘이 아닌 성리는 화화옹이다. 이 화화옹이 항상 마음과 몸을 통하여 다양한 언행으로 나타난다. 이러한 언행으로 드러나는 생명 현상은 그대로 화화옹의 드러남이다. 그러므로 본체가 드러난 작용인 도라고 했다. 그러면 양자를 어떻게 이해할 것인가?

선천이 심법의 학과 후천의 성리의 도의 관계를 파악하기 위해서는 선

---

300   金恒, 「正易」第十八張, "誠意正心하야 終始无怠하면 丁寧我化化翁이 必親施敎시리니".

천과 후천의 관계를 파악하지 않을 수 없다. 일부는 선천과 후천의 관계를 다음과 같이 밝히고 있다.

> 선천은 후천에 정사를 하고, 후천은 선천에 정사를 한다.[301]

일부는 선천과 후천을 언급하면서 영원의 경지인 원천原天[302]을 제시한다. 이처럼 그는 원천을 바탕으로 선천과 후천이 성립됨을 밝힌다. 그러면 원천과 선후천은 어떤 관계인가?

원천의 작용이 선천과 후천으로 나타난다. 원천의 작용은 도생역성과 역생도성이다. 그리고 도생역성이 하도의 작용, 십무극의 작용이며, 역생도성이 낙서의 작용, 오황극의 작용으로 도생역성을 바탕으로 역생도성이 이루어진다. 그러면 성리의 도와 심법의 학은 어떻게 이해할 수 있는가?

만약 물건적 관점에서 도와 기를 구분하고, 인간과 자연을 구분하여 양자가 합일合一하는 역방향에서 학문을 논하면 억음존양의 심신의 운용법을 통하여 성리의 도가 성취된다. 성리학자들은 자신들의 학문을 기에서 도를 향하는 역방향에서 도학道學으로 규정하였다.

그러나 일부는 형이상과 형이하, 리와 기, 선천과 후천의 구분이 없는 원천, 반고의 차원에서 후천의 성리의 도가 선천의 심법의 학으로 드러남을 논한다. 따라서 양자가 둘이 아닐 뿐만 아니라 시간상의 간극이 없다.

---

301 金恒, 「正易」 第三張, "后天은 政於先天하니 水火니라. 先天은 政於后天하니 火水니라".
302 金恒, 「正易」 先后天 正閏度數, "先天은 體方用圓하니 二十七朔而閏이니라. 后天은 體圓用方하니 三百六旬而正이니라. 原天은 无量이니라".

일부가 도생역성을 바탕으로 한 역생도성의 관점에서 제시한 도학은 성리학자들의 도학과 전혀 다른 의미이다. 그가 제시한 도학은 매 순간의 삶이 그대로 성품, 이치의 드러남인 도이다. 그러면 일부가 제시한 도학의 관점에서 조양율음은 무엇인가?

조양율음의 조양은 성리가 자신을 지키지 않음을 뜻하고, 율음은 음을 법칙으로 삼아서 자신을 드러냄을 뜻한다. 화화옹이 자신의 경지에 머물지 않고, 현상에 따라서 새롭고 다양하게 자신을 드러냄이 조양율음의 성리의 도이다. 그러면 억음존양은 무엇인가?

억음존양은 매 순간 육신과 의식을 자신으로 여기는 마음을 버리고(抑陰), 무극, 반고, 원천을 자신으로 여기는 마음을 가짐(尊陽)으로써 매사를 화화옹에 맡김이다. 그러면 도학의 삶은 무엇인가?

도학의 삶은 매 순간 성리의 도가 마음과 육신에 의하여 다양하고 새로운 생명 현상으로 나타나는 동시에 나타나는 생명 현상은 본래의 자리인 성리의 도로 돌아감이다.

도학의 삶을 사는 지인至人은 육신을 통하여 자신이 해야 할 일을 함으로써 온 우주와 더불어 모든 일을 함께하기 때문에 그의 삶은 점에서 성리가 그대로 드러난 삶이다. 그것은 "천지가 일부의 말을 하고, 일부가 천지의 말을 말하여"[303] 온 우주와 함께 말하고 움직이는 삶이다.

도생역성의 관점에서 도학을 이해하면 매 순간의 삶은 성리의 드러남이기 때문에 그대로 도이다. 그리고 역생도성의 관점에서 보면 매 순간의 삶은 근원, 본체로 귀체歸體, 귀공歸空하는 용심(抑陰)과 본래성을 주체

---

303 金恒, 「正易」 第九張, "天地는 言一夫言하고 一夫는 言天地言이니라".

로 언행을 하는 운신(尊陽)이다. 그러면 도학의 삶은 구체적으로 어떻게 이루어지는가?

도학의 도는 성리가 지혜에 의하여 분생 작용을 하고, 그 결과가 육신에 의하여 언행으로 드러남이며, 학은 이미 나타난 현상에 대하여 인, 자비에 의하여 합일 작용을 함으로써 분생 이전의 성리로 돌아감이다.

일부는 정역을 통하여 시간의 생성을 논한다. 도생역성은 책력을 통하여 시간을 나타내고, 책력에 대하여 말을 하고 연구하며, 그것을 바탕으로 행위를 드러내면서 사는 삶을 책력의 생성이라는 사건을 통하여 나타낸다.

그가 반고화를 통하여 천황, 지황, 인황을 시작으로 유소, 수인, 복희를 거쳐서 자신에 이르는 성통聖統을 논한 것도 직선적인 시간관에 의하여 과거로부터 현재에 이르는 시간 안에서 이루어지는 사건을 나타낸 것이 아니라 미래의 관점, 형이상의 도의 관점에서 그것이 현상의 사건으로 드러나는 영원한 현재를 나타낸다.

영원한 현재의 관점에서 책력의 제정 역시 영원함이 드러난 순간으로의 영원한 현재의 내용이다. 현재는 매 순간에 동시적으로 온 우주에서 일어나는 사건이라고 할 수 있다. 그것은 현상적 측면에서는 온 우주가 물체가 아니라 수많은 사건과 사건이 얽혀있는 하나의 거대한 사태라고 할 수 있다.

그러나 그 사태는 고정되지 않아서 매 순간 변화하기 때문에 단순하게 하나의 사태라고만 말할 수 없다. 바로 우주의 본질인 화화옹이 본성이라는 본래면목을 통하여 다양한 마음으로 드러남이 영원한 현재이다. 그러면 일부는 시간의 창조를 어떻게 나타내는가?

책력은 단순하게 하나의 기호를 나타내는 것이 아니라 겉으로 드러난 현상이 책력일 뿐이다. 그는 『정역』의 끝에 십이월이십사절기후도수를 제시하였다. 그것은 시공을 점유하고 있는 하나의 도표이지만 사실은 그 안에 마음이 담겨 있다.

십이월이십사절기후도수에 마음이 담겨 있다는 것은 바로 그 안에 신, 본성이 담겨 있음을 뜻한다. 이처럼 분별하여 나타낼 수 없는 형이상의 근원인 신, 본성을 사물로 한정하여 나타낼 수 있는 것도 마음이고, 책력을 보고 사물을 보면 시공을 넘어선 영원한 현재를 느끼고, 신, 본성을 느낄 수 있는 것도 마음이다. 그러면 그가 어떻게 책력을 창조했는지 살펴보자.

> 오호라, 일월의 덕이여 천지의 나눔(分)이니 분分을 열다섯 쌓으면 각刻이고, 각刻을 여덟 쌓으면 시時이며, 시時를 열둘 쌓으면 일日이고, 일을 서른 쌓으면 월月이며, 월을 열둘 쌓으면 기朞이다. 기朞는 월月을 낳고, 월月은 일日을 낳으며, 일日은 시時를 낳고, 시時는 각刻을 낳으며, 각刻은 분分을 낳고, 분分은 공空을 낳으니 공空은 무위无位이다.[304]

위의 내용은 두 부분으로 나누어서 이해할 수 있다. 첫째 부분은 분分에서 시작하여 기朞에 이르는 방향이며, 두 번째 부분은 기朞로부터 무위无位에 이르는 부분이다. 앞부분의 특징은 분합이며, 뒷부분의 특징은 생

---

304 김항, 『정역』 금화오송, "嗚呼라 日月之德이여 天地之分이니 分을 積十五하면 刻이오 刻을 積八하면 時요 時를 積十二하면 日이오 日을 積三十하면 月이오 月을 積十二하면 朞니라. 朞는 生月하고 月은 生日하고 日은 生時하고 時는 生刻하고 刻은 生分하고 分은 生空하니 空은 无位시니라".

성이다. 그러면 앞부분의 내용이 무엇인가?

위의 내용이 무엇을 나타내는지를 파악하기 위해서는 맨 앞의 문장을 이해해야 한다. 왜냐하면 전체를 요약하여 나타내는 문장이 가장 앞에서 제시된 문장이기 때문이다. 일월의 덕은 물리적 시간과 공간을 나타내고, 천지의 분은 형이상의 천天과 형이하의 지地를 나타낸다. 그러므로 일월의 덕, 천지의 나눔은 시간과 공간을 기준으로 시공을 초월한 형이상의 경계인 천과 시공 내적인 형이하의 지를 구분함이 바로 일日이 나타내는 시간과 월月이 나타내는 공간을 중심으로 이루어진다.

이제 천지의 나눔에 의하여 나타난 시간의 최소 단위인 분分을 출발점으로 삼아서 15, 8, 12, 30, 12와 같은 다양한 단위에 의하여 합함으로써 각, 시, 일, 월, 기라는 시간의 단위가 형성된다. 그러면 이것이 무엇을 의미하는가?

일월을 바탕으로 천지를 구분하는 것은 마음의 분별에 의하여 과거와 미래를 구분하여 현재화하는 작업이다. 현재화는 두 과정으로 나누어서 이해할 수 있다. 그 첫 번째 과정은 영원하여 물리적 시간이 없는 경지를 일월에 의하여 분절하는 일차의 과정을 거친다. 이를 통하여 영원한 경지가 물리적 시간으로 대상화한다.

두 번째 과정은 현재화한 시간을 물리적 공간으로 드러내는 시간의 대상화이다. 이때 물리적 시간이 대상화하여 공간적 물건으로 드러난다. 이는 정지된 시간, 물건화한 시간을 분석하여 우주 안의 은하계, 은하계 안의 태양계, 태양계 안의 지구로 구분하는 과정을 거친다. 그러면 뒷부분은 무엇인가?

뒷부분의 내용은 앞부분과 반대의 과정을 나타낸다. 대상화한 시간이자 물건화한 시간인 물리적 시간의 단위인 기紀를 대상으로 분석하면 12개의 월이 나타나고, 다시 월을 분석하면 30개의 일이 나타나며, 일을 분석하면 12시가 나타나고, 시를 분석하면 8각이 나타나며, 각을 분석하면 15분이 나타나며, 분을 분석하면 공空이 나타난다. 이때의 공은 시간적 위상이 없다. 그것은 공이 당연히 공간적 위상도 없음을 뜻한다. 그러면 뒤의 내용은 무엇을 나타내는가?

앞부분은 도생역성의 관점에서 본성을 주체로 이루어지는 심신의 운용법을 나타낸다. 공, 무위의 본성에 의하여 이루어지는 마음의 작용이 뇌의 기능인 의식의 분합으로 나타나서 천지와 일월이라는 외재적 요소와 상호 작용을 하여 분, 각, 시, 일, 월, 기라는 물리적 시간의 단위를 구성한다.

물리적 시간의 단위의 구성은 시간의 경계를 창조하는 동시에 공간의 경지를 창조함을 뜻한다. 이처럼 인간의 본성에 의하여 이루어지는 심신의 운용에 의하여 시공의 현상이 다양하게 드러난다. 그러면 현상의 시공이 있는가?

우리는 도생역성의 관점에서 인간의 삶이 무엇인지를 심신의 운용법을 통하여 살펴보았다. 그러면 이어서 역생도성의 관점에서 심신의 운용법을 중심으로 삶에 대하여 살펴보자. 도의 관점에서 보면 성품을 주체로 지혜의 분생에 의하여 사건과 물건이 창조되는 것과 달리 학의 관점에서 보면 언행으로 나타난 물건은 나타나는 순간 육신에서 사라지고 마음에 저장되며, 저장된 지식, 정보는 마음에서 사라지고, 성품으로 돌아간다.

나타나는 현상이 나타나는 순간 다시 나타나기 이전으로 돌아감은 현상의 문제가 아니라 현상을 대하는 인간의 심신의 문제이다. 육신을 통하여 현상의 물건을 만나는 감각에 의한 지각의 방법이 억음이고, 마음에 의하여 사건을 만나는 방법이 존양이다.

억음을 통하여 잠각에 의하여 지각되는 물건의 형상과 이름에 얽매이지 않고 마음으로 지식, 정보를 저장할 수 있다. 그리고 존양을 통하여 마음에 지식, 정보를 저장하지만 저장하지 않고, 본성과 하나로 합일을 한다. 앞에서 살펴본 도학에 의한 삶의 과정을 도표화하여 나타내면 다음과 같다.

도학道學	도道	학學
도역의 생성	도생역성	역생도성
도수와 도덕	천지도수天地度數	천지도덕天地道德
시간성과 인간	1. 시간성의 시간화 2. 시간의 물건화	1. 마음과 물건의 사건화 2. 성품과 사건의 시간성화
성리의 작용	지혜에 의한 분생	인仁, 자비에 의한 합일
생멸生滅	적멸생寂滅生	멸생멸滅生滅
심신의 운용법	1. 조양調陽 2. 율음律陰	1. 억음抑陰 2. 존양尊陽

도표6 한국유학과 도학의 삶

다. 도학과 인간의 삶

도학은 천지의 도를 인간의 삶을 방법인 인도人道를 중심으로 나타낸 개념이다. 우리는 도학을 통하여 인간의 삶을 살펴볼 수 있다.

사람의 삶은 학문과 실천의 두 측면이 있다. 삶의 관점에서 도학은 유가와 불가, 도가의 삼가를 중심으로 살펴볼 수 있다. 일부는 중국의 유불도를 유불선儒佛仙으로 제시한다.

유불선은 인간이 삶을 사는 동안에 필요한 인간과 세계를 보는 안목, 지견과 삶의 방법, 태도, 그리고 인간의 본성에 대하여 논하는 이론체계이다. 그러면 먼저 일부가 삼가를 어떻게 이해하는지 살펴보자. 일부의 도학에 관한 입장은 다음의 무위시를 통하여 파악할 수 있다.

> 도가 이에 셋으로 나누어짐은 이치의 그러함이다. 이에 유가儒家가 있고, 불교佛敎가 있으며, 선가仙家가 있다. 누가 일부가 진실로 이를 밟았음을 알겠는가! 사람이 있으면 전하고, 사람이 없으면 지키리라.[305]

도가 셋으로 나누어짐은 지금 여기의 나를 통하여 세 가지의 이론, 사상으로 나타남을 뜻한다. 그 과정은 화화옹, 중中이 형이상의 시간성과 형이하의 시간으로 나누어지면서 형이상의 근원에 대한 다양한 이론적인 분석이 이루어지고(調陽), 그것이 다시 언어, 수, 도형과 같은 도구에 의하여 물건화하여 저작을 비롯한 여러 형태로 나타난다(律陰).

---

305 김항, 『정역』 무위시无位詩, "道乃分三理自然이니 斯儒斯佛又斯仙을 誰識一夫眞蹈此오 无人則守오 有人傳을".

현상의 측면에서 보면 서로 다른 세 가지의 이론 체계인 유가와 불가, 선가가 있다. 그리고 시간에 따라서 유가도 여러 학파로 새롭고 다양하게 생성될 뿐만 아니라 불가, 선가 역시 시간의 흐름에 따라서 새롭고 다양해지면서 발전한다. 그러면 도학은 무엇인가?

매 순간 우리가 물건으로서의 이론 체계를 만나면 이론 체계를 구성하는 수, 언어, 도상과 그것에 붙여진 이름을 보지만 그 이름과 모습 그리고 글이 나타내는 표면적이고 이차적인 질서를 보는 것에서 더 나아가서 문장에 담긴 글을 통하여 드러내고자 하는 뜻을 본다(抑陰). 그리고 다시 뜻을 읽고 느끼는 지금 여기의 나와 이미 저작을 제시한 사람과 둘이 아닌 본성, 성품에 이른다(尊陽). 그러면 일부가 셋을 밟음은 무엇인가?

그것은 그가 삼가의 이론 체계를 모두 파악해서 지식, 정보로 저장함이 아니라 화화옹, 신을 바탕으로 매 순간 때에 장소에 따라서 다양하고 새롭게 유불선을 드러냄을 뜻한다. 그러면 억음존양과 깨달음은 어떤 차이가 있는가?

우리가 중국사상과 같이 역방향에서 학도의 관점에서 심법을 이해하는 경우와 도학의 관점에서 성리의 도와 심법을 둘이 아니게 이해하는 경우가 다르다. 그러면 정역의 도역을 중심으로 깨달음과 심법에 대하여 살펴보자.

각과 불각을 구분함은 각이 실재함을 나타내지 않는다. 어느 순간에 자각이 일어남을 나타내어 시각始覺이라고 한다. 시각은 실체적인 시각이 있음이 아니라 본래 깨달음으로서의 본각이 어느 순간에 드러남이다. 그러므로 시각의 관점에서 보면 오랜 시간이 필요하지 않기 때문에 돈오頓悟이다. 그러면 돈오로서의 시각이 있는가?

물리적 시간의 관점, 물건인 육신의 관점에서 각을 나타낼 때 시각이다. 그리고 본성의 차원에서는 성품과 육신, 마음이 둘이 아니기 때문에 깨달음으로서의 본각이나 깨닫지 못한 불각이 둘이 아니다.

본래의 깨달음인 본각이 어느 순간 드러난 것이기 때문에 시각은 본각의 드러남이라는 점에서 각이 아님을 의미하는 불각이다. 이제 시작과 본각, 불각이 둘이 아님을 알 수 있다. 그것을 일각이라고 말한다. 그러면 일각이 있는가?

도생역성의 관점에서 보면 매 순간 본각이 시각으로 드러난다. 그러므로 현상의 관점에서 보면 시각이 없지는 않지만 있다고 할 수 없다. 역생도성의 관점에서 보면 사람이 스스로 불각이라고 생각하기 때문에 시각이 나타나지만 시각은 본각의 드러남이어서 없다. 그러면 시각은 없는가?

역생도성의 관점에서 보면 시각, 본각, 불각이 일각이어서 없지만 도생역성의 관점에서 보면 불각이 있고, 본각이 있어서 시각도 있다. 그러므로 불각이기 때문에 시각이 있으며, 시각이 있기 때문에 본각이 있고, 본각이 있기 때문에 불각이 있다. 그러면 도학의 관점에서 시각을 어떻게 이해할 것인가?

시각은 사람에 따라서 그 내용이 달라진다. 어떤 사람이 안주한 차원이 무엇인가에 따라서 그곳에서 벗어나도록 안내하여 시각을 이루게 하고, 시각에서 벗어나서 본각, 불국에 이르러서 일각에 이르게 한다.

그리고 다시 일각에 이른 사람에게는 아직 시각을 모르는 사람에게 불각을 알려주어 시각하도록 안내한다. 그러나 시각, 본각, 불각이 일각이어서 일각마저도 없음을 알기 때문에 그저 상대방을 이롭게 쓸 뿐으로 스스로 어떤 일을 해도 걸림이 없다. 그러면 일부는 왜 사람이 있으면 전해주고, 사람이 없으면 지킨다고 했는가?

  사람이 있고 없음은 자신이 불각임을 알고 시각을 원하는 사람에게 비로소 본각이 드러남을 뜻한다. 그것은 말을 하는 사람의 입장에서 보면 말을 해야 할 때 말을 해 듣는 사람으로 하여금 이롭게 해야 함을 뜻한다.

  선사들은 결코 도에 대하여 묻지 않으면 먼저 설명하지 않는다. 자각은 오로지 자신이 스스로 느껴야 할 뿐으로 남이 전해 준 지식, 정보를 의식에 의하여 저장하는 기억으로는 이루어지지 않는다.

  시각은 오로지 스스로 마음속에서 간절하게 원할 비로소 나타난다. 묻는 사람의 알고자 하는 마음 하나로 간절하게 물을 때 그에게 한마디 해주면 비로소 시각이 이루어진다. 따라서 대답을 해 주어야 할 사람은 묻는 사람의 상태가 어떤 상태인지를 파악할 수 있는 지혜와 수고를 마다하지 않을 수 있는 인仁, 자비가 있어야 비로소 올바른 문답이 이루어진다. 그러면 도를 주고받을 수 있는가?

  도는 물건이 아니기 때문에 전해주거나 전해주지 않을 수 없다. 그러므로 전하고 전해주지 않음은 오로지 사람의 문제이다. 그러면 사람의 무엇이 문제인가?

  사람의 삶은 신심의 운용으로 나타난다. 그러므로 심신을 어떻게 운용하느냐에 따라서 전수傳守의 사건이 일어난다. 다른 사람을 이롭게 하고자 하는 자비로운 마음과 지혜를 얻고자 하는 간절한 마음이 만났을 때 비로소 한 사람의 마음에서 도가 자각된다.

  처음으로 자신의 본래성을 자각하는 사람의 입장에서 보면 비로소 도를 전해 받음이다. 그것은 육신을 중심으로 보면 스승으로부터 도를 전해 받았다고 할 수 있다.

그러나 본성의 차원에서는 비로소 본성을 자각하는 시각일 뿐으로 누가 전해 준 것이 아니다. 그러면 한 사람이 다른 사람을 도를 깨달았음을 인가하고, 그에게 전법을 하는 전법게傳法揭를 내려줌을 어떻게 이해할 것인가?

어떤 사람이 게송을 통하여 자신의 견처見處를 드러낼 수도 있고, 그것을 다른 사람이 공유할 수도 있다. 그리고 자신의 견처와 둘이 아님을 인정하고, 그 증표로 전법게를 줄 수도 있다. 그러나 그것이 그 사람이 깨달음을 증명하는 것은 아니다.

그것은 증명하는 순간 깨달음이라는 고정된 사건이 있음을 인정하여 상견常見에 빠진다. 만약 오로지 스승의 인간에 의하여 깨달음이 완성된다면 그것은 유위법일 뿐으로 무위법은 아니다.

이 문제는 경허스님을 통해서도 확인할 수 있고, 용성스님이나 효봉스님을 통해서도 확인할 수 있다. 그분들은 깨달음을 얻은 후에 스승으로부터 인가를 받은 것이 아니다. 경허는 거사의 형태로 나타난 화신을 통하여 깨달았고, 용성과 효봉은 꿈속에서 깨달음을 얻었다.

만약 스승으로부터 법을 받아야 한다면 스승으로부터 법을 받지 못했을 뿐만 아니라 최초의 부처인 위음왕불威音王佛은 스스로 깨달았으니 스승이 없어서 역시 전해 받은 법이 없다고 하겠는가!

최초의 부처인 위음왕불威音王佛이 깨달음을 말했다면 일부가 도가 셋으로 나누어지는 것은 이치의 그러함이라고 말하는 것과 무엇이 다른가!

깨달음이라고 말하는 시각도 스승의 격발에 의하여 스스로 깨달을 뿐으로 스승이 깨닫게 해줄 수 없다. 다만 깨달을 수 있는 조건이나 환경을 만들어 줄 수는 있지만 깨달음 자체는 본인이 스스로 한다. 그러므로 누구나 스승이 없이 깨닫는 무사독오無師獨悟라고 할 수 있다.

　무사독오의 측면에서는 자연일 뿐으로 인연이 아니다. 그러나 경허와 같이 사미가 하는 말이나 먼저 깨달은 스승이 하는 말을 막론하고 밖에서 격발해 주는 사건이 있기 때문에 그것이 인연이 되어 내 안에서 깨달음이라는 사건이 일어나는 측면에서는 자연이 아닌 인연이다. 따라서 시각은 불각이 아니지만 본각도 아니어서 양자를 벗어나면서도 양자 모두이기도 하다. 그러면 깨달음으로 모든 것이 해결되는가?

　깨달음은 인간으로서의 자신이 어떤 존재인가의 본래면목을 아는 지적知的 사건이다. 따라서 마음의 지정의知情意의 세 측면 가운데서 하나의 일을 해결한 것에 불과하다. 따라서 정情의 측면에서 다른 사람과 함께하는 삶을 살아야 한다. 그러면 어떻게 하는가?

　만약 어떤 사람이 의意의 측면에서 모든 사람과 둘이 아니게 살겠다는 뜻으로 지적인 활동인 수도, 수행을 하지 않았다면 설사 깨달았다고 해도 진정한 의미의 깨달음을 얻었다고 할 수 없다. 왜냐하면 지적인 활동이 정적인 실천으로 삶 가운데서 드러나야 하기 때문이다. 따라서 지知와 정情을 하나로 연결하는 시작이자 끝인 뜻이 참으로 중요하다. 그러면 어떻게 해야 하는가?

　도생역성을 바탕으로 한 역생도성의 삶이 바로 정역에서 제시하는 생성적 패러다임에 의한 삶이다. 사람들은 현상적 패러다임에 의하여 삶을 산다. 그들은 유물론적 세계관에 의하여 인간과 동물, 식물을 구분한다.

　그러나 형이상적 패러다임에 의하면 인간과 동물, 식물은 물론 생물과 무생물의 구분이 없다. 그럼에도 불구하고 형이하적 패러다임에 의하여 살면 육신을 중심으로 개체적 존재가 서로 모여서 가정을 이루고, 가정이 모여서 국가라는 사회를 이루며, 국가와 국가가 모여서 천하라는 사회를 이룬다고 생각하여 개인이기주의를 시작으로 집단이기주의에 의하여 산다.

어떤 과학자들은 150년 이내에 지구를 떠나서 화성이나 목성과 같은 다른 행성을 점령하여 식민지로 만들라고 말한다. 그것은 과학자들이 형이하적 패러다임에 의하여 삶을 이해하기 때문에 제기되는 주장일 뿐이다.

인류가 지구를 망가뜨리고 다시 다른 행성을 점령하여 망가뜨려서 다른 존재에게 피해를 끼친다면 결국은 다른 행성의 강한 종족에 의하여 몰살당할 것이다. 그러면 어떻게 해야 하는가?

인류사회의 관점에서 보면 각 나라의 정치는 도생역성을 바탕으로 역생도성의 관점에서 이루어져야 한다. 그것은 국가를 구성하는 개인의 자유와 국가를 유지하는 국가 권력이라는 힘의 경쟁이 아니라 국가와 개인의 본래면목인 본성의 차원에서 개인의 삶과 국가의 경영을 이루어야 함을 뜻한다.

개인의 삶이나 국가의 경영이 모두 형이상의 신, 본성이라는 하나의 근원으로부터 이루어지는 작용이다. 그러므로 시간적으로 영원하고 공간적으로 온 우주의 모든 존재와 둘이 아닌 차원에서 마음을 내는 도생역성을 바탕으로 역생도성에 의하여 말과 행동을 하는 운신이 이루어져야 한다.

도생역성을 바탕으로 이루어지는 역생도성의 관점에서의 운신은 말을 하거나 침묵을 지키거나 가고 옴이 모두 본성을 그대로 발현하여 서로가 서로를 살리고, 서로가 서로를 진화하게 하며, 서로가 서로를 다양하게 하는 창조와 진화를 내용으로 하는 생성, 변화의 삶이어야 한다. 그러면 지금 여기의 삶의 차원에서 도학은 무엇인가?

시간성은 시간의 차원에서는 시의성이 된다. 시의성은 지금이라는 시간이 무엇을 해야 할 때인가의 때가 갖는 의미를 가리킨다. 그러므로 말을 해야 할 때 말을 하고, 말을 하지 말아야 할 때 말을 하지 않는 것이 때에 알맞은 행위로서의 시중時中이다.

시의성을 객관화하면 공간성이다. 그것은 시간성과 공간성이 둘이 아님을 뜻한다. 말을 해야 할 때로 나타나는 시의성은 여기라는 공간을 통하여 어떤 말을 해야 할 상황, 어떤 말을 해야 할 환경이라는 공간성으로 나타난다.

지금이라는 시간과 여기라는 공간이 하나가 된 지금 여기의 나를 통하여 시간성과 공간성이 하나가 된 본성이 말을 해야 할 때 해야 할 말을 하고, 말을 하지 말아야 할 때 하지 말아야 할 말을 하지 않음으로 나타난다. 그러면 그것이 무엇인가?

지금 여기의 나는 매 순간 본성을 주체로 하여 마음을 사용하여 지혜를 사용한다. 지혜는 자비를 바탕으로 이루어지는 분합으로 나타난다. 시간성과 시간을 물건화하여 형이상과 형이하로 나타내고, 본성과 물건을 언행으로 나타낸다.

그것은 지성을 바탕으로 의義로 드러냄을 뜻한다. 의는 옳고 그름을 구분하는 의로움이 아니라 때와 장소에 따라서 필요한 말과 행동이 바로 의로움이다. 그러므로 본성을 주체로 지혜로 작용하여 지혜의 기능인 분석에 의하여 때라는 시간과 장소라는 공간 그리고 대상에 필요한 언행이 바로 의로운 언행이다. 그러면 지의에 의한 언행이 있는가?

현상의 관점에서 보면 지금 여기의 나를 통하여 드러나는 언행은 나타나는 순간 다시 마음으로 변하여 본성, 자성으로 화한다. 그러므로 언행을 행하지만 행함이 없기 때문에 있다거나 없음의 마음을 벗어나서 중도, 도, 본성에 이른다. 그러면 지인의 삶은 무엇인가?

생성은 분합으로 드러난다. 후천의 성리의 도가 조양과 율음이 둘이 아닌 성리의 도로 작용하는 것은 분합작용이다. 조양은 성품이 성품의 상태에 머물지 않고, 변화함이고, 율음은 현상의 변화에 의하여 인연을 따라서 작용함이다.

사람이 때와 장소 그리고 사람이라는 인연에 따라서 모든 것이 둘이 아니니 무엇이라도 말하면 어긋나지 않는다. 때에 따라서 말을 통해서 본성을 드러내고, 침묵으로 본성을 드러냄이 바로 조양율음이다.

인간의 본성을 현상의 사물에 따라서 다양하고 새롭게 드러냄을 주역에서는 인예의지仁禮義知의 사덕四德을 통하여 나타낸다. 사덕四德은 천도天道의 내용인 원형이정元亨利貞의 사상四象을 사회적 관점에서 나타내는 개념이다.

> 군자가 인을 체득하여야 족히 다른 사람의 어른이 되며, 아름답게 만나야 족히 예에 합당하고, 물건을 이롭게 해야 족히 의와 조화를 이루며, 바르고 견고해야 족히 일을 주관할 수 있다. 군자는 이 사덕을 실천하는 사람이다. 그러므로 "건은 원형이정이다."라고 말한다.[306]

위의 내용을 보면 천도를 상징적으로 나타내는 건괘의 괘사에서 원형

---

306 『주역』 중천건괘 문언, "君子 體仁이 足以長人하며, 嘉會이 足以合禮하고 利物이 足以和義하며, 貞固하여 足以幹事하니 君子는 行此四德者라 故로 曰乾元亨利貞이니라".

이정의 사상을 언급한 까닭이 군자로 하여금 사덕을 실천하는 근거로 제시하였음을 알 수 있다. 그것은 군자라는 인간의 삶의 관점에서 천도를 인도의 관점에서 나타내었음을 뜻한다.

사상과 사덕은 둘이 아니다. 다만 성인이 밝힌 천도와 군자에 의하여 실천되는 사덕으로 구분하여 나타내었을 뿐이다. 이를 바탕으로 인도의 근거가 천도이기 때문에 천도를 밝힌 성인과 인도를 실천하는 군자를 스승과 제자의 관계로 나타낸다. 그러면 사덕과 도역의 생성은 어떻게 다른가?

사덕을 논하는 과정을 보면 인예와 의지의 순서로 논한다. 인과 지는 인간의 본성을 나타내는 두 가지의 특성이다. 지성智性은 이것과 저것을 분석하여 이름을 붙이고 이름과 이름의 관계를 통하여 주장, 이론, 사상을 창조하는 기능을 한다. 이처럼 본성의 작용에 의하여 수많은 주장, 이론체계, 사상, 종교가 형성되기 때문에 현상의 관점에서 보면 수많은 주장이나 이론체계, 사상, 종교가 모두 다르다.

또한 이미 제시된 주장, 이론 체계, 사상, 종교는 그것을 사용하는 사람에 따라서 때와 장소에 따라서 다양하고 새롭게 해석되어 나타나기 때문에 그 어느 것도 같은 것이 없이 분명하게 다르다.

인용문에서 바르고 견고함은 시간이 갖는 의미인 시의성에 적중하는 시중을 가리킨다. 시중은 한결같기 때문에 견고하다고 하였다. 이처럼 시간성을 시간에 따라서 시의성과 시의성에 적중하는 사건으로 드러냄을 물건적 관점에서 바르고 견고하기 때문에 족히 사건을 주관한다고 하였다.

성품에 의하여 시간성이 시간화함을 나타내는 것이 사건을 주관함이고, 이를 다시 대상화, 객관하여 나타낸 것이 의에 관한 내용이다. 지성을 사물에 확장하면 의가 된다. 그것은 지성을 본체로 하여 작용하는 것이 의라고 할 수 있다.

지성의 분석적 작용을 내면의 심성에 적용하고, 그것을 다시 확장하여 밖의 세계로 확장하여 사건을 객관화, 대상화하면 의가 된다. 인용문에서 사물을 이롭게 함으로써 족히 의와 조화를 이룸이 바로 이것이다.

도생역성의 관점에서 보면 정고貞固에 의한 간사幹事와 이물利物에 의한 화의和義는 조양율음을 나타낸다. 정고는 조양이고, 이물은 율음이다. 간사와 화의는 결과의 측면에서 나타내고, 정고와 이물은 시생의 측면에서 나타낸다.

그런데 인용문에서는 지知와 의義가 모두 사건과 물건의 사물을 중심으로 논하고 있다. 그것은 지금 여기의 나를 내內와 외外로 나누어 외적 측면에서 인간의 삶을 나타내고 있음을 뜻한다. 그리고 정고와 이물이라는 원인에 의하여 화의와 간사라는 결과가 드러나는 인과적 관점에서 사덕을 나타내고 있다. 그러면 인과 예는 무엇인가?

인성仁性은 합일의 작용을 한다. 어떤 분별이라도 녹여서 하나로 만드는 작용을 하는 것이 바로 본성의 인성仁性이다. 이 인성을 불교에서는 자비라고 말한다. 인용문을 보면 인을 체득해야 비로소 다른 사람의 어른이 된다고 말한다.

그 부분의 장長을 동사로 이해하면 장인長人은 인간을 기른다는 의미가 된다. 그것은 인간을 인간답게 한다는 뜻이다. 사람의 우두머리, 지도자는 다른 사람을 인격적 존재, 사람다운 삶을 사는 사람으로 변화하도록 안내해 주는 사람이기 때문에 사람답게 한다는 의미가 두 측면을 포함한다.

　체인體仁은 인이라는 덕이 지금 여기의 나와 둘이기 때문에 하나가 되도록 함을 뜻한다. 물론 인과 지가 모두 본성이 갖는 작용의 두 측면이다. 그럼에도 불구하고 이 부분에서는 마치 내가 갖지 못한 것을 찾아서 하나가 되어야 하는 것처럼 표현하고 있다. 그러면 체인이 무엇인가?

　인은 나와 남이 둘이 아니고, 나와 우주가 둘이 아니며, 나와 신, 나와 본성, 나와 도, 나와 이치가 둘이 아님을 체득함을 뜻한다. 현상의 측면에서 보면 자성, 본성을 자각하여 둘이 아닌 경지를 체득해야 비로소 인성, 자비를 갖게 되는 것으로 착각할 수 있다.

　그러나 우리가 일상의 삶을 통하여 매 순간 지성知性을 활용하여 이것과 저것으로 구분하여 사고하고 말하며 행동한다. 그리고 분석, 분화, 분생의 과정을 통하여 하나가 아닌 경지로 나타나는 현상이 바로 둘이 아닌 경지의 드러남임을 아는 지혜를 체득한다.

　인이 본체가 되어 드러나는 것, 인이 본체가 되어 이루어지는 작용의 결과를 나타내는 부분이 예에 관한 내용이다. 아름답게 만남으로써 족히 예에 합당하다고 하였다. 그것은 예가 실현된 세계가 그대로 하나의 세계, 이것과 저것으로 구분할 수 없는 신이라는 경지, 본성, 자성의 경지를 현상에서 나타냄을 뜻한다. 그러면 양자의 관계를 어떻게 확인하는가?

　인을 논할 때는 사람들의 우두머리, 지도자로 나타내고, 예를 말할 때는 사람과 사람이 모여서 형성된 인회人會를 말한다. 그것은 사람의 본성인 인성이 드러난 인격적 세계인 사회社會를 가리킨다.

　이 부분에서도 사람과 사람이 만나는 행위가 원인이 되어 사회라는 결과가 나타나는 것으로 말한다. 그러나 나와 남은 본래 사회 가운데 너와

남이다. 그러면 인예의지에 대한 언급을 통하여 무엇을 파악할 수 있는가?

인예가 사람의 개인과 사람과 사람이 모인 사회를 논하고 이어서 물건과 사건으로부터 사건의 근원을 논한다. 이는 네 단계를 통하여 주체인 인간과 객체인 사물을 논한 후에 이어서 주객이 둘이 아닌 본성, 성품의 경계에 이르는 역방향에서 논의가 이루어짐을 뜻한다. 그러면 생성적 패러다임에 의하면 위의 사덕을 어떻게 이해할 수 있는가?

지성에 의하여 이루어지는 분생 작용의 두 단계가 간사幹事와 이물利物이다. 그것은 시간성이 본성을 인연으로 사건으로 드러나고, 물건으로 드러나는 분화, 분생의 과정이다. 이와 달리 분생의 과정을 인간을 중심으로 나타내면 인예仁禮가 된다.

시간성을 사건화하고, 물건화하여 객체적 사물로 드러내는 동시에 주체적 인회人會, 사회로 나타낸 것이 인예仁禮에 관한 언급이다. 사람과 사람이 서로 상대방의 어른이 되고, 스승이 되어 가르치고, 새롭게 해 주는 것이 바로 삶이다.

그리고 비록 때와 장소에 따라서 어떤 사람이 필요한 것을 주어서 그로 하여금 이롭게 하지만 본래 그와 나가 둘이 아니기 때문에 그를 새롭게 해 주거나 자라게 해 주었다는 생각이 없음이 바로 아름다운 하나가 됨으로서의 가회嘉會이다.

그것은 본래 물건적 관점에서 모든 물건이 둘이 아니기 때문에 둘이 만나는 모든 만남이 그대로 아름다움을 나타낸다. 그러므로 사덕을 실천하는 군자는 결코 선과 악을 구분하여 선을 소유하고 악을 배척하지 않는다.

단지 악을 따라서 자신과 자신의 존재 근거인 상대방을 배척하고 자신을 배척하여 자신과 상대방이 모두 고통에 빠지는 그릇된 삶의 방법을 바꾸라고 질책할 뿐이다. 나와 남을 구분하여 남을 미워하고, 남의 언행에 대하여 분노하면 결국은 미움과 분노가 자신으로 돌아와서 자신의 고통이 된다.

이제 형이상적 패러다임에 의하여 군자가 본성을 체득하여 인예의지의 사덕을 실천하는 삶을 생성적 패러다임의 관점에서 나타내면 지의智義와 예인禮仁의 과정에 의하여 매 순간 시간성이 사건과 물건으로 나타나는 동시에 이물利物과 간사幹事를 대상화하여 군자라고 말할 뿐으로 고정된 실체로서의 군자는 없다.

우리는 공자가 군자의 삶을 명실을 중심으로 나타내는 다음과 같은 내용들을 알고 있다. 이 부분은 예로부터 이름과 그것이 가리키는 대상이 서로 일치해야 하는 명실상부로 이해한다.

> 임금은 임금답고, 신하는 신하다우며, 부모는 부모답고, 자식은 자식다워야 한다.[307]

"~한다."라는 말은 현재는 그렇지 않고, 미래에 이루어져야 할 사건을 가리킨다. 그것은 물리적 시간과 실체적 인간을 전제로 할 때 성립하는 주장이다. 임금이나 신하, 부모와 자녀를 한 마디로 나타내면 인간이다.

현상적 패러다임에 의하여 위의 문장을 분석하면 실체적인 인간과 인간이 만나서 형성된 사회를 국가와 가정으로 구분하여 다시 국가와 가정을 군신과 부자의 관계를 통하여 나타낸 문장이다.

---

307 『논어』 안연顏淵, "齊景公問政於孔子 孔子對曰 君君臣臣 父父子子".

형이상적 패러다임에 의하여 위의 문장을 이해하면 예의를 통하여 사회와 사건으로부터 출발하여 실체적 사물이 있는가를 문제로 삼고, 다시 사물을 넘어서 사물을 논하는 주체의 마음으로 들어와서 마음과 사물이 둘이 아닌 본성, 자성을 자각한다.

그러나 생성적 패러다임에 의하면 본성을 자각하여 그것을 주체로 사는 군자는 군신과 부자를 실체로 여기지 않는다. 군자는 매 순간에 필요한 말을 하고 필요한 행동을 한다. 그렇기 때문에 군자는 일정한 틀에 의하여 규정할 수 없다.[308]

만약 신하를 만나면 그가 임금이라는 지위에서 임금이라는 이름으로 불리기 때문에 임금의 역할이 필요하므로 임금의 역할을 통하여 본성, 자성을 드러낸다. 그러나 신하를 만나서 임금의 역할을 통하여 자신으로 드러낼 뿐으로 다음 순간에 가정으로 돌아오면 자녀를 만나서 부모의 역할을 통하여 자신을 드러낼 수도 있고, 부모를 만나서 자녀의 역할을 통하여 자신을 드러낼 수도 있다.

> 신하를 만나면 임금의 역할이 필요하므로 임금의 역할을 하고, 임금을 만나면 신하의 역할이 필요하므로 신하의 역할을 하며, 자녀를 만나면 부모의 역할이 필요하므로 부모의 역할을 하고, 부모를 만나면 자녀의 역할이 필요하므로 자녀의 역할을 한다.

앞의 인용문은 생성적 패러다임에 의하여 위의 내용과 같이 이해할 수 있다. 그러나 위의 해석과 이전의 해석이 옳고 그름은 없다. 단지 어떤

---

308 『논어』 위정爲政, "子曰 君子不器".

차원에 있는 사람이 어떤 것에 얽매여 있는가에 따라서 그것을 벗어나서 자유롭고 평등하게 살 수 있도록 안내할 뿐이다. 그러면 사덕을 실천하는 군자는 유불도의 이론체계를 어떻게 이해하는가?

사람마다 매 순간 언행을 하지만 나타난 언행은 마음으로 돌아가고, 마음은 다시 본성으로 돌아가서 사고와 언행이 없다. 그러므로 현상을 중심으로 유학이 있고, 불교가 있으며, 선가가 있다고 여기는 사람은 본성에 이르지 못하고, 불교의 교리와 유학의 교리, 선가의 교리로 드러나는 마음이 있다고 여기는 사람도 본성에 이르지 못한다.

오로지 어떤 말을 하고, 행위를 하더라도 말과 행위에 얽매이지 않으며, 어떤 마음으로 언행을 하더라도 그 마음에 집착하지 않는 사람이라야 본성, 자성이라고 말하는 자신의 본래면목에 이른다.

언행에 집착하여 주체인 육신이 있다는 마음을 내지 않고, 언행이 모두 하나의 마음에서 일어남을 알고, 마음에 의한 다양한 사고가 모두 본성이라는 하나의 근원에서 나온 것임을 아는 사람이라야 비로소 주고받을 수 없는 도가 바로 자신의 주체성임을 안다. 그러면 이것이 전부인가?

이미 지금 여기의 나의 삶이 본래면목의 드러남은 삶의 시초이며, 사고와 언행으로 드러나는 현상이 다시 본래의 자리로 돌아가서 드러나도 드러남이 없음이 삶의 완성이다.

삶은 수행에 의하여 깨달아서 중생을 제도하는 것이 아니라 매 순간의 삶이 그대로 서로가 서로를 존재하게 하고, 서로가 서로를 다양하게 하며, 서로가 서로를 새롭게 하고, 서로가 서로를 영원하게 하는 제도이다.

그리고 매 순간의 제도를 통하여 항상 자신의 삶을 새롭게 하고, 다양하게 함이 바로 수행이며, 수도이다. 그러므로 제도와 수도가 둘이 아니며, 삶과 수행이 둘이 아니고, 지금 여기와 형이상이 둘이 아니며, 나와 구세주, 성인, 부처, 대인이 둘이 아니다. 그러면 현상을 나타내는 시공이 있는가?

사람들이 시간과 공간이 모두 실재하지 않는 환상이라고 말하는 것은 인간의 두뇌의 기능인 의식에 의하여 구성된 세계임을 뜻한다. 현상으로부터 시작하여 그것을 구성하는 기본요소를 찾아나가면 결국은 공이라는 시공을 초월한 경계에 이른다.

시공을 초월한 공空으로부터 현상의 시공이 나타남은 바로 현상이 고정되지 않고 끊임없이 변화함을 뜻한다. 그러므로 시공과 사물 그리고 인간을 고정된 실체로 여기고 매 순간 다양하고 새롭게 나타나는 현상을 나타내는 삶과 죽음, 선천과 후천, 시작과 끝이라는 개념을 둘로 여기면 삶이 고통으로 다가온다. 그러면 우리가 이것을 통하여 무엇을 얻을 수 있는가?

도생역성의 관점에서 보면 일월의 덕에 의하여 천지를 나눔으로부터 시작되는 시간은 바로 신, 본성이라는 공, 무위의 작용에 의하여 이루어진다. 이때 천지를 일월에 의하여 구분함은 바로 천이 나타내는 형이상의 시간성과 지가 나타내는 형이하의 시간을 바탕으로 시간과 공간이 형성됨을 뜻한다.

그러나 역생도성의 관점에서 보면 매 순간 시간의식과 공간의식으로 나타나는 현상은 본체인 본성, 신의 경지로 돌아가기 때문에 나타나도 나타남이 없다.

비록 용심과 운신에 의하여 신, 본성이 항상 새롭고 다양한 현상으로 나타나지만 현상은 다시 신, 본성이라는 본체로 돌아가기 때문에 본체와 현상이 둘이 아니어서 매 순간의 작용에 의한 생성이 있을 뿐이다. 그러면 도생역성을 바탕으로 한 역생도성의 관점에서 시간은 어떻게 이해할 것인가?

우리는 정역을 물리적 시간의 관점에서 과거를 나타내는 선천과 미래를 나타내는 후천으로 구분하여 선천에서 후천으로 변화하는 시기에 일어날 자연 현상 그리고 그 이후에 이루어질 인간의 삶을 기대, 희망 또는 절망, 두려움으로 본다.

그러나 현상의 물리적 시간은 근원인 형이상의 시간성이 본체가 되어 나타나는 현상이다. 이때 두려움, 절망과 기대, 희망이라는 심리적인 현상은 본래 있는 것이 아니라 본성, 성리를 스스로 어떻게 쓰느냐에 따라서 서로 다르게 나타난다.

어떤 사람이 물리적 현상의 관점에서 지구의 중심축이 23.5도 기울었다가 반듯하게 일어서면서 일어나는 자연의 변화 현상을 생각하고 지진이나 해일에 의하여 인류가 멸망하는 일을 생각하고 두려움을 느낀다면 그 사람에게 형이상의 근원인 신, 본성을 들어서 물리적 시간의 관점에서 일어나는 현상은 그것이 아무리 커도 낮이 가고, 밤이 오는 현상과 다르지 않음을 알려주어야 한다.

선천에서 후천으로의 변화와 그에 따라서 일어나는 자연 현상에 대한 두려움은 결국은 자신의 생사와 관련시키기 때문에 일어난다. 만약 자신은 육신이라는 물질이 아니라 본성이라는 시간상으로 영원하고, 공간상으로 온 우주와 둘이 아닌 신임을 자각하면 죽어서 사라진다는 생존生存과 사망死亡이라는 문제가 있지 않음을 안다.

우리가 생성적 패러다임에 의하여 항상 자신의 근원인 본성, 자성, 화화옹, 부처를 비롯하여 다양한 이름으로 나타내는 자신의 본래면목에서 모든 일이 이루어짐을 믿고, 그 자리에 맡기면서 살아가면 무엇을 해도 함이 없기 때문에 선악의 분별에 의하여 고통스러움이 없다.

노자가 함이 없이 하지 않음이 없다고 말함은 무위無爲에 의하여 유위有爲가 이루어짐을 뜻한다. 그것은 주역이나 유학, 불교, 도교와 같이 역방향에서 유위와 상대적인 무위를 논하기 때문에 나타나는 현상이다.

함이 없이 하지 않음이 없음은 양자가 옳을 수 없는 모순 관계이다. 그러므로 이러한 주장은 결코 성립할 수 없다. 도학의 관점에서 보면 본래 심신을 운용하는 모든 것이 본성, 자성의 작용이다. 그것은 개체적인 자아가 있어서 마음을 쓰고, 육신을 운전하는 것이 아님을 뜻한다. 따라서 본래 심신의 운용이 모두 자연이다.

본성, 자성의 작용인 심신의 운용에 의하여 현상의 다양하고 새로운 사고와 언행이 나타나기 때문에 매 순간 새롭고 다양하게 일어나는 사고와 언행에 대하여 유위와 무위, 선과 악, 옳음과 그름을 분별하지 않으면 된다.

그것은 분별의 대상이 있음에도 불구하고 분별하지 않는 것이 아니라 본래 분별의 대상이 없기 때문에 분별하지 않음을 뜻한다. 도학에 의한 삶, 생성적 패러다임에 의한 삶은 언제 어디서 어떤 삶을 살아도 그대로 유위有爲이면서 무위無爲이다. 이처럼 생성적 패러다임에 의한 도학의 삶은 영원하여 미래에 얻을 것도 없고, 찾을 것도 없으며, 갈 곳도 없어서 지금 여기가 바로 갈 곳이고, 찾을 것이며, 얻을 것이다.

지금 여기에서 이루어지는 영원한 현재적 삶은 매 순간 새로워지는 진화적 삶이고, 매 순간 다양해지는 창조적 삶이다. 매 순간의 삶이 그대로 우주와 둘이 아니게 이루어지기 때문에 무위여서 업이 되지 않고, 자유로우며, 온 우주와 둘이 아니어서 어느 순간의 어떤 행위라도 가치상의 우열이 없어서 평등하고 완전한 삶이다.

제5부

생성적 패러다임과 한국의 미래

　우리는 앞에서 현재로부터 출발하여 과거로 되돌아가서 선사시대로부터 현재에 이르는 방향에서 한국사상의 연원이 무엇이고, 한국사상이 어떻게 확립되며, 한국사상이 시대에 따라서 어떻게 변화하는지 살펴보았다.
　시대에 따라서 다양하게 나타나는 한국사상을 관통하는 주제는 시간성이다. 시간성은 선사시대와 역사시대를 일관하여 사상, 역사, 문화, 예술, 종교를 비롯한 다양한 삶으로 나타났다. 시간성이 시대와 장소에 따라서 대곡천의 암각화와 홍산의 옥기, 강화와 고창, 화순의 고인돌로 나타나고, 암사동의 토기로 나타났다.
　암각화와 옥기, 토기, 고인돌에 의하여 다양한 형태의 삶으로 나타나는 시간성의 중심에 한국 사람이 있다. 선사시대 사람들이 바위, 옥기, 토기, 고인돌을 통하여 시간성을 나타낸 것과 달리 역사시대의 한국 사람들은 수와 문자를 사용하여 시간성을 더욱 정교하고 체계적인 학문으로 표현하고, 삶을 통해서 표현했다.

선사시대의 한국 사람들은 샤먼이라는 이상적인 인격체를 중심으로 자신들의 삶을 표현했다. 역사시대의 한국 사람들은 셋과 하나의 구조에 의하여 신이라는 개념을 중심으로 시간성을 표현했다.

고조선의 건국설화에서는 환인과 환웅, 단군왕검을 중심으로 시간성을 상징적으로 표현한다. 환인은 시간성을 문자로 나타낸 개념이다. 고조선사람들은 환인을 환웅과 단군, 웅호의 세 측면에서 분석하여 나타낸다. 그들은 세 개념이 하나의 환인임을 신神이라는 개념을 통하여 밝힌다. 신은 세계, 우주이자 사람이고 생물이자 무생물이다.

고조선 이후 한국사상은 중국을 비롯한 외래사상을 수용하여 다양한 사상을 생성했다. 한국선도, 한국불교, 한국유학은 시대의 흐름에 따라서 외래사상인 도교, 불교, 유학을 수용하여 시간성을 바탕으로 한국화한 한국사상이다.

우리나라 사람들이 가장 먼저 수용한 외래사상은 도교이다. 최고운이 말했던 풍류도는 외래사상인 도교와 전통사상의 시간성이 결합하여 한국화한 한국선도이다. 한국선도는 시간성을 물건적 관점에서 인간을 중심으로 나타낸 사상이다.

한국불교는 시간성을 사건적 관점에서 인간을 중심으로 자성, 불성으로 나타낸다. 용심법에 의하여 견성성불을 추구하는 중국불교와 달리 한국불교는 본체인 불성이 매 순간 작용하여 중생으로 나타나는 동시에 현상의 중생의 삶이 다시 본래의 불성으로 회향하는 보살의 삶을 제시한다.

한국사상의 근본주제인 시간성은 성리학을 치국 이념으로 했던 조선에서 다시 중심 주제가 된다. 한국 성리학은 주희의 성리학과 달리 시간성을 중심으로 한국화한다. 그 결과 중국유학에서 밝히지 않았던 천도인 역수원리가 구체적이고 체계적으로 밝혀지는 동시에 유불도 이론으로 드러나기 이전의 우주의 본질인 화화옹이자 시간성이 드러난다. 그러면 우리가 과거를 향하여 눈길을 돌렸던 까닭이 무엇인가?

오늘날의 우리가 과거를 돌아보는 것은 지금 여기의 내가 어떤 존재인가를 파악하고, 그것을 바탕으로 미래의 방향, 이상을 세워서 지금 여기서 미래를 생성하기 위함이다.[309] 그러면 어떻게 대한민국의 미래를 창조할 수 있는가?

지금 여기의 삶에서 일어나는 문제의 원인을 찾아서 해결하는 방법은 형이하적 패러다임에 의하여 문제의 답을 찾아서 해결하는 방법이다. 그것은 물리적 시간을 바탕으로 현재의 결과를 과거의 원인 제거에 의하여 해결하는 방법이다.

그러나 현재로부터 출발하여 미래적 이상을 찾는 방법은 현상의 근원을 찾는 점에서 형이하적 패러다임에 의하여 원인을 찾아서 결과를 변화시키는 방법과 다르다. 왜냐하면 형이하적 패러다임에 의한 현재의 결과를 바탕으로 과거의 원인을 찾는 것은 오로지 물리적 차원일 뿐으로 형이상적 경지가 없기 때문이다.

형이상적 패러다임에 의한 삶은 형이하적 패러다임에 없는 역逆방향에서 시작하여 순順방향에서 마치는 변화가 중심이다.[310] 현상의 수많은 문제는 근원인 형이상적 경지에서 보면 일어남이 없다. 따라서 형이상적

---

309 「논어」 위정爲政, "子曰 溫故而知新, 可以爲師矣".
310 이현중, 「제3의 패러다임과 인류의 미래」, 지식과감성, 2025, 254-283.

패러다임은 현상의 문제를 원인 제거로 해결하지 않고 문제를 해소한다.

현상의 문제를 근원인 형이상적 차원에서 본래 없음으로 확인하는 방법은 일순간에 일어나는 변화에 의하여 법열法悅이라는 쾌감을 낳는다. 그러나 만약 어떤 사람이 즐거움에 빠져서 성품, 도에 머물면 그는 세간에 얽매이는 소인, 중생과 달리 출세간에 얽매인다. 그러면 형이상과 형이하, 세간과 출세간, 지옥과 천국은 있는가?

사람은 형이상적 차원인 본성, 인성, 자성과 더불어 시공을 점유하는 육신이 있고, 본성과 육신을 연결하는 마음이 있다. 마음의 작용에 의하여 형이상적 패러다임을 바탕으로 대인, 성인, 부처의 삶을 살 수 있고, 형이하적 패러다임을 바탕으로 소인, 속인, 중생의 삶을 살 수 있다.

형이하적 패러다임에 의한 세계는 오로지 시공의 현상만이 있을 뿐으로 형이상의 경지가 없고, 형이상적 패러다임에 의하여 드러나는 경지에는 형이상의 도, 성품이 있을 뿐으로 형이하의 현상이 없다. 따라서 양자를 초월하면서도 양자를 벗어나지 않는 제3의 패러다임이 필요하다. 그러면 제3의 패러다임은 어떻게 찾을 수 있는가?

형이상과 형이하를 바탕으로 도와 기, 이상과 현실을 구분하고, 양자를 가치상의 우열을 가진 근본과 지말로 나타내어 한 측면을 중심으로 형이하적 패러다임과 형이하적 패러다임을 논하는 것은 인간이다. 따라서 제3의 패러다임 역시 인간 자신에서 찾을 수 있다. 그러면 어떻게 찾는가?

패러다임은 그것을 논하는 인간과 둘이 아니다. 인간의 본성을 중심으로 패러다임을 나타내면 형이상적 패러다임이며, 육신을 중심으로 나타내면 형이하적 패러다임이다. 그러면 인간의 본성과 육신이 둘인가?

본성의 차원에서 인간과 우주가 둘이 아니며, 마음을 통하여 새롭게 작용하여, 육신에 의하여 다양한 언행으로 나타난다. 본성의 불이적不二的 측면과 육신의 불일적不一的 측면이 둘이 아니어서 매 순간 새롭고 다양하게 생성함이 생성적 패러다임이다.

본성은 시공을 초월하기 때문에 변화를 벗어나서 고정되지 않고, 육신은 시공을 벗어나지 못하기 때문에 항상 변화하여 고정되지 않으며, 마음은 본체인 본성의 작용이기 때문에 고정되지 않는다. 우리는 매 순간 필요에 의하여 때로는 형이하적 차원에서 자신을 드러내고, 때로는 형이상적 차원에서 자신을 드러낼 뿐이다.

고조선사상에서는 환인桓因이라는 개념을 통하여 시간성이 매 순간 환웅에서 시작하여 단군을 거쳐서 웅호로 나타나는 동시에 나타난 현상의 웅호가 변하여 단군으로 화하여 다시 환웅으로 돌아가는 변화임을 밝힌다.

일부一夫는 시간성을 화화옹化化翁, 화무상제化無上帝, 화무옹化無翁이라는 개념을 통하여 매 순간 다양하고 새롭게 나타나는 동시에 소멸하여 나타나도 나타남이 없고, 사라져도 사라짐이 없는 생성을 논한다.

환인과 화화옹은 생성적 패러다임을 나타내는 개념이다. 암각화와 옥기, 토기, 고인돌에서 다양한 방법으로 표현했던 시간성이 고조선에서는 언어와 수라는 도구를 통하여 생성적 패러다임으로 표현되었다. 그러면 왜 우리는 미래한국이라는 개념을 사용하는가?

형이하적 패러다임에 의하면 물리적 시간이 있을 뿐으로 시간성이 없고, 형이상적 패러다임에 의하면 시간성이 있을 뿐으로 물리적 시간이 없다. 다만 생성적 패러다임에 의하여 신을 본체로 본성으로 작용하여 마음과 몸으로 드러나는 삶은 영원한 현재를 바탕으로 전개된다.

우리는 물리적 시간의 차원에서 과거의 추억, 미래의 희망, 현재의 소유에 매달린다. 미래와 과거는 신이 매 순간 다양하고 새롭게 나타나는 영원한 현재이자 영원한 현현이다.

지금 여기의 나의 삶이 그대로 우주의 삶이고, 신의 삶이며, 사물의 삶이다. 그것이 생성적 패러다임의 내용인 창조와 진화가 둘이 아닌 생성의 연속으로서의 삶이다.

지금부터 우리는 앞에서 살펴본 영원한 현재를 바탕으로 전개되는 생성적 패러다임에 의하여 대한민국의 미래를 어떻게 창조할 것인지를 살펴볼 것이다.

먼저 한국사회의 다양한 현상을 낳는 형이하적 패러다임을 통하여 한국의 미래를 살펴보고, 이어서 한국사회의 근원인 한국사상을 낳는 형이상적 패러다임을 통하여 한국사회의 미래를 살펴본 후에 마지막으로 생성적 패러다임을 바탕으로 대한민국의 미래를 어떻게 생성할 것인지 살펴볼 것이다.

1. 형이하적 패러다임과 분석에 의한 문제의 정답 탐구

형이하적 패러다임에 의하여 대한민국의 미래를 고찰하는 일은 물리적 시간을 바탕으로 이상적 미래를 찾는 작업이다. 형이하적 패러다임에 의한 삶은 현재 중심의 삶이다.

현재는 시간의 세 양상인 과거와 미래를 구분하는 기준이 된다. 물리적 시간은 물건과 같이 분석이 가능한 실체적 시간이다. 실체적 시간을 현재를 기준으로 둘로 나누어서 과거와 미래를 말한다.

물리적 시간의 세 양상인 과거와 미래, 현재는 형이상의 근원인 시간성이 없다. 이처럼 형이상의 존재 근거가 없는 물리적 시간은 실재하지 않는 허구이다. 그러면 물리적 시간으로서의 현재 중심은 무엇을 의미하는가?

물리적 시간은 물건적 존재이다. 따라서 물리적 현재 중심은 물건이 중심이라는 의미이다. 실체적 물건은 분석이 가능하다. 그러므로 물리적 시간을 대상으로 분석하여 공간적인 상중하의 구조를 나타낸다.

상중하의 구조는 세계를 시간의 천天과 공간의 지地 그리고 양자를 인식하여 나타내는 인간으로 구분하여 천지인天地人의 삼재적三才的 세계를 나타낸다.

물리적 시간의 관점에서 과거와 현재, 미래를 원인과 결과의 인과 관계로 분석한다. 이처럼 인과 관계를 바탕으로 삼재적 구조에 의하여 물건적 세계, 인과적 세계, 결정론적 세계가 나타난다.

물건적 관점에서 세계를 분석하는 또 하나의 틀은 내외적 구조이다. 지금 여기의 나를 중심으로 나와 나 밖의 모든 것을 구분한다. 이는 주체인 나와 대상인 밖의 세계의 구분이다. 주체와 객체의 구분에 의하면 삼재三才는 주체인 인간과 객체인 천지로 나눌 수 있다.

객체를 다시 분석하여 시간의 천天과 공간의 지地로 나타낸다. 그러므로 인과因果는 물리적 시간의 관점 곧 천天을 다시 분석하여 나타낸 개념들이다.

사건적 세계를 대상화하여 물건적 세계로 고정하고, 그것을 다시 분석하는 방법이 형이하적 패러다임의 학문의 방법이자 삶의 방법이다. 그러면 분석은 실체인가?

분석을 하는 주체는 인간이다. 그리고 분석의 대상이 설사 분석하는 인간 자신일지라도 여전히 주체는 인간이다. 유럽 철학에서는 분석하는 주체를 배제하고 오로지 대상인 자연, 세계를 중심으로 본질, 근원을 찾는 존재론, 주체를 중심으로 인식, 앎이 무엇인가를 찾는 인식론, 학문 방법을 논하는 논리학을 논한다.

논리학은 이것과 저것이라는 이원적인 구조를 바탕으로 한다. 그리고 이원론적 구조에 의하여 주체와 객체를 비롯하여 근원과 현상, 삶과 죽음과 같은 세계와 인간, 학문, 삶에 관한 모든 것에 대한 주장의 시비是非를 논한다.

칸트는 주체와 객체를 구분하여 객체인 자연, 존재를 대상으로 탐구하는 존재론적 학문을 비판하고, 주체 중심의 인식론을 제기하였다. 이것이 객체적인 세계 중심에서 주체 중심으로 주제를 바꾸는 코페르니쿠스적인 전환이다.

그는 이성에 의하여 이루어지는 인식론을 제시하면서 이성은 물자체物自體를 파악할 수 없는 한계를 갖기 때문에 신, 자유, 영혼과 같은 형이상적 세계는 현상론인 과학의 이론을 통하여 파악할 수 없는 한계를 갖는다고 말한다. 그의 학문적 주제의 변화는 상하의 이동이 아닌 내외의 이동이라는 점에서 의미가 있다.

형이하적 패러다임에 의하여 전개되는 세계는 물질적 세계, 실체적 세계, 이원론적 세계이다. 이원론적 세계에서는 옳음과 그름이 있을 뿐으로 중도는 없다. 따라서 옳고 그름을 조화시키는 방법이 없다.

형이하적 패러다임에 의하여 제기되는 이론, 사상에서 존재론과 인식론의 관계는 중요한 주제이다. 어떤 것이 있기 때문에 인간이 그것을 인식하는가 아니면 인식하기 때문에 그것이 존재하는가는 삶 가운데서 항상 만나는 심각한 문제이다. 그러면 이 문제를 반구대 암각화를 예로 살펴보자.

반구대 암각화는 신석기시대에 제작되었다. 그러나 1971년에 학자들에 의하여 다시 발견될 때까지는 현대의 우리들에게는 존재하지 않았다. 그러나 사람들에 의하여 발견되지 않았을 때에도 여전히 암각화는 있었다. 그러면 암각화가 있었는가 아니면 없었는가?

암각화와 사람은 둘이 아니다. 그것은 주체와 객체를 나누어서 세계를 나타내는 순간 주체인 사람도 그리고 객체인 자연도 실재하지 않음을 뜻한다. 주체가 없으면 객체도 없고, 객체가 없으면 주체도 없다. 그것은 동시에 주체가 없어야 객체가 존재하고, 객체가 없어야 주체가 존재함을 뜻한다.

주체와 객체의 이원론적 구조를 바탕으로 제기되는 어떤 주장이나 이론체계, 사상도 항상 모순에 봉착한다. 긍정적인 측면에서 주체가 있어야 객체가 있고, 객체가 있어야 주체가 있다면 양자의 어느 하나를 배제하면 다른 하나도 존재할 수 없다.

그러나 부정적인 측면에서는 주체가 없어야 객체가 존재하고, 객체가 없어야 주체가 존재한다. 따라서 긍정과 부정의 하나 한 측면을 중심으로 어떤 주장이나 이론, 사상을 전개하더라도 항상 다른 주장과 양립할 수 없는 모순을 일으킨다.

신석기시대 제작자들에 의하여 암각화과 제작된 후에 반구대와 천전리의 암각화는 항상 있었다. 그러나 학자들이 대곡천의 암각화를 발견하기 전까지는 현대의 사람들은 그 존재를 알 수 없었다. 그러다가 암각화를 발견하고 조사와 연구가 진행이 되면서 초기에 발견하지 못했던 그림들을 발견하기도 한다. 지금도 아직 발견하지 못했던 새로운 그림들이 나타날 가능성은 여전히 남아 있다.

지금은 이미 드러난 암각화를 대상으로 제작 의도, 방법, 시기, 내용과 같은 다양한 주제를 중심으로 암각화를 연구한다. 이 책에서 암각화에 나타난 세계관, 가치관, 인간관을 바탕으로 사상을 연구하는 것도 그러한 과정이다. 그러면 우리가 사용하는 조사, 연구방법은 무엇인가?

우리는 대곡천의 암각화와 홍산의 옥기, 고인돌과 같은 유물, 유적을 대상으로 그것을 분석하여 드러나는 요소들을 밝히고, 드러난 요소들의 관계를 밝히는 종합의 분합적 방법에 의하여 암각화와 옥기, 고인돌 속에 내재된 세계관, 인간관, 가치관을 찾아냈다.

우리가 대상을 분석과 종합을 하는 것은 주체인 우리의 의식에 의하여 이루어진다. 이러한 분합은 주체인 나와 대상인 객체가 무관한 별개의 존재라는 실체적 세계관을 바탕으로 한다. 바로 형이하적 패러다임에 의하여 나타나는 실체적인 세계관, 실체적 인간관을 바탕으로 분합이 이루어진다.

만약 시공이 없고, 산과 암벽이 없으며, 암각화를 그린 사람과 그가 그린 암각화 그리고 암각화를 조사하고 연구하는 지금 여기의 내가 없다면 암각화의 조사와 연구라는 사건은 존재하지 않는다. 따라서 시공, 산, 암벽, 암각화, 암각화 제작자, 암각화를 연구하는 내가 분명하게 있다. 그러면 암각화가 있기 때문에 내가 암각화를 보는가, 아니면 내가 보지 않으면 암각화는 없는가?

만약 암각화를 조사하여 암각화를 발견하지 못했다면 암각화를 연구하는 것은 물론 있는지도 몰랐을 것이다. 실제로 오래전부터 주변의 사람들이 바위에 그려진 그림이 있다는 말들을 해왔지만 그들은 암각화가 있는지도 몰랐다.

지금 여기의 내가 인식하지 않으면 적어도 나에게는 없다. 설사 대곡천의 암각화가 발견되고, 여러 사람들에 의하여 연구되었다고 할지라도 관심이 없으면 그 사람들에게는 암각화는 물론 조사 결과나 연구 성과는 없다. 그러면 소수라도 암각화를 발견한 사람이 있고, 조사하고, 연구한다면 그것은 있다고 할 수 있는가?

우리가 시공의 현상을 중심으로 암각화의 있음과 없음을 논하면 결코 해결책을 찾을 수 없다. 암각화가 있기 때문에 우리가 그것을 볼 수 있다는 존재론적 주장과 암각화를 보기 때문에 비로소 암각화가 있다는 인식론적 주장은 양립할 수 없다.

암각화를 중심으로 있음과 없음을 논하면 존재론적 관점이 되고, 사람을 중심으로 있음과 없음을 논하면 인식론적 관점이 된다.

있음이 성립하려면 없음이 사라져야 하고, 없음이 성립하려면 있음이 사라져야 한다. 어떤 것이 있다면 없는 것이 아니고, 어떤 것이 없다면 있는 것이 아니다. 따라서 양자는 서로를 존재할 수 없게 만든다. 그러면 암각화는 있는가 아니면 없는가?

암각화의 있음과 없음의 문제는 나, 남, 자연, 세계, 우주의 있음과 없음의 문제인 동시에 암각화를 조사하고 연구하는 행위와 우리의 삶 자체의 문제이다. 그것은 암각화를 조사하고 연구하는 방법이 단순한 연구 방법이 그치는 것이 아니라 우리의 삶에도 그대로 적용됨을 뜻한다.

일상의 사람들은 모두 형이하의 현상을 중심으로 삶을 산다. 그것은 그들이 모두 육신을 바탕으로 나와 나 밖의 대상 세계를 구분하여 양자가 무관하게 존재한다는 실체적인 세계관을 바탕으로 살아감을 뜻한다.

실체적 세계관에 의한 삶은 병 속의 새처럼 밖을 모르고 오로지 하나의 틀에 갇혀 있다. 실체적 세계관에 의하여 사는 삶의 특징은 세계를 분석하여 이름을 붙여주고, 이름에 따라서 모든 사물이 각각 독립된 실체라는 태도로 산다.

그러나 나누어서 이름을 붙일 수 있는 대상으로서의 세계, 사물은 없다. 만약 암각화가 없다면 발견할 수도 없고, 조사하고 연구할 수도 없다. 그렇다고 하여 암각화만 있고, 사람이 없다면 산을 찾아서 바위의 벽면에 암각화를 그릴 수 없다. 그러면 둘 가운데 어느 것이 먼저라고 할 수 있는가?

지구에서 생명체가 나타나고, 호모사피엔스가 진화하기 이전에는 사람은 없었다. 따라서 지구가 먼저이고, 산이 먼저이며, 암벽이 먼저 있었다고 할 수 있다. 그러나 아무리 지구가 있고, 산이 있으며, 암벽이 있어도 암각화를 그릴 수 있는 사람이 없으면 암각화는 존재할 수 없다. 그러면 이 문제를 어떻게 해결할 것인가?

암각화와 사람이 별개인가 아니면 어느 것이 먼저인가 동시적인가 라고 물을 수 있다. 그 어느 것도 사실의 문제가 아니라 문제를 제기하는 인간의 문제이다.

사람이 제기하는 현실에 관한 많은 주장은 서로 어긋나는 경우가 많다. 그렇기 때문에 어느 주장이 사실과 부합한지를 판단하는 것은 지극히 당연한 일이다.

그러나 우리가 암각화를 통하여 살펴보았듯이 무엇이 사실인지를 판단하기 어렵다. 그보다 근본적인 문제는 사실이 있는가 아니면 없는가이다.

모순을 낳는 주장과 주장 그리고 주장이 전제하는 있음과 없음은 형이하적 패러다임에 의하여 발생한다. 만약 사람이 육신이라는 물질과 다른 측면이 있음을 알고, 물질을 벗어난 차원에서 물질로 나타나는 현상을 보면 주장과 주장이 모순을 일으키는 문제가 발생하지 않는다.

인간은 물론 세계를 현상을 중심으로 형이하적 차원에서 이해하고, 물질을 중심으로 살아가는 삶의 태도와 방법은 형이하적 패러다임에 의하여 일어난다.

형이하적 패러다임은 인간과 세계를 물질로 이해하는 유물론적인 세계관, 유물론 인간관, 가치관을 낳는다. 유물론적인 세계관, 인간관에 의하면 인간의 삶은 오로지 육신이 가진 물리적 생명의 보존이라는 목적 밖에 없다. 따라서 도덕이나 윤리적인 가치가 성립할 수 없다. 그러면 암각화와 고조선사상을 나타내는 단군신화는 어떤가?

이원론적 세계관에 의하여 암각화를 분석하면 선사미술의 가치가 드러나지 않는다. 왜냐하면 암각화는 그들이 단순하게 육신의 속성인 본능을 표현한 것이 아니라 육신을 포함한 현상을 초월한 형이상적 경지를 상징적으로 표현했기 때문이다.

단군신화 역시 웅호를 통하여 현상의 이원론적 세계를 나타낸다. 그러나 현상의 웅호는 환웅이라는 시공을 초월한 신의 현현이다. 그리고 신의 현현인 웅호는 현현과 동시에 다시 단군이라는 개체의 본성을 넘어서 우주의 본성이자 신성인 환웅으로 돌아간다. 그러면 어떻게 해야 하는가?

만약 우리가 현상을 출발점으로 삼아서 물건적 관점에서 이 문제를 해결하려면 형이하적 패러다임에서 벗어나서 형이상적 패러다임에 이르러야 한다. 그러면 암각화의 측면에서는 그것이 무엇을 의미하는가?

암각화라는 예술을 통하여 나타내고자 하는 가치는 육신이라는 물질의 차원과 다른 차원의 문제이다. 따라서 암각화의 가치, 의미는 현상의 시공을 초월한 차원에서 접근해야 한다. 우리가 현상을 초월하기 위해서는 관심이 있어야 한다.

일상적인 사람들은 감각기관에 의하여 지각하는 것으로 착각한다. 눈이 모습을 보고, 귀가 소리를 듣는다고 생각한다. 그러나 사람이 어떤 소리를 듣거나 어떤 모습을 보더라도 관심이 없으면 들어도 들리지 않고, 보아도 보이지 않는다. 그리고 아무리 맛이 있는 음식을 먹어도 생각이 다른 곳에 가 있으면 맛을 알지 못한다.[311]

311　주희, 『대학장구』 전傳 제7장, "心不在焉 視而不見 聽而不聞 食而不知其味".

우리가 밖의 사물을 인지하기 위해서는 관심을 가져야 한다. 그것은 감각의 기관으로는 인지가 성립하지 않음을 뜻한다. 마음은 의식과 다르다. 오늘날의 뇌과학자들이나 인지과학자들이 말하는 뇌의 기능이나 육신의 기능인 의식이 마음이라고 주장한다. 그들은 마음의 감성과 의지 그리고 지적인 세 측면 가운데서 오로지 지적인 측면을 중심으로 이루어지는 분합적 기능을 의식으로 여긴다. 그러면 마음이 밖의 사물을 인지하는가?

봄과 들음, 냄새 맡음과 같은 현상은 육신과 마음의 어느 하나만으로는 이루어지지 않는다. 이로부터 육신에서 나타나는 현상 이전의 마음에 이르고, 마음으로 드러나기 이전을 파악하는 일이 필요함을 알 수 있다. 그것이 형이하적 패러다임을 벗어나서 형이상적 패러다임에 이르는 방법이다.

이제 우리는 암각화를 제작한 주체로 논의되는 샤먼을 논해보자. 학자들은 샤먼이 자신을 벗어나서 다른 세계로 여행을 한다고 말한다. 그들은 샤먼이 있고, 샤먼의 밖에 우주가 있어 죽은 영혼이 가는 이곳과 다른 곳으로 영혼을 안내한다고 말한다.

그들이 논하는 샤먼과 우주는 주체인 나와 다른 대상으로서의 우주가 있고, 나와 다른 남이 있으며, 샤먼과 그에게 죽음과 삶이 있다는 실체적 세계이다. 실체적 세계관을 바탕으로 전개되는 실체적 인간관에서 중요한 가치는 무엇보다도 생명의 보존이다.

남과 다르고, 우주와 다른 나만의 생명이 있다면 나의 생명을 보존하는 것이 삶의 최고가 가치가 될 수밖에 없다. 그렇다면 예술, 문화, 정치, 경제, 교육이 모두 생명의 보존이라는 하나의 절대가치에 목표를 두고 이루어질 수밖에 없다. 그러면 내가 죽어서라도 다른 생명을 살리려는 행위는 어떤 의미를 갖는가?

자식을 진심으로 사랑하는 부모라면 그는 자신의 생명을 버려서라도 자식을 살리고자 한다. 이러한 부모의 행위는 실체적 인간관에 의하면 사랑이 아니라 자신의 생명을 버리는 어리석은 행위가 된다.

만약 모두가 자신의 생명을 보존하는 일이 삶의 목표가 되면 가정, 국가, 인류라는 사회가 존재할 수 없다. 나의 생명을 보존하기 위해서는 나 밖의 모든 존재를 삶의 수단으로 대할 수밖에 없다. 그러므로 함께 사는 사회적 삶은 있을 수 없다.

실체적 존재로서의 나는 시공을 점유하는 육신이다. 나의 생명 활동은 육신에 의하여 이루어진다. 따라서 내가 항상 보존해야 대상은 바로 육신이다. 육신은 동물과 마찬가지로 본능을 갖는다.

육신은 배가 고프면 먹어야 하고, 목이 마르면 물을 마셔야 하는 것이 본능이다. 사람이 본능에 따라서 자신의 생명을 보존하기 위하여 살면 함께 사는 도덕이나 윤리는 없다.

자신이 가장 소중하게 여기는 육신마저도 자신이 아닌 부모의 육신을 빌렸음에도 불구하고 그것을 고마워하거나 부모를 존중할 줄을 모른다.

사람이 시간과 공간을 점유하는 물질적 요소만을 인간으로 여기는 형이하적 패러다임에 의하여 삶을 살면 본능에 따라서 서로 투쟁하여 강자가 약자를 잡아먹는 약육강식의 세계를 벗어나지 못한다. 대다수의 약자는 생명을 보존하기 위하여 소수의 강자에게 복종하는 지배와 복종이 노예적인 삶이 전개된다.

현대사회의 힘은 권력과 재력을 넘어 정보력이 가장 강하다. 정보가 재산이 되고, 권력이 된다. 오늘날 대다수의 인간 지능에 의하여 살아가는 사람들은 소수의 인공지능을 활용하는 사람들의 경쟁 대상이 되지 못한다.

그러나 앞으로 인공지능이 더 발달하고, 인간이 정서적이고, 의지적인 기능보다 지적인 기능을 중심으로 삶을 살면 인간은 인공지능의 지배를 받지 않을 수 없다.

그것은 사람들이 걱정하듯이 인공지능이 사람을 공격해서가 아니라 인간이 스스로 인공지능의 노예가 되기 때문이다. 그러면 형이하적 패러다임에 의하여 물질적 차원에서 암각화를 이해하는 한계는 무엇인가?

샤먼과 암각화, 자연 그리고 암각화를 논하는 지금 여기의 나는 둘이 아니다. 샤먼이 암각화를 통하여 나타내고자 했던 세계는 영원한 현재이다. 그것은 변화하는 현상의 근원인 시간성이 매 순간 변화의 연속이자 다양하고 새로운 생성의 연속적인 흐름으로 나타남을 뜻한다.

영원한 현재적 세계관, 시간관에 의하면 샤먼이 암각화를 그렸던 마음과 암각화를 연구하는 마음이 둘이 아니다. 그것은 암각화를 그린 샤먼과 암각화를 연구하는 연구자의 본성이 둘이 아니기 때문에 본성에 의하여 나타나는 마음 역시 둘이 아님을 뜻한다.

그러나 오늘날 암각화를 연구하는 학자들은 형이하적 패러다임에 의하여 형성된 객관적 실재론에 의하여 암각화를 연구한다. 그들은 암각화를 설명할 뿐으로 그것의 가치, 의미를 밝히지 못한다. 현상의 설명은 현상을 구성하는 이치를 찾는 탐구적 방법이다. 그러나 가치, 의는 발견하는 것이 아니라 형이상의 근원의 차원에서 부여하는 일이다. 그러면 대한민국의 미래는 무엇인가?

대한민국과 미래는 그것을 논하는 지금 여기의 나와 둘이 아니다. 그러므로 대한민국의 미래라는 실체는 찾을 수 없다. 오로지 대한민국의 미래를 논한 지금 여기의 나의 패러다임을 형이하적 차원에서 형이상의 차원으로 고양시켜야 한다.

형이하적 패러다임에서 형이상적 패러다임으로의 전환은 대한민국의 미래라는 실체를 찾는 탐구적 방법을 버리고, 지금 여기의 나의 본성을 통하여 대한민국의 본질, 본성을 자각하는 내적 성찰의 방법이다.

2. 형이상적 패러다임과
   통합에 의한 문제 해소

　암각화의 가치, 의미 파악이라는 과거를 향한 학문적 성찰이나 그것을 바탕으로 한 대한민국의 미래적 이상을 찾는 일은 둘이 아니다.

　실체적 시간의 차원에서 과거의 본질과 미래의 이상을 찾는 형이하적 패러다임에 의한 작업은 형이상적 패러다임에 의하면 과거와 미래, 현재가 둘이 아닌 본성의 차원에서 본래 문제가 없음을 확인하는 해소의 과정이다. 그러면 형이하적 패러다임에 의한 설명과 형이상적 패러다임에 의한 가치 부여가 어떻게 다른가?

　우리는 서양철학의 주제가 근세에 이르러서 존재론에서 인식론으로 변화했고, 그것이 20세기에 이르러서 객관적 실재로서의 자연 중심에서 주체인 인간 중심으로 변화하면서 양자역학이 이루어졌음을 상기할 필요가 있다.

　중세에는 신에 관한 논의가 중심이었고, 근세에는 신을 논하는 우리 자신으로 돌아와서 앎이 무엇인가를 논했다. 그들은 대상으로서의 신을 논하는 존재론에서 신을 논하는 주체인 인간을 중심으로 인식론으로 주제를 바꾸었다.

　칸트는 존재 중심에서 인식의 주체인 인간을 중심으로 앎과 진리의 문제를 논하면서 구성설構成說을 제기했다. 그리고 자신의 학문적 태도를 지동설을 천동설로 바꾼 코페르니쿠스를 들어서 코페르니쿠스적인 전회라고 규정했다.

그러나 칸트는 객체에서 주체로 변화하는 내외적 관점을 이동했을 뿐으로 형이하의 현상의 차원에 그대로 머물렀다. 오늘날 서양의 문화가 과학과 기술을 중심으로 발달하면서 인류사회를 이끌고 있지만 한편으로는 그것이 인류 사회를 잘못된 방향으로 끌고 가고 있다.

플라톤 이후 서양의 문화는 주체를 떠나 객체인 자연을 대상으로 분석적 방법에 의하여 자연의 이치를 탐구하여 설명하고자 했다. 자연이라는 대상 중심의 학문과 삶의 태도는 근대과학에서 절정을 이루었다.

그리고 인식론에서 시작하여 주체인 인간을 중심으로 연구 방향이 변화하면서 비로소 인간과 관련된 시간이라는 주체가 부각되었다.

프리고진을 비롯하여 화이트헤드, 하이데거는 시간이 세계, 우주의 본질과 관련된 주제임을 인식했다. 그러나 서양의 철학자들이나 과학자들은 아직도 시간성과 인간의 관계를 체계적으로 이해하지 못한다.

화이트헤드는 시간을 바탕으로 과정철학을 제시했지만 신을 남겨두어 시간성의 경지를 드러내지 못했다. 하이데거는 존재는 실체가 아닌 시간성임을 밝혔다. 그러나 그는 시간성이 무엇인지 체계적이고, 구체적으로 밝히지 못했다. 그러면 이 문제가 왜 중요한가?

서양의 철학과 과학을 막론하고 그들의 문화는 철저하게 형이하의 현상을 바탕으로 전개된다. 근대과학은 형이하적 패러다임에 의하여 전개되는 학문의 특성과 한계를 그대로 보여준다. 근대과학은 절대공간을 바탕으로 말하는 물리적 시간으로서의 절대시간을 말한다. 이는 모두 인간의 의식에 의하여 구성된 시공일 뿐으로 실재하는 자연이 아니다. 그러면 어떻게 해야 하는가?

시공의 현상을 중심으로 나타나는 문제는 문제의 올바른 답을 찾는 방법으로 해결되지 않는다. 답은 답을 찾는 주체 안에서 드러날 뿐으로 밖의 대상 세계에서 찾을 수 없다.

오늘날 사람들은 저마다 패러다임을 외친다. 오늘날은 그야말로 패러다임의 홍수시대이다. 그러나 그것은 모두 형이하적 차원에서 말을 바꾸어서 나타낼 뿐으로 패러다임의 질적인 변화가 없다.

오늘날 인류에게 필요한 패러다임은 형이하적 차원을 초월하여 형이상적 경지에 이르는 초월적 전환이다. 그것이 형이하적 패러다임에서 형이상적 패러다임으로의 전환이다.

형이상적 패러다임에 의한 세계는 시간과 공간이라는 범주에 의하여 나타내면 공간을 구성하는 물건의 형이상적 근원인 도, 신, 성性이다. 형이상적 패러다임에 의한 세계는 시간의 측면에서는 영원하고, 공간의 측면에서는 이것과 저것이 둘이 아닌 불이不二의 세계이다.

> 물건에는 근본과 지말이 있고, 사건에는 종말과 시초가 있다. 그 선후하는
> 관계를 파악하면 도에 가까울 것이다.[312]

시간과 공간을 범주로 세계를 이해하면 사건과 물건으로 나타낼 수 있다. 이때 시간과 공간을 구성하는 사건과 물건은 본말과 시종의 구조를 갖는다. 사건은 시초와 종말이 있고, 물건은 근본과 지말이 있다.

그런데 지말은 근본이 드러남이다. 따라서 물건을 만나면 지말을 벗어나서 근본을 찾아야 한다. 이처럼 물건에서 무엇이 우선하고 무엇이 그 뒤를 따르는지를 파악하는 것이 중요하다. 우리가 물건을 만날 때마다

---

312 주희, 「대학장구」 경일장, "物有本末 事有終始 知所先後 則近道矣".

근본과 지말을 파악하고, 지말을 벗어나서 근본에 이름은 일차적인 문제이다. 그러면 근본은 무엇인가?

본말, 종시, 선후, 도는 실재하는 물건이 아니다. 그것은 육신의 감각기관에 의하여 지각하거나 마음의 일부의 기능을 확대하여 마음으로 나타낸 의식에 의하여 분석하여 파악할 수 있는 지식이 아니다.

주역에서는 물건적 관점에서 현상과 근본을 구분하여 근원을 도道로 나타내고 도道가 드러난 현상을 기器로 나타내어 양자를 구분한다.

> 형이상의 존재를 도道라고 말하고, 형이하의 존재를 기器라고 말한다.[313]

우리가 이 부분에서 주목할 내용은 도와 기를 구분하여 나타내는 주체가 인간이라는 점이다. 인간이 물건적 관점에서 형상을 기준으로 삼아 형이상의 차원과 형이하의 차원을 구분하여 그것을 도와 기라는 개념을 나타낸다.

인간이 도라는 근원, 근본과 그것을 본체, 근거로 하여 나타나는 현상의 사물을 도라는 내용물을 담고 있는 그릇(器)과 같은 관계로 나타낸다. 이처럼 도와 기라는 개념을 사용하는 존재도 역시 인간이다. 그러면 도와 기, 형이상과 형이하가 단순하게 하나의 언어에 불과한가?

우리는 언어에 담긴 주장, 이론, 사상을 보면서 동시에 언어를 사용하여 다양한 주장, 이론, 사상을 나타내는 인간의 근원, 근원의 특성, 능력을 파악해야 한다. 그러면 형이상의 도에 어떻게 이르는가?

---

313 『주역』 계사상편 제12장, "是故로 形而上者를 謂之道오 形而下者를 謂之器오".

형이상의 도에 이르는 방법은 인간 자신의 내면에서 찾을 수 있다. 이것이 객체인 대상을 분석하여 드러나는 이치를 찾아서 이치에 의하여 현상을 설명하는 탐구적 방법과 다른 주체적 성찰의 방법이다.

앞의 인용문은 사건과 물건이라는 범주를 중심으로 형이상의 근원에 이르는 방법을 논하고 있다. 그것은 주체 내면에서 이루어지는 형이하의 현상에서 벗어나서 형이상의 도에 이르는 성찰의 방법이다. 그러면 주체 내적 성찰은 어떻게 하는가?

우리는 일상적으로 육신을 우리 자신으로 여긴다. 그러나 눈, 귀, 코, 혀가 모습을 보고, 소리를 듣고, 맛을 보지 않는다. 만약 그렇다면 시체도 역시 보고, 듣고, 냄새를 맡을 것이다. 그러면 육신이 아닌 마음이 그러한가?

마음이 보고 듣고 말하고, 산다면 굳이 육신을 가질 필요가 없다. 육신이 없다면 먹거나 입고, 자고, 소화시키는 일과 같은 물리적 생명을 보존하기 위해 애쓸 필요가 없다. 따라서 얼마나 삶이 자유롭겠는가!

그러나 마음만 있고 눈이 없으면 어떤 모습도 볼 수 없으며, 마음만 있고, 혀가 없으면 어떤 맛도 느낄 수 없다. 이처럼 몸과 마음의 어느 하나만으로는 보고 듣고 말하는 삶의 모든 것이 이루어질 수 없다. 그것은 몸과 마음으로 나눌 수 없는 몸과 마음을 넘어선 경지가 있음을 뜻한다. 그러면 마음과 몸으로 드러나기 이전의 몸과 마음이 아닌 인간의 측면은 무엇인가?

우리는 그것을 개체적 측면에서 생명의 근원인 성품, 본성本性, 자성自性, 천성天性이라고 말한다. 육신이라는 지말과 다른 본성은 나의 근본이자 본래면목이다. 따라서 나의 본성과 남의 본성이 다르고, 동물의 본성과 사람의 본성이 다르며, 동물과 우주의 본성이 다르다. 그러면 왜 사람의 본성과 동물의 본성이 하나라고 말하는가?

인용문에서 사건에는 종말이 있고, 시초가 있다고 했다. 그것은 나의 본성과 남의 본성이 둘이 아니라 사건적 관점에서는 어느 때 갑돌이의 본성이 끝나고 을순이의 본성이 시작되는 것과 같음을 말한다.

본성은 물건적 실체가 아니다. 그러므로 본성이라는 실체의 모습이 변화함을 말하지 않는다. 그것은 허공과 같은 본성이 때로는 동그란 컵에 담기고, 네모난 컵에 담기지만 허공이 줄어들지 않으며, 동그란 컵이 깨져서 컵을 벗어난다고 하여 허공이 늘어나지 않는 것과 같다.

허공은 하나의 컵에 담길 때나 컵이 사라지고 다시 새로운 컵에 담길 때를 막론하고 변함이 없다. 본성은 물건적 관점에서는 나의 본성이 있고, 남의 본성이 있지만 사건의 관점에서 보면 나타났다가 사라져서 나타나도 나타남이 없고 사라져도 사라짐이 없다.

본성이 마음과 육신을 통하여 다양한 모습으로 나타났다가 사라지는 것은 작용이다. 그것을 인용문에서는 선후하는 것을 알면 도에 이른다고 했다.

물건적 관점에서 지말을 벗어나서 근본에 이름은 밖의 대상을 따라서 분별하는 의식의 작용을 멈추어서 마음에 이르고, 마음에 이르러서 마음으로 드러나기 이전의 본성을 자각함이다.

본말과 종시의 선후를 파악하여 도에 이르는 과정의 중심에 마음이 있다. 처음에는 물건적 관점에서 출발하여 물건 이전의 마음을 찾고, 마음을 통하여 본체인 본성을 자각하지만 본성의 차원에서 보면 나의 본성과 남의 본성 더 나아가서 우주의 본성이 둘이 아님을 안다.

사건적 관점에서 종말을 알고 시초를 앎은 마음이 지말인 물건적 관점에서 형상과 이름을 따라가는 밖을 향한 분별의 작용을 멈추면 마치 구름이 사라지면 그 안에서 항상 태양이 비추고 있었음을 파악하듯이 비로소 본성이 항상 작용함을 자각함을 뜻한다.

나의 본성과 남의 본성 그리고 우주의 본성이 둘이 아니어서 나의 본성과 남의 본성을 분별할 수 없는 신神이라는 경지에서 보면 육신으로부터 마음에 이르고 마음을 통하여 본성에 이르며, 본성을 통하여 우주의 신성神性에 이르는 과정이 모두 신성神性의 작용이다. 그러면 암각화의 연구는 어떻게 이루어지는가?

암각화의 가치, 의미를 밝히는 문제는 암각화를 제작했거나 암각화의 내용을 전개하는 주체인 샤먼의 세계를 밝히는 문제이다. 그런데 암각화를 그리거나 옥기를 만든 대곡천의 샤먼이나 홍산의 샤먼의 육신은 소멸하여 지금은 없다. 그러면 어떻게 할 것인가?

암각화를 연구하고, 옥기를 연구하는 지금 여기의 내가 샤먼과 둘이 아닌 본성의 차원에서 암각화를 연구하고, 옥기를 연구해야 한다. 그것이 바로 형이상적 패러다임에 의하여 선사문화를 연구하는 방법이다.

형이상적 패러다임에 의하면 샤먼의 여행은 물리적 차원에서 다른 공간을 여행하는 것이 아니며, 물건과 같은 영혼을 안내하는 것이 아니다.

샤먼은 지금 여기의 나와 둘이 아니고, 생사가 둘이 아니며, 죽은 영혼과 샤먼이 둘이 아니며, 자연과 둘이 아니고, 고래, 사슴, 호랑이와 둘이 아닌 본성의 차원에서 여행을 하고, 영혼을 안내를 한다. 그러면 암각화의 그림과 옥기를 어떻게 이해할 것인가?

앞의 인용문에서 제시한 도를 자각하는 방법이 바로 샤먼이 여행하는 방법이다. 우리 역시 그러한 방법으로 과거로 여행을 한다. 형이상적 패러다임에 의하면 암각화의 그림들은 고래, 샤먼, 사슴, 호랑이를 나타내는 것이 아니라 삶과 죽음을 비롯한 다양한 현상을 통하여 그것을 넘어선 본성의 경지를 상징적으로 나타낸다.

샤먼은 고래, 사슴, 호랑이라는 물건적 개체를 통하여 다양한 개체로 드러나기 이전의 물건적 형상이 없고, 사건적 시간이 없는 영원한 경지인 시간성을 나타낸다. 그러면 시간성에 어떻게 도달하는가?

형이하적 패러다임에 의하여 주체와 객체를 분석하고, 다시 객체를 대상으로 분석하는 방법으로는 생명이 없는 기계와 같은 자연, 암각화, 옥기를 발견할 수 있을 뿐이다.

마음 안에서 이루어지는 내적 성찰에 의하여 형상을 넘어 형이상적 패러다임에 도달한다. 내적 성찰의 과정은 궁리, 진성, 지명의 세 단계로 나타낼 수 있다.

중천건괘는 역逆방향에서 궁리, 진성, 지명의 과정을 잘 나타낸다. 중천건괘의 효사는 용龍이라는 개념을 통하여 세 과정을 통하여 드러나는 성명의 이치를 나타낸다.

용은 전설상의 동물이다. 용은 현상적 패러다임에 의하면 시간의 속성을 나타내는 우로보로스Ouroboros라고 할 수 있다. 우로보로스는 자신의 꼬리를 물고 있어서 머리와 꼬리가 둘이 아니다.

중천건괘의 효사에서는 "여러 용을 보고 머리가 없으면 길하다."[314]라고 했다. 그것은 용을 상징하는 여섯 효를 수미의 시작과 끝이라는 시초와 종말을 나누는 물리적 시간의 차원에서 이해하지 말 것을 주문하는

---

314 『주역』 중천건괘 효사, "用九는 見群龍호대 无首하면 吉하리라".

내용이다.

형이상적 패러다임에 의하면 용은 시간을 상징하는 것이 아니라 시간의 근원인 시간성을 상징한다. 다만 시간성 자체가 아니라 물리적 시간을 나타내는 시위의 관점에서 그 근거인 시의성時義性을 나타낸다. 그러면 시의성은 무엇인가?

매 순간의 시위의 근거인 시의성은 곧 현재의 근거인 현재성이다. 그것은 물건적 차원에서 근원인 공간성을 나타내는 개념을 물리적 시간의 차원에서 나타낸 개념이 시의성임을 뜻한다. 그러므로 시의성이 공간성이다. 그러면 공간성의 차원에서 용은 무엇을 상징하는가?

중천건괘의 효사를 보면 모두 대인, 군자, 성인, 소인, 국가를 논하고 있다. 이는 지도地道인 공간성을 바탕으로 인간을 논함을 뜻한다. 따라서 중천건괘 효사의 내용은 인간을 중심으로 이해하지 않을 수 없다.

인간의 관점에서 용은 매 순간의 다양한 언행으로 나타나지만 언행의 변화와 다른 부동不動의 근원이자 나와 남, 안과 밖의 내외가 없는 근원이다. 우리는 그것을 본성, 인성人性이라고 말한다. 따라서 중천건괘의 효사의 용은 인간의 본성, 인성을 상징한다. 그러면 초효에서 상효로의 변화를 통하여 무엇을 말하는가?

용이 가리키는 본성이 때와 장소에 따라서 다양하게 나타남을 가리킨다. 초효는 잠용潛龍이고, 이효는 현룡見龍이며, 삼효는 군자용君子龍이고, 사효는 약룡躍龍이며, 오효는 비룡飛龍이고, 상효는 항룡亢龍이다.

그런데 삼효는 내괘의 상태가 변하는 시위이고, 사효는 화하는 시위이다. 내괘의 끝인 삼효에서 군자용을 통하여 용이 바로 군자라는 이상적인 인격체를 상징하는 개념임을 나타내고 있다. 그러면 내괘와 외괘는 어떤 변화를 나타내는가?

내괘는 소인의 도에서 출발하여 대인의 도를 찾는다. 그러나 외괘는 본성을 자각하고, 대인의 도를 자각한다. 그러므로 외괘는 대인의 도가 중심이기 때문에 하나의 중괘인 중천건괘가 나타내는 내용은 소인의 도가 변하여 대인의 도로 화함을 나타낸다.

초효는 사람이 스스로 소인의 삶을 버리고 대인의 삶을 살겠다는 뜻을 세우는 입지立志를 나타낸다. 입자가 이루어지면 비로소 대인의 삶이 시작된다. 따라서 초효의 입지立志가 없으면 상효의 대인의 도의 자각이 있을 수 없다.

이효는 입지를 한 사람이 학문을 통하여 소인의 도와 다른 대인의 도가 무엇인지를 파악함을 나타낸다. 이때의 앎은 자각이 아니라 남의 글이나 말을 통하여 소인과 다른 대인의 도가 있음을 지식으로 앎이다.

삼효는 입지를 하고 대인의 삶을 살고자 뜻을 세운 사람이 비로소 소인의 도를 버리고 대인의 도를 찾으려는 노력을 시작함을 나타낸다. 이때의 노력은 마음에 의하여 이루어진다. 다만 오로지 분별이 중심인 점에서 아직은 의식의 차원을 넘어서지 못했다.

사효에 이르면 대인의 도가 기준이 되어 소인의 도를 버리는 일에 치중한다. 그것은 소인의 도가 중심이 되어 그것을 버리고 대인의 도를 찾는 삼효와 반대의 방법이다.

오효는 대인의 도를 찾는 일이 비로소 자각으로 드러남을 나타내는 효이다. 초효에서 입지를 하고 사효까지 수기를 한 군자가 오효에 이르면 찾으려는 마음이 바로 본성의 작용임을 자각한다. 그러므로 효사에서는 날아가는 용이 하늘에 있다고 말한다.

우리는 한국불교의 원효의 일각一覺[315]에 대한 이해를 바탕으로 오효와 상효의 관계를 분명하게 파악할 수 있다. 원효의 주장에 의하면 오효의 처음 깨달음(始覺)은 본래 깨달음(本覺)이 나타난 현상이다. 그러므로 깨달아도 깨달음이 없다(不覺).

상효에 이르면 시각始覺과 본각本覺이 둘이 아니어서 불각不覺임을 자각한다. 어떤 사람이 시각과 본각, 불각이 일각一覺임을 안다는 것은 세 가지의 깨달음이 하나이면서 동시에 하나가 아님을 앎을 뜻한다.

시각과 본각, 불각이 일각임을 알지만 시각이 있어야 함을 아는 사람은 일각에 머물지 않고 다시 출발하여 본각을 모르는 사람으로 하여금 시각하도록 안내하는 대인의 삶임을 자각한다.

상효에서 온 우주와 함께 하는 삶, 사회적 역할을 수행하는 대인의 삶을 자각한 사람은 상효에 머물지 않고 초효로 내려가서 다시 본각을 모르고 불각의 상태에서 시각始覺하고자 노력하는 사람에게 본각을 가르쳐서 함께 하는 삶을 전개한다.

중천건괘의 상효가 나타내는 정명正命의 자각인 지정명知正命이 바로 지천명知天命이다. 지천명을 한 대인은 아직은 대인의 삶을 살지 못한다. 그가 스스로 상효에서 내려와서 중지곤괘가 나타내는 생명을 공유하는 삶, 군자의 삶을 살아야 비로소 대인이라고 할 수 있다. 그러면 대인의 삶은 아무런 문제가 없는가?

우리의 성품과 물리적 생명이 둘이 아니며, 앎과 실천이 둘이 아니다.

---

315 『대승기신론별기大乘起信論別記』(ABC, H0018v1, p. 683c18-684a01), "當知由有本覺故 本無不覺 無不覺故 終無始覺 無始覺故 本無本覺 至於無本覺者 源由有本覺 有本覺者 由有始覺 有始覺者 由有不覺 有不覺者 由依本覺"

학문이나 수기, 수행을 통하여 얻은 깨달음은 현실에서 실천되지 않으면 그 가치가 빛나지 않는다. 그렇다고 하여 수행과 깨달음이 아무런 의미가 없는 것은 아니다.

물건적 관점에서 형이상과 형이하를 구분하고, 순順과 역逆을 구분하며, 앎과 실천을 구분하여 나타내는 물건적 분합의 방법에 의하여 본성, 신의 경지에 도달할지라도 그대로 그 경지에 머물면 아름답고, 진실하며, 선한 삶으로 전개되지 않는다. 그러면 어떻게 할 것인가?

첫째는 물건적 관점에서 형이상과 형이하, 성품과 물리적 생명을 구분하고, 그것을 바탕으로 순과 역을 나눈 후에 앎과 실천을 나누는 분석적 방법을 버려야 한다.

둘째는 분합의 차원을 벗어나기 위해서는 물건적 관점을 바꾸어서 사건적 관점으로 바꾸어야 한다. 그것은 물건적 분합을 버리고 사건적 생성으로 바꾸어야 함을 뜻한다.

셋째는 형이상의 성품, 신성에 머물지 말고 그것에서 한 걸음 더 나아가 매 순간 신성, 본성을 새롭고 다양하게 나타내는 생성의 삶을 살아야 한다. 왜냐하면 성품, 신성에 얽매이는 삶은 현상의 사물에 얽매여 사는 고통스러운 삶과 다르지 않기 때문이다. 그러면 어떻게 해야 하는가?

위의 문제를 해결하기 위해서는 형이상적 패러다임에서 한 걸음 더 나가서 생성적 패러다임에 의하여 삶을 살아야 한다. 그것은 형이상적 패러다임을 버리는 것이 아니라 생성적 패러다임에 의하여 형이상적 패러다임을 형이하적 패러다임으로 드러냄이다. 그러면 생성적 패러다임은 어디에서 찾을 수 있는가?

우리는 이미 한국선사문화와 한국 상고사상인 고조선사상을 통하여 세 가지의 패러다임이 모두 하나로 제시되어 있음을 살펴보았다. 그 가운데서 세 가지의 패러다임이 둘이 아님을 잘 나타내는 것은 단군신화와 정역이다. 따라서 우리 사상의 씨와 같은 고조선사상과 열매와 같은 정역을 중심으로 생성적 패러다임을 고찰할 수 있다. 그러면 형이상적 패러다임에 의하면 대한민국의 미래는 무엇인가?

만약 형이하적 패러다임에 의하면 씨가 열매이기 때문에 씨를 심고 가꾸어서 꽃을 피우고 열매를 맺도록 해야 한다고 할 것이다.

그러나 형이상적 패러다임에 의하여 물리적 시간이 없기 때문에 과거의 씨와 미래의 열매가 둘이 아니어서 없다. 그것은 지금 여기의 삶이 그대로 씨와 열매가 둘이 아닌 삶임을 뜻한다. 따라서 지금 여기의 삶이 그대로 완전하여 본래 아무런 문제가 없다. 그러면 지금 우리 사회가 안고 있는 모든 문제가 본래 문제 자체가 없음으로 끝났는가?

나와 삶, 우리와 우리의 삶이 없다는 것은 나, 한국의 한 측면일 뿐으로 나와 대한민국, 나의 삶과 한국의 삶은 있고, 없음의 두 측면을 넘어선다. 따라서 있음이나 없음만으로는 문제의 해결이 되지 않는다. 물리적 시간이 없음은 시간의 근원인 시간성이 배제된 물리적 시간이 없음을 말할 뿐으로 시간성과 시간이 둘이 아닌 영원한 현재는 없지 않다.

나와 대한민국 역시 육신이라는 유물론적 차원에서는 있지 않지만 본성이라는 근원과 둘이 아닌 중도적中道的 경지의 나와 한국 그리고 나의 삶과 한국의 삶이 없지는 않다. 따라서 우리는 중도의 경지에 머물러 문제없음의 편안함, 안락함, 즐거움에 안주安住하지 않고, 한 걸음 더 나아가서 편안함, 안락함, 즐거움을 공유하는 생성적 패러다임으로 전환해야 한다.

3. 생성적 패러다임과 미래 창조

우리가 형이상적 패러다임에 의하여 현상적 패러다임을 벗어남으로써 비로소 현상의 사물로부터 자유로워진다. 그러나 현상의 사물을 초월하여 사물에 얽매임이 없는 자유로움이 좋지만 자유로움에 얽매이면 더 큰 문제를 만난다.

사물이 사람을 얽매는 것이 아니라 사람이 스스로 사물에 얽매이며, 사물로부터 벗어나서 자유로움도 사물이 자유롭게 해주는 것이 아니라 사람이 스스로 자유로워진다. 따라서 자유로움마저도 얽매임이 없어야 한다.

개체적 차원을 벗어나 온 우주가 둘이 아니며, 삶과 죽음이 둘이 아닌 신, 성품의 경지에 이르면 긍정이나 부정의 두 측면을 벗어나 대긍정大肯定에 이른다.

대긍정大肯定의 경지에서 보면 어떤 일도 반드시 옳거나 반드시 그름이 없다. 따라서 반드시 무엇을 하거나 반드시 무엇을 하지 말아야 할 것이 없다.[316] 그러면 어떻게 살아야 하는가?

만약 형이하적 패러다임을 벗어나서 형이상적 패러다임에 의하여 현상을 해체하고 형이상의 근원인 신, 성품의 경지에 이르렀다면 다시 형이상의 근원인 신, 성품도 해체해야 한다.

그것은 해체를 통하여 드러나는 경지를 다시 해체하여 공空, 허무虛無

---

316 『논어』 미자, "我則異於是 無可無不可".

에 머물지 말고, 대긍정의 관점에서 공, 무의 경지에서 다시 새롭게 자신과 우주 그리고 삶을 창조해야 함을 뜻한다.

모든 것이 해체된 곳에서 다시 새롭게 창조함이 없다면 해체는 단순한 부정의 연속이 되어 마치 양파의 껍질을 벗기고 알맹이를 찾기 위하여 계속 껍질을 벗기다가 끝내는 아무것도 없는 공허空虛, 허무虛無에 이르는 것과 같다.

사람이 오로지 형이하적 패러다임에 의하여 현상에 갇혀 살면 삶이 고통의 연속이지만 형이상적 패러다임에 의하여 현상을 해체하고 난 후에 공空, 무無에 머문다면 그것은 또 다른 고통이 된다. 그러면 어떻게 할 것인가?

형이하의 현상으로부터 벗어나기 위해서는 벗어나고자 하는 뜻을 세우는 입지立志, 서원誓願을 해야 한다. 유학에서는 대인의 삶을 살고자 하는 입지立志에 의하여 얻는 부동심不動心으로부터 본적적인 수기修己가 시작된다고 말한다.

> 공자가 말했다. "나는 십과 오에 학문의 뜻을 세웠고, 삼십에 섰으며, 사십에 불혹하고, 오십에 천명을 자각했으며, 육십에 이순하고, 칠십에 마음이 원하는 것을 따라도 법도에 어긋남이 없다."[317]

공자는 십十이 상징하는 신성神性과 오五가 상징하는 본성本性을 주체로 자유로운 삶을 살고자 뜻을 세웠다(吾十有五而志于學). 그가 스스로 세운

---

317 「논어」 위정. "子曰 吾十有五而志于學 三十而立 四十而不惑 五十而知天命 六十而耳順 七十而從心所欲 不踰矩".

삶의 방향은 시간의 관점에서 과거와 미래, 현재를 일관하고(三十而立), 공간의 측면에서 상하사방의 어느 곳에서도 현상의 물건에 따라서 뜻이 흔들리지 않았다(四十而不惑).

그는 본성과 우주의 근원인 신성이 둘이 아님을 자각하여 올바른 삶의 방법인 정명을 자각했고(五十而知天命), 본성을 주체로 사람과 만나서 어떤 말을 들어도 마음이 평안했으며(六十而耳順), 마음이 일어나는 대로 살아도 도를 벗어나지 않다(七十而從心所欲不踰).

공자의 입지로부터 시작하여 내면의 성찰을 통하여 본성과 천도, 천명에 이르는 과정은 형이하적 차원에서 형이상적 차원에 이르는 방법이다. 그것은 나와 사물을 내외로 규정하고, 밖으로 향하는 마음을 안으로 방향을 바꾸어서 내면을 성찰하는 방법이다.

내적 성찰은 세 단계를 거친다. 그 첫 번째는 객체인 대상의 사물을 향하는 방향에서 벗어나서 내면의 마음을 향하고, 마음을 통하여 마음으로 나타나기 이전의 본성, 성품의 자각에 이른다. 그리고 두 번째는 본성, 성품의 자각을 통하여 나와 본성과 우주의 본성이 둘이 아닌 신의 경지에 이른다. 세 번째는 신의 경지에서 벗어나서 삶으로 구현하는 실천을 한다. 그러면 왜 다시 형이상적 패러다임을 논하는가?

형이상적 패러다임의 세 번째 단계를 이어서 생성적 패러다임이 필요하다. 왜냐하면 형이상적 패러다임이 추구하는 실천의 단계는 형이상적 패러다임으로 이룰 수 없다.

형이상적 패러다임은 내외적 구조를 바탕으로 이루어지는 내적 성찰에 의하여 형이상의 경지에 이른다. 그런데 형이상과 형이하는 둘이 아니다. 따라서 형이상의 경지에서 다시 한 걸음 나가서 형이상과 형이하를 자유자재하게 활용하는 삶을 살아야 한다.

형이상과 형이하가 둘이 아닌 중도를 바탕으로 자유자재한 삶은 중도에 머물지 않고 중도를 자유자재하게 활용하는 삶이다. 그것은 중도의 물건적 분합과 다른 역도의 사건적 생성이다. 그러면 사건적 생성의 삶은 어떻게 이루어지는가?

공간성, 중도에서 한 걸음 더 나가서 시간성, 역도를 주체로 하는 생성적 패러다임에 의하여 온 우주와 함께 하는 자유자재한 삶이 이루어진다.

불교, 유교, 도가, 힌두교를 비롯하여 다양한 사상과 종교는 역逆방향에서 출발하여 순順방향에 이르는 주체 내적 성찰을 사용한다. 현대의 양자역학도 근대과학의 밖으로 향하는 객체 중심의 연구 방향을 주체 중심으로 바꾸었다.

객체에서 주체로의 전환은 형이하적 패러다임의 문제이다. 유교, 불교, 도가, 도교를 비롯한 다양한 사상, 종교에서 제시하는 형이하의 초월을 통하여 형이상적 패러다임에 이를 때 비로소 현대 인류의 문제가 해소된다. 그러면 형이상적 패러다임에 의하여 삶을 살 수 있는가?

형이상적 패러다임에는 형이하의 현상이 없고, 형이하적 패러다임에는 형이상의 근원이 없다. 형이상적 패러다임에 의하여 도달하는 지혜를 형이하적 패러다임을 통하여 현상으로 구현해야 비로소 삶이 온전해진다. 따라서 형이상적 패러다임과 형이하적 패러다임을 포괄하는 제3의 패러다임이 필요하다. 그러면 제3의 패러다임은 두 패러다임과 어떻게 다른가?

제3의 패러다임은 두 패러다임과 다르다. 그것은 제3의 패러다임이 단순하게 두 패러다임을 통합한 것이 아님을 뜻한다. 두 패러다임과 제3

의 패러다임의 차이는 두 가지 측면에서 나타낼 수 있다. 그 하나는 역逆방향에서 출발하여 순방향에 이르는 방향과 달리 순방향에서 출발하여 역방향에 이르는 방향의 전환이다. 나머지 하나는 물건적 관점에서 이루어진 패러다임의 전환을 사건적 관점에서 전환하는 것이다.

형이상적 패러다임과 형이하적 패러다임이 둘이 아닌 중도를 사건적 관점에서 역도로 전환하여 양자를 포괄하면서도 전혀 다른 경지를 제시하는 제3의 패러다임은 생성적 패러다임이다. 그러면 생성적 패러다임은 무엇인가?

한국사상의 원형을 담고 있는 단군신화를 살펴보자. 그 가운데는 현상적 패러다임과 다르고 형이상적 패러다임과 다른 패러다임이 있다. 첫째는 단군신화의 내용은 환웅에서 시작하여 웅호에서 끝나는 순방향의 변화를 시작으로 웅호에서 시작하여 환웅에서 끝나는 변화에서 마친다.

환웅에서 시작하여 웅호에서 마치는 변화는 신, 성품으로부터 시작하여 웅호라는 현상으로 드러나는 변화이며, 웅호에서 시작하여 환웅에서 끝나는 변화는 현상에서 나타난 변화가 처음 시작한 변화의 근원으로 돌아가는 변화이다.

형이상적 패러다임의 전형을 나타내는 주역을 보면 현상에서 시작하여 현상의 근원인 성품과 천명에 이르는 역방향에서 시작하여 자신의 본래면목을 알고, 그것을 다시 현상에서 구현하는 순방향의 실천을 논한다.

그러나 고조선사상에서는 순방향과 역방향을 함께 논한다. 그것은 순방향의 변화와 역방향의 변화가 둘이 아닌 하나의 생성이다. 이처럼 주역을 비롯한 여러 사상, 철학. 종교의 방향과 한국사상은 다르다.

둘째는 유가, 불교, 도가를 비롯한 사상, 철학은 역방향의 앎과 순방향의 실천이 서로 나누어져서 선후의 관계로 나타나기 때문에 양자를 합일合一해야 하는 문제가 있다. 그러나 한국사상에서는 실천과 앎이 둘이 아닌 하나의 삶이다. 따라서 앎과 실천을 합일해야 할 문제가 없다.

셋째는 한국사상의 순방향에서 시작해서 역방향에서 완성되는 변화는 근원인 신이 성품을 통하여 마음과 몸으로 현상하는 변화이다. 그 변화는 물건적 변화가 아닌 사건적 변화가 중심이다.

사건적 변화는 360이라는 역수의 주재를 통하여 시간을 주재하는 작용에 의하여 이루어진다. 이처럼 역방향에서 물건적 차원을 중심으로 근원을 찾아가는 변화와 다른 사건적 변화가 한국사상의 특성이다.

다섯째는 한국사상의 순방향에서 시작하여 역방향에서 마치는 변화는 물건적 세계를 대상으로 분합하는 작용이 아니라 매 순간 새롭게 다양하게 나타나는 생성이다. 사건의 생성을 통하여 물건적 세계가 전개되는 창조적 변화이자 진화적 변화가 생성적 변화의 내용이다.

이제 우리는 한국사상이 세 가지의 측면에서 현상이 중심이 된 형이하적 패러다임과 다르고, 형이상의 신, 성품에 이르고자 하는 형이상적 패러다임과 다른 새로운 패러다임임을 알 수 있다.

나는 형이하적 패러다임, 형이상적 패러다임의 물건적 분합과 다른 사건적 생성 중심의 한국사상을 생성적 패러다임이라고 부른다. 생성적 패러다임은 미래를 향하는 방향에서는 항상 새로운 진화적 패러다임이자 과거를 향하는 방향에서는 항상 다양한 창조적 패러다임이다. 따라서 생성적 패러다임은 진화적 패러다임과 창조적 패러다임을 내용으로 한다. 그러면 우리는 생성적 패러다임에 의하여 어떻게 살아야 하는가?

생성적 패러다임은 형이하적 패러다임의 현상적 세계와 형이상적 패러다임의 본체적 세계가 둘이 아닌 화화옹, 화무옹化無翁의 영원한 현재이다. 그것은 화화옹化化翁, 화무옹의 매 순간 새롭고 다양한 생성의 연속이 우주라는 현상임을 뜻한다.

생성적 패러다임에 의한 영원한 현재는 형이상적 패러다임의 정신문명과 형이하적 패러다임의 물질문명이 둘이 아닌 경지가 통섭적通涉的으로 드러나는 생성이다.

우리는 이미 형이하적 패러다임에 의한 과학기술과 형이상적 패러다임에 의한 한국사상이 하나가 되어 홍익인간의 생성적 패러다임으로 현현한 한강의 기적을 보았다.

생성적 패러다임의 우주는 고정된 실체도, 초월적 배후도 아니다. 우주는 찰나마다 스스로를 생성하고 소멸하며 이어가는 생성 아닌 생성이다.

인간은 이 생성 속에서 홀로 존재하는 실체가 아니다. 인간은 사유와 언어, 자연의 물질과 에너지, 우주적 질서와 흐름이 서로 얽혀서 매 순간 새롭고 다양한 사건의 생명 현상으로 나타난다.

인간, 사물, 인공지능은 실체가 아니라 우주의 연기적 생성으로 나타나는 사건이다. 이처럼 생성적 패러다임에 의하면 우주가 생성이고, 모든 사건은 우주의 본질인 신의 자기현현이다.

생성적 패러다임에 의하여 살아가는 삶은 매 순간 창조적인 삶이자, 진화적인 삶이다. 진화적 삶은 매 순간 과거를 놓아버리고 새로워지는 삶이고, 창조적 삶은 매 순간 새로운 자신을 드러내는 다양한 삶이다.

새로운 삶을 위하여 과거의 삶을 놓아버림은 현상을 중심으로 일어나는 마음을 마음 이전의 본성, 신성에 돌리는 회향이자 귀체, 귀본이며, 다양한 삶을 위하여 미래의 삶을 놓아버림은 매 순간 신성을 본성을 매

개로 하여 마음과 몸을 통하여 드러냄이다.

생성적 패러다임에 의한 시간은 영원한 현재이다. 영원한 현재는 과거와 미래가 둘이 아닌 현재이며, 영원한 현재는 형이상의 근원인 영원과 형이하의 현상이 현재가 둘이 아닌 영원이다. 그러면 미래적 이상과 과거적 본질, 본성은 무엇인가?

과거적 본성은 씨와 같고, 미래적 이상은 열매와 같다. 씨와 열매는 본래 둘이 아니다. 단지 우리가 현재를 기준으로 씨와 열매를 구분하여 나타낼 뿐이다. 그러면 씨와 열매를 구분할 필요가 없는가?

씨와 열매가 둘이 아닌 차원을 출발점으로 삼아서 씨와 열매의 관계를 다양하고 새롭게 나타나는 것이 삶이다. 씨라는 자신의 본래면목을 모르는 사람을 위하여 씨가 나타내는 본래면목인 본성, 신성을 알려주고, 자신의 본래면목에 얽매이는 사람으로 하여금 열매의 관점에서 모든 사람에게 열매가 씨로 심어졌음을 통하여 다른 사람으로 하여금 그들의 씨를 찾아서 씨가 열매를 맺도록 함께 하는 삶을 말해준다.

그러나 신성을 인因으로 하고, 현상을 연緣으로 매 순간 창조와 진화가 둘이 아닌 생성적 삶을 사는 일은 고정되지 않는다. 그러므로 고정된 기준이나 방법이 따로 없다. 단지 스스로 자신의 본성과 신성이 둘이 아닌 본래면목을 믿고 매 순간 몸과 마음으로 자신의 생명을 드러내는 운신법運身法과 동시에 몸과 마음으로 드러내는 생명을 다시 본성과 신성이 둘이 아닌 시초로 돌리는 용심법用心法이 필요할 뿐이다.

환웅이 인간의 세상에 내려와서 시간을 다스림으로써 곡식, 형벌과 같은 현상을 다스리는 사건이 나타나고, 그것이 다시 선과 악과 같은 분별의 현상으로 나타난다. 이와 더불어 분별의 현상을 나타내는 웅호는 다시 본래의 자리인 환웅으로 돌아간다.

시간을 창조하고 그것을 현상의 다양한 물건으로 나타나는 변화는 환웅에서 시작하여 단군을 거쳐서 현상으로 나타나는 동시에 현상을 나타나는 웅호는 다시 환웅에 의하여 환웅으로 돌아간다. 그리고 이러한 두 측면의 변화가 둘이 아님을 환인으로 나타낸다.

우리는 환인을 천신, 시간성, 중도, 역도, 변화의 도, 상제, 하나님과 같은 다양한 개념으로 나타낼 수 있다. 정역에서는 시간성을 중심으로 환인을 화화옹, 화무옹, 화무상제와 같은 개념들을 통하여 나타낸다.

그러나 패러다임의 관점에서 환인은 진화적 패러다임과 창조적 패러다임을 내용으로 하는 생성적 패러다임이다. 생성적 패러다임은 일종의 안목, 지견, 지혜의 안목이지만 지혜에 그치지 않고 자비와 둘이 아니어서 실천의 주체이다.

우리는 생성적 패러다임의 신, 성품을 다양하게 드러나는 창조적 측면을 지혜라고 말하고, 생성적 패러다임의 나타난 현상을 신, 성품으로 수렴시키는 진화적 측면을 자비라고 말할 수 있다. 그러면 창조적 패러다임과 진화적 패러다임은 무엇인가?

생성적 패러다임을 물건적 관점에서 나타내면 창조적 패러다임이고, 사건적 측면에서 나타내면 진화적 패러다임이다. 창조적 패러다임은 신성을 바탕으로 본성의 지혜를 활용하여 분별할 수 없는 시간성을 분석하여 시간으로 나타내고, 그것을 다시 대상화하여 주객의 물건적 세계로 나타낸다.

진화적 패러다임은 웅호가 사람이 되고, 다시 환웅으로 돌아가듯이 물건적 분별이 변하여 성품으로 돌아가고, 성품이 다시 무분별마저도 존재하지 않는 신성으로 돌아가는 객체에서 주체로 그리고 다시 주객의 분별이 없는 곳에서 양자는 넘어선 경지에 이른다. 현상의 측면에서 인간의 삶은 어떤가?

창조적 패러다임에 의하면 온 우주의 모든 존재는 그대로 우주의 중심이다. 그러므로 모든 물건은 스스로 자신이 자신의 존재근거가 되는 자유로운 존재이다. 그것은 모든 물건이 그대로 신의 나타남임을 뜻한다.

현상의 물건의 관점에서 보면 개인과 개인, 물건과 물건, 개인과 국가, 국가와 국가, 개인과 인류는 모두 가치의 측면에서 우열이 없는 평등한 관계이다. 따라서 현상의 측면에서 보면 우주와 사회는 모든 개체적인 존재가 그대로 가치의 중심인 점에서 다원적이고, 모든 개체적 존재가 다양한 측면에서는 상대적이어서 한마디로 나타내면 다원적 상대주의를 주장할 수 있다. 그러면 사건적 측면에서 생성적 패러다임은 어떤가?

사건적 측면에서 보면 모든 사건은 나타나는 동시에 사라져서 새로워진다. 이처럼 새로워지는 사건을 중심으로 생성적 패러다임을 나타내면 진화적 패러다임이라고 할 수 있다. 그것은 모든 사건은 항상 새로워서 어떤 사건도 동일한 사건의 반복이 없음을 뜻한다. 그러면 상대적 다원주의와 진화주의가 옳은가?

진화주의는 생물학자들의 주장이고, 상대적 다원주의는 사회학자들의 주장이다. 생물학이나 사회학은 모두 현상을 대상으로 학문인 현상학이다. 현상은 본체인 신, 성품의 작용인 도에 의하여 나타나는 결과이다. 따라서 오로지 현상을 중심으로 인간과 우주, 삶을 논하는 것은 한계가 있다.

생성적 패러다임은 본체와 작용 그리고 현상의 세 측면을 함께 나타낸다. 중도, 역도, 신도라고 표현하는 본체의 작용에 의하여 현상의 결과가 나타난다.

그런데 비록 현상이 본체에 의하여 나타나기 때문에 현상의 근원이 본체이지만 현상이 그대로 본체가 아니다. 왜냐하면 현상은 작용에 따라서 다양하게 나타나기 때문이다.

만약 오로지 사회라는 현상을 중심으로 삶과 우주를 이해하면 상대적 다원주의나 진화주의는 성립할 수 없다. 우리가 중심으로 현상의 개체적 존재를 중심으로 이해하면 상대적인 다원주의를 자유가 아닌 방종이 되어 평등을 보장할 수 없다.

그리고 현상을 중심으로 진화주의를 이해하면 오로지 이상적인 목표만을 논할 뿐으로 매 순간의 현상의 가치를 논할 수 없다. 그러면 생성적 패러다임에 의하여 우리는 어떻게 살아야 하는가?

생성적 패러다임에 의한 삶은 마음과 육신의 측면에서 나누어서 이해할 수 있다. 생성적 패러다임은 신성에서 출발하여 본성으로 작용하여 마음과 몸으로 드러나는 삶이다. 그러므로 생성적 패러다임에 의한 삶은 마음의 측면에서는 용심법으로 이해할 수 있고, 몸의 측면에서는 운신법으로 나타낼 수 있다. 그러면 용심법은 무엇인가?

환인이 상징하는 생성적 패러다임은 환웅이 나타내는 신성을 본체로 단군이 나타내는 본성을 작용으로 마음에서 나타나는 사건과 몸에서 나타나는 물건으로 나타낼 수 있다. 용심법은 중심으로 생성적 패러다임에 의한 삶을 나타내면 쌍현귀기雙顯歸起이다.

매 순간에 일어나는 마음은 모두 신성을 본체로 하여 이루어지는 본성의 작용의 결과이다. 그러므로 원효는 일어나는 모든 마음이 근본인 신성의 작용임을 종본기행從本起行이라고 말한다. 그리고 나타난 마음의 작용은 다시 근본으로 돌아감을 견상귀본遣相歸本이라고 했다.

매 순간에 일어나는 마음의 여러 현상은 일어나는 동시에 소멸한다. 그러므로 마음의 여러 현상은 일어나지만 일어남이 없고, 소멸되지만 소멸되지 않는다. 그것을 근본에서 일어나는 작용이 동시에 본래의 자리로 회향하는 쌍현귀기라도 했다.

지눌은 돈오점수頓悟漸修를 통하여 용심을 나타낸다. 돈오頓悟는 매 순간 일어나는 환웅에서 시작하여 단군의 작용에 의하여 나타나는 마음의 현상이다. 돈오가 본성에 의한 지혜의 작용인 것과 달리 점수漸修는 본성에 의한 자비의 작용이다.

점수는 매 순간 나타나는 지혜의 작용인 마음의 현상이 그대로 본성으로 돌아가는 회향임을 나타낸다. 본성으로의 회향에 의하여 마음의 새로운 현상이 다양하게 나타난다. 그러면 용심법과 운신법이 둘인가?

마음과 몸은 둘이 아니다. 그러므로 용심법과 운신법도 둘이 아니다. 신성을 본체로 이루어지는 생성적 패러다임에 의한 삶은 일부가 제시한 도학의 삶을 통하여 파악할 수 있다. 그는 선천과 후천의 관계를 바탕으로 도학적 삶을 다음과 같이 말한다.

> 음陰을 누르고 양을 받듦은 선천의 용심의 공부이고, 양을 고르고 음을 법으로 삼음은 후천의 성리性理의 도道이다.[318]

음과 양은 형이하의 현상과 형이상의 근원을 상징한다. 그리고 선천과

---

[318] 김항, 『정역』 제팔장, "抑陰尊陽은 先天心法之學이니라. 調陽律陰은 后天性理之道니라".

후천은 원천原天을 바탕으로 이루어지는 시간의 두 양상을 나타낸다. 물리적 시간의 차원에서는 선천에서 후천을 향하여 시간이 흐르지만 형이상적 차원에서는 후천에서 선천을 향하여 시간이 흐른다.

역방향에서 순방향을 향하는 수기, 수행, 수도가 중심인 측면에서는 도를 배우는 학도가 되지만 순방향에서 역방향을 향하는 실천, 제도의 측면에서는 도를 실천하는 도학道學이 된다. 환웅이라는 신성이 본체가 되어 단군이 상징하는 본성으로 작용하여 마음과 몸으로 드러나는 동시에 현상의 몸과 마음이 환웅으로 돌아가는 도학의 삶은 후천에서 시작하여 선천에서 끝나는 작용과 선천에서 시작하여 후천에서 끝나는 작용이 둘이 아닌 생성적 삶이다.

매 순간 일어나는 마음과 몸의 여러 현상은 모두 성품과 이치가 둘인 신의 작용의 결과이다. 그러나 현상의 다양하고 새로운 몸과 마음으로 현상은 일어남과 동시에 본래의 자리인 신성으로 돌아간다.

이제는 우리는 매 순간 마음에서 일어나서 몸에서 나타나는 현상을 지켜보면서 나타나기 이전의 근원인 신성에 놓아버리는 삶을 살아야 한다. 처음에는 일어나는 모든 것을 행하는 것도 어렵고, 행하면서 본래의 자리에 놓아버리는 일은 더욱 어렵다.

그러나 점차 익숙해지면 의식하지 않아도 저절로 이루어지는 자연스러운 경지에 이른다. 그것은 인위적인 수행에 의하여 이루어지는 것이 아니라 본래 그러함을 알고 놓아버리는 삶을 통하여 자연스럽게 나타나는 현상이다. 그러면 앞으로 대한민국은 생성적 패러다임에 의하여 우리나라의 미래를 어떻게 창조할 것인가?

한국의 미래는 인류가 하나가 되는 홍익인간을 바탕으로 동양의 정신문명과 서양의 물질문명이 하나가 되는 사회가 창조된다. 그것은 동양의 영성靈性과 서양의 물질이 둘이 아닌 차원에서 인류사회를 새롭게 창조하는 것이 바로 한국의 미래임을 뜻한다.

학문적 측면에서는 동양의 종교, 철학을 비롯한 인문학과 서양의 사회학과 과학이 하나가 되어 인류를 이롭게 하는 통섭적通涉的 학문을 해야 함을 뜻한다. 이처럼 통섭적 관점에서 학문을 할 뿐만 아니라 삶 속에서 과학과 기술을 인류가 이로운 홍익인간의 정신으로 활용해야 한다. 그러면 인류의 미래를 새롭게 창조하기 위하여 우리나라가 해야 할 일은 무엇인가?

첫째는 대한민국의 새로운 영토를 창조하는 일이다. 남한과 북한의 통일을 시작으로 홍익인간의 사상에 의하여 모든 나라들이 하나가 되는 인류의 대통합을 이룰 수 있다. 그러면 우리나라의 통일은 어떻게 이루어지는가?

우리나라의 통일은 물리적 영토를 하나로 하는 일보다 먼저 남한 사회에서 분열과 갈등을 끝내고 홍익인간의 사상으로 하나가 되어야 한다.

홍익인간 사상은 온 우주가 매 순간 새롭고 다양하게 현상하는 동시에 온 우주가 둘이 아닌 본래의 자리로 돌아가는 영원한 현재의 시간관과 영원한 생성적 세계관을 바탕으로 한다.

영원한 현재적 세계관에 의하면 우주는 매 순간 새롭고 다양하게 드러나는 생성의 연속적인 흐름이다. 이처럼 둘이 아니어서 분별할 수 없는 우주가 한국사회로 나타나고, 인류사회로 나타난다.

둘째는 홍익인간을 바탕으로 재세이화在世理化해야 한다. 사회를 경영하는 정치, 경제, 교육은 정신적인 문화, 사상, 종교와 둘이 아니다. 국가

사회의 지도자는 정신적인 지도자, 종교적인 지도자인 동시에 사회적인 지도자이어야 한다.

종교적 지도자, 사회적 지도자는 스스로 자신의 삶을 국민에게 보여주어 국민들로 하여금 함께하도록 안내할 뿐으로 권력에 의하여 자신을 따르도록 강요하는 역할이 아니다. 그는 자신이 스스로 자유로우면서도 홍익인간을 실천하는 삶을 산다.

그리고 홍익인간을 이루기 위하여 재세이화在世理化한다. 이화理化는 정치적인 통치가 아니라 도덕에 의한 덕화德化이자 스스로 변화하는 감화感化이다. 그러므로 권력에 의지하기보다는 지혜와 자비에 의하여 국민이 스스로 홍익인간의 삶을 살도록 안내한다.

셋째는 사람은 누구나 우주의 구성원인 동시에 인류의 구성원이고, 국가의 구성원이며, 가정의 구성원이다. 그것은 사람 각자가 그대로 우주, 인류, 국가, 가정의 부분이 아니라 가정, 국가, 인류, 우주임을 뜻한다.

정치, 경제, 교육, 문화, 안보, 외교를 비롯한 다양한 분야에서 이루어지는 국가 경영은 특정한 사람에 의하여 이루지는 것이 아니라 국민 모두에 의하여 이루어진다.

국민이 역할을 분담하여 각자의 역할에 따라서 자신의 삶을 살 때 비로소 국가사회가 경영된다. 대통령과 대법원장, 국회의장을 비롯하여 정치인들은 국민 가운데 각자의 서로 다른 역할을 수행하는 국민일 뿐이다.

대통령이라고 하여 큰일을 하고, 농부라고 하여 작은 일을 하는 것은 아니다. 정치인들은 경제인, 과학자, 기술자, 노동자, 농부와 역할이 다를 뿐으로 가치상의 우열이 없이 평등하다. 국민 모두가 평등한 삶은 각자 자신이 어떤 존재인가를 파악하고 자신으로 살아가는 자유로운 삶이다.

그것은 각자가 본성本性과 신성神性이 둘이 아님을 알고, 매 순간 신성을 마음과 몸으로 나타내면서도 어떤 현상에도 얽매이지 않는 자유로운 삶이다.

넷째로 우리가 살펴보아야 할 또 하나의 문제는 주체와 객체의 관계이다. 정치, 사회, 경제, 교육, 문화, 예술, 종교, 사상. 철학은 지금 여기의 자기가 삶을 통하여 나타내는 성과들이다. 따라서 종교, 사상, 정치적 이념, 제도를 비롯하여 문화, 예술은 물론 인공지능 역시 우리가 운용할 대상이다.

오늘날 정보는 생산의 주체, 속도, 양에서 옛날과 비교할 수 없을 정도로 많고, 빠르고, 다양하다. 정보, 지식은 그대로 지력知力이라는 힘이 된다. 마찬가지로 재산이 쌓이고, 지위가 쌓이면 재력財力과 권력權力이라는 힘이 된다.

힘은 육신을 운용하는데 유용하지만 육신은 본성이 주체가 되어 운용된다. 힘으로 나타나는 모든 형태의 지식, 정보는 물론 삶에서 나타나는 현상들은 본체인 본성으로 수렴할 대상일 뿐으로 우리가 따라야 할 대상이 아니다. 그러면 생성적 패러다임에 의한 대한민국의 미래는 무엇인가?

생성적 패러다임에 의하면 대한민국이라는 실체적 국가는 없다. 그러므로 대한민국의 미래를 찾거나 이상을 세울 수 없다. 대한민국의 미래는 국민과 인류, 우주가 함께 매 순간 끊임없이 새롭고 다양하게 생성한다. 매 순간 새롭고 다양하게 진화하고 창조하는 생성의 연속이 대한민국의 미래이다.

본성과 신성이 둘이 아닌 역도, 화화옹이 지금 여기의 우리의 본성으로 작용하여 매 순간의 다양한 정치, 경제, 문화, 외교, 국방, 사상, 교육,

철학, 종교를 비롯한 다양한 사회 현상으로 나타난다. 그러면 생성적 패러다임에 의하면 인공지능의 미래는 어떤가?

사람들은 과학과 기술이 비약적으로 발전하는 오늘날을 4차 산업 혁명시대라고 부른다. 4차 산업 혁명의 중심에 인공지능이 있다. 인공지능은 인간 마음의 지정의知情意 가운데서 지적 기능을 바탕으로 개발된 프로그램이다. 따라서 인공지능은 오로지 마음의 한 측면만을 중심으로 인간의 능력을 나타낸 프로그램이다.

인공지능의 지적인 능력은 이미 인간의 지능을 넘어섰다. 사람들은 인공지능이 발전하여 어떤 결과를 낳을지 긍정과 부정의 두 측면에서 염려와 환영을 한다.

인간의 생사를 넘어선 진화가 인공지능에 의하여 이루어질 것이라는 장밋빛 미래를 기대하는 사람이 있고, 인공지능에 의하여 인간이 소멸할 것이라는 디스토피아적 미래를 예측하는 사람도 있다.

그러나 미래는 오지 않는다. 그리고 긍정과 부정의 예측은 모두 지금 여기라는 현재의 예측일 뿐이다. 따라서 지금 여기의 나의 예측은 언제나 스스로 새롭게 창조할 수 있다.

인공지능은 물론 재산, 권력, 지식, 정치, 경제, 문화, 종교, 사상, 예술 그리고 삶의 방향은 지금 여기의 내가 어떻게 사느냐에 따라서 결정된다.

유발 하라리는 "인간이 스스로 신이 되고자 하나 오히려 인공지능의 노예가 될 것"[319]이라고 주장했다. 예로부터 오늘에 이르기까지 사람들은 자신이 신神임을 모르고 자기 밖의 신을 찾아서 노예가 되었다.

---

319 유발 하라리, 김명주 옮김, 『호모데우스 미래의 역사』, 김영사, 2024, 511–552.

과학과 기술이 발달하면서 오늘날의 사람들은 유물론적 세계관에 의하여 인간 역시 육신이라는 물질일 뿐으로 유물론적 인간관을 바탕으로 산다.

오늘날 인류의 대부분이 육신이 갖는 욕망의 충족을 삶의 목표로 삼고 산다. 그들은 오로지 물리적 생명을 보존하는 데 필요한 재력, 권력, 지력을 찾을 뿐이다.

오늘날 사람들은 인공지능을 통하여 정보를 얻는 데 익숙하다. 그들은 굳이 지식을 얻기 위하여 전문적인 지식을 가진 학자들의 도움을 받을 필요가 없다.

학자들도 과거처럼 사상과 종교, 철학을 어렵게 연구할 필요가 없다. 앞으로 인공지능이 발달하면 사람들이 원하는 모든 지식을 실시간으로 공유할 수 있을 것이다. 그러면 인간은 인공지능의 노예가 될 것인가?

마음은 지적知的 측면과 함께 정情과 의意가 있다. 사람은 인공지능과 달리 마음의 지정의知情意를 통합적으로 운용할 수 있다. 비록 사람이 지적인 측면에서 인공지능보다 뒤질 수 있다. 그러나 사람은 육신을 통하여 다른 사람의 희로애락의 감정을 느끼고, 그들과 한마음이 된다.

그리고 온 세상의 모두가 행복하게 하려는 뜻을 세우는 서원과 입지를 할 수 있다. 이처럼 마음의 의지적 측면에 의하여 지적인 측면과 정적인 측면을 통합하여 지혜와 자비를 활용하는 대인의 삶, 성인의 삶, 우주와 둘이 아닌 삶을 살고자 하는 이상을 세울 수 있다.

인공지능이라는 프로그램을 만들고, 종교, 사상을 세우며, 예술, 문학을 통하여 삶을 멋스럽게 하고, 정치, 경제, 종교, 교육을 통하여 사회를 모두가 행복한 아름다운 세상으로 만드는 것은 인간이다.

21세기를 살아가는 우리가 대한민국을 모두가 행복한 아름다운 세상으로 창조하고, 인류사회를 모든 나라가 자유롭고 평등한 사회로 만들기 위해서는 홍익인간의 삶을 살아야 한다.

홍익인간의 삶은 각자 자신이 삶의 주체가 되어 사는 삶이다. 홍익인간의 삶은 각자 자신이 어떤 존재인가를 파악하고, 자신으로 살아가는 삶이다. 그것은 신, 인공지능, 정보, 지식을 비롯하여 인간이 삶을 편리하게 하는 도구의 노예가 아니라 주객이 둘이 아닌 평등한 관계를 넘어 항상 새롭고 다양하게 나타나는 과정의 연속, 생성의 연속이다.

일부의 유물론자들은 인본주의를 인간 이기주의라는 비판을 제기하면서 인간이 물질로부터 자신을 소외시키지 말고, 인간이 자신과 물질을 평등하게 대하는 것을 넘어서 물질과 하나가 되어야 한다고 주장한다.

그러나 인간 이기주의나 그와 다른 유물론은 모두 인간과 밖의 세계를 주체와 객체로 나누어서 이해하는 자연철학을 벗어나지 못한 주장이다.

이제 한국사상의 생성적 패러다임에 의하여 창조적 패러다임으로 살자. 인간과 인공지능, 인간과 우주, 인간과 정보, 인간과 지식, 인간과 삶이 둘이 아닌 신, 성품의 경지에서 출발하여 매 순간 마음과 몸으로 새롭고 다양하게 나타내어 서로가 서로를 존재하게 하고, 서로가 서로를 가르쳐서 진화하게 하고, 서로가 서로의 새로움을 수용하여 다양하게 창조하는 홍익인간의 삶을 살자.

홍익인간의 삶은 인간만을 이롭게 하는 인본주의가 아니라 인류는 물론 인간과 사물, 우주와 하나가 되는 삶이다. 그것은 고정된 시스템이나 제도에 의하여 이루어지는 변화가 아니라 시스템, 제도 자체가 매 순간 새롭고 다양하게 나타나는 생성의 삶이다.

한국, 우주, 미래, 생물과 무생물과 같은 수많은 개념(名相)이 나타내는 지금 여기의 나와 별개의 그 어떤 실체도 없다. 인공지능을 예로 들어보자. 인공지능은 인간에게 정보를 제공하고, 인간의 정보를 소비하는 관계가 아니라 정보를 통하여 양자가 새로워지고, 다양해지는 현상의 생성이 있을 뿐이다.

이제 오늘날 우리 사회에서 항상 사람들의 관심을 끄는 예언에 대하여 살펴보자. 일상의 사람들은 형이하적 패러다임에 의하여 예언을 미래에 일어날 사건을 미리 하는 말로 이해한다. 이는 물리적 시간을 바탕으로 인과 관계를 통하여 예언을 이해한 결과이다.

그러나 형이상적 패러다임에 의하면 예언은 물리적 시간을 초월한 중도, 성품을 상징적으로 나타낸 말이다. 예언은 미래 사건에 대한 예측이 아니라 진리를 선언하는 글이다. 따라서 미래에 일어날 사건이라는 자체가 없다. 그러면 양자는 어떤 관계인가?

생성적 패러다임에 의하면 시간은 오로지 영원한 현재일 뿐이다. 그러므로 형이상과 형이하도 둘이 아니다. 다만 매 순간 새롭고 다양하게 나타나는 지금 여기의 생성이 있을 뿐이다.

생성적 패러다임은 예언을 인정하거나 예언의 근원인 신, 성품을 나타내는 두 측면을 인식하고 활용하면서도 어느 쪽에도 집착하지 않아 자유롭게 한다. 이처럼 예언은 미래에 일어날 사건을 예측하는 일이 아니라 우리에게 영원한 현재의 중요성을 일깨워 주는 상징이자 끊임없이 생성되는 삶의 본질을 보여주는 거울이다.

우리가 생각해 볼 또 다른 주제는 우리 사회를 변화시킬 새로운 지도자인 정도령과 같은 존재이다. 이를 형이하적 패러다임에 의하면 오로지 지도자, 성인이 언제 나타날 것인가에 초점을 맞출 뿐만 아니라 그들이 나타나서 우리 사회를 어떻게 변화시킬 것인가를 주목한다.

그러나 형이상적 패러다임에 의하면 지도자, 구원자, 성인의 출현은 물리적인 사건이 아니다. 성인, 지도자, 구원자는 이미 존재하는 신, 도道, 성性을 인격화여 나타낸 개념일 뿐이다. 그러면 양자가 어떤 관계인가?

생성적 패러다임에 의하면 한국을 변화시킬 지도자, 구원자, 성인은 특정한 사람이 아니라 지금 여기에서 깨어있는 삶을 사는 우리이다. 진정한 의미의 성인이나 지도자는 외부에서 나타나는 존재가 아니라 영원한 현재의 삶을 사는 우리 각자의 모습으로 존재한다.

우리가 각자의 위치에서 생성적 패러다임을 실천할 때, 우리가 스스로 삶의 모든 순간을 새롭게 창조하고, 서로가 서로를 위하며, 집착 없이 진화하는 삶을 살 때, 우리 자신이 바로 한국을 변화시키는 성인이자 지도자, 구원자이다. 그러면 풍수지리설은 어떤가?

형이하적 패러다임에 의하면 땅을 길지吉地와 흉지凶地로 나누고, 길지를 찾아서 음택陰宅과 양택陽宅으로 사용한다. 풍수가는 객체인 지형, 수맥, 바람과 같은 여러 요소들을 분석하여 객관적인 길지를 탐색하는 주체이다.

사람이 길지를 선택하여 음택과 양택을 짓는 일은 외부 환경의 에너지를 받아들여 개인의 운명에 긍정적인 영향을 미치려는 의도이다. 따라서 풍수지리설은 좋은 땅을 발견하여 사용하기 위한 선택과 판단의 기술이다.

그러나 형이상적 패러다임에 의하면 주체인 풍수가와 대상인 자연이 둘이 아니어서 풍수가와 대상이 있다고 할 수 없다. 그리고 길흉 역시 의식의 분별에 의하여 나타날 뿐으로 실재하지 않는다. 따라서 형이상적 패러다임에 의하면 풍수지리설은 성립할 수 없다. 그러면 양자의 관계는 어떤가?

생성적生成的 패러다임에 의하면 풍수지리는 무분별 속의 창조적 상호작용이다. 형이상적 통찰에 의하여 길흉이 없는 무분별의 경지인 도를 바탕으로 우주와 내가 둘이 아닌 경지를 때와 장소에 따라서 환경과 상호작용하여 조화로운 상태를 만들어가는 기술이 풍수지리설이다. 길지吉地는 이미 존재하는 실체가 아니라 주체와 환경이 서로 영향을 주고받으며 끊임없이 새롭고 다양하게 생성되는 역동적인 과정이다.

생성적 패러다임에 의하면 풍수지리설은 이론, 주장이 아니라 삶의 예술이다. 그것은 길흉을 판별하는 기술이 아니라 주변 환경과 조화를 이루어 더 나은 삶을 창조하는 상호작용의 지혜이고, 단순히 좋은 터를 찾는 행위를 넘어 좋은 삶을 창조하는 실천적 행위이다. 그러면 생성적 패러다임에 의하여 한국과 인류가 어떻게 미래를 생성할 수 있는가?

생성적 패러다임은 형이하적 패러다임에 의한 물질, 과학기술 과 형이상적 패러다임에 의한 인문, 불이不二, 홍익인간의 정신이 시간성을 바탕으로 통섭적通涉的으로 작용하여 매 순간 새로운 미래, 다양한 미래를 생성한다.

생성적 패러다임에 의하여 역도가 본체가 되어 여러 기술을 통하여 나타나는 아름다운 세상은 다음과 같은 몇 가지 측면에서 살펴볼 수 있다.

첫째는 과학기술의 발전과 윤리의 조화의 문제이다. 오늘날 인공지능, 생명공학을 비롯한 첨단의 과학기술은 엄청난 잠재력을 가지고 있지만 동시에 오용 가능성, 윤리적 딜레마, 인간 소외, 불평등 심화와 같은 문제를 일으킨다.

그러나 생성적 패러다임에 의하여 기술이 현상적인 발전을 추구하는 형이하적 차원에 머물지 않고, 형이상의 본성을 주체로 인류 보편의 가치인 자비, 정의, 공존을 실현하여 모두를 이롭게 하는 삶을 살 수 있다.

인공지능을 개발하면서 효율성과 이윤 추구를 넘어 데이터 편향성 해소, 인류 복지 증진, 소외된 계층 지원과 같은 홍익인간의 가치를 실현하는 방향으로 기술의 목적과 방향을 설정하고 발전시켜야 한다.

둘째는 국제 관계와 상생의 외교의 문제이다. 오늘날 세계의 각 국가는 오로지 자국의 이익을 최우선시하여 국제 갈등, 무역 분쟁, 군비 경쟁과 같은 세계 평화를 위협하고 인류 공동의 생존을 어렵게 한다.

그러나 생성적 패러다임의 적용하여 나의 나라와 남의 나라가 둘이 아닌 형이상적 패러다임의 핵심인 본성, 불이不二의 경지를 바탕으로 국제 관계를 맺어야 한다. 한 국가의 번영이 다른 국가의 희생 위에 이루어질 수 없으며, 인류 전체의 공동 번영이 진정한 번영이라는 인식을 바탕으로 해야 한다. 이를 통해 자국의 과학 기술력이나 경제력을 타국을 지배하거나 고통에 빠뜨리는 수단이 아닌 국제 협력과 연대를 통해 기후 변화, 빈곤, 전염병 등 인류 공동의 문제를 해결하는 데 생성적으로 활용할 수 있다.

셋째는 교육 시스템과 전인적 인재 양성의 문제이다. 오늘날 교육은 지식의 습득과 기술 교육에 치우쳐 인성, 가치관, 사회성 함양을 소홀히 하여 개인의 소외감과 사회적 갈등을 심화시킬 수 있다.

그러나 생성적 패러다임을 적용하여 단순한 지식과 기술을 가르치는 형이하적 교육을 넘어 인간의 본성을 자각하고 그것을 삶에서 구현하는 형이상적 교육을 해야 한다.

학생들은 과학기술의 원리를 이해하는 동시에 기술이 사회와 인간에게 어떤 영향을 미치는지 윤리적, 철학적으로 성찰할 수 있을 것이다. 이처럼 기술을 창조하고 사용하는 지혜로운 통찰자의 역할을 할 수 있는 홍익인간형 인재가 양성될 것이다.

넷째는 환경 문제와 지속 가능한 발전의 문제이다. 오늘날 인류의 자연을 인간과 분리된 정복의 대상으로 여기는 물질 문명적 사고방식은 기후 위기, 생태계 파괴 등 전 지구적 문제를 일으킨다.

그러나 생성적 패러다임을 바탕으로 형이상적 패러다임에 의하여 온 우주가 둘이 아닐 뿐만 아니라 인간과 자연이 둘이 아님을 알고, 자연을 존중하며 공생하는 가치관을 정립하고, 우주를 매 순간 새롭고 다양하게 생성할 수 있다.

과학기술은 자연 파괴의 도구가 아닌 생태계 복원, 에너지 전환, 자원 순환과 같이 지구의 지속 가능성을 높이는 생성적 도구로 활용될 것이다.

생성적 패러다임은 현대 사회가 직면한 복잡한 문제들을 이분법적인 사고를 넘어선 통합적인 관점에서 해결할 수 있는 패러다임이다. 생성적 패러다임은 기술적 진보가 인류의 가치와 정신을 소외시키지 않도록 이끌고 모든 생명체가 함께 번영하는 홍익인간의 삶을 향해 나아가는 길잡이가 될 것이다. 그러면 생성적 패러다임에 의한 홍익인간의 삶은 어떤가?

지금 여기의 나의 삶이 홍익인간의 삶이다. 지금이 영원이고, 여기가 우주이며, 내가 신이고, 부처이며, 구세주이고, 대인이며, 지금 여기의 나의 삶이 대인, 군자의 삶이고, 보살의 삶이며, 구세주의 삶이다.

지금 여기 나의 삶을 나타내는 지금은 영원이 나타난 현재이며, 여기는 천국과 지옥, 정토와 예토가 둘이 아니어서 매 순간 새롭고 다양하게 나타나는 우주이고, 나는 무아와 자아, 본성과 육신이 둘이 아니어서 매 순간 다양하고 새롭게 나타나는 나이며, 삶은 대인과 소인, 윤회와 해탈, 죄인과 구원이 둘이 아닌 자유자재한 삶의 다양하고 새로운 나툼이다.

이제 한국불교의 생성적 패러다임에 의하여 영원한 현재를 살펴보자. 환웅은 아미타불이다. 아미타불은 시간적으로 영원한 무량수불無量壽佛이자 지혜가 넘치는 무량광불無量光佛이다. 그것이 바로 생명의 근원인 성품이자 온 우주의 근원인 비로자나불毗盧遮那佛이다. 비로자나는 지혜의 빛이 온 우주에 가득함을 나타내는 보광편조普光遍照이다.

우주의 본질이자 개체적 존재의 근원인 불성佛性이 본체가 되어 매 순간 지혜와 자비로 작용한다. 이처럼 매 순간 지혜와 자비로 드러남을 관세음보살觀世音菩薩이라고 말한다.

그리고 지금 여기에서 나타나는 온갖 생명 현상인 중생衆生은 자유로운 삶이다. 따라서 본체인 불佛과 작용인 보살 그리고 현상인 중생이 둘이 아니다. 지금까지 살펴본 내용을 도표화하여 나타내면 다음과 같다.

패러다임	형이하적 패러다임	형이상적 패러다임	생성적 패러다임
주제	공간, 물건	공간성	시간성
방법	분석	합일	생성
방향	없음	역에서 순으로	순역 동시
내용	지문地文	인문人文	신문神文
특성	평면적	입체적	변화적
시간관	직선형	나선형	영원한 현재
세계관	유기체, 자연	공, 무, 중도	영원한 생성
종교	신과 내가 둘임	신과 내가 하나임	다양한 나툼
인간의 삶	미래 지향의 삶	지금 여기의 삶	자유자재한 삶
사회	분열과 대립	소통과 화합	끝없는 창조
철학	서양철학	중국철학	한국철학
학문	과학, 사회학	인문학	통섭학

도표7 세 가지 패러다임과 인류문명

　우리가 앞에서 살펴보았듯이 세 가지의 패러다임은 생성적 패러다임을 본체로 하여 형이상적 패러다임으로 작용하여 형이하적 패러다임을 나타난다. 따라서 세 가지의 패러다임은 셋이 아니다. 그러나 현상을 바탕으로 사는 사람은 형이상적 패러다임, 생성적 패러다임을 알 수 없고, 형이상을 바탕으로 사는 사람은 생성적 패러다임을 알 수 없다. 생성적 패러다임을 바탕으로 사는 사람이라야 비로소 세 가지의 패러다임을 자유자재하게 활용하는 삶을 살 수 있다.

그것은 과학, 사회학을 통하여 유가, 불가, 도가를 파악할 수 없고, 유가, 불가, 도가를 통하여 고조선의 신문神文사상을 파악할 수 없음을 뜻한다.

이제 정역에서 제시한 도학道學을 바탕으로 염불선念佛禪을 통하여 생성적 패러다임에 의하여 세 가지의 패러다임이 셋이 아님을 살펴보자.

나무아미타불南無阿彌陀佛 관세음보살觀世音菩薩의 나무는 본체인 불과 작용인 보살이 지금 여기의 생명 현상인 중생과 둘이 아님을 나타낸다. 이처럼 염불은 본체인 부처가 매 순간 보살로 작용하여 중생으로 나투는 지금 여기의 삶이자 선禪이다.

나무아미타불南無阿彌陀佛 관세음보살觀世音菩薩!